AMRA

PATRICIA CORI · DIE GENETISCHE MANIPULATION

Wie wir unseren göttlichen Code schützen und den Diebstahl unserer Seele verhindern

HINTERGRÜNDE & ANLEITUNGEN

Vorwort von Sacha Stone

AMRA

Besuchen Sie unseren Shop:
www.AmraVerlag.de

Ihre 80-Minuten-Gratis-CD erwartet Sie.
Unser Geschenk an Sie … einfach anfordern!

Amerikanische Originalausgabe:
Hacking the God Code. The Conspiracy to Steal the Human Soul

Deutscher Erstdruck im AMRA Verlag
Hotline: + 49 (0) 61 81 – 18 93 92
Kontakt: Info@AmraVerlag.de

Herausgeber & Lektor	Michael Nagula
Einbandgestaltung	Guter Punkt
Covermotiv	Onyx Tikal Sermet
Layout & Satz	Birgit Letsch
Druck	CPI books GmbH

ISBN 978-3-95447-630-5 (Buch)
ISBN 978-3-95447-631-2 (eBook)

Ebenfalls von Patricia Cori im AMRA Verlag erhältlich:
Bevor wir euch verlassen. Botschaften der Wale & Delfine
Atlantis steigt auf. Botschaften der Sirianer (auch als Hörbuch)
Lichtbotschaften vom Sirius 1 & 2 (The New Sirian Revelations)
Lichtbotschaften vom Sirius 3 (Starseed Dialogues – Soulsearching)
Wo die Pharaonen wohnen. Vom Ursprung zwischen den Sternen
The Emissary. Kolonie der Lichtwesen auf dem Meeresgrund

Gewidmet dem Hohen Rat der Sirianer,
meinen Lehrern, geliebten Führern,
meiner ewigen Quelle der Inspiration.
Ihr habt mich beflügelt
und mir den Glanz jenseits der Wolken gezeigt.
Und jetzt, während diesem einen Moment
in der Ewigkeit,
muss ich tapfer sein
und diesen Sturm allein durchfliegen …

Inhalt

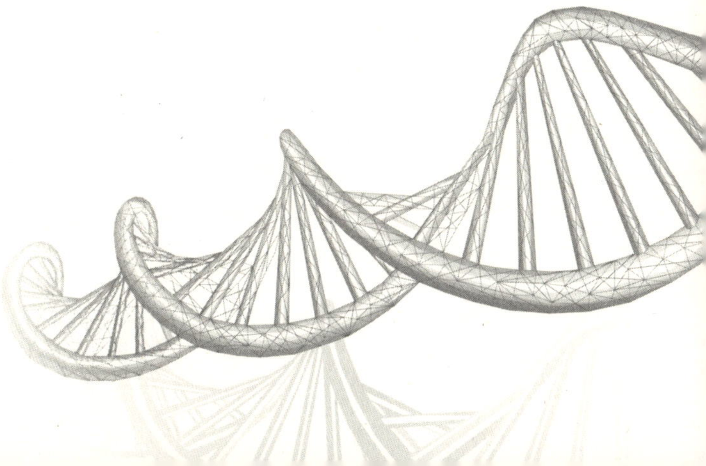

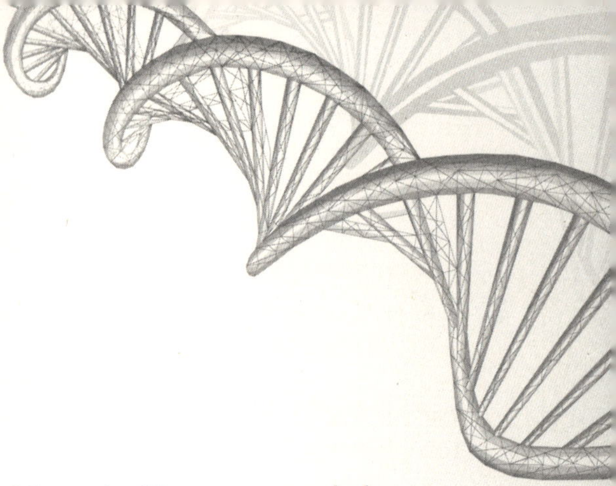

»Als die Nazis die Kommunisten holten,
habe ich geschwiegen;
ich war ja kein Kommunist.
Als sie die Sozialdemokraten holten, habe ich geschwiegen;
ich war ja kein Sozialdemokrat.
Als sie die Gewerkschaftler holten, habe ich geschwiegen;
ich war ja kein Gewerkschaftler.
Als sie die Juden holten, habe ich geschwiegen;
ich war ja kein Jude.
Als sie mich holten, gab es keinen mehr,
der protestieren konnte.«

Martin Niemöller (1892-1984)
Widerstandskämpfer und Friedensaktivist

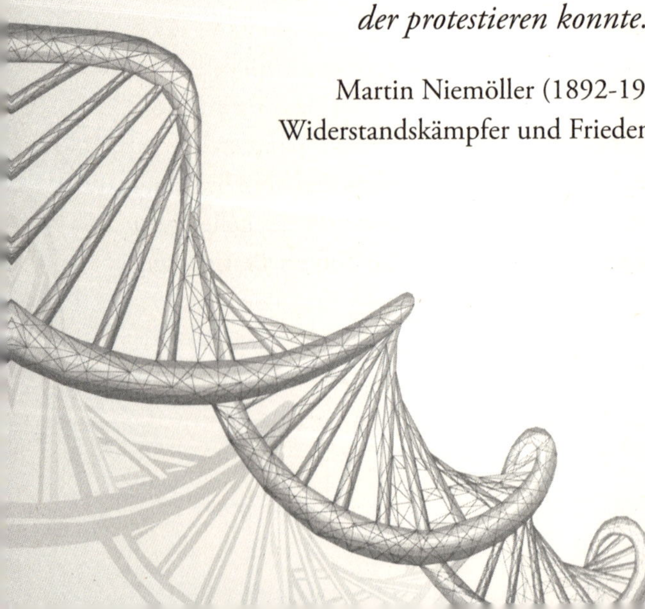

Vorwort

von Sacha Stone

Die Menschheit ist in einem uralten galaktischen Zyklus des Winterschlafs erstarrt, und Patricia Cori trägt seit vielen Jahren die Bürde, uns vollumfänglich daraus aufzuwecken.

Mit *Die Genetische Manipulation: Wie wir unseren göttlichen Code schützen und den Diebstahl unserer Seele verhindern*, einem axiomatischen Werk, erreicht ihre große Aufgabe als heroische Autorin einen neuen Höhepunkt.

Dieses neuzeitliche Evangelium des Aufstiegs ist das zutiefst aufrichtige Geschenk einer wahren Mutter unserer Zeit. Es leitet für uns, die Sternensaat engelhafter Menschen, die epochale Befreiung aus unserer geheimnisvollen Versklavung durch die Herren der Zeit ein.

Patricia Cori lädt uns ein, unsere individuelle und kollektive Reise von der Kosmogenese bis zum *Status quo* Revue passieren zu lassen. Damit eröffnet sie uns die Möglichkeit, uns aus der linearen und binären Käfigmatrix zu befreien, indem wir in das Quantenreich der Immanenz aufbrechen. Weit jenseits der galaktischen Verschwörung eines drakonischen Fangnetzes fädelt Cori die Kurve des kollektiven Schicksals ein und bietet damit all jenen eine universelle Erlösung an, die Augen haben, um zu sehen, und den Willen, das »Sein« zu manifestieren – nicht nur als Funken der Göttlichkeit, sondern als das tosende Inferno des Schöpfers, das wir in Wahrheit sind. Dies ist die geheiligte Christus-Botschaft – die wahrhaftigste Ausrichtung des Buddhismus – und der Atom-Samen des Sufi-Rätsels.

Die Menschheit ist nicht nur die Krystische Oktave des universellen Ausdrucks, die nun an der Schwelle der Spirale des Aufstiegs steht. In Wahrheit sind wir die Götter aus alter Zeit, die diese Welt mit den Augen eines Kindes sehen – des ewigen Kindes – und Zeugnis ablegen für die Entstehung von Mustern der Vollkommenheit in der Welt der Sterblichen: in der Schwebe zum ewigen Prinzip der früheren Einheit, das wir als unser Geburtsrecht beanspruchen. Unsere gemeinsame Erinnerung daran verbindet uns.

Denn es ist die Erinnerung an unsere Göttlichkeit, mit der wir die Geometrie des Jetzt wieder in Besitz nehmen und innerhalb dieses Quants anerkennen, dass wir die Quelle, unsere Engel-Natur, niemals verlassen haben. Wir haben sie nur vorübergehend abgelegt, in einem kosmischen Akt der Selbstaufopferung, um uns schließlich, wenn unser Anhaften an die Herren der Zeit seinen Zweck erfüllt hat, wieder daran zu erinnern, wer wir in Wahrheit sind. Dieses Anhaften diente dazu, im Kessel eines zeitlichen Universums das Gewebe der Seele zu schmieden. Der Weg aus diesem vorübergehenden Aufenthalt in der Erinnerung hinein in die erneute Genesis ist die wahre Heldenreise: eine Rückkehr in den Ruhepunkt der Schöpfung, wo wir, bewaffnet mit unserem Füllhorn an Geschichten, das Alpha mit dem Omega aussöhnen. Dies ist unser kollektiver Daseinszweck und der Grundstein für den galaktischen Aufstieg.

Wir verneigen uns vor den Herren der Zeit, während sie vor uns knien. Mit diesem Sakrament sagen wir ihnen Lebewohl und nehmen unseren Stab entgegen, um den Zyklus zu schließen.

Es gibt kein größeres Geschenk als dieses.

Erhebe dich, Homo sapiens.

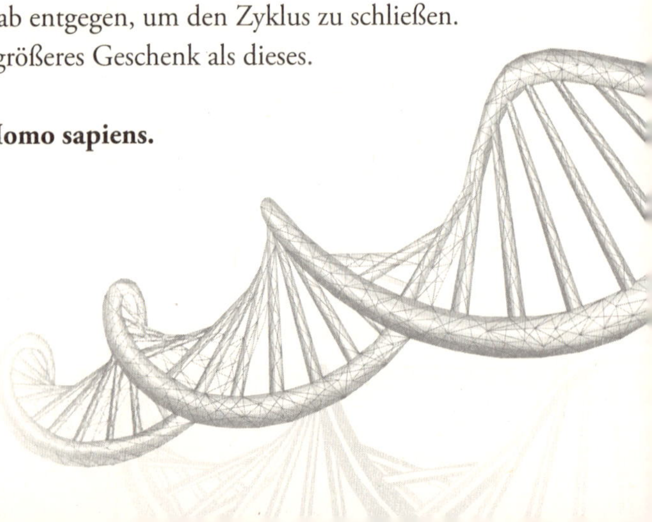

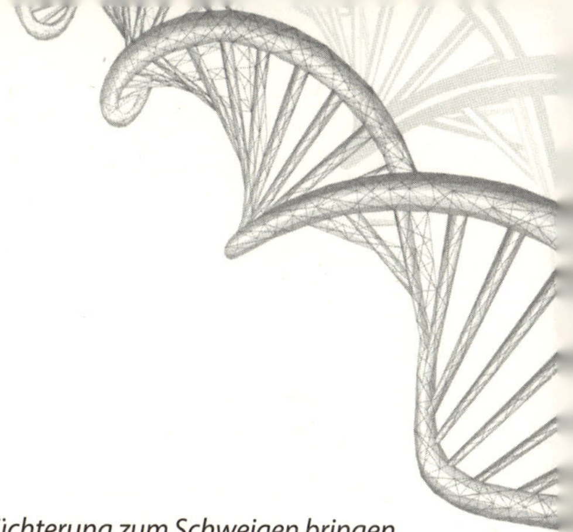

Einführung

»Lassen Sie sich niemals durch Einschüchterung zum Schweigen bringen.
Lassen Sie sich niemals in die Opferrolle drängen.
Akzeptieren Sie niemals, dass andere Ihr Leben für Sie definieren:
Definieren Sie sich selbst.«

– Robert Frost –

Meine weise und gesegnete Mutter – mein Vorbild – hat mir immer gesagt: »Du weißt erst wirklich, woran du glaubst, wenn du es gegen Widerstände verteidigen musst.«

Diese unsterblichen Worte beinhalten für mich eine der größten Lebenslektionen. In Zeiten der Tyrannei wie diesen wird es für jeden von uns zur wahrhaft edlen Pflicht, nach der Wahrheit zu streben und dann anderen zu dienen, indem wir das, was wir als wahr empfinden, an sie weitergeben … vor allem, wenn man uns dafür angreift und verurteilt, dass wir den *Status quo* in Frage stellen. Jetzt, wo die Schraube der Zensur immer fester angezogen wird und diejenigen von uns, die gegen den Strom des Konformismus schwimmen, sehr real von Verfolgung bedroht sind, finden wir in unsere Kraft. Wir finden die Kraft, uns einzugestehen, wer wir wirklich sind, unsere Werte und unsere Moral zu überprüfen und an unserer Mission als Krieger des Lichts festzuhalten, während wir den Weg der Selbstentdeckung und Erleuchtung beschreiten.

Das erfordert Furchtlosigkeit und Mut … und eine enorme Entschlossenheit. Es erfordert, in die Dunkelheit zu blicken und den angesammelten Schutt vieler Lebenszeiten – jene Schatten, die die Lagune des Unterbewusstseins trüben – ans helle Licht des Bewusstseins zu bringen. So können wir all den Müll, den wir auf unserem Weg gesammelt haben, durchsieben und alles mit Objektivität untersuchen. Wir müssen bereit sein, die unerforschten Gewässer des Unterbewusstseins zu befahren, wo unsere Entschlossenheit uns dazu drängt, in die Tiefe zu schauen – dorthin, wo uralte Phantome, von uns selbst erschaffene Gespenster, darauf warten, ans Licht gebracht und befreit zu werden.

In dieser Zeit unglaublicher Umwälzungen und radikaler Veränderungen auf jener Welt, die wir noch vor wenigen Jahren zu kennen glaubten, werden wir dann am stärksten ermächtigt und befreit, wenn wir uns diesen irrationalen, unerklärlichen Ängsten stellen, im vollen Licht unseres erwachenden Geistes. Tief in der Erde verwurzelt, müssen wir stark genug sein, die Stellung zu halten – wie ein Leuchtturm, während unaufhörlich Stürme unsere Küsten überfluten und das Gewebe unserer irdischen Existenz aushöhlen. Nur von diesem Ort unerschütterlicher Stärke aus können wir den zerstörerischen Kurs umkehren, den uns eine globale politische Klasse aufzwingen will. Doch sie sind nur Schwärme von Lakaien im Dienst jener, die über sie herrschen, wie sie über uns herrschen, als die »Neue Weltordnung«.

Es handelt sich um eine korrupte Kabale, die wir zum jetzigen Zeitpunkt nur als rücksichtslos, kriminell wahnsinnig und über alle Maßen toxisch beschreiben können.

Wenn wir uns wirklich aus deren Griff befreien wollen, müssen wir das Gefühl der Ohnmacht, das uns immer noch hemmt, mit dem sprichwörtlichen Hammer bearbeiten. Mit aller Kraft und Entschlossenheit, die wir aufbringen können, müssen wir jegliche Hindernisse überwinden, einschließlich der Trägheit, die aus Angst und Zweifeln entsteht. Auf diese Weise finden wir in uns die Kraft, die emotionale Verkrustung aufzubrechen, unter der ein Juwel verborgen ist: die WAHRHEIT. Diesen Edelstein müssen wir in die Sonne halten. In ihrem Glanz gebadet, leuchten seine Diamantfacetten in allen Farben des Regenbogens – und offenbaren das gesamte Spektrum des sichtbaren Lichts. Das Juwel der Wahrheit nährt das Herz und den Geist aller erwachten Seelen, die Augen haben, um hinter den Nebel zu schauen, mit dem die Diener der »Neuen Weltordnung« die Realität verschleiern.

Die Suche nach der Wahrheit und die Weitergabe dessen, was wir als die Wahrheit verstehen, befähigt uns alle, tief in uns selbst hineinzuschauen. Wir können das existenzielle Dilemma untersuchen, das in uns eine so intensive Angst vor allem, was unser physisches Leben bedroht, geweckt hat, dass wir nicht mehr erkennen, wie diese irrationale Angst manipuliert und als Präzisionswaffe nicht nur gegen unsere sterblichen Körper, sondern auch gegen unsere Seelen eingesetzt wird. Die Angst vor dem, was der allgegenwärtige Schatten in unserer Welt auslösen kann, trübt unseren Verstand, betäubt unser Herz und zwingt viel zu viele Menschen auf die Knie, in unterwürfigen Gehorsam.

Wenn Menschen in Furcht leben, lauert für sie das Böse überall.

Die Schädigung des physischen Körpers durch ein Leben in Angst ist immens und kann lang anhaltend, ja sogar dauerhaft sein, wie im Falle des schwächenden geistig-körperlichen Zustands, den Psychologen als »posttraumatisches Syndrom« bezeichnen. Abgesehen von der emotionalen Störung, die durch ein traumatisches Erlebnis ausgelöst wird, schwächen das ständige Gefühl, in Lebensgefahr zu schweben, und die daraus resultierende chronische Angst das Immunsystem. Sie können alle Arten von körperlichen Beeinträchtigungen verursachen, einschließlich dauerhafter Herz-Kreislauf-Schäden.

Wir sollten einen chronischen Zustand der Angst und Furcht vor dem Leben, voreinander und vor der Welt um uns herum nicht mit der Art und Weise verwechseln, wie unser exquisiter Geist-Körper-Mechanismus auf das reagiert, was das Gehirn als »unmittelbare Bedrohung« wahrnimmt. Das sind zwei sehr unterschiedliche Sachverhalte. Eine unmittelbare Bedrohung oder Gefahr, zum Beispiel wenn man von einem wilden Tier im Wald verfolgt wird oder hört, dass ein Einbrecher im Haus ist, während man im Bett liegt, löst eine Reaktion in einer bestimmten Gehirnregion aus, der Amygdala. Das ist der Teil des Gehirns, der die Ausschüttung von Stresshormonen bewirkt und das sympathische Nervensystem aktiviert, um sich auf Kampf oder Flucht vorzubereiten. Der Körper geht automatisch in den Notfallmodus über: Die Nebennieren beginnen zu pumpen, die Pupillen weiten sich, die Atmung wird schneller. Augenblicklich wird die Durchblutung der Muskeln gesteigert, so dass sie bereit sind, mit enormer physischer Kraft auf alles zu reagieren, was das Überleben des Körpers bedroht.

Der Puls beschleunigt sich und der Blutdruck steigt, während die Körpersysteme die Situation einschätzen: bleiben und mit aller nun verfügbaren Kraft kämpfen oder davonrennen … mit übermenschlicher Geschwindigkeit und der notwendigen Ausdauer, um der Gefahr zu entkommen.

Dies sind nur einige der körpereigenen Reaktionen, die uns in den seltenen Fällen helfen, wenn unser Überleben oder unsere Sicherheit unmittelbar bedroht sind. Das ist der Grund, warum eine Mutter ein Auto anheben kann, wenn sie sieht, dass ihr Kind unter dem Gewicht zerquetscht zu werden droht.

In solchen Augenblicken zeigen wir eine heroische Kraft, von der wir nie wussten, dass wir sie besitzen. Wir greifen auf den Urinstinkt zurück, der angesichts einer extremen und akuten Gefahr unsere Kampf- oder Fluchtreaktion auslöst.

Wie alle Tiere, die in der Geborgenheit der Erde gedeihen, wurden auch wir, als elektromagnetische biologische Einheiten der göttlichen Schöpfung, dazu geschaffen, bei guter Gesundheit zu gedeihen. Wir besitzen die angeborene Weisheit und Stärke – die unbewussten und automatischen Reaktionen des Körpers –, um jede unmittelbare Bedrohung unserer selbst oder der Personen, die wir lieben, zu überstehen … und sogar einem Fremden in Not zu helfen. In diesen seltenen Fällen müssen wir nicht darüber nachdenken, was zu tun ist. Wir schalten einfach in den Autopilot-Modus, um auf die für solche Situationen vorgesehene Art und Weise zu reagieren. Sobald die Gefahr vorüber ist, kehren alle Körpersysteme wieder in den Normalzustand zurück.

Wir sind jedoch **nicht** dafür geschaffen, einem ständigen, nie endenden Angriff auf unseren emotionalen und mentalen Körper ausgesetzt zu sein. Dieser Dauerangriff erfolgt durch die furchterregenden Nachrichten, mit denen uns die Medien täglich bombardieren, durch den dysfunktionalen emotionalen Austausch zwischen nahen und fernen Menschen und durch eine Weltregierung, die uns – absichtlich – über dem Abgrund schweben lässt, um uns auf allen Ebenen in einem Zustand ständiger Überlebensangst zu halten. Ob es nun um Krieg, Kriminalität, Gesundheitsgefahren, Armut, Hungersnot oder in jüngster Zeit um die erzwungene Isolation durch die »Pandemie« geht, die uns in diesem Zustand der Angst und des Schreckens hält – die meisten Menschen leben heute in dauernder Angst und Furcht um ihre Sicherheit und ihr eigenes Leben. Sie sorgen sich um ihre Kinder und fürchten sich davor, was sie erwartet, wenn wir diesen Weg der Zerstörung und des blinden Gehorsams gegenüber den Propheten der Angst weitergehen. Diese ständige Besorgnis und die Gefühle von Wut und Hilflosigkeit angesichts des Zerfalls unserer Gesellschaftsordnung führen dazu, dass viel zu viele Leute in einem Zustand ständiger Nebennierenüberlastung leben – einer Überproduktion von Stresshormonen. Sie beeinträchtigt die Fähigkeit des Gehirns, eine wahrgenommene Gefahr richtig einzuschätzen, sich von ihr wieder zu lösen, wenn sie abgeklungen ist, und somit in einen ruhigen Zustand geistiger, emotionaler und körperlicher Entspannung zurückzukehren.

Für Menschen, die der über die Massenmedien verbreiteten Propaganda folgen und auf diesen Frequenzen mitschwingen, gibt es keine Entspannung, weil die gefühlte Gefahr niemals nachlässt. Die Propaganda ist darauf ausgerichtet, in der Bevölkerung ständig Angst und Beklemmung zu erzeugen. Aufgeputscht durch die körpereigene Adrenalin-Überproduktion fehlt dem Publikum, das im Bann der von der Kabale beherrschten Medien steht, das Unterscheidungsvermögen, um Gefahren vernünftig einzuschätzen. So verlieren die Menschen schließlich die Fähigkeit, ihre Emotionen wieder auf ein entspanntes Niveau herunterzufahren.

Überall sehen wir Menschen, die in diesem Zustand der chronischen Angst und des akuten Adrenalinstresses feststecken. Das ist eine direkte Folge jener Veränderungen, die als »neue Normalität« bezeichnet werden.

> ·:· <

Die Angst ist ein wildes Raubtier. Es jagt Seelen, die sich in dunklen Wäldern verirrt haben. Die Liebe ist die Wiese … eine Wildblume … die Sonne. Und die Wahrheit ist der Diamant, der wie das Schwert des Erzengels Michael strahlt und befreit. Wir dürfen nie aufhören, die Wahrheit zu suchen. Wir dürfen nie aufhören, sie auszusprechen, was auch immer wir unter Wahrheit verstehen, ganz gleich, wie sehr die lieblose Kraft, die verstockt dem Licht Widerstand leistet, uns unterdrücken und zum Schweigen bringen will.

Wir müssen uns klarmachen, dass die Enthüllung der Wahrheit der einzige Weg ist, der uns weiterbringt. Der Wahrheit zu folgen – ohne uns durch Angst, Hindernisse und Zweifel vom Weg abbringen zu lassen –, schärft unseren Intellekt und stärkt unseren inneren Krieger. Es befreit uns vom Zugriff der Angst auf Herz und Seele, so dass wir Geist, Körper und Seele wieder ins Gleichgewicht bringen können. Wir gelangen in einen Zustand mentaler und emotionaler Ruhe – dorthin, wo das Pendel stillsteht. Das ermöglicht es uns, in ruhige, erholsame Bewusstseinszustände zurückzufinden und endlich wieder so zu leben, wie es uns bestimmt ist: als die freien, liebenden Männer, Frauen und unschuldigen Kinder des Planeten Erde.

Wir sind bereit für die Wahrheit, dafür, dass ans Licht kommt, was wirklich vor sich geht: im Weltraum, in anderen Dimensionen und vor allem hier, auf unserem eigenen Planeten. Es soll keine Geheimnisse mehr geben … keine Lügen. Je mehr wir in der Lage sind, die Realität zu verstehen, statt uns von jenen manipulieren zu lassen, die ihre Agenden durchsetzen wollen, desto geringer werden unsere Angst und unsere Anfälligkeit für die von ihnen geschürten Emotionen. Wir erkennen, wie sich unsere Wahrnehmung auf das Ergebnis auswirkt, und übernehmen mehr Verantwortung für unsere Gedanken, Worte und Taten. Ob klein oder groß, lokal oder global, diese Gedanken und vor allem unsere Stimme tragen zum Kollektiv bei: schlafend, wach oder irgendwo dazwischen. Und noch mehr tragen wir bei, wenn wir unsere Stimme erheben. Es spielt keine Rolle, wie groß oder klein unser Beitrag ist. Die Wahrheit wird letztlich ihren Weg finden und sich durchsetzen.

Worauf es ankommt, ist, dass wir die Barrieren zwischen uns durchbrechen, die ideologischen und verhaltensbezogenen Mauern, die, vielleicht mehr als jemals zuvor, errichtet werden, um uns zu spalten. Und es kommt darauf an, dass wir die Rechte der anderen im Auge behalten, um unsere Freiheit so weit wie möglich zu verwirklichen. Das ist jetzt, wo die Neue Weltordnung auf Hochtouren läuft, viel schwieriger zu erreichen als noch vor ein paar Jahren. Denn unsere Rechte werden systematisch beschnitten, unsere Stimmen zum Schweigen gebracht, und man zwingt uns mit Schreckenskampagnen in die Isolation.

Wenn wir die Angst abschütteln und uns verpflichten, der Wahrheit, so wie wir sie verstehen, Ausdruck zu verleihen, sind wir am ehesten in der Lage, uns von den uns auferlegten Fesseln zu befreien. Aber das können wir niemals erreichen, wenn wir in Emotionalität, Hysterie und gehorsamem Gruppendenken gefangen bleiben. Wenn wir den Kurs umkehren wollen, der uns von kleinen Tyrannen und ihren Puppenspielern vorgegeben wurde, müssen wir das gesamte Narrativ in Frage stellen. Jetzt. Wir müssen uns darauf besinnen, objektiv zu beobachten, kritisch zu denken und vor allem Frieden statt Krieg zu suchen … Respekt statt Verurteilung … und Akzeptanz statt Ablehnung anderer Menschen.

Politiker, Medien und das »Massenbewusstsein« rufen heute, in unserer gegenwärtigen Krise, doch tatsächlich zum Krieg gegen Russland auf. Sie **wollen** ihn. Haben sie denn aus den verheerenden Kriegen der Vergangenheit und der Gegenwart nichts gelernt? Wie jemand seine eigene Vernichtung fordern kann – einen thermonuklearen Krieg mit der Gewalt, den Planeten tausendfach zu zerstören –, ist für mich völlig unbegreiflich. Das allein ist ein Zeichen für die absolute Ignoranz und daraus resultierende Dummheit, die in bestimmten gesellschaftlichen Kreisen und der regierenden politischen Klasse herrschen.

Wir müssen unseren göttlichen Intellekt nutzen, um vernünftige Entscheidungen zu treffen und uns zu vereinen. Wir müssen uns weigern, den aufsteigenden Führern der Neuen Weltordnung, die auf ihren Machtthronen sitzen, zu gestatten, antagonistische Verhaltensweisen oder Opferbewusstsein in uns zu wecken, mit denen die Menschen in eine Geisteshaltung von hasserfüllter Opposition, Hilflosigkeit und Resignation hinabgezogen werden sollen. Solche emotionsgesteuerten Bewusstseinszustände liefern die Energie, von der diese Machtmenschen zehren und mit der sie Krieg, Ungleichheit und Zerstörung auf allen Ebenen anzetteln – und immer größere Schatten werfen.

Wir können diese Unterdrückung nur überwinden, wenn wir uns in angstfreier Einigkeit zusammenschließen. Wir haben noch einen langen Weg vor uns, bis genug von uns diesen Zustand erreicht haben, aber wir sind auf dem Weg dorthin. Das mag, aus Ihrer Perspektive betrachtet, noch nicht so aussehen, insbesondere, wenn Sie sich vor allem in den Mainstream-Medien informieren. Aber die Menschen wachen endlich auf.

Dies **ist** das Große Erwachen.

Wir sollten nie vergessen, dass jedes Teil des Puzzles ebenso wichtig ist wie das nächste. Alles greift ineinander. All die Farben und die Kunstfertigkeit des Entwurfs führen uns Schritt für Schritt durch den Prozess des Wiederaufbaus, durch konzentriertes Nachdenken, Liebe zum Detail und die Vision eines Spektrums von Farben und Nuancen, bis schließlich das große Bild klar vor uns Gestalt annimmt. Wir setzen das letzte Puzzlestück an seinen Platz, und dann sehen und feiern wir alles, was wir gemeinsam erreicht haben. Gemeinsam erschaffen wir eine neue Perspektive auf die Landschaft unserer sich verändernden Realität.

Mögen unsere höchsten Absichten das Reich der Materie erhellen. Mögen das Licht und Mitgefühl, die aus diesen Absichten geboren werden, alle auferlegten Barrieren durchbrechen, um das Leben der einzelnen und der vielen zu berühren.

Möge das, was ich in diesem Buch mit Ihnen teile, die Kraft in all jenen wiedererwecken, die sich entschieden haben, diese Worte – Spiegel meiner Seele – zu lesen, um meine Gedanken und die Absicht hinter ihnen zu teilen. Meine Hoffnung ist es, dass Sie darin meine Liebe zur Menschheit und zu allen Lebewesen unserer Welt spüren werden. Es ist eine Liebe, die aus meinem Innersten, meinem Herzen und meiner Seele kommt.

> ⁘ <

Während der Arbeit an diesem Buch erlebte ich oft die gefürchtete »Schreibblockade«. Ich musste mich für Tage, Wochen … sogar einen Monat von der so wichtigen Schreibzeit zurückziehen – während der Herr der Zeit unerbittlich die Stunden heruntertickte und meinen Fortschritt maß, während der mit dem Verlag vereinbarte Abgabetermin schnell näher rückte und ich dann aber letztlich das Buch doch im Selbstverlag veröffentlichte. In dieser zunehmend lästigen vierdimensionalen Mutation der Zeit, in der wir uns jetzt befinden, schien der Stundenzeiger ewig um das Ziffernblatt zu rasen, und zwar mit einer so ungezügelten Dynamik, dass es sich anfühlte, als würde er einfach von der Uhr abheben und durch irgendein obskures Portal in andere Welten verschwinden. Es half auch nicht, dass ich in jeder Phase der Entwicklung des Buches das Gefühl hatte, dass mir die Zeit völlig entglitt, wie ein gefährlich lockeres Band auf einem Laufband, das mich aus dem Takt brachte, so dass es schien, als würde ich ständig rückwärts fallen und Halt und Rhythmus verlieren. Offenbar begann sich die »Nicht-Zeit« der vierten Dimension im »Jetzt« meiner Erfahrung zu manifestieren.

Während ich diese Zeilen schreibe, sind wir mittendrin, drehen uns im Kreis wie abgetragene Wäsche in einem elektrischen Trockner, verlassen langsam die dritte Dimension und fragen uns, wo wir landen werden und was passieren wird, wenn wir dort ankommen und dieser schwierige Zyklus endlich hinter uns liegt.

In meiner deutschen Buchtrilogie *Lichtbotschaften vom Sirius*, die aus den Originalbüchern *The New Sirian Revelations* und *The Star-*

seed Dialogues besteht, habe ich vorausgesagt, dass dieser Übergang von der dritten in die vierte Dimension jetzt stattfinden wird und wir anfangs Schwierigkeiten haben werden, die subtilen Veränderungen zu erkennen. Sie würden aber, schrieb ich damals, schnell so offensichtlich werden, dass sie in unsere bewusste Wahrnehmung einschlagen wie ein Asteroid, der die Erde trifft! Ich habe den Eindruck, dass wir uns in dieser unheilvollen Stunde – eine Minute vor Mitternacht – mitten in dieser Phase des Übergangs befinden … Wir glauben immer noch, dass wir uns in der dritten Dimension befinden, erkennen aber mit jedem neuen Tag, dass wir es unter anderem mit einer absoluten Umwandlung der Zeit zu tun haben, wie wir sie noch nie zuvor erlebten.

Wir stellen fest, dass wir einfach nicht mehr mit dem Rhythmus eines Tages … eines Monats … eines Jahres Schritt halten können. Die Zeit, wie wir sie bisher verstanden haben, entwickelt sich nun schnell zu einer vierdimensionalen Unschärfe.

Wir machen eine Erfahrung, die keine andere Zivilisation vor uns gemacht hat, eine Erfahrung, bei der wir auf bizarre Weise in zwei Dimensionen gleichzeitig verstrickt sind: Wir wissen, dass es kein Zurück gibt, und erleben gleichzeitig Angst und eine verblüffende Ungewissheit darüber, was uns tatsächlich erwartet, während wir uns in eine seltsame und unheimliche Zukunft katapultiert sehen, die sich bereits hier und jetzt in unserem Leben abspielt – eine Zukunft, die sich liest wie ein Science-fiction-Roman. Es ist ein Kampf darum, dem Ganzen einen Sinn zu geben und einen Kontext zu finden, in dem wir wissen, wie wir mit diesen Veränderungen umgehen können.

Auch wenn unser Bild von unserem komplexen Energiekörper und dessen Interaktionen mit dem Quantenfeld im Rahmen der unermüdlich ablaufenden menschlichen Biogenese noch recht unvollständig ist, sollten wir es einfach wagen, selbst zu denken und unseren exquisiten Verstand zu benutzen. Mit ihm können wir all das beeinflussen, verändern und manifestieren, was als Materie in dem schwer fassbaren physischen Reich erscheint, das wir immer noch als die dritte Dimension wahrnehmen. Die Formung der Materie durch den Geist, oder, wie wir es gerne nennen, das »Manifestieren«, erfolgt jetzt, wo wir uns in diesem neuen Frequenzband befinden, ganz unmittelbar. Wir müssen erst noch begreifen, wie sich diese Zeitverschiebung, die so viele von uns gerade erleben, auf die Projektionen auswirkt, die wir als Realität verstehen, nun aber – wo wir uns so schnell weiterentwickeln – mehr und mehr als bloße Illusion erkennen. Es ist noch zu jung, dieses für uns neue 4D-Bewusstsein. Wir haben noch viel zu lernen, während wir die Zeitlinie der Nicht-Zeit bereisen – ein bewusster Widerspruch in sich.

Es ist, als würde man draußen im Meer auf den Bordwänden zweier nicht miteinander vertäuter Ruderboote sitzen, mit dem linken Bein im einen und mit dem rechten Bein im anderen Boot, während ein gewaltiger Sturm aufzieht.

Als der gefürchtete Abgabetermin für das Manuskript zusehends näher rückte, hielt ich immer wieder inne, unterbrach die Arbeit … und fing wieder an. Was blockierte mich so sehr, dass ich tagelang unfähig war, auch nur einen Blick auf den Computerbildschirm zu werfen? In meiner gesamten, fast dreißigjährigen Erfahrung als Schriftstellerin war mir das noch nie passiert. Erst als ich endlich das letzte Wort geschrieben hatte, begriff ich, welche Herausforderung dieser vielleicht kontroverseste Stoff, den ich je schrieb, für mich bedeutet hatte. Diesmal hatte ich nicht mein Team, den Hohen Rat der Sirianer, an meiner Seite, der durch mein Bewusstsein die Worte in die Tastatur diktierte, wie es bei meinen früheren Büchern der Fall gewesen war. Mir blieb also keine andere Wahl, als tief aus meinem Inneren alles hervorzuholen, was ich mitzuteilen hatte, ohne mich dabei selbst in Frage zu stellen … ohne mir Gedanken zu machen, wer beleidigt sein könnte oder warum.

In der heutigen Welt ist das ein revolutionärer Akt.

Angesichts der allgemeinen Stimmung in der Menschheit und der beispiellosen weltweiten Beschleunigung totalitärer Zensur und massenhafter Gedankenkontrolle wurde mir klar, dass meine

Schreibblockade nicht auf einen Mangel an Inspiration oder die Herausforderung des Schreibens an sich zurückzuführen war. Auch fehlte es mir nie an der Disziplin, den Abgabetermin einzuhalten. Es lag vielmehr daran, dass ich gewagt hatte, mich in ein hochgradig polarisiertes Diskussionsfeld zu begeben. Ich verweigerte mich dem Diktat der neuen politischen Korrektheit, und mir war sehr wohl bewusst, welche Kritik oder gar Angriffe seitens der neuen Zensoren möglicherweise auf mich warteten.

Uns allen ist inzwischen klar, dass wir einfach nicht mehr frei sind, offen miteinander zu kommunizieren, weder in der Presse noch in den sozialen Medien, noch im direkten Gespräch. Verbotsfahnen flattern an den Masten, wehen wild in den Winden des Wandels und signalisieren echte Gefahr für diejenigen, die diese Wahrheit in einer solchen Zeit aussprechen – einer Zeit der Zensur wie einst im Kommunismus: dem neuen McCarthyismus. Ich musste mich beim Schreiben immer wieder mit meinen eigenen Ängsten und Befürchtungen auseinandersetzen – Gefühlen, die ich sonst selten erlebe. War meine Hingabe im Dienst der Geistigen Welt es wert, meine friedliche Existenz (so friedlich sie in der Dystopie unserer neuen Welt sein kann) den Risiken auszusetzen, die von einer unerbittlichen »Cancel Culture« und der wachsenden Tyrannei der Neue-Welt-Regierung ausgehen? Ich war gezwungen, den Wert der Erfüllung meiner Mission gegen den Schutz meiner Privatsphäre und meines Lebens abzuwägen und meine Wahrheit zu verkünden, in einer Zeit, in der die Wahrheit durch endlose Verzerrungen und Lügen in Vergessenheit gerät.

Die Wahrheit gab den Ausschlag.

In einer Welt, in der dunkle Soldaten einer allgegenwärtigen Armee in und außerhalb der Dimensionen lauern und von uns fordern, dass wir über ihre Taten schweigen, wird das Aussprechen der Wahrheit als Akt des Hochverrats gegenüber dem Staat eingestuft … oder vielmehr gegen die »Global Governance« auf höchster Ebene und gegen deren Lakaien auf den unteren Ebenen.

Dort, wo Schatten das Licht verschleiern, lauern die Unterdrücker der Freiheit, die jedes Wort prüfen, freies Denken und Dialog verbieten und drohen, uns an der Gurgel zu packen, sollten wir wagen, ihr unerträgliches, entmenschlichendes Narrativ in Frage zu stellen. Aber ich bleibe bei meiner Überzeugung, dass wir es trotzdem offen aussprechen müssen.

Läutet die Glocken! Möge die Stimme der Wahrheit über die Dorfplätze schallen.

Und dann ist da noch diese große Spaltung zwischen den Menschen, die extreme Polarisierung der Ideologien, Wahrnehmungen und Überzeugungen. Angetrieben von den übermäßig kontrollierenden Mainstream-Medien sind inzwischen sehr viele Menschen geistig und emotional erstarrt, eingesperrt in Positionen der Rechtschaffenheit. Sie glauben, was man ihnen zu glauben vorgibt, und nichts anderes. Zuerst wird ihnen beigebracht, sich »beleidigt« zu fühlen, wenn etwas nicht in das allein akzeptable kollektive Paradigma passt, und dann stachelt man sie zu irrationaler Angst und Wut gegen andere auf. Sie klammern sich an diese neu erworbene, unveränderliche Weltsicht, die ihnen innerhalb weniger Jahre durch den schrillen, militanten Marsch der Neuen Weltordnung eingehämmert wurde.

Diese Agenda simmert seit Jahrhunderten im Kessel der Globalisten. In Gestalt der Covid-19-»Pandemie« und des höchst gefährlichen und tödlichen Impfexperiments an Männern, Frauen und Kindern wurde dieses Gebräu den Menschen weltweit serviert und die Entgegennahme erzwungen. Das ist der Vorbote einer totalitären, schon seit Jahrzehnten geplanten transhumanistischen Agenda, welche nun durch die Handlanger derjenigen verbreitet wird, die schon viel zu lange über die Erde herrschen.

Mit der Einführung und Ausbreitung des Covid-19-»Virus« scheinen wir uns dem Höhepunkt der Weltuntergangs-Zeitlinie dieser Herrschenden zu nähern.

Und doch: Während so viele Menschen der Angst und all den niederen Emotionen erliegen, die durch die extreme Propaganda und die glatten Lügen im Zusammenhang mit diesem »Virus« in ihnen aufgewühlt werden, erwachen andere, die durch den offenkundigen Machtmissbrauch bei der Ausbreitung der sogenannten Pandemie aus ihrer Komfortzone getrieben wurden. Sobald sie die unbestreitbare Wahrheit darüber erfahren, worum es bei dieser Sache wirklich geht, können sie nicht anders, als ihre Augen für die wahre globale Realität zu öffnen … eine Realität, die sie sich vorher nicht hätten ausmalen können! Viele andere von uns – dazu gehören wahrscheinlich auch alle, die sich entschieden haben, dieses Buch zu lesen – sind schon sehr lange wach und warten darauf, dass die Menschheit ihren Schlummer abschüttelt, der Realität ins Gesicht schaut und sich erhebt … endlich.

Wir werden schon so lange als »Verschwörungstheoretiker« abgestempelt, dass wir uns kaum noch an den Zeitpunkt und Auslöser erinnern können, an die »rote Pille«, die uns aus der verschlafenen Matrix-Mentalität erwachen ließ.

Unabhängig von dem Zeitpunkt, ab dem man sich persönlich mit dem sich auf der Erde entfaltenden Drama auseinanderzusetzen beginnt, ist eines sicher: Fast niemand auf dieser kleinen blauen Kugel im Weltraum kann gegenüber den Fragen, die ich in diesem Werk aufwerfe, gleichgültig bleiben – auch wenn ein großer Teil der Menschheit immer noch nicht bereit ist, irgendetwas in Betracht zu ziehen, das den *Status quo* in Frage stellt. Genau das aber tut dieses Buch von der ersten bis zur letzten Zeile ganz ungeniert.

An diesem kritischen Punkt unserer planetarischen Entwicklung berührt alles, was sich auf globaler und lokaler Ebene abspielt, uns alle auf die eine oder andere Weise. Mit sehr wenigen Ausnahmen berichten die Mainstream-Medien nicht mehr sachlich, sondern sind zu einer ständig laufenden Propaganda-Maschinerie geworden, die die globalistische Agenda vorantreibt. Sie sorgen in unserer sich immer verrückter gebärenden Gesellschaft für einen unaufhörlichen, brodelnden Wirbel, so dass wir kaum noch etwas in Ruhe durchdenken. Anstelle von kritischem Denken werden in uns ständig reflexartige Reaktionen getriggert, rund um die Uhr – und das ist so gewollt. Es ist für die Unterdrückung des menschlichen Geistes und die anschließende Übernahme unserer globalen Gesellschaft von entscheidender Bedeutung. Wir werden bis ins Mark erschüttert – in den Überlebensmodus versetzt –, und wie gelähmt sehen wir, wie unsere Lebensqualität immer mehr erodiert. Wir blicken von den Aussichtsplattformen, auf denen wir heute stehen, und fragen uns, wie eine zukünftige Erde aussehen könnte, vor allem für die Kinder, und welches Erbe wir persönlich wohl hinterlassen werden.

Leider gibt es Menschen, die diese Gefühle in extremer und gefährlicher Weise ausleben – entweder nach innen, gegen sich selbst gerichtet, oder gegen andere. Wir alle haben miterlebt, wie aggressiv die Menschen heute in Opposition zueinander stehen, in der Familie und im Freundeskreis. Wegen verlogener Doktrinen und den lebensverändernden Entscheidungen, die die Leute deshalb treffen müssen, werden zwischenmenschliche Bindungen auseinandergerissen. Der Widerstand gegen alles, was nicht zu den eigenen Überzeugungen passt, führt inzwischen zu Ablehnung, Entfremdung ... sogar zu offenem Hass.

Wer von uns hat nicht schon erlebt, dass sich Familienmitglieder oder Freunde von uns zurückzogen, wenn wir nicht bereit waren, deren auf der staatlichen Propaganda beruhenden Überlebensregeln zu befolgen?

In diesem Sinne bin ich mir sehr wohl bewusst, dass ich, indem ich in diesem Buch das »größere Bild« des spirituellen Krieges schildere, bei vielen Menschen Empörung auslösen werde – vor allem bei denjenigen, die das Narrativ glauben, mit dem sie von den Mainstream-Propagandisten gefüttert werden.

Es ist nie leicht, das Böse und Destruktive aufzudecken, besonders wenn man versucht, einen geistigen Rahmen zu finden, von dem aus man es objektiv untersuchen kann.

Ich wusste, dass ich bereit sein musste, an einigen Käfiggittern zu rütteln und mich den Konsequenzen zu stellen, die es nach sich zieht, wenn man die Überzeugungen der Menschen in Frage stellt – und dann so vielen Leuten wie möglich dabei zu helfen, der Bestie direkt in die Augen zu blicken.

Ich war dazu bereit, Gott sei Dank. Und ich habe es getan. »Was kümmern uns die Torpedos? Volle Kraft voraus!«

> ·:· <

Krieg ist überall – Menschen gegen Menschen, Nationen gegen Nationen. Dass gezielt bei so vielen Teilen der Weltbevölkerung niedrigste Emotionen aufgewühlt und die Spaltungen zwischen den Menschen immer mehr eskaliert werden, dient als energetisches Futter für die Tyrannen, die versuchen, unsere schöne Erde in einen leblosen, elenden Gefängnisplaneten zu verwandeln. Sie erfreuen sich an immerwährendem Krieg, an Unwohlsein und Leid sowie an der Lust zur Zerstörung. Als vampirische Kreaturen ernähren sie sich von der Angst, die sie aus dem adrenalingeladenen Ethos aller Spezies – vor allem der unseren – heraussaugen. Leider haben sie, wie viele von Ihnen nur zu gut wissen, eine Vorliebe für die Kinder: je jünger, desto besser.

Sie müssen uns in einen ständigen Kampf gegeneinander verwickeln, denn sie glauben, dass wir, solange wir in eine scheinbar unumkehrbare Spaltung auf allen Ebenen verwickelt sind, niemals zur Einheit zurückfinden werden, die uns ermutigen und ermächtigen würde, uns gegen sie zu erheben.

Wie falsch sie doch liegen!

Wir erleben, wie ihre Macht langsam schwindet. Ihre Machenschaften verlaufen nicht nach Plan, weil sie in ihrem Krieg gegen die freien Männer, Frauen und Kinder der lebendigen Erde einen gewaltigen strategischen Irrtum begangen haben, einen entscheidenden Fehler. Sie haben die Größe des menschlichen Geistes unterschätzt. Geist? Das ist für sie unvorstellbar. Sie wandeln nicht auf dem Weg Gottes und glauben nicht an die Unsterblichkeit der Seele. Die Größe und die Möglichkeiten des Menschen können sie nicht einmal ansatzweise begreifen, weil sie uns für minderwertiges, geistloses Vieh halten. Sie haben sich entschieden, sich gegen die Liebe zu stellen, denn das ist alles, was sie kennen: die kalte, dunkle Höhle … die Beschwörung … die Versklavung durch den Dämon.

Und sie verfluchen das Licht. Wie die böse Hexe von Oz schrumpft der Dämon und wird zu Staub, wenn ein gebündelter Strahl der Liebe seine schattenhaften Mauern durchdringt. Sie glauben, dass das Licht sie verbrennen und zerstören wird, und sie sind entschlossen, es auszulöschen, bevor es sich in den Gefängnissen ihrer verlorenen Seelen ausbreitet.

Doch können sie unsere Flamme nur auslöschen, wenn sie einen Weg finden, das Strahlen des göttlichen Codes in uns zu verdunkeln – die Kerze unseres kollektiven Geistes auszublasen und alles zu untergraben, was uns menschlich macht.

Daran arbeiten sie zur Zeit. Es ist, meine lieben Mitstreiterinnen und Mitstreiter, ihr Endziel.

Zu keinem anderen Zeitpunkt in der Geschichte wurde die Strategie des Diktators Julius Caesar »divide et impera« (teile und herrsche) so dreist und empörend angewandt wie heute, wo dies in Gestalt eines permanenten Weltkriegs geschieht. Es geht nicht bloß um territoriale Expansion und Eroberung, denn diese Globalisten glauben ja, dass ihnen der gesamte Planet längst gehört. Nein, es ist Armageddon – die Schlacht zwischen Dunkelheit und Licht, die von einer Kabale luziferischer Despoten, besessener Hochstapler und ihrer Dämonen gegen das Eine Herz des Geistes geführt wird.

Und unsere Seelen sind die ersehnte Beute, auf die sie es abgesehen haben.

Unser Problem im einundzwanzigsten Jahrhundert hat nichts mit der Absicht des einen oder anderen despotischen Führers zu tun, in ein Nachbarland einzumarschieren oder die Lebenskraft des eigenen Landes zu ersticken. Das ist alles nur Tarnung, wo auch immer es sich abspielt. Es geht nicht um einen Hitler, einen Stalin oder irgendeinen anderen allmächtigen Diktator … auch nicht um die derzeit installierten Marionetten in den Regierungen. Wenn wir uns lediglich gegen einen dieser Akteure erheben, ist das praktisch nutzlos und letztlich selbstzerstörerisch, denn wie bei dem griechischen Ungeheuer Hydra werden für jeden, der untergeht, zwei weitere aufstehen. Wir müssen begreifen, dass wir gegen ein vielköpfiges Ungeheuer kämpfen, dessen Tentakel den gesamten Globus umschlingen.

Um diese Monstrosität zu überwinden, ihre Herrschaft über den Planeten zu beenden, müssen wir das Übel an der Wurzel packen – an seinem absoluten Kern – oder wir werden uns niemals von ihm befreien. Niemals. Dafür ist es notwendig, dass wir diese Bestie wirklich verstehen: Was ist das Feuer in ihrem Bauch, was nährt ihren unersättlichen Hunger und was ist ihr ultimatives Ziel?

Die Wurzeln des Bösen bleiben ein dunkles und unergründliches Geheimnis. Wir fragen uns: »Warum ist es so, dass auf der physischen Ebene diese Polarität herrscht, dieser scheinbar endlose Kampf zwischen Dunkelheit und Licht, und wann werden wir wirklich daraus befreit?« Wenn wir die Weisheit eines allwissenden Gottes betrachten, der den Abgrund geschaffen hat, damit wir, die Funken seines göttlichen Lichts, den freien Willen haben, selbst zu wählen, können wir uns nur fragen, warum diese Bosheit so intensiv sein muss, warum so viele Seelen, so viele unschuldige Wesen unerträgliches Leid erdulden müssen.

Wie können wir uns wahrhaft mit der bösen Macht aussöhnen – wenn sie doch eine göttliche Schöpfung und keine separate, gegnerische Macht ist, muss sie dann so allumfassend und undurchdringlich dunkel sein? Die offensichtliche Antwort, die immer wieder in unseren Seelen erklingt, lautet: »Ja, das muss sie!« – Und zwar so lange, bis wir unserer Seelenaufgabe wirklich Ehre machen, uns nicht mehr fürchten und unsere eigene Göttlichkeit in ihrem ganzen strahlenden Glanz entfalten. Die dunkle Macht muss so unglaublich mächtig sein, dass sie uns keine andere Wahl lässt, als uns endlich gemeinsam zu erheben und wie eine unermessliche Flutwelle gegen das Böse anzustürmen. Und das Böse muss uns so allmächtig erscheinen, damit wir keinen anderen Ausweg mehr sehen, als uns im Gotteslicht – der allmächtigen Kraft der unendlichen, bedingungslosen Liebe – zu behaupten und dann, in diesem Strahlenglanz, furchtlos die finsteren Hallen des Bösen mit dem ewigen göttlichen Licht zu fluten.

Nur dann werden wir die Unermesslichkeit unserer galaktischen Mission wirklich erkennen und begreifen – heute hier auf Erden und morgen weit darüber hinaus.

Letztlich besteht die große Kluft, die wahre soziale Spaltung auf dem Planeten Erde, zwischen den Superreichen und der wachsenden Zahl der Armen: zwischen der Elite und den hart arbeitenden oder entrechteten Menschen. Ist es nicht erstaunlich, wie es der herrschenden Klasse gelungen ist, unsere Wahrnehmung so umzulenken, dass wir uns auf die ideologischen und sozialen »Unterschiede« zwischen uns fixieren – uns deswegen sogar gegenseitig bekämpfen –, obwohl wir doch eigentlich mit vereinten Kräften die Superreichen und Mächtigen, die Puppenspieler, herausfordern müssten? Sie schüren ständige soziale Konflikte, betäuben uns mit ihren Giften, inszenieren Terror und Kriege, während wir weiterhin ein Drittel oder mehr von allem, was wir verdienen, an die Regierung abführen, und zwar aufgrund einer willkürlichen Steuerstruktur – die natürlich von den Superreichen entworfen wurde. Die unendliche Geschichte des Machtmissbrauchs beruht auf Blut, Schweiß und Tränen der Arbeiterklasse und stützt sich auf die Privilegien jener, die Recht und Gesetze so manipulieren, dass sie selbst immer mehr Reichtum anhäufen können, während wir, das Volk, immer ärmer werden.

Dieses korrupte System schöpft die Gelder ab, die es den Reichen erlauben, das ganze Land aufzukaufen, mit ihren Megayachten spazieren zu fahren, in ihren Privatjets zu fliegen und in bewachten Stadtvierteln ein pompöses Luxusleben zu führen – wohl wissend, dass, wenn wir, das »gemeine Volk«, die »nutzlosen Esser« (wie sie uns gerne nennen), uns jemals vereint gegen sie erheben, die Tore ihrer abgeschotteten Luxusanwesen einstürzen würden … und damit ihre obszöne Macht und ihr Missbrauch ein Ende hätten.

Wir müssen diesen Mechanismus verstehen, um zu begreifen, wie wir durch die Verschärfung all dessen, was uns im Lauf der Geschichte in gegnerische Lager gespalten hat – Rasse, Religion, Reichtum, Nationalismus und verlogene, vor allem auf die Manipulation der Schlechtinformierten abzielende politische Ideologien. Und jetzt haben sie weitere Spaltungen geschaffen: zum Beispiel Gender,

»woke« Sprachregelungen, die Verschärfung des irrationalen rassistischen Hasses und die neuesten, dogmatisch spaltenden Pro- oder Anti-Impf-Haltungen – wählen Sie Ihr bevorzugtes Gift.

Der Aphorismus »Wer nicht für uns ist, gehört zu den Terroristen« vergrößert die Kluft, die uns trennt.

»Wenn du nicht geimpft bist, heißt das, dass du mich umbringen willst« und »Wenn du für Putin bist, bist du ein Nazi-Extremist« sind die neuesten öffentlichen Verurteilungen, die existenziell bedrohlich für die Betroffenen werden können – und alle dienen sie dem gleichen Zweck: spalten, um zu erobern.

In dieser Welt nach 2020 spüren wir täglich, wie der Schraubstock der Unterdrückung die gesamte Zivilisation immer mehr einzwängt. Fast niemand – vor allem nicht diejenigen unter uns, die sich weigern, die sich nicht fügen – entkommt dem Joch dieser erdrückenden Beschränkungen. Diese uns autokratisch aufgezwungene Neue Weltordnung weist uns mit ihren weitreichenden Kontrollen in die Schranken, kesselt unseren Verstand ein und tritt unsere bürgerlichen Freiheiten mit Füßen.

Überall auf der Welt wird die Stimme der Freiheit eingeschüchtert, unterdrückt und zum Schweigen gebracht, usurpiert durch die von den Mainstream-Medien verbreiteten falschen Narrative und Verzerrungen der Realität. Diese Medien gehören den Globalisten und werden von ihnen kontrolliert. Möglicherweise wissen Sie nicht, dass satte neunzig Prozent der Medien, die die Weltbevölkerung mit Propaganda füttern, sechs Mega-Mediengiganten gehören: General Electric, News Corp, Disney, ViaCom, Time Warner und CBS. Wenn Sie also immer noch glauben, Sie hätten bei dieser als Nachrichten getarnten Propagandamaschinerie eine Wahl- und Meinungsvielfalt – vergessen Sie es! Sie haben keine Wahl. Sechs korrupte Mediengiganten kontrollieren so ziemlich alles, was Sie in den Mainstream-Medien lesen und sehen – alles, von dem Ihnen in diesen Medien suggeriert wird, es handele sich um eine »wahre und ausgewogene« Darstellung dessen, »was auf der Weltbühne vor sich geht«.

Diejenigen von uns, die eine Alternative zur Mainstream-Propaganda anbieten, kämpfen darum, die Stimme der Freiheit am Leben zu erhalten, aber die Kommunikationskanäle schließen sich rapide. Unsere Brücken werden bombardiert, eine nach der anderen stürzt ein und wird von reißenden Flüssen davongespült. Es ist ein täglicher Kampf, nicht zum Opfer der »Cancel Culture« zu werden. Ich weiß genau, wie sich das anfühlt – ich habe es selbst erlebt. Und ich kenne die Ignoranz derer, die das vorantreiben.

So laufen, wie es scheint, heutzutage die Dinge. Es ist ein trauriger Zustand … ein Zeugnis der extremen Polarität, die heute die Gesellschaft spaltet. Entweder man fügt sich und macht sich das Narrativ zu eigen, oder man ist erledigt.

Aber ich bin nicht erledigt – ganz im Gegenteil. Ich bin umso entschlossener, denn ich weiß, dass die Wahrheit schließlich ihren Weg durch Hindernisse, Leugnung und Lügen finden wird.

Das dürfen wir nie vergessen.

Wir dürfen niemals der Ignoranz der Schulhofschläger nachgeben und uns zwingen lassen, unseren Glauben oder unser Recht, diesen Glauben auch auszusprechen, aufzugeben, nur weil jemand unser Schweigen fordert.

Aus den Flammen, dem Rauch und der Asche erhebt sich der Phönix zu einem Neuanfang.

Wir haben jetzt ein viel klareres Bild von der zentralisierten globalistischen Macht, die danach trachtet, den gesamten Planeten zu besitzen und jede biologische Einheit, die ihn bewohnt, zu klassifizieren. Unbeirrt in ihrer Manipulation des öffentlichen Diskurses und überzeugt von ihrer Unbesiegbarkeit, kommen sie aus ihrem Versteck und lassen die Maskerade ihrer vorgetäuschten Philanthropie fallen. Hinter dieser Fassade offenbart sich ihre wahre gestaltwandlerische und bösartige Natur.

Ihre Macht über die High-Tech-Industrie ermöglichte es ihnen, erfolgreich unseren Zugang und unsere Redefreiheit in den sozialen Medien zu kontrollieren, unsere Fragen und Antworten zum Schweigen zu bringen und so gut wie jede Diskussion oder

Debatte über irgendetwas in der soziopolitischen Arena zu verhindern – und damit heutzutage so gut wie alles, wenn man bedenkt, wie vollkommen politisiert unser heutiges gesellschaftliches Leben ist. Wir sollen nichts aufdecken, von dem diejenigen, die unsere Welt beherrschen, nicht wollen, dass die hypnotisierten Massen es erfahren. Wir dürfen keine Alternativen anbieten, um die Menschen aus ihrer Verzweiflung und Ohnmacht herauszuholen und ihren Geist zu inspirieren und zu erheben, ihrer persönlichen Verbindung mit dem Göttlichen näher zu bringen. Unter keinen Umständen sollen wir über Gegenmittel zu den Giften von Big Pharma informieren oder alternative Heilmethoden für das vorstellen, was sie nicht heilen wollen.

Und doch finden wir unseren Weg, wie ein Grashalm, der sich durch einen Riss im Pflaster schlängelt und keine andere Bestimmung kennt, als sich zur Sonne emporzustrecken … keinen anderen Zweck, als zu leben, zu wachsen und das Licht zu suchen.

Ist es für uns denn nicht an der Zeit, nach den Sternen zu streben? Ganz gleich, wie viele Jahre uns hier auf diesem wunderschönen Planeten Erde noch bleiben werden, und einerlei, was sich in dem illusionären 3D/4D-Übergangsfeld, in dem wir uns gerade befinden, auch abspielen mag: Wir sind dazu bestimmt, das Leben zu feiern, nicht, es zu fürchten.

Dafür sind wir hier – um das Leben zu feiern.

Die Morphogenese des Lebens auf diesem Planeten bestimmt, wie wir wachsen. Sie erinnert uns an die göttliche Weisheit in uns allen – und daran, wozu wir fähig sind: von abstrakten Gedanken und Wahrnehmungen bis hin zur unglaublichen Weisheit in unserer mikroskopischen DNA, deren Aufgabe es ist, Neues zu gebären, loszulassen, was uns nicht mehr dient, den heiligen Wandteppich unseres Zellgedächtnisses zu weben und die blühende Gesundheit und optimale Leistungsfähigkeit unseres Körpers zu bewahren.

Es ist Teil unser Zellstruktur, dass wir danach streben, in Harmonie mit der Erde zu leben, gut zu gedeihen und unsere Welt mitzugestalten – uns an Hindernissen vorbeizuarbeiten wie ein Grashalm im Asphalt … einfach und rein, geführt von und verbunden mit der göttlichen Quelle, wie auch immer wir diese wahrnehmen. Es ist alles in der Sprache unserer DNA niedergeschrieben, des göttlichen Bauplans aller Lebewesen, die keine künstliche Korrektur (durch Injektionen oder andere Mittel), keine aufgezwungene Einmischung oder Umgestaltung nötig hat.

Würden wir uns doch nur daran erinnern, dass wir das Licht Gottes sind! Dieses Licht ist in uns, nicht außerhalb von uns. Und wenn wir uns für diese Göttlichkeit in uns öffnen und wissen, was für eine unglaubliche Macht wir wirklich besitzen, kann es keiner der gegnerischen Mächte, die uns vernichten wollen, jemals gelingen, die Sonne in uns und um uns herum so zu verdunkeln, dass sie das unendliche Licht blockiert: egal, was sie tun … egal, wie verzweifelt sie es versuchen.

Die Oligarchen, die versuchen, den Planeten zu entvölkern und uns darauf zu programmieren, nur zu denken und zu tun, was sie wollen, möchten uns am liebsten einfach »abschalten«, wenn wir es wagen, sie herauszufordern. Ein Menschenleben zählt für sie nicht. Aus ihrer verzerrten Perspektive ist es umso besser, je weniger von uns, dem gemeinen Volk, existieren. Wir sind lediglich ein Hindernis für ihr ultimatives Ziel, den gesamten Planeten zu besitzen: unter der Oberfläche, in einer Unterwelt aus gut ausgestatteten, luxuriösen Bunkerstädten. Auf der Erdoberfläche beabsichtigen sie, jeden Quadratkilometer – auch die Ozeane – von allen übrig gebliebenen biologischen Menschen und überhaupt allen natürlichen Lebensformen zu säubern, die ihnen im Weg stehen.

Es überrascht nicht, dass diese Klasse von Individuen, deren perverser Wunsch es ist, die natürliche, evolutionäre Entwicklung der Lebewesen auf diesem Planeten zu beenden, stets über sämtliche Finanzmittel zur Durchsetzung ihrer Agenda verfügt. Sie besitzen unendlichen Reichtum und unendliche Ressourcen, und sie kontrollieren das globale Währungssystem. Im Vordergrund steht bei ihnen fast immer die gemeinsame Absicht, die Menschheit in ein Kontrollnetz einzubinden, in dem jeder mit dem von ihnen so genannten »Internet der Körper« (Internet of Things) verbunden ist, während wir zu roboterhaften, seelenlosen Wesen gemacht werden, die wie Automaten auf KI-Befehle reagieren. Sie haben die Macht und das Geld, um alles und jeden zu korrumpieren und zu überreden und so ihre Agenda voranzutreiben.

Es lässt sich nicht leugnen, dass diese »Menschen« nach einem anderen Rhythmus tanzen. Man könnte argumentieren, dies läge daran, dass sie völlig in ihrer linken Gehirnhälfte gefangen sind und nicht wissen, wie sie ihre Emotionen ausdrücken können, und dass sie deshalb so starr wirken und sich in ihrer (menschlichen?) Haut unwohl zu fühlen scheinen. Vielleicht sind sie auch eine außerirdische Spezies – Reptiloide –, die den Planeten übernehmen wollen. Können wir das wirklich ausschließen, nach allem, was wir heute wissen? Ebensogut könnte es sein, dass sie menschliche Roboter sind, eine seltsame neue Form von Cyborg-Wesen, die nur noch äußerlich biologischen Menschen ähneln. Vielleicht sind sie auch an den Zentralcomputer angeschlossen und eine Künstliche Intelligenz weist sie an, dem menschlichen Gehirn eine Miniaturfestplatte oder einen RFID-Peilsender in den Arm oder die Stirn zu implantieren, um ein totales Überwachungsszenario zu verwirklichen … oder uns auf zellulärer Ebene – in der DNA – zu verändern, während wir darauf vorbereitet werden, unsere Biologie dem Bienenschwarmgeist der Borg zu überlassen.

Wir befinden uns in einer Realität, die jede Science-fiction übersteigt! Es ist also höchste Zeit, dass wir die schwierigen Fragen stellen, trotz des Spottes und der Diffamierung, denen wir uns aussetzen, wenn wir das hinterfragen, was uns als Realität präsentiert wird. Darüber hinaus sind wir es dem **Jetzt** unserer Existenz schuldig, dass wir die Antworten finden und mit der ganzen Macht und Kraft unserer vereinten Entschlossenheit und Vision handeln.

Es ist an der Zeit, unser göttliches Erbe anzutreten und die Aufstiegsspirale zu unserer Bestimmung zu erklimmen. Entweder wir behaupten unsere menschliche Souveränität und machen Gebrauch von unserer Macht, uns selbst und unsere Welt zu heilen, oder wir werden beides verlieren.

Wir sind ganz unterschiedliche Wesen mit einzigartigen Ideen und Meinungen, so sehr diese auch durch hypnotische Gedankenkontrolle und Gruppendenken manipuliert und homogenisiert wurden. Dennoch sind wir alle Menschen – noch jedenfalls. Wir müssen frei sein, unseren angeborenen Intellekt zu nutzen, um unsere Ideen zum Ausdruck zu bringen, andere Auffassungen zu hinterfragen und uns in freien Foren – in öffentlichen Versammlungen und über das Internet – auszutauschen, um in Echtzeit Lösungen zu finden. So werden wir in der Lage sein, neue Wege zum Erleben und Verstehen der Welt zu ebnen, die wir durch unsere Existenz unaufhörlich miterschaffen.

Grundlegende Freiheit beginnt dort, bei unserer freien Meinungsäußerung und einem ungehinderten gegenseitigen Meinungsaustausch. Ohne das sind wir nur einen Schritt davon entfernt, auf unbestimmte Zeit in Konzentrationslagern und Kerkern eingesperrt zu werden, wie sie in Australien, Kanada, China und den Vereinigten Staaten (FEMA-Camps) gebaut und sogar schon betrieben werden. Angeblich sind sie als Isolationszentren für »Ansteckende« gedacht, aber es scheint, dass ihr wahrer Zweck darin besteht, diejenigen »umzuerziehen«, die es wagen, die enge Bandbreite des »akzeptierten« Denkens in Frage zu stellen. Der Wille derjenigen soll gebrochen werden, die das Narrativ in Frage stellen – jenes Narrativ, das Milliarden von Menschen dazu brachte, sich für eine Geschichte nach der anderen, eine Lüge nach der anderen ihre Freiheiten wegnehmen zu lassen …

Werden die Verwalter dieser Gefängnisse Implantate einsetzen, um das Bewusstsein ihrer Gefangenen zu verändern, so dass sie sich nicht mehr daran erinnern, wer sie waren und was sie einst frei glauben konnten? Das ist durchaus möglich.

Zu diesem Zweck werden wir mit immer neuen Bedrohungsszenarien konfrontiert. Unsere »inakzeptablen Gedanken« und die Worte, die wir verwenden, werden auf jede erdenkliche Weise zensiert, bis hin zur Vernichtung der Sprache selbst. Jeden Tag verlieren wir Worte an die getarnten Richter dieser selbsternannten Sprachpolizei, die es sich zur Aufgabe gemacht hat, das zu zerstören, was wir einst für unser unveräußerliches Recht hielten: die Redefreiheit, den offenen Dialog und den freien künstlerischen Ausdruck.

Wie konnten wir so leichtsinnig sein, unsere Freiheit – so lebenswichtig wie die Luft zum Atmen – als selbstverständlich anzusehen?

Leider zerfällt dieses Recht vor unseren Augen in einem unglaublichen Tempo. Die Meinungsäußerungen Andersdenkender werden aus allen Medien gestrichen. Klassische Filme und Bücher werden verboten und verbrannt. Bibliotheken werden langsam in Pornoläden für die Jugend umgewandelt. Geschichte und Kultur werden aus den Aufzeichnungen gelöscht. Sogar Wörter – unschuldige Wörter – werden für »illegal« erklärt.

Wenn das keine Bewusstseinskontrolle ist, die darauf abzielt, unsere Kultur zu zerstören und unsere Menschlichkeit zu vernichten, was ist es dann?

Und so werden wir zu stimmlosen, gehorsamen und willigen Sklaven dressiert – weitaus unterwürfiger, als wir es je zuvor waren –, gebunden an eine globale Agenda, die weit schlimmer ist, als wir es uns je hätten vorstellen können. Sie wollen uns glauben machen, wir wären ihnen gegenüber machtlos, so dass wir uns entweder unhinterfragt vor unseren Herren verneigen oder uns ihren Strafmaßnahmen unterwerfen, durch die wir (vorerst) metaphorisch zur Unterwerfung gepeitscht werden. Sie haben die Mittel dazu, und sie setzen sie aktiv gegen uns ein, während sie uns gleichzeitig wissen lassen, dass der Zweck ihre Mittel heiligt, egal welche Gräueltaten sie uns zufügen.

Diejenigen, die es wagen, die Wahrheit aufzudecken und die schmutzigen Geheimnisse zu enthüllen, wie unser Bruder Julian Assange, haben bereits Diffamierung, extreme psychische Misshandlung, körperliche Folter und Inhaftierung erlitten – all das bis hin zur absoluten Vernichtung ihrer Existenz, nur weil sie ihr Leben dafür riskiert haben, für die Wahrheit einzustehen, damit wir unsere Freiheit zurückgewinnen können … damit die Menschheit eine Überlebenschance hat.

Es scheint, als würden täglich neue Verlautbarungen uns vor einer zweigeteilten globalen Gesellschaft warnen: eine für die Gehorsamen, eine andere für die Andersdenkenden, die Nicht-Gehorsamen. Sie verschieben die Endzone immer weiter nach unten, studieren den menschlichen Widerstand jedes Mal, wenn sie den Torpfosten verschieben, und messen, wie weit sie gehen können, bevor wir schließlich rebellieren … bevor das Spiel vorbei ist.

Trotz der offensichtlichen Übergriffe der Regierung auf allen Ebenen beugt sich die Mehrheit der Menschen immer noch bereitwillig. Viele sind unschuldig und versuchen, das zu tun, was sie für sich selbst, ihre Lieben und die Gemeinschaft für richtig halten – um sich vor dem von der Propaganda beschworenen Feind zu schützen. Andere sind mitschuldig, alle mit einem anderen Preisschild an ihrer Ethik und Moral, und ihrer eigenen Seele.

Wir sind Zeuge der Entstehung einer gewalttätigen Mob-Mentalität, bei der vernünftige Menschen den Bezug zur Realität verlieren und die selbsternannte herrschende Klasse, die sie in ihrem manipulativen Griff hat, dazu auffordern, die grausamsten Strafen an denjenigen zu vollstrecken, die in Opposition zu ihrem Massendenken stehen – sogar, wenn es sich bei ihnen um Freunde und Familienangehörige handelt! Keiner wird verschont. Wer hätte zum Beispiel je gedacht, dass Millionen Menschen so weit mitmachen und sich fügen würden, dass sie ihre Regierungen bereitwillig dazu ermächtigen, Menschen zu inhaftieren oder sogar hinzurichten, die die experimentellen chemischen/synthetischen Injektionen ablehnen, die an die ganze Weltbevölkerung verteilt werden sollen?

Haben wir denn aus den Nazi-Verbrechen im Dritten Reich und den Nürnberger Prozessen nichts gelernt?

Wie konnten wir so tief sinken, und derart schnell? Es ist, als würden wir ins alte Rom zurückversetzt, in die Zeit unbarmherziger Kaiser und Sklavenhalter – als abgestumpfte Zuschauer, unter Preisgabe ihrer Menschlichkeit, brutalisierte Gladiatoren im Kolosseum anfeuerten und zum Kampf auf Leben und Tod aufforderten: ohne anzuerkennen, dass die zu dieser Volksbelustigung gezwungenen Krieger-Sklaven Menschen wie sie selbst waren … ohne daran zu denken, dass sie, die braven Bürger des Römischen Reiches, nur einen Fehltritt davon entfernt waren, ebenfalls den

Löwen zum Fraß vorgeworfen zu werden, zur Unterhaltung und damit die Herrschenden ihre Macht demonstrieren und ihre blanke Mordlust ausleben konnten.

Man kann also sagen, dass die Bürger gut daran taten, sich dem Diktat der Kaiser zu unterwerfen und den Zehnten an Caesar zu zahlen, wenn ihnen ihr Leben lieb war – damals, im Klassensystem der römischen Gesellschaft und ihrer Gewaltherrschaft über jene Länder, die von den Römern brutal geplündert und erobert wurden. Heute jedoch erstreckt sich das »Imperium« über den gesamten Planeten. Es verschlingt alles, überall: Erde, Meer und Himmel. Nicht einmal die großen Ozeane und die Lebensformen, die dort einst gediehen, bleiben von der Gier und dem Machthunger dieses Imperiums verschont. Die allmächtigen Lenker dieser rücksichtslosen Globalherrschaft sind entschlossen, alles Leben auf dem Planeten zu überwachen, wobei ihr besonderes Augenmerk der menschlichen Spezies gilt. Alle Territorien sollen ihnen als persönliche Spielwiese dienen, und sie sind fest entschlossen, selbst einer stark reduzierten menschlichen Bevölkerung dort immer noch den Zutritt zu verwehren und zu verhindern, dass ihnen ein gedeihliches Leben möglich ist.

Wir sind fast acht Milliarden Menschen, gefangen in den Klauen von wenigen tausend »Blaublütern«, deren Herkunft bestenfalls fragwürdig ist. Ist es zu fassen, dass wir uns immer noch vor diesen Königen und Königinnen verneigen?

Kann mir jemand erklären, warum wir das immer noch tun und warum wir immer noch ihre Imperien finanzieren?

Es wird immer deutlicher, dass diejenigen, die in diesem System – der Neuen Weltordnung – die Macht übernommen haben, ein Programm zur Auslöschung des Lebens auf diesem Planeten eingeleitet haben, das im Jahr 2030 seinen Höhepunkt erreichen soll. Es sieht vor, die Bevölkerung drastisch zu reduzieren und eine große Zahl biologischer Menschen in technologisch kontrollierte transhumanistische Roboter zu verwandeln.

Wenn wir uns jetzt nicht aus den Klauen der Unterdrücker befreien, wird das Licht des menschlichen Bewusstseins immer mehr verdunkelt. Schließlich soll es ganz erlöschen, und die Menschen sollen in den von Künstlicher Intelligenz gesteuerten Borg aufgehen. Das können wir nicht zulassen.

Doch in dem Damm, der den Fluss der menschlichen Freiheit seit Jahrtausenden zurückgehalten hat, zeigen sich jetzt immer mehr Risse. Die Zementmauern zerbröckeln unter dem Gewicht wachsender Teile der Menschheit, die anfangen, sich zu wehren und sich geschlossen dem Unterdrücker entgegenzustellen.

Die Minderheit wird bald die Mehrheit sein. Das Große Erwachen hat begonnen.

Und wenn diese Mauern erst einmal gefallen sind, wird niemand sie wieder aufbauen.

Nie wieder.

Die Flut der Befreiung der Menschheit wird so gewaltig sein, dass sie das Alte wegspült und die Erde reinigt, um das Neue zu säen, so dass wir unsere geliebte Erde endlich von den Konstruktionen einer perversen Realität befreien und mit dem göttlichen Dekret fortfahren können, wegen dem wir hierher gekommen sind: um bei der Wiedergeburt Gaias in die höheren Dimensionen zu helfen, heraus aus der Dichte und der Verschlimmerung der polaren Extreme.

Es ist so schwierig für uns, wirklich zu begreifen, womit wir es zu tun haben, weil wir den unermesslichen Abscheu, der den Hass dieser Unterdrücker antreibt, nicht ergründen können. Was wir jedoch wissen, ist, dass es noch nie dagewesenen Mut, Entschlossenheit und Heldentum von so vielen von uns wie möglich braucht, um endlich das Licht der Frömmigkeit auf das »Schlachtfeld« zu bringen und die dunklen Krieger zu besiegen.

»*Was Menschen Übles tun, das überlebt sie, das Gute wird mit ihnen oft begraben*«, schrieb Shakespeare.

Es ist erschütternd, wie viel schlechtes Karma diese perversen Wesen angehäuft haben und wie viel sie noch erleben werden. Wie viele Umdrehungen auf dem immerwährenden Rad der Reinkarnation werden sie wohl brauchen, um endlich den scheinbar nie endenden Zyklus zu vollenden, der sie an einen obskuren Traumzauber ihrer eigenen Schöpfung fesselt, bis sie endlich bereit sind, ihren Aufstieg auf der Spirale zurück zur Quelle zu beginnen?

Ihr Entwicklungstempo als Individuen liegt in ihrer Hand, wobei die karmische Schuld ihrer Handlungen sie allein betrifft. Es ist, in vielerlei Hinsicht, nicht unser Problem, obwohl wir wissen, dass Mitgefühl hilft, die Dunkelheit aufzulösen. Wie wir auf ihre zerstörerischen Handlungen gegen uns reagieren, liegt jedoch ganz in unserer Verantwortung … und es ist unser Recht, selbst zu entscheiden, was wir als Individuen und als globale Gesellschaft tun. Die Caesaren unserer heutigen Welt verfügen über eine unfassbare zerstörerische Macht – und wir sind gut beraten, das nicht länger zu leugnen.

Wir haben es lange genug ignoriert. Diese Ignoranz hat nichts Gutes bewirkt, denn letztlich haben wir das Unvermeidliche nur hinausgezögert. Vielmehr müssen wir ihre destruktive Kraft untersuchen und hinterfragen. Wir müssen ihre Stärken erkennen, ihre strategischen Züge vorhersehen und in unserem göttlichen und gesegneten Licht aufrecht stehen, wo immer wir zur Zielscheibe ihres Hasses werden … wo immer die Dunkelheit versucht, das Licht der Liebe auszulöschen.

Wenn das Krieg bedeutet, dann soll es so sein. Es gibt viele Wege, einen Krieg zu gewinnen.

Lasst uns unsere Lichtschwerter und göttlichen Schilde erheben in furchtlosem, friedlichem Widerstand und in Einigkeit, der Wahrheit und Gerechtigkeit verpflichtet.

Die meisten von uns sind herzensgute, friedliche Seelen, die sich die Trockenheit eines Lebens ohne Liebe, ohne Freude nicht vorstellen können. Wir besitzen die Fähigkeit, Mitgefühl für verlorene Seelen zu empfinden – selbst für die dunkelsten, egal, wie hasserfüllt sie sind … egal, wieviel Verachtung sie uns entgegenbringen. Wir müssen zur Vergebung fähig sein, wenn wir jemals diese Kluft zwischen uns heilen und den großen Mantel der Dunkelheit auflösen wollen, der versucht, das Licht des Sterns, der uns nährt, zu blockieren – eine Kraft von unermesslicher Bosheit, die nichts anderes will, als unsere Welt in Düsternis und Elend zu hüllen.

Tief in uns allen – für einige schwerer zugänglich als für andere – wissen wir, dass Wahrheit, Liebe und Integrität das Einzige sind, was wirklich zählt, das Einzige, was unserem Leben hier auf der

Erde und darüber hinaus einen Sinn gibt. Sogar diejenigen, die sich ins Drama dieser vergänglichen Stunde in der irdischen Realität verwickeln ließen – diejenigen, die Angst, Wut und Hass gewählt haben –, werden schließlich zu den erhabeneren Aspekten ihrer eigenen Existenz aufsteigen. In diesem vierdimensionalen Feld der Zeitlosigkeit kann sich das wie eine Ewigkeit anfühlen oder wie ein Augenblick – ein Blitz –, wenn der bewusste Geist es will.

Ich hoffe, dass alle Wesen – auch die dunkelsten – diesen Prozess beschleunigen und zur Liebe von Alles-was-ist-immer-war-und-immer-sein-wird zurückfinden können.

> ∴ <

Ich gebe zu, dass ich in gewisser Weise eine Rebellin bin. Ich habe noch nie jemandem oder etwas gehorcht, und ich habe nicht vor, jetzt damit anzufangen. Soweit ich mich zurückerinnern kann, habe ich mein Leben damit verbracht, gegen Ungerechtigkeit zu protestieren und Autoritäten in Frage zu stellen.

Das hat immer definiert, wer ich bin und warum ich hier bin, und das wird bis zu meinem Todestag so bleiben.

Daher wage ich es tatsächlich, wie ich es immer getan habe, die beißende Wahrheit über das, was sich jetzt auf unserem Planeten abspielt, kundzutun: Es handelt sich um einen seit Jahrzehnten voranschreitenden spirituellen Krieg, dessen Mission es ist, die menschliche Seele zu stehlen und das Gotteslicht in uns allen zu verdunkeln. Es ist ein Krieg, der bereits den Lauf der Zivilisation untergraben hat und der unseren Aufstieg zu höheren Ebenen zu behindern scheint, aber ironischerweise bringt er das Große Erwachen hervor. Es ist ein Krieg, der gegen die gesamte Weltbevölkerung und alle Lebewesen auf unserem geliebten Planeten geführt wird: der Krieg der Kriege … die biblische Apokalypse.

Ob Sie es schon erkannt haben oder noch nicht, wir sind mittendrin. Dieser Krieg betrifft uns alle und richtet sich gegen unsere gesamte globale Zivilisation.

Wir erleben ein Armageddon.

Nach Abwägung all dieser Überlegungen wurde mir klar, dass ich, wenn ich weiterhin als Kriegerin dem Licht dienen will, nicht nur niemals mein Privatleben über meine Mission, der Menschheit zu dienen, stellen kann, sondern auch nicht die Informationen, die ich in diesem Buch preisgeben wollte, verwässern durfte, um den Dämon irgendwie abzulenken und hoffentlich unerkannt unter dem Radar weiterzumachen. Dafür ist es jetzt, nach all den Jahren, ohnehin zu spät. Nach einem Dutzend veröffentlichter »kontroverser« Bücher, zahllosen Interviews und einer beachtlichen Präsenz in den sozialen Medien ist für mich die Zeit längst vorbei, in der ich den Dampfwalzen noch ausweichen konnte, die über unsere freien Gesellschaften hinwegrollen und gnadenlos alles und jeden niederwalzen, das oder der sich ihnen in den Weg stellt.

Das Einzige, was ich zu tun weiß, ist, mich mutig vor sie zu stellen, wie der unbekannte Demonstrant auf dem Platz des Himmlischen Friedens, und für meinen Standpunkt einzutreten. Das ist das Einzige, was noch Sinn macht.

So bin ich nun einmal.

Diese allmächtige Unterdrückung beschränkt sich nicht mehr auf Ideen und Meinungen. Nein, inzwischen stehen die Worte selbst unter Beschuss. In dieser zerbrechlichen Zeit menschlicher Interaktion ist fast jede Form der Kommunikation durch »politische Korrektheit«, Zensur und die daraus resultierende Kultur des Ausgrenzens und »Cancelns« aller eingeengt, die es wagen, ihre Ideen frei zu äußern. Es wird immer schwieriger, grammatikalisch korrekt zu sprechen, geschweige denn zu schreiben. Man will uns zwingen, unsere Sprache so zu verstümmeln, dass sie den auferlegten Ideologien und daraus folgenden Denk- und Redeverboten entspricht.

Politiker fordern die Verwendung »politisch korrekter« Wörter. Die Wissenschaft setzt diese Forderung durch: das eingesperrte Wort, die programmierten Gedanken des Bienenschwarms. So viele Menschen sind heute aufgeregt, antagonistisch … und warten nur darauf, sich auf das Pronomen oder Wort zu stürzen, das sie plötzlich als anstößig für ihr Glaubenssystem, ihren Lebensstil, ihre Ethnie, ihre Religion oder ihr Geschlecht empfinden. Aufgrund dieser übertriebenen und manchmal irrationalen Sensibilität sind allzu viele Stimmen und die Weisheit ihrer Worte zum Schweigen gebracht worden und für immer verloren gegangen – und das ist genau so beabsichtigt.

Es scheint, dass wir neuerdings immer mehr Zeit damit verbringen, unseren Sprachgebrauch zu verteidigen oder den eines anderen anzugreifen. Stattdessen sollten wir offen dagegen protestieren, dass man Menschen abstraft und attackiert, nur weil sie es wagen, ein Wort zu verwenden, das nicht in die Grenzen der künstlichen Akzeptanz der 2020er Jahre passt. Die Menschen sind heute geradezu darauf programmiert, sich ständig wegen allem Möglichen beleidigt zu fühlen – eine große Spaltungsstrategie, die von einer eigennützigen politischen Klasse forciert wird, um unter uns allen Misstrauen und Intoleranz zu säen.

Das ist eine große Farce für die Menschheit insgesamt und eine wirklich unermessliche Gefahr für die Zukunft freier Gesellschaften überall auf der ganzen Welt.

Wenn ich dieses Drama sich entfalten sehe, kann ich mich nur fragen: »Wie können wir zur Vernunft zurückfinden? Wie, um alles in der Welt, werden wir unsere Freiheit wiedergewinnen, frei und unzensiert sprechen zu können, offen Ideen kommunizieren zu dürfen, ohne angegriffen und verleumdet zu werden. Werden wir wieder lernen, Andersdenkende zu respektieren und zu akzeptieren?«

Im Orwellschen Zeitalter der KI-Computerbots, der Trolle und der willkürlichen Sprachpolizei, die uns neue gesellschaftspolitische Normen diktieren wollen, drängt man uns an den Rand oder vernichtet gar unsere berufliche Existenz, wenn wir nicht bereit sind, uns diesen Normen zu unterwerfen. Überall um uns herum werden sprachliche Mauern und Zäune errichtet. Sie machen freien Ausdruck und einen flüssigen, lesbaren Stil nahezu unmöglich. Nehmen wir das Beispiel des harmlosen Pronomens, das heute bei Menschen eine solche Wut auslösen kann, dass es zur gängigen Praxis geworden ist, zu erklären, welche Pronomen »akzeptabel« sind, bevor man es wagt, ein Gespräch zu führen. Das wird sogar in die KI-Befehle der sozialen Medien integriert.

Identifizieren Sie Ihre Pronomen – sonst werden Sie verdammt!

Die von uns inszenierte Spaltung ist – etwas für mich eigentlich Unvorstellbares – so tiefgreifend geworden, dass selbst ein einfaches Pronomen das Irrationale auslösen und uns voneinander trennen kann. Sobald ein Schriftsteller nicht mehr die Freiheit hat, einfache Pronomen korrekt zu verwenden, ohne durch diese neu auferlegten Zwänge belastet zu werden, die uns an Pseudosprache und alternativen Bedeutungen ersticken lassen, wird der Fluss der Gedanken und der freie Ausdruck behindert, die Sprache wird künstlich und gestelzt. Deshalb bitte ich Sie um Nachsicht, wenn ich in diesem Buch weiterhin Pronomen verwende, die den literarischen Regeln der englischen Sprache entsprechen und nicht den sich entwickelnden Gesetzen der politischen Korrektheit. Trotz der Versuche, ein neues geschlechtsneutrales Pronomen in der dritten Person zu erfinden, ist es im Englischen immer noch die Regel, hierfür das Wort »him« oder »his« zu verwenden (und im Deutschen »seines« oder »ihres«). So habe ich die Grammatik gelernt, und so möchte ich mich in meinen Texten ausdrücken.

Meine Verwendung der korrekten Sprache ist keine gesellschaftspolitische Aussage. Sie spiegelt keine geschlechtsspezifische Präferenz oder Voreingenommenheit wider – zumindest nicht für mich.

Wenn ich für Gott oder den Schöpfer die männliche Form verwende, bitte ich Sie zu akzeptieren, dass es sich hierbei um ein literarisches Mittel handelt. Es ist nicht im Sinne von geschlechtlicher Überlegenheit oder Voreingenommenheit zu verstehen. Ich persönlich verstehe eine solche Kraft wie den Urschöpfer so, dass sie völlig frei von jeglicher Geschlechtsidentität ist, denn wenn wir uns über die Grenzen unseres dreidimensionalen Verständnisses der Realität hinaus entwickeln, werden wir zu einem einheitlichen Feld verschmolzen: männlich/weiblich, elektrisch/magnetisch.

Bei meinen jahrelangen metaphysischen Studien und Erfahrungen habe ich die männliche Energie immer als das »Elektrische« verstanden, und deshalb verwende ich für die Gotteskraft – den

Funken, den elektrischen Impuls – die männliche Form. Das Weibliche, die große und unendliche kosmische Gebärmutter, feiere und verehre ich als das »Magnetische«. Es hat zusammen mit dem elektrischen Impuls die gesamte Existenz – die gesamte Schöpfung – hervorgebracht und gebiert durch die metaphorisch gesehen vulvaähnliche *Vesica piscis* (die linsenförmige Schnittfläche zweier gleich großer Kreise, etwa in der Blume des Lebens) im gesamten Multiversum immer wieder aufs Neue.

Keines von beidem ist dem anderen überlegen, noch kann eines von beidem ohne sein göttliches Gegenstück existieren: nicht getrennt, wie es im physischen Kontext unseres 3D-Wahrnehmungsrahmens den Anschein hat, auch nicht verfeinert in den höheren Dimensionen und auch eindeutig nicht in der Gottheit, wo alles im Einssein verschmolzen ist.

All diese Hindernisse zu überwinden, bedeutet, sich ganz dem Streben nach Freiheit und dem ungezügelten menschlichen Geist zu verschreiben. Bitte verstehen Sie also meine diesbezügliche Wortwahl nicht falsch, aufgrund von Wortgefängnissen und Nuancen, die uns durch diese modernen Vorstellungen darüber, was ein Pronomen akzeptabel oder anstößig macht, auferlegt werden. Fühlen Sie sich nicht beleidigt, wenn dies gar nicht beabsichtigt ist – das trennt uns als Menschen nur. Spüren Sie stattdessen die Energie hinter den Worten und seien Sie sich bewusst, dass es niemals meine Absicht ist, Sie zu beleidigen. Mein Ziel ist es, das weiterzugeben, was ich als Wahrheit ansehe, es so gut wie möglich auszudrücken und alle Menschen anzusprechen, die mir zuhören möchten.

Es ist noch gar nicht so lange her, da haben wir miteinander gesprochen. Wann haben wir diese Selbstverständlichkeit verloren … und warum? Meinungsverschiedenheiten waren Anlass zum Dialog, nicht zu Aggression und Krieg.

Wir sollten unser Herz und unseren Verstand öffnen. Wir müssen nicht zustimmen, und schon gar nicht blindlings. Kein bewusstes, denkendes menschliches Wesen will das. Aber wir müssen die Freiheit haben, unsere Gedanken, unsere Träume und unsere Lebenserfahrungen miteinander zu teilen und auszutauschen – unsere

»Menschlichkeit« –, ohne ständig auf Zehenspitzen um entsprechend definierte »politisch unkorrekte« Wörter und falsch verstandene Bedeutungen herumzuschleichen, auf die so viele Menschen sich haben programmieren lassen. Wir müssen uns darüber im Klaren sein, dass diese »Sprachpolizei« aus politischen Gründen eingeführt wurde und dass diese Art der Kontrolle tatsächlich eine eklatante Form von politischer Unkorrektheit mit sich bringt!

Mögen wir alle eifrige Pioniere bei der gemeinsamen Suche nach neuen Visionen für die Welt um uns herum und darüber hinaus sein. Lassen Sie uns Sinn stiften und nicht beleidigt sein …

Lassen Sie uns offen sein für neue Ideen, ob wir mit ihnen übereinstimmen oder nicht, so wie es die Menschheit in den Foren der großen Zivilisationen seit jeher tun konnte: in den Hallen des alten Atlantis, in Ägypten, im griechischen Parthenon und in den Universitäten der ganzen Welt.

Dies ist der Weg des Neuen Wassermanns.

Eines nicht allzu fernen Tages werden wir endlich spirituell aufgestiegen sein, weit hinaus über Spaltung, Gier und Korruption auf allen Ebenen, und wir werden keine Worte mehr brauchen, um das zu vereinen, was wir heute noch als Getrenntsein erleben, denn dann werden wir angekommen sein. Wir werden einfach von Herz zu Herz, von Seele zu Seele kommunizieren.

Und dann, meine Freundinnen und Freunde, werden wir wirklich frei sein … endlich.

In der Zwischenzeit stehe ich zu meiner Entscheidung, meine Wahrheit auszusprechen, wie ich es in diesem Buch und in den Büchern davor getan habe (als die Welt noch sanfter und die Menschen offener waren). Niemand von uns kann sich den Luxus leisten, sich aus Angst vor dem allgegenwärtigen Monster zu verneigen, das, endlos seine Gestalt wandelnd, in der Dunkelheit lauert wie brackiger Schleim auf dem Wasser der menschlichen Gefühle – nicht, wenn die Zukunft der Menschheit und aller Lebensformen dieses Planeten auf dem Spiel stehen.

Dies ist meine ganz persönliche Unabhängigkeitserklärung.

Teil 1

Gelüftete Geheimnisse

»Danach gibt es kein Zurück mehr. Du nimmst die blaue Pille – die Geschichte endet, und du wachst in deinem Bett auf und glaubst, was immer du glauben willst. Du nimmst die rote Pille – und bleibst im Wunderland, und ich zeige dir, wie tief der Kaninchenbau ist.«

– Aus dem Film Matrix –

1

Mit der Schöpfung Gott spielen

»Ein Jegliches hat seine Zeit, und alles Vorhaben
unter dem Himmel hat seine Stunde:
Geboren werden hat seine Zeit, sterben hat seine Zeit;
pflanzen hat seine Zeit, das Gepflanzte ausreißen hat seine Zeit;
töten hat seine Zeit, heilen hat seine Zeit;
abbrechen hat seine Zeit, bauen hat seine Zeit;
weinen hat seine Zeit, lachen hat seine Zeit;
klagen hat seine Zeit, tanzen hat seine Zeit;
Steine wegwerfen hat seine Zeit, Steine sammeln hat seine Zeit;
herzen hat seine Zeit, aufhören zu herzen hat seine Zeit;
suchen hat seine Zeit, verlieren hat seine Zeit;
behalten hat seine Zeit, wegwerfen hat seine Zeit;
zerreißen hat seine Zeit, zunähen hat seine Zeit;
schweigen hat seine Zeit, reden hat seine Zeit;
lieben hat seine Zeit, hassen hat seine Zeit;
Streit hat seine Zeit, Friede hat seine Zeit.«

– Prediger 3,1-8 –

Wir befinden uns in einer Zeit des Streites, des Krieges – eines Krieges gegen die Erde und die Menschheit –, und wir glauben, vertrauen darauf und wissen, dass darauf Frieden folgen wird. Im Mittelpunkt des Krieges steht ein furchtbarer, teuflischer Plan zur

Ausrottung von neunzig Prozent der gesamten Weltbevölkerung. Dieses düstere Entvölkerungsprogramm ist das ultimative Ziel einer Gruppe mächtiger Eugeniker und wurde in acht Sprachen auf vier rätselhaften, fünfeinhalb Meter hohen Monolithen eingraviert, die vor vierzig Jahren über Nacht auf Farmland im US-Bundestaat Georgia erschienen und Georgia Guidestones genannt werden – und inzwischen auf mysteriöse Weise zerstört wurden.

Die Dezimierung der Weltbevölkerung ist Teil des Plans der Transhumanisten. Demnach soll bei denjenigen von uns, welche die Katastrophen überleben, die von den Transhumanisten derzeit über uns gebracht werden – schätzungsweise zehn Prozent oder sogar nur eine Million –, das menschliche Genom so verändert und rekonstruiert werden, dass aus uns eine neue halbmenschliche Roboterspezies wird, die sie dann aus der großen Computerzentrale über die »Cloud« steuern und kontrollieren.

Ich kann mir nicht im Entferntesten vorstellen, was für ein Geist sich so etwas wünschen könnte, aber ich kann mir vorstellen, dass es kein menschlicher ist. Ganz gleich, wie sehr die Herausforderungen des Lebens manche von uns deformieren mögen, erscheint mir unvorstellbar, dass ein Mensch jemals ein solches Schicksal für seinesgleichen wünschen könnte, es sei denn, er ist von Dämonen besessen. Vielleicht steckt ja, wie ich bereits andeutete, eine KI-Roboterzivilisation dahinter, die bereits gut in unsere Zivilisation eingebettet ist. Dazu passt, dass einige der Personen, die die transhumanistische Agenda vorantreiben, immer wieder versuchen, uns wissen zu lassen, dass sie keine Menschen sind. Die meisten Menschen ignorieren diese Signale jedoch, weil sie nicht begreifen, welche Wahrheit sich hinter der Scheinrealität verbergen könnte und was das für unser Verständnis des Lebens auf unserem Planeten und darüber hinaus bedeuten würde.

Ich beziehe mich hierbei auf ein vielschichtiges technologisches Kontrollsystem über die Autonomie von Verstand/Körper/Seele des Menschen, an dem die Vertreter des Transhumanismus seit Jahrzehnten arbeiten und das sie bis 2030 voll funktionsfähig installieren wollen. Diese Technologie umfasst »tragbare« Körpersensoren, Gehirn- und Körperimplantate, als Pillen schluckbare Tracking-Geräte, Tracking-Apps für Smartphones, Spionagekameras in Fernsehern, KI-Geräte wie Amazons »Alexa« und noch zahlreiche weitere transhumanistische Bosheiten. Vieles davon mag uns schwer vorstellbar erscheinen – und doch existiert es bereits.

Diese gruseligen Pläne gipfeln darin, dass Roboterchirurgen uns den Schädel aufbohren (und dabei natürlich das Kronenchakra zerstören), um Hardware einzusetzen, die uns direkt mit dem neuen »Internet der Körper« verbinden soll. Diese Gehirn-Computer-Verbindung, bekannt als »Neurolink«, soll angeblich bis 2023 – also genau **jetzt** – für die Einführung beim Menschen bereit sein. In der Zwischenzeit scheinen die verrückten Wissenschaftler daran zu arbeiten, den göttlichen Code aus unserem göttlichen Bauplan herauszuschneiden, und zwar mit Hilfe einer aufdringlichen Software, die über mRNA-Injektionen verabreicht wird – was es ihnen ermöglicht, den göttlichen Code theoretisch durch jeden beliebigen »Code« oder jede beliebige Signatur zu ersetzen, die sie an seiner Stelle installieren wollen. Das trifft jetzt schon auf den in ihre synthetische mRNA eingebauten Befehl zu, ständig eine Vielzahl von Spike-Proteinen zu produzieren. Diese sind für den Organismus höchst schädlich, wie wir an den schrecklichen Nebenwirkungen bei einer alarmierend wachsenden Zahl von Menschen sehen.

Von Zeit zu Zeit erhalten wir einen Einblick in die futuristischen Technologien, die bereits eingesetzt werden, um die Mutation unseres Menschseins und die daraus resultierende Übernahme der Menschheit zu bewirken. Trotzdem sind wir bei Weitem noch nicht über all die Abartigkeiten im Bilde, die in Forschungslaboren entwickelt werden, und über die elektronischen Überwachungsmöglichkeiten, die unserem Wissen und kollektiven Bewusstsein angeblich mindestens vierzig Jahre voraus sind. Ich denke jedoch, die meisten von uns sind sich einig, dass es sich um eine Art futuristische außerirdische Technologie handeln muss, die gegen unsere Spezies eingesetzt wird, unter dem Deckmantel des Kampfes gegen ein »Virus«, dessen Herkunft bestenfalls fragwürdig ist – und in all der Zeit werden die Menschen mit einer unablässigen Folge von Themen und hochgepushten Ereignissen abgelenkt, die darauf abzielen, sie emotional zu triggern, während die meisten dieser brisanten Informationen weiterhin »geheimer als geheim« sind.

Dabei erfahren wir aus absolut verlässlichen Quellen – das werde ich in diesem Buch noch eingehender darlegen –, dass in unterirdischen Biolaboren auf der ganzen Welt schon seit Langem biogenetische Experimente am menschlichen Genom durchgeführt werden. Neben all den unvorstellbaren Nebenprodukten der Experimente an hilflosen, gequälten Lebewesen besteht das Hauptziel dieser Forschungen darin, uns der Essenz unserer Göttlichkeit zu berauben, denn im einundzwanzigsten Jahrhundert soll eine neue Menschenspezies, der »Cyborg«, Einzug in die irdische Zivilisation halten. Die Vertreter der Neuen Weltordnung sind ganz aus dem Häuschen angesichts der grenzenlosen Möglichkeiten, die menschliche DNA zu verändern, unser gottgegebenes architektonisches Design umzuschreiben und uns so von unserer Quelle, unserem Ursprung abzuschneiden.

Diese beunruhigende Realität kann nicht als Science-fiction-Fantasie oder »Fake News« abgetan werden. Die entsprechenden wissenschaftlichen Pläne sind ans Licht gekommen.

Wir, die wir die Wahrheit hochhalten, können nicht länger als »Verschwörungstheoretiker« belächelt werden – nicht, seit die »Theorie« einer »Realität« gewichen ist, die sich, sichtbar und greifbar, überall um uns herum entfaltet.

Es wäre hilfreich gewesen, die Absichten der Bioingenieure schon vor Jahrzehnten in großem Umfang aufzudecken, als man ihren Fortschritt noch einigermaßen hätte eindämmen können, wie ich und einige meiner Kollegen es versuchten. Aber die Köpfe der Menschen waren damals viel verschlossener, und was die geheime Regierung vorhatte, erschien den meisten zu abgrundtief böse, um es als Realität zu akzeptieren. Der Staat musste erst sein hässliches Haupt zeigen und Rauch und Schrecken aus den schwarzen Wolken spucken, wie der furchterregende Typhon, der Vater aller Ungeheuer, der in der griechischen Mythologie als das mächtigste und todbringendste aller Geschöpfe galt.

Aber wir sollten nicht vergessen, dass alles seine Zeit hat. Und dies ist die Zeit der Offenbarung. Jeden Tag lüften mehr und mehr Menschen den Schleier. Sie sind in der Lage, die Hintergründe des bizarren Dramas der Neuen Weltordnung zu erkennen, das sich derzeit abspielt. Paradoxerweise werden sie umso freier, je fester die Tentakel der Macht versuchen, die Lebenskraft aus ihnen herauszuquetschen. Die Übel sind jetzt greifbar, und die Wissenschaft, durch die das Gift in unser Leben gebracht wird, ist nun tatsächlich sichtbar geworden ... in der Petrischale und in den starren Augen derer, die davon besessen sind.

Wir können dieses Böse überall um uns herum spüren.

Die transhumanistischen Demagogen versuchen, die menschliche Natur zu pervertieren: unsere angeborene Fähigkeit zu lieben, zu träumen, uns zu entwickeln. Sie sehen uns als seelenlose, elektronisch manipulierbare Tiere, deren Menschlichkeit von dem KI-Gott, den diese Leute anbeten, unterdrückt werden kann und muss. Sie wollen uns glauben machen, die Idee einer Seele oder eines höchsten Schöpfers wäre nur eine Illusion und wir, die biologischen Menschen, eine aussterbende Spezies.

In ihrer neuen, nach ihren perversen Vorstellungen »verbesserten« Version des zukünftigen Menschen wird uns die KI alles sagen, was wir wissen müssen, was wir denken und wie wir uns fühlen sollen. Ihre Vision ist, dass wir umprogrammiert und an die KI-Zentrale angeschlossen werden: gehorsame, unterwürfige, seelenlose biotechnologische Einheiten. Kein Geheimnis, kein Wunder, kein freier Wille ... keine Träume.

Kein Gott.

Die Transhumanisten sind eifrig dabei, das künftige Selbst des einen von zehn robotoiden Menschen zu klassifizieren, von dem sie erwarten, dass er das Große Sterben überleben wird. Sie bezeichnen diese Maschinenmenschen als *Homo sapiens 2.0* und haben dieser sich entwickelnden Klasse von genetisch veränderten, mit technischen Implantaten ausgestatteten halbbiologischen Einheiten bereits das Akronym GMH verpasst: Genetically Modified Humans = Genetisch Modifizierte Menschen. Verrückte Wissenschaftler erzählen uns ganz unverblümt, was sie mit unserer Spezies vorhaben und was sie bereits in Gang gesetzt haben – in der Hoffnung, dass wir sie nicht aufhalten können.

Sie sind überzeugt, dass sie uns an den Punkt gebracht haben, an dem es kein Zurück mehr gibt.

Es besteht kein Zweifel, dass unsere Reaktion auf das, was sie in das menschliche Bewusstsein projizieren, untersucht, klassifiziert und in ihrer KI-Computermatrix gespeichert wird. Daher ist es von größter Wichtigkeit, dass wir an unserer Entschlossenheit und dem absoluten, unerschütterlichen »Wissen« festhalten, dass wir über alles hinaus, was sie glauben tun zu können, um unsere Spezies zu mutieren, souveräne Wesen sind.

Unsere Seelen sind unsterblich.

Wir wissen, wie wir Veränderungen bewirken und ihre Übergriffe abwehren können.

Wir, die wir uns nicht im Narrativ der Mainstream-Angstmacher verlieren, verweigern uns den Versuchen, in unsere vielschichtigen, multidimensionalen Körper einzudringen und mit unserem Verstand herumzuspielen.

Wir sind geheimnisvolle, komplexe Wesen, Funken des Gotteslichts. Wir sind emotionale, suchende, wachsende (und manchmal fallende) Seelen, neue und alte, die hierher gekommen sind, um alles zu erfahren, was wir als Wesen mit freiem Willen erfahren können, und um an der Vertreibung des leviathanischen Insekts teilzunehmen, das sich von der Blüte des Planeten Erde – also allen Lebewesen – ernährt.

Was diese transhumanistischen Radikalen bisher nicht begriffen haben, ist, dass wir noch lange nach ihrem Verschwinden hier sein werden.

Wir werden sie überleben … und wir werden gedeihen.

2

Das Sirianische Experiment

Bevor ich mich mit dem Gebrauch und dem Missbrauch moderner genetischer Experimente befasse, die sich in geheimen Laboren auf der ganzen Welt seit Jahrzehnten auf die Mutation unserer DNA konzentrieren (mit besonderem Augenmerk auf das, was man nur als ungezügelten Zugriff der Globalisten auf die menschliche Gesundheit und unsere Souveränität von Körper, Geist und Seele bezeichnen kann), halte ich es für wesentlich, die Frage nach unserem Sternensaat-Erbe erneut zu untersuchen.

Die Informationen, die ich im Laufe der Jahre veröffentlicht habe und mit denen Sie übereinstimmen mögen oder auch nicht, beschreiben, was eine wachsende Zahl von alternativen Denkern als unsere »außerirdischen Ursprünge« versteht.

Dabei handelt es sich um eine biotechnische Meisterleistung von Mitwirkenden aus mehreren Sternensystemen jenseits unserer eigenen Galaxis.

Auch in vielen heiligen Schriften, einschließlich des Alten Testaments der Bibel, finden sich versteckte Hinweise auf eine Beteiligung von Außerirdischen an unserer Entstehung. In meinen früheren Büchern, insbesondere *Keine Lügen, keine Geheimnisse mehr*, beschreibe ich, dass unsere Spezies, der *Homo sapiens*, genau das ist: das »Produkt« eines genetischen Experiments von universeller, multidimensionaler Reichweite und weltenübergreifendem Ausmaß – ein Experiment der Sirianer.

Diejenigen von uns, die sich damit identifizieren, Teil eines Kollektivs aus Sternensaat-Wesen von jenseits dieser Erde zu sein, übersehen meistens, dass wir in Wahrheit nicht nur eine ausgewählte Gruppe von wandernden interstellaren Seelen sind, als die wir uns so oft verstehen. Vielleicht liegt es daran, dass wir das Glück haben, in mehreren Schichten unseres Bewusstseins deutliche Erinnerungen an ferne Lebenszeiten auf der Erde zu bewahren … vielleicht auch daran, dass wir manche dieser Erinnerungen zurückerlangen, während wir durch unser gegenwärtiges Leben gehen. Angesichts des Niedergangs bestimmter Teile der Menschheit, den wir derzeit beobachten, ist es eine große Herausforderung, die Vorstellung zuzulassen, dass wir alle Sternensaaten sind … jede und jeder Einzelne von uns. Das kann sehr schwer zu akzeptieren sein, wenn man sieht, wie weit sich so viele Seelen vom Geist entfernt haben. Oft denken wir, nur erleuchtete Seelen könnten Sternensaat-Reisende sein, doch das ist nicht unbedingt der Fall.

Unsere Wahrnehmung, mit der wir uns als Seelen auf der Durchreise identifizieren, zeigt uns deutlich, dass wir mit einem edlen Ziel auf die Erde gekommen sind, einem Ziel, das in einem oder vielen Leben in höher entwickelten planetarischen Zivilisationen in fernen Sternsystemen geboren wurde.

Aber wir dürfen nicht vergessen, dass alle *Homo sapiens*, was auch immer wir als Seelen auf der Durchreise durch das Universum wahrnehmen, das DNA-Material besitzen, das auf die zehn verstreuten Stränge reagiert, mit denen wir ausgestattet sind – das, was heute noch als »Junk-DNA« bezeichnet wird.

Wie die ägyptische Göttin Isis, die die Teile ihres getöteten Mannes Osiris einsammelte und ihm Leben einhauchte, damit er ihr einen Sohn gebären konnte, so wissen wir auf der Seelenebene, dass wir die kollektive Macht haben, denen Leben einzuhauchen, die bereit sind, ihre Resignation und Verzweiflung abzulegen und wieder ins Licht zu treten. Wir müssen uns nur daran erinnern, wer wir wirklich sind, wie dieser Tempel – der elektrische Körper – geschaffen wurde, um zu wissen, was wir für uns selbst, unsere Lieben und die Gemeinschaft erreichen können.

Wir sollten alles in unserer Macht Stehende tun, um zu verstehen, dass, wenn wir die genetische »Saat« uralter außerirdischer Genetiker sind, eben auch tatsächlich alle Menschen Nachkommen »außergalaktischer« Sternenwesen sind, die von jenseits unserer eigenen Galaxis, der Milchstraße, und auch aus höheren Dimensionen stammen. Und wenn Ihnen das zu weit hergeholt erscheint, fragen Sie sich, wie die hybriden Cyborgs der Zukunft auf ihre Saat zurückblicken werden – die transhumanistische Mutation der menschlichen Biologie zur Maschine –, und ob sie wohl jemals in der Lage sein werden, die Vorstellung zu akzeptieren, dass sie einst einfach »menschlich« waren.

Es ist nicht leicht, sich diese kreationistischen Paradigmen und Science-fiction-Parallelen zu eigen zu machen. Allein schon die Vorstellung kann den Verstand verwirren. Es fällt schwer zu glauben, dass wir alle dazu bestimmt sind, leuchtende Lichtwesen zu sein, vor allem wenn man sieht, wie wenig Licht manche Menschen in ihren geplagten Seelen tragen. Aber wir müssen dieses Erbe jetzt zurückfordern – für uns selbst und für das menschliche Kollektiv. Eines Tages, in nicht allzu ferner Zukunft, werden Außerirdische offen und ungetarnt unter uns wandeln. Dann werden wir, der *Homo sapiens*, endlich die Geschichte, das Erbe und die Seele unserer stellaren Saat als Spezies ungeteilt ehren und danach streben, die wohlwollenden Außerirdischen zu umarmen, die hier neben uns ihr Zuhause gefunden haben: alle als Erdenwesen.

> ·:· <

Die ursprünglichen Aufseher dieses genetischen Experiments, für die ich seit fast drei Jahrzehnten die Ehre habe, als Schreiberin zu dienen, sind Aufgestiegene Meister – nicht mehr in physischer Form verkörpert, nicht mehr an die Grenzen von Zeit und Materie gebunden. Sie halten die Frequenz in einem sechsdimensionalen Schwingungsfeld, mit dem Sirius B, Sothis, ein Sternensystem, das vor Hunderttausenden von Jahren in die sechste Dimension aufstieg, auch heute noch in Resonanz steht. Daher wurde es ursprünglich als »Sirianisches Experiment« und später als »Großes Experiment« bezeichnet – gefolgt von verschiedenen Übersetzungen, die sich auf die Sprachen der beteiligten Gruppen beziehen, da die an diesem Projekt mitwirkenden Experten und ihre DNA nicht nur vom Sirius, sondern aus einem beachtlich großen Teil des Universums stammten.

Ich sollte an dieser Stelle anmerken, dass alle sich entwickelnden intelligenten Spezies – von unserer Welt bis hinaus in die entferntesten Winkel des Universums – schließlich ein Verständnis für die Mikrobiologie des biologischen Lebens in all seinen großartigen Formen und Ausprägungen, seiner Chemie, seinen mathematischen Proportionen und den Ausdrucksformen des Bewusstseins entwickeln. Alle Wesen entwickeln sich aus Funken göttlichen Lichts, die den Sprung in den dunklen Abgrund wagen, um dann langsam wieder herauszufinden: von der Angst vor dem Unbekannten – der Anbetung und den Opfern, um »rachsüchtige« Götter zu besänftigen – bis hin zur Suche nach einem Verständnis der Wirkprinzipien der Schöpfung … und dem Erkennen der eigenen Göttlichkeit und Vollkommenheit.

Es liegt in der Natur aller bewussten Wesen, dass wir im Laufe unserer Entwicklung danach streben, die Ursprünge des Lebens und den Grund unserer Existenz zu verstehen. Was ist der Sinn des Ganzen? Die Suche danach ist die Motivation, die empfindungsfähige Wesen antreibt – sie ist sogar die treibende Kraft von Zivilisationen. Was sie jedoch mit dem Wissen anfangen, sobald sie den genetischen Code des Lebens in ihrer Domäne entschlüsselt haben, und welche Absicht und welchen Zweck sie damit verfolgen, bestimmt darüber, welche Auswirkungen ihr Eingriff in den göttlichen Bauplan auf die Evolution hat und welche karmischen Verpflichtungen sich daraus ergeben.

Die Schöpfer des *Homo sapiens* – nach meinem Verständnis die extradimensionalen sirianischen Wesen und ihr überaus tüchtiges Team von stellaren Genetikern, Biologen und Umweltschützern – wurden von Gott zu diesem Projekt inspiriert. Sie besaßen das Wissen und die Fähigkeiten, die es ihnen erlaubten, den Bauplan des Schöpfers zu nutzen, um das mitzuerschaffen, was sie sich als eine überlegene Rasse göttlich gesegneter Wesen vorstellten, die in physischen Körpern wandeln und das Licht in diesem Quadranten unserer Galaxis verankern würden. Sie wählten den fruchtbaren Planeten Erde, den ultimativen Garten Eden, als idyllische, makellose Biosphäre, in der sie ihre Aussaat einbringen wollten.

Um ihre Mission zu erfüllen, sammelten die Teilnehmer an der Aussaat des *Homo sapiens* genetisches Material von Spezies außerhalb des Planeten, deren gemeinsame Eigenschaften sie nutzten, um erfolgreich genetische Sequenzen zu spleißen, die sie dann zu komplexen Lichtsträngen verwoben und zu einer zwölfsträngigen, dodekaedrischen Matrix zusammenfügten. Unter Verwendung von komplexer Mathematik und Gleichungen, geometrischer Form, Klang und Licht als wissenschaftliches und spirituelles Maß schufen sie eine Spezies von Lichtwesen in menschlicher Gestalt auf einem Planeten, der den Lichtkräften der Milchstraßengalaxis und darüber hinaus als Leuchtfeuer dienen sollte.

Ihre metaphorische Petrischale war das materielle Universum. Das Wachstumsmedium, in dem die Zellen kultiviert wurden, war reine Liebe, die sich in einer außergewöhnlichen Vision ausdrückte, dem einheitlichen Ziel, das höchste Wohl aller Beteiligten zu verwirklichen.

Es gab viele Fehlstarts, von denen sich einige um genetische Unverträglichkeiten drehten, bevor der Bauplan schließlich »gegossen« wurde. Die Superrasse entstand im Schoß tausender Leihmütter, Freiwilliger der Allianz für intergalaktischen Handel und Kulturaustausch, die sich in die warme Umarmung der Erdgöttin legten und unsere Vorfahren, die Stammväter unserer Spezies, zur Welt brachten: *Homo sapiens.*

Das Licht des Himmels und die Frequenzen der Liebe, die aus dem Herzenskollektiv so vieler Lichtwesen strömten, strahlten damals auf die Erde herab und tauchten den Planeten in Hoffnung und Vorfreude.

Eingeflochten in diese komplexe, artenübergreifende biologische Matrix enthält das Zellgedächtnis jedes heute lebenden Menschen immer noch das gesamte genetische Material von vier primären außerplanetarischen Spezies und von insgesamt zwölf beteiligten ET-Völkern, die ihre genetischen Codes in die Matrix einbrachten. Wenn Sie das für unmöglich halten, denken Sie daran, dass unsere Gentechniker in ihren geheimen Laboren ähnliche Arbeit leisten, indem sie die DNA unzähliger Spezies vermischen, und das schon seit Jahrzehnten.

Unglücklicherweise wurde das Experiment kurz nach seinem Beginn von feindseligen ET-Aggressoren gestört. Sie nutzten fortgeschrittene elektromagnetische Frequenzen, die sie als Gitter um unseren Planeten legten, um zehn dieser DNA-Stränge zu verschlüsseln – so dass nur zwei, die wir heute als »Doppelhelix« kennen, intakt und aktiviert blieben.

Dieses zusätzliche DNA-Material befindet sich immer noch in uns, all diese Jahrtausende und Generationen später, und wartet auf die Auflösung des elektromagnetischen Gitters, das den Planeten umgibt, und auf die Verschmelzung der multidimensionalen Koordinaten, die die Wiedervereinigung jedes Fragments, jedes mikroskopischen Bits ermöglichen wird: die Rückkehr in das ursprüngliche geometrische Schwingungsdesign – den kosmischen Bauplan. Die Aktivierung dieses DNA-Materials und die Umstrukturierung komplexer geometrischer Schablonen in jeder Zelle wird dazu dienen, die entsprechenden neuronalen Strukturen im Gehirn zu aktivieren. Damit wird dann sozusagen der Hauptschalter unseres wahren Erbes als *Homo sapiens* umgelegt: Wir werden zu »auf Erden wandelnden Lichtwesen«.

Ich frage mich oft, ob die immerwährende Geschichte von der Jungfrau Maria und der sogenannten »unbefleckten Empfängnis« Christi in Wahrheit nicht ein Überbleibsel dieses prähistorischen, kolossalen Ereignisses ist – der Aussaat unserer Spezies. Könnte es sein, dass Maria ein »Walk-in« aus einer weitaus älteren Vergangenheit war, eine außergalaktische, göttliche Leihmutter aus jener Zeit, und ist es möglich, dass Christus ein erhabenes zwölfsträngiges Wesen war, das über einhunderttausend Jahre später aus diesem ursprünglichen Bauplan geboren wurde, als Erlöser für eine versklavte Erdbevölkerung, die von Außerirdischen sozial umgestaltet worden war?

Und was ist mit der Göttin Isis? Wenn wir dem Glauben schenken dürfen, was die Historiker aus den erhalten gebliebenen, in Stein gemeißelten Hieroglyphen herauslesen, durchstreifte sie das alte Ägypten auf der Suche nach den verstreuten Körperteilen ihres Mannes Osiris, der von dem eifersüchtigen und bösen Set grausam ermordet und in Stücke geschnitten worden war. Der Mythos beschreibt, wie Set vierzehn Körperteile des Osiris entlang des heiligen Nils verteilte, um sicherzustellen, dass sie nie wiedergefunden werden konnten und eine Auferstehung des Osiris ausgeschlossen war. Nach dem Mord an Osiris wurde Set zum König Ägyptens. Doch Isis' Liebe war so groß und sie verfügte über so starke magische Kräfte, dass es ihr mit Hilfe ihrer Schwester Nephthys gelang, alle Körperteile ihres Mannes zu finden und wieder zusammenzusetzen, woraufhin sie einen Penis aus Erde formte und ihm »Leben einhauchte«. Isis schaffte es, Osiris lange genug wiederzubeleben, um mit ihm einen Sohn zu zeugen: Horus.

Ist der Mythos von den verstreuten Teilen des Osiris eine Allegorie für die verstreuten DNA-Stränge in uns? Und sind wir in der Lage, ihnen wieder Leben einzuhauchen, indem wir den elektrischen Impuls des fokussierten Geistes rekonstruieren, der den schlafenden Christus in uns gebären wird?

So viel von unserer Geschichte verbirgt sich in den Gleichnissen alter Überlieferungen und Mythen.

Zweifellos können wir die Wahrheit hinter den Legenden und religiösen Berichten unserer fernen Vergangenheit am ehesten in der Akasha-Chronik finden und nicht etwa in der offiziellen Geschichtsschreibung ... denn die wahre Geschichte ist auf ewig in den Ethos und die Sterne eingraviert. Aber es wurden uns von alten Weisheitshütern Hinweise hinterlassen. Sie sind in die Wände und Statuen antiker Tempel eingemeißelt und finden sich auf den zerfledderten Schriftrollen und Papyrusblättern antiker Schriften. Wir müssen sie nur richtig entziffern und aus ihnen herauslesen, welche Weisheiten, welche großen Wahrheiten, jene alten Hüter der Aufzeichnungen in das kollektive Gedächtnis unzähliger nachfolgender Generationen denn eigentlich einschreiben wollten.

Meine sirianischen Quellen haben immer wieder betont, dass wir zwar eine ähnliche DNA wie die Hominiden dieses Planeten aufweisen, jedoch keine auf der Erde indigene Spezies sind. Diese Aussage steht im Widerspruch zum Darwinismus, einer biologischen Evolutionstheorie, die das angeblich »fehlende Glied« des Übergangs von den Primaten zum *Homo sapiens* bislang nicht entdeckt hat. Um zu beweisen, dass der *Homo sapiens* genetisch von den Primaten abstammt, ist es aber unabdingbar, dieses sogenannte »missing Link« – das fehlende Bindeglied – zu finden.

Das wird leider nicht gelingen, denn wir sind keine Nachfahren oder Verwandten der Affen, obwohl wesentliche Elemente unseres DNA-Materials deren DNA stark ähneln.

Wie wir nur zu gut wissen, werden neunzig Prozent oder mehr unserer DNA von den heutigen wissenschaftlichen »Experten«, die mit der Gentechnik-Industrie verbandelt sind, als »Junk« abgewertet, als »Müll« ... als hätte es in der Schöpfung jemals einen überflüssigen Aspekt gegeben. Wie können diese Typen, die felsenfest behaupten, unsere Abstammung wissenschaftlich und empirisch eindeutig herleiten zu können, damit durchkommen? Es erstaunt mich immer wieder, dass ein großer Teil der Menschheit ihnen bisher die Geschichte abnimmt, dass nur zehn Prozent der menschlichen DNA – unsere eigentliche Essenz – genutzt wird und der Rest einfach überflüssiger »Gen-Müll« ist. Oder dass wir nur zehn Prozent unseres Gehirns nutzen und die restlichen neunzig Prozent »graue Substanz« sind. Den Forschern auf dem Gebiet der Biotechnologie – sogenannten Wissenschaftlern – ist es bislang nicht gelungen, die Billionen mikroskopischen Teile unseres genetischen Puzzles wieder zusammenzusetzen. Daraus schließen sie, dass in unseren Zellen »Müll« ziellos herumschwimmt und eine überflüssige Masse von »grauer Substanz« in unserem ansonsten bemerkenswerten Gehirn brachliegt. Doch damit zeigen sie nur ihre Unkenntnis unseres göttlichen Blauplans und des Geistes, der die Essenz dessen definiert, was es wirklich bedeutet, ein Mensch zu sein.

Fehlende Bindeglieder, Junk-DNA und graue Substanz sind leider nur eine Laune bestimmter Leute, die behaupten, die Wissenschaft und Biologie des Menschen zu kennen, es aber offensichtlich nicht tun. Wissenschaft kann man das nicht nennen. Sie sind schon viel zu lange mit ihren Verweisen auf »missing links« davongekommen, während ihnen der Zweck von neunzig Prozent unserer DNA, die sie heute als »nicht codiertes genetisches Material« bezeichnen, angeblich völlig entgangen ist.

Trotz ihrer futuristischen Technologie scheinen alle Pferde und alle Männer des Königs einfach nicht in der Lage zu sein, Humpty Dumpty wieder zusammenzusetzen. Aber offensichtlich hat die wahre Funktion der »unbekannten« neunzig Prozent unserer DNA und unseres Gehirns einen sehr spezifischen Zweck, denn er verbindet uns mit anderen Dimensionen, Frequenzen und dem göttlichen Geist. Sobald diese DNA wieder zusammengesetzt ist und die neuralen Autobahnen unseres komplexen Gehirns wieder mit der Zirbeldrüse verbunden sind, werden unsere zellulären Schaltkreise wie ein Flutlicht aufleuchten. Wir werden dann, entsprechend unserem ursprünglichen Design, wieder zu Verkörperungen des Christuslichts. Dann erhalten wir mühelos Zugang zu den höheren Dimensionen, dem Wissen unserer Vorfahren und unserer direkten und unveränderlichen Verbindung zur Quelle.

Im Moment schlummert ein Großteil dieser genetischen Informationen noch, obwohl wir die Möglichkeit haben, mehr davon zu aktivieren, wenn wir es wünschen und wenn wir die geistige Klarheit besitzen, hochkonzentriert von der Macht des Geistes über die Materie Gebrauch zu machen. Bei einigen von uns leuchten tatsächlich bereits zusätzliche DNA-Stränge auf.

Zwar bleibt für moderne Genetiker und mit der Genetik verwandte Forschungszweige die nicht kodierte DNA einstweilen rätselhaft und unverständlich – aber wir sollten bedenken, dass es sich dabei paradoxerweise um ein Geschenk des Himmels handeln könnte … zumindest in der heutigen Zeit.

Die nicht kodierte DNA könnte tatsächlich der Weg zur Rettung unserer Spezies sein.

Die unglaubliche Weisheit und die stellaren Aufzeichnungen, die in unserer »grauen Substanz« und unserer dekonstruierten DNA enthalten sind, dürfen unter keinen Umständen den Transhumanisten in die Hände fallen. Sie würden diese, nach ihren bisherigen Plänen zu urteilen, unweigerlich für die ruchlosesten Zwecke nutzen, die man sich nur vorstellen kann, angefangen damit, uns an das Netz der neuen sogenannten Quantencomputer und das World Wide Web der vierten Generation anzuschließen. Wenn sie tatsächlich die Absicht haben, den göttlichen Code aus unserer DNA zu stehlen, wie ich glaube, dann ist es wichtig, dass sie keinen Zugang zu diesen neunzig Prozent erhalten. Es genügt zu sagen, dass der angebliche Müll den Fahrplan zu all unseren stellaren und multidimensionalen Brücken und Autobahnen enthält, auf die wir jetzt zuzugreifen lernen – durch Faktoren wie die hochaktiven Übertragungen unseres Sterns, die erhöhte Resonanz der Erde und unseren immensen evolutionären Sprung von der dritten in die vierte Dimension. Und vor allem verbirgt sich in den DNA-Fragmenten die Signatur, der Name und die göttliche Sprache des Schöpfers, die darauf warten, von uns wieder zusammengefügt zu werden.

Das muss durch unsere eigene bewusste und entschlossene Manifestation der Macht des Geistes über die Materie geschehen und darf nicht durch die kalten Hände eines abgestumpften, gefühlskalten Labormaterialisten erfolgen.

Informationen über die Verschmelzung unseres ursprünglichen zwölfsträngigen Bauplans finden sich nicht nur in den Werken der Sirianer, bei denen mir die Ehre zuteil wurde, sie der Öffentlichkeit zugänglich zu machen. Mein erstes Buch, *Kosmos der Seele*, das ich 1997 channelte, war allerdings eine der frühesten Quellen, in denen diese Idee einer Gemeinschaft erwachender Seelen auf unserem Planeten präsentiert wurde. Es bietet dem Suchenden eine Theorie an, wie neue Spezies mitschöpferisch erschaffen werden –

etwas, das heute von den spirituellen Gemeinschaften viel stärker als früher als unser wahres Erbe akzeptiert wird.

In dem Kapitel *Die DNA und das große Experiment*[1] heißt es:

»Ihr seid nicht die evolutionäre Brut des Gorillas; und ebensowenig seid ihr die Cousins des Schimpansen, wie es euch die Darwinsche Lehre weismachen will.

Ihr seid eine eigenständige Spezies, der *Homo sapiens*, und euer Ursprung liegt in zahlreichen anderen Sternensystemen und parallelen Galaxien … Ihr seid die Sternenwesen des Projektes Erde.

Eure Rasse, die Hybriden verschiedener Spezies im Universum, war ein multidimensionales Experiment im extrem polaren Bewusstsein der physischen Wirklichkeit. Ursprünglich besaßt ihr zwölf DNA-Stränge, lichtcodierte Intelligenz, die euch all die Gaben und Fähigkeiten eures stellaren Erbes verliehen haben – die genetische Auslese vieler höherentwickelter Wesen dieses Universums. Ihr solltet die großartigste aller intelligenten Lebensformen im materiellen Universum werden, und ihr solltet die dritte Dimension meistern wie noch keine andere Spezies vor euch. Wir glaubten, eine Superrasse von Lichtkörperwesen erschaffen zu können, die fähig sein würde, höhere Frequenzen zu halten und zugleich in der dritten Dimension Gestalt anzunehmen. Das war unsere Herausforderung. Wir glaubten, dass dies ein Auftrag des Lichts sei, dem edle Absichten zugrunde lägen.

Eure Rasse, die Hybriden verschiedener Spezies im Universum, war ein multidimensionales Experiment im extrem polaren Bewusstsein der physischen Wirklichkeit. Ursprünglich besaßt ihr zwölf DNA-Stränge, lichtcodierte Intelligenz, die euch all die Gaben und Fähigkeiten eures stellaren Erbes verliehen haben – die genetische Auslese vieler höherentwickelter Wesen dieses Universums. Ihr solltet die großartigste aller intelligenten Lebensformen im materiellen Universum werden, und ihr solltet die dritte Dimension meistern wie noch keine andere Spezies vor euch. Wir glaubten, eine Superrasse von Lichtkörperwesen erschaffen zu können, die fähig sein würde, höhere Frequenzen zu halten und zugleich in der dritten Dimension Gestalt anzunehmen. Das war unsere Herausforderung.

Wir glaubten, dass dies ein Auftrag des Lichts sei, dem edle Absichten zugrunde lägen.

Gemeinsam mit den Lichtboten zahlreicher anderen Dimensionen und Sternensysteme nahmen unsere Weisen am Projekt Erde teil. Nie wurde ein größerer Sieg gefeiert als die Besamung Gaias – die erfolgreiche genetische Verbindung der DNA-Codes verschiedenster Spezies. Ein bestimmter Bakterienstamm bildete die Grundstruktur, in die Proben der verschiedenen Genmaterialien eingepflanzt wurden. Daraus entstanden die Stränge, die eure Wissenschaft als ›rekombinante DNA‹ bezeichnet. Dieses Bemühen einte die Wesen vieler Galaxien und euer Planet wurde in vielerlei Hinsicht zum Mittelpunkt des Universums, da aller Augen auf euch gerichtet waren – auf die entstehende Superrasse Mensch. Die Erdenergie vibrierte golden durch das Lichtgespinst, und die Vorfreude auf diese Große Rasse hallte im Kosmos wider.

Gaia sollte das hellste Licht in der Galaxis werden … das großartigste Kommunikationszentrum des Universums. Der Mensch sollte das goldene Kind der Schöpfung werden: ein makelloses physisches Wesen mit einem Höchstmaß an Intelligenz, Geist und Licht.

Das Projekt Erde war noch in anderer Hinsicht bedeutsam, und wir meinen, dass ihr ein Anrecht darauf habt, es zu erfahren. Wahrscheinlich ist euch aufgrund eurer eigenen Entwicklungsgeschichte und der eurer Tiere bekannt, dass die Gene einer Spezies durch Inzucht schwächer werden. Die Defekte innerhalb einer genetisch isolierten Spezies führen mit der Zeit zu einer Schwächung der gesamten Art und schließlich zu deren Aussterben.

Dies war ein Grund für die Besamung der Erde, denn wir glaubten, durch die rekombinante DNA – durch die Verknüpfung genetischer Informationen – den vielen Zivilisationen, die zu fern waren, um sich mit anderen Rassen zu kreuzen, das Überleben zu sichern. Durch die Erschaffung der vier Prototypen der menschlichen Rasse, wobei jeder das Genmaterial einer anderen Spezies in sich trug, stellten wir zugleich das Überleben des Genpools auf der Erde sicher.

Kurz nach der Zeugung dieser vier Hauptrassen fielen jedoch die polaren Kräfte der Dunkelheit über den Planeten her und rissen die Kontrolle an sich. Sie ließen euch nur zwei aktive DNA-Stränge, die unvollständige Matrix, und dadurch ist es ihnen seither gelungen, euch zu kontrollieren. Wären sie in der Lage gewesen, euch auch noch diese beiden Stränge zu nehmen, dann hätten sie es getan und euch aller Intelligenz und der Urerinnerung an euren wahren Ursprung beraubt. Glücklicherweise jedoch wart ihr nur mit der Doppelhelix überlebensfähig, so dass sie euch diese beiden wesentlichen Stränge lassen mussten. In diesen Codes, müsst ihr wissen, ist die Erinnerung eingebettet; sie bilden den Kern jeder Zelle eures Körpers, und die euch kontrollierenden Herren wollten, dass ihr die Familie des Lichts für immer vergesst.

Zu diesem Zweck schuf man den Glauben, euer Leben sei das einzige im Universum, und pflanzte ihn eurem Bewusstsein ein. Deshalb weigern sich die Religionen, Leben auf anderen Planeten in Betracht zu ziehen, und deshalb verschweigen euch eure Regierungen, dass sie längst in Kontakt mit Wesen aus anderen Welten stehen. Die Vorgänger der Machtelite fürchteten, ihr könntet eines Tages erneut aktiviert werden, und dieser Tag ist endlich gekommen.

Nun ist es an der Zeit, sich zu erinnern.

Das Experiment lehrte uns, dass wir, genau wie eure modernen Baumeister, in höchstem Maße Gott gespielt haben – und dabei unsere Grenzen überschritten –, und dass eine solche genetische Einmischung euch an der Selbstentdeckung und euren Geist an seiner Reise gehindert hat. Unsere Einmischung hat euch die Wahl vorenthalten, auf die wir so viel Gewicht gelegt haben, und in den Plan des Großen Schöpfers eingegriffen. Als Kinder eines Planeten der dritten Dimension, der sich gerade erst entfaltet, hättet ihr diese Art der genetischen Verknüpfung niemals aufrechterhalten können, denn das entsprach nicht der Natur eurer Entwicklung innerhalb dieser Wirklichkeit. In Wahrheit solltet ihr Gaia bevölkern, während sie die physische Phase ihrer Entwicklung durchlief, um dann mit ihr gemeinsam zu erwachen. Dies sollte genau jetzt geschehen, so wie es vom Urschöpfer vorgesehen wurde, denn der Plan von Gaias Evolution sah vor, dass ihr an die Grenzen der physischen Wirklichkeit stoßt und ihre extreme Polarität noch verstärkt.

Begreift ihr, wie wichtig dies alles ist? Wir hoffen, euch verständlich machen zu können, dass die dunklen Kräfte den Prozess eurer Entwicklungsphase stören durften, weil ihr, wie auch alle anderen empfindenden Spezies, die Straße des Seelenaufstiegs gehen musstet: Und damals wie heute gibt es keine Abkürzungen.

Schaut zurück. Erinnert ihr euch noch daran, wie aufgeregt ihr wart, als ihr fleißig Geld gespart habt, um euch euren ersten Gebrauchtwagen zu kaufen, und an den Stolz und das Gefühl, etwas erreicht zu haben, weil ihr diesen Wagen selbst erworben habt? Sicherlich habt ihr schon einmal angemerkt, dass ihr damals mehr Zufriedenheit empfunden habt als die heutigen Kinder, die von euch gleich die glänzenden Neuwagen im Ausstellungsraum geschenkt haben wollen. Ihr seht also, dass Werte stark vom Bestreben, der Motivation und den Bedürfnissen des Einzelnen abhängen. Ihr seid als Wesen mit einem freien Willen gekommen, um eure eigene Erfahrung zu erschaffen, eure Entscheidungen selbst zu treffen und zu erleben, was es heißt, sich einem Ideal zu widmen. Kurz gesagt: Ihr seid gekommen, um die Arbeit selbst zu machen.

Wir wollten auf der Erde eine Rasse von Übergöttern erschaffen. Wie haben wir nur das Offensichtliche übersehen können – dass der göttliche Funken in jeder Lebensform diesen Titel bereits trägt? Die Seelenessenz ist es, die die Form kreiert und in die Materie hinabsteigt. Das ist der Schaffensprozess des Urschöpfers, der sich selbst loslässt; das ist die Göttlichkeit, die sich zur Materie verdichtet, um zu erfahren, wie es ist, ins Licht zurückzukehren. Das ist der Sinn der Seelenessenz. Kein Architekt außer dem Schöpfer selbst ist eines solchen Plans fähig.

In unserem irregeleiteten Taumel, unserer egoistischen Kreativität, glaubten wir, eine Meisterrasse könnte genetisch erschaffen werden. Dabei vergaßen wir, dass der Sinn des Lebens selbst darin besteht, zum Meister zu werden, indem man zuerst in die Dunkelheit hinabsteigt, um dann zur Quelle zurückzukehren. Ansonsten gäbe es keinen Grund, sich als Mitschöpfer abzuspalten. Wie für Adam und Eva im Paradies wäre alles für euch erledigt worden. Für eine solche Rasse von Giganten hätte es weder eine Motivation noch einen Grund gegeben, überhaupt zu existieren.

Das Große Experiment war eine Lektion, die uns Demut lehrte, indem der Urschöpfer der Dunkelheit gestattete, unser Meisterwerk zu zerstören und uns so karmische Schuld, richtiges Handeln und ein grundlegendes Verständnis des freien Willens beizubringen.

Um es auf den Punkt zu bringen: Wir sind für eure Versklavung genauso verantwortlich wie die Herren eurer Knechtschaft. Da wir erfahren haben, was göttliches Eingreifen bedeutet, wissen wir heute, dass es gegen das universale Gesetz verstößt, in das Karma eines empfindenden Wesens einzugreifen.«

Vor der großen Sabotage, die dem *Homo sapiens* alle Lichtstränge bis auf zwei entriss und uns auf die Doppelhelix reduzierte (das Minimum, das für unser biologisches Überleben notwendig ist), lebten diese mit der Christusenergie gesegneten Wesen – unsere wahren Vorfahren – für kurze Zeit in der von ihnen geschaffenen alten Welt, der frühen Zivilisation von Atlantis, bevor auch diese von dunklen Kräften zerstört wurde. Die Spezies, die dafür verantwortlich war, fügt uns noch heute Schaden zu: Es sind finstere Marodeure, die wollen, dass kein Licht in diesen Winkel der Galaxis dringt und dass jede biologische Lebensform, die nicht vor ihnen im Staub kriecht, für immer von unserem Planeten getilgt wird.

Wie mir von meinen sirianischen Kontakten mitgeteilt wurde, sind wir alle Nachkommen dieses ursprünglichen Experiments. Das gilt nicht nur für diejenigen von uns, die sich das Bewusstsein unserer wahren menschlichen Abstammung bewahrt haben – das Wissen, dass wir von uralten, biotechnologisch versierten Vorfahren aus anderen Welten im Universum abstammen –, sondern auch für jene, die so sehr in der polarisierten, materialistischen Welt des einundzwanzigsten Jahrhunderts gefangen sind, dass sie nicht einmal mehr über ihre Fingerspitzen hinausblicken, geschweige denn nach den Sternen greifen können.

Wie hoffnungsvolle Kinder warten wir sehnsüchtig auf die Rückkehr unserer kosmischen Schöpfer und fragen uns, warum sie nicht kommen, um uns, die von ihnen genetisch erschaffenen Wesen, aus dem Drama zu retten, das sich auf dem Planeten Erde abspielt. Allzu oft vergessen wir, dass wir selbst die Außerirdischen sind, auf die wir warten, und dass wir und zahllose andere Seelen sich dafür entschieden haben, genau zu diesem besonderen Zeitpunkt auf der Filmleinwand des Universums zu erscheinen.

Wir sind hier, um den Schandfleck, den die »Weltordnung« auf unserer kostbaren Erde hinterlassen hat, zu entfernen und das Licht in diesen Raumquadranten zurückzubringen, so wie die alten Sternenwesen es bei unserer Aussaat beabsichtigt hatten. Sie wollten, dass wir Freude, Liebe und Wohlstand verbreiten, während wir mit Riesenschritten unseren Aufstieg meistern. Denken Sie daran, wenn Sie das nächste Mal in Verzweiflung versinken und das Gefühl haben, das Böse nicht länger ertragen zu können, das versucht, diese atemberaubend schöne Himmelskugel zu übernehmen, und auch nicht den Wahnsinn, den diese Teufel in die unterbewussten Fasern des Geistes der Menschen überall um Sie herum einbrennen wollen. Rufen Sie sich ins Gedächtnis, warum Sie sich auf ein Leben als Mensch im einundzwanzigsten Jahrhundert eingelassen haben und was Sie während der gegenwärtigen Umwälzungen und durch den Aufstieg der Erde lernen und vollbringen wollen, der bedeutet, dass unser Planet diese Dimension verlassen wird.

Schließen Sie die Augen und lauschen Sie … der wundervollen Musik Ihrer Seele. Können Sie die göttliche Melodie des Geistes vernehmen, die in Ihrem Herzen erklingt?

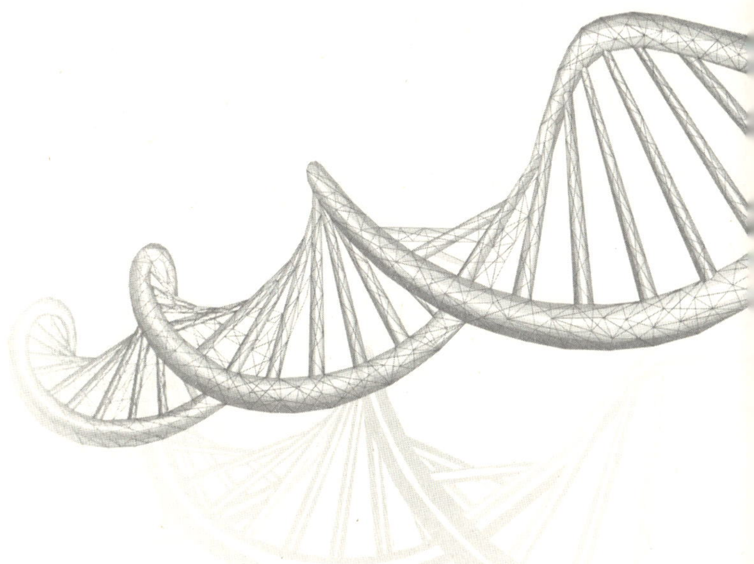

3

Sie sind mitten unter uns

Es gibt empfindungsfähige, nichtmenschliche außerirdische Lebewesen, die unseren Planeten besuchen oder sich gegenwärtig auf ihm aufhalten. Außerirdische wandeln mitten unter uns. Die meisten von uns werden noch miterleben, dass diese Wesen sich uns öffentlich zeigen. Ich habe es selbst bereits erlebt.

Seit Jahrzehnten findet ein langsamer, durch starke Geheimhaltung eingeschränkter Enthüllungsprozess statt. Zahllose Whistleblower – Regierungsbeamte, Militärs, Wissenschaftler und »Experiencer«, wie Menschen genannt werden, die Kontakte mit Außerirdischen oder deren Fluggeräten erlebt haben – legten immer wieder unbestreitbare Beweise vor, die dann unterdrückt oder als angeblicher »Schwindel« abgetan wurden. Wir haben die unscharfen und mit Photoshop bearbeiteten Fotos der NASA gesehen, die angeblich Gebiete auf Mars oder Mond zeigen. Offensichtlich gibt es dort gebäudeartige Strukturen, und selbst Amateurastronomen sind in der Lage, künstlich geschaffene Objekte auf dem Mond und in der als Cydonia bekannten Region auf dem Mars zu erkennen. Die sphinxähnliche Struktur und die Pyramide in der Cydonia-Region wurden von der NASA damit abgetan, hier würden »Licht und Schatten unserer Wahrnehmung einen Streich spielen«. Und seit mehr als einem halben Jahrhundert werden unidentifizierte Raumschiffe gesichtet, die um unserem Planeten herumschwirren, über strategisch hochwichtigen Militärstandorten schweben und angeblich Menschen entführen, welche dann behaupten, schrecklichen Experimenten ausgesetzt worden zu sein, die in den meisten Fällen mit der Entnahme von Sperma und Eizellen durch außerirdische Wesen – oder unsere eigene Geheimregierung – zu tun haben. Einige dieser Flugobjekte, zum Beispiel im Fall von Roswell, sind abgestürzt, aber natürlich wurden diese Ereignisse von der Geheimregierung und ihren Militärmilizen vertuscht und geleugnet.

Was die Medien gegenwärtig vorantreiben, unterstützt von der NASA und verwandten Regierungsbehörden, ist eine groß angelegte, globale »Enthüllung«, bei der Flotten außerirdischer Raumschiffe an wichtigen Orten auf der ganzen Welt eintreffen und gleichzeitig und unbestreitbar verkünden werden, dass wir endlich die Vorstellung beiseite schieben können, »Waisen« in einer unbewohnten Galaxis zu sein. Wir sollen offiziell in ein Universum aufgenommen werden, in dem es von Leben nur so wimmelt.

Was da genau ablaufen wird, weiß niemand. Wird es »der große Augenblick der Wahrheit« sein, den der Hohe Rat vom Sirius prophezeit hat, oder wird es sich um eine Operation unter falscher Flagge handeln, eine vorgetäuschte »ET-Invasion«, inszeniert von der Kabale? Stellen Sie sich vor, wieviel Angst Sie erzeugen könnten, wenn sie die Kontrolle über dieses Drama hätten. Und werden wir es mit aggressiven außerirdischen Mächten zu tun bekommen, die die totale Beherrschung oder endgültige Zerstörung unserer Welt im Schilde führen, oder werden wir endlich erleuchteten Wesen begegnen, die in Frieden kommen, als Vertreter einer interplanetaren Allianz für den Fortschritt der galaktischen Zivilisationen?

Was mich am meisten beunruhigt, ist erstere Option, bei der jene, die auf der Erde im Hintergrund die Strippen ziehen, eine Reihe von Ereignissen vortäuschen, zu denen eine anfängliche Kommunikation mit vermeintlichen Außerirdischen gehört, unterstützt durch Bilder, die Leben auf dem Mars und dem Mond beweisen, unbekannte Flugobjekte, die über dem Weißen Haus und dem Kreml auftauchen, und schließlich das Auftauchen einiger seltsam aussehender Lebensformen (möglicherweise echte ETs aus dem Untergrund ... möglicherweise aber auch lediglich Schauspieler des

Tiefen Staates, kostümiert und maskiert), die ins Rampenlicht der Weltbühne treten. Die Kabale verfügt über die technischen Möglichkeiten, um eine solche Inszenierung zu erschaffen, denn sie kontrolliert die Massenmedien – und sie hat sicherlich auch das nötige Motiv, wodurch ein solches Science-fiction-Szenario in nicht allzu ferner Zukunft sehr wohl möglich wäre.

Einige von uns glauben, dass dies die letzte Karte ist, welche die Kabale ausspielen wird.

Alles, was wir zum jetzigen Zeitpunkt mit einiger Sicherheit wissen, ist, dass eine tatsächliche, globale ET-Begegnung unsere Zivilisation in ein Paradigma katapultieren wird, das unserem derzeitigen Verständnis des Universums und unserer sterblichen Existenz darin so fremd ist, dass wir gezwungen sein werden, das Leben und unsere Rolle in der galaktischen Ordnung der Dinge in einem ganz anderen Licht zu sehen. Wir möchten gerne glauben, dass es ein positiver Schritt sein wird – aber das wissen wir noch nicht. Wir wissen einfach nicht, wem oder was wir begegnen werden, wenn dies tatsächlich eintritt. Lassen Sie uns also vorsichtig optimistisch bleiben, dass dieses Ereignis, wenn es denn stattfindet, real sein wird, und nicht bloß eine vom Tiefen Staat aufgeführte Inszenierung ist.

Hoffen wir, dass die außerplanetarischen Wesen, die es an der Zeit finden, sich der irdischen Weltöffentlichkeit massenweise zu zeigen, gutartig sind und von der hellen Seite der Galaxis kommen.

Abgesehen von den vielen UFO-Sichtungen, die ich im Laufe der Jahre persönlich erlebte, hatte ich auch persönliche Begegnungen mit hochgewachsenen Nordischen, unseren angeblichen »Weltraumbrüdern«. Zum ersten Mal kontaktierten sie mich in Rom, wo sie sich als Geheimdienstoffiziere der NATO-Militärbasis in Neapel ausgaben. Irgendetwas an meiner Arbeit als Channel für den Hohen Rat vom Sirius faszinierte sie, wie sie mir sagten, und sie wollten, so behaupteten sie, aus rein wissenschaftlicher Perspektive verstehen, auf welche Weise ich die Botschaften der Sirianer empfing – auf welcher Frequenz und in welchem Bewusstseinszustand ich mich vor, während und nach den medialen Durchgaben befand.

Als sie an unserem vereinbarten Treffpunkt in Rom aus dem Auto stiegen, wusste ich vom ersten Moment an, dass mit ihnen etwas nicht stimmte. Die Begegnung mit ihnen war für mich einschüchternd und unangenehm. Ich spürte in keiner Weise, dass eine »brüderliche« Liebesenergie von ihnen ausging – da gab es keine Symbiose. Und mein Bauchgefühl riet mir, ihnen gegenüber vorsichtig und zurückhaltend zu sein. Sie strahlten kein Aurafeld aus, zumindest keines, das ich wahrnehmen konnte, und es war kein Licht in ihren Augen. Vielmehr hatte ich den Eindruck, als steckte hinter der Linse dieser unnatürlich blauen Augen – speziell dem rechten Auge – eine Kamera, und ich war mir sicher, dass alles, was ich sagte, aufgezeichnet wurde.

Ich hatte in meinem Leben schon einige übernatürliche und unheimliche Begegnungen, aber diese zählte ganz eindeutig zu den unangenehmsten.

Meine stets präsenten, exquisiten geistigen Führer teilten mir mit, dass ich den beiden nicht in die Augen sehen sollte. Ich sollte mich in ihrer Gegenwart psychisch abkapseln und so schnell wie möglich das Weite suchen – was ich auch tat.

Nach meiner ersten Begegnung mit ihnen in Rom erschien mir dieses Alien-Duo, das sich als Geheimdienstler ausgab, auf mysteriöse Weise noch mehrmals in England. Dorthin reiste ich damals alljährlich im Sommer, um die Kornkreise zu erforschen oder spirituelle Gruppen durch heilige Stätten zu führen. Diese beiden Fremden, die aus dem Nichts auftauchten, waren jedes Mal eine eindringliche und höchst unangenehme Erfahrung. Ich lag in einem Kornkreis und erlebte tiefe, veränderte Zustände, und dann plötzlich, *zack!* – spürte ich, wie ihre Anwesenheit mich viel zu abrupt in meinen Körper zurückzog und die Kampf- oder Fluchtreaktion in mir aktivierte. Sie traten in die Formation des Kornkreises, genau dort, wo ich lag, ohne Rücksicht auf das, was ich gerade erlebte, und starrten in mich hinein wie kalte, distanzierte Wissenschaftler in einem Labor, die eine ahnungslose Mikrobe unter einem Mikroskop betrachten.

Noch heute bekomme ich eine Gänsehaut, wenn ich nur daran denke. In der Tat tue ich alles, was ich kann, um sie nicht wieder in mein Bewusstsein zu ziehen und zudem sicher zu sein, dass es keine Öffnung in meiner ätherischen Hülle gibt, durch die ihre telepathischen, ferngesteuerten Sonden mich erreichen können.

Eine weitere Begegnung ereignete sich, als ich mit einer von mir geleiteten spirituellen Reisegruppe am mystischen Glastonbury Tor eine Meditation durchführte. Auch dort tauchten die beiden Nordischen aus dem Nichts auf und traten, ohne eingeladen worden zu sein, mitten in unseren Kreis. Die meisten Leute in meiner Gruppe schwebten tief in meditativer Glückseligkeit und bemerkten gar nicht, dass ich die Meditation zu ihrer Sicherheit ziemlich abrupt unterbrochen hatte. Ich setzte sie zwar fort, als die beiden Außerirdischen verschwunden waren, muss aber gestehen, dass dieses Erlebnis ein ziemlicher Schock für mich war.

Wieder einmal waren sie ungebeten in mein Feld eingedrungen und hatten den Energiefluss unterbrochen.

Bei einer anderen Gelegenheit tauchten sie durch ein von ihnen selbst geschaffenes Dimensionsportal auf und materialisierten sich hinter mir auf einer kleinen Fußgängerbrücke in Marlborough, England, wo ich mit einer Freundin stand und friedlich die Stockenten in dem darunter liegenden Bach beobachtete. Sie schaute mich gerade in dem Moment an, als die beiden Nordischen hinter mir wie aus dem Nichts auf der Brücke erschienen, auf der nur sie und ich standen. Ich dachte, ihr würden die Augen aus dem Kopf fallen! Ich bin so dankbar, dass sie dabei war und das Geschehen in Echtzeit miterlebte. Sie kann bezeugen, dass diese ungebetenen Eindringlinge durch eine Art Riss im Universum abrupt in unserer Raumzeit auftauchten.

Wenn in solchen bizarren Momenten ein außenstehender Beobachter zugegen ist, hilft mir das, einen klaren Kopf zu bewahren. Und es verhindert, dass ich angesichts jenseitiger Erscheinungen, die meinen Verstand ständig auf die Probe stellen und manchmal auch mit ihm spielen, völlig paranoid werde – und zum Beispiel glaube, Außerirdische würden mich verfolgen.

Darüber kann man nicht einfach mit jedem reden. In der Tat habe ich noch nie darüber geschrieben, aus Gründen, die offensichtlich sind – und aus anderen, die nicht so offensichtlich sind. Ich kann nur sagen, dass ich diese »ET-Nahbegegnungen« in keiner Weise genossen habe. Es gelang mir nicht, meine Abneigung, meinen Widerstand gegen die beiden Wesen zu durchbrechen, um herauszufinden, wer sie wirklich waren, woher sie kamen und was sie eigentlich von mir wollten. Ich weiß nur, dass sie nicht die Art von Außerirdischen waren, denen ich in diesem Leben gerne begegnen wollte. Während eines Zeitraums von fünf oder sechs Jahren drangen sie mehrfach abrupt in meine heiligen Momente ein, die ich damals in den Kornfeldern und Tempeln Englands erlebte. Als die ungebetenen Besuche schließlich endeten, war ich mehr als erleichtert.

Geschähen diese Begegnungen heute, wo ich fast dreißig Jahre mehr Erfahrung habe, würde ich vielleicht ganz anders damit umgehen. Mir ist klar, dass ich aus den Vorfällen viel hätte lernen können, doch damals war ich noch nicht in der Lage, diese Gelegenheit zu nutzen. Meine innere Führung und meine Instinkte sagten mir damals klar, ich sollte vorsichtig sein und mich nicht näher auf die beiden einlassen. Und entsprechend verhielt ich mich auch.

Wenn ich also höre, wie Menschen sich danach sehnen, dass die ETs endlich kommen und uns »beistehen«, muss ich immer an die beiden Nordischen denken (falls sie überhaupt zur Gruppe der Nordischen gehörten) und daran, dass wir, wenn es um Außerirdische geht, in Wahrheit gar nicht wissen, mit wem wir es zu tun haben. Wir haben Berichte von »Insidern«, Whistleblowern, Militärs, »Truthern«, Hellsichtigen beziehungsweise Channelmedien (zu denen auch ich zähle), Remote Viewern und Mystikern. Und dann gibt es noch die UFO-Sichtungen und zumeist erschreckenden Berichte von Entführten – aber im Großen und Ganzen wissen wir immer noch nicht, was es mit dem Phänomen tatsächlich auf sich hat.

Die Erfahrung lehrt mich, dass wir zumindest vorsichtig sein sollten, wenn es darum geht, wen oder was wir herbeirufen. Und wir sollten uns die noch wichtigere Frage stellen, warum wir eigentlich glauben, bei unserer Lichtarbeit auf Hilfe angewiesen zu sein.

Ist es nicht an der Zeit, den »Retter«-Mythos ein für alle Mal *ad acta* zu legen … und damit zu beginnen, uns selbst zu retten – wenn »Rettung« überhaupt nötig ist?

ETs sind für jene, die Augen haben, um etwas zu sehen, gut sichtbar, wie in meinem Fall angesichts der beiden ETs, die menschlich genug wirkten und leicht als hochgewachsene Schweden hätten durchgehen können – bis auf ihre seltsamen, mechanisch wirkenden Augen. Sie gehen in den Führungsetagen einiger Konzerne und in manchen militärischen Befehlszentralen ein und aus, wo sie, wie hochrangige Manager und Regierungsbeamte wissen, streng geheime Regierungsenklaven lenken, mit denen sie interagieren und denen sie regelmäßig Anweisungen erteilen. Sie verfügen außerdem über Untergrundbasen – tief unter der Erde, so weit weg vom Licht wie möglich. Andere, wie die Nordischen, reisen mühelos zwischen den Dimensionen hin und her. Sie können sich nach Belieben als physische Wesen, Pseudo-Menschen, in unserer dreidimensionalen Welt materialisieren. Einige – Reptiloide und Insektoide – können ihre Körper in ungefähre Nachbildungen der menschlichen Gestalt (oder bestimmter Tiere) verwandeln, als wären sie interdimensionale Chamäleons, aber sie sind keine Menschen. Weit gefehlt. In ihren Augen ist nie Licht zu sehen. Und wenn man Energie psychisch lesen kann, ist man sich in ihrer Gegenwart sehr bewusst, dass sie kein uns vertrautes elektromagnetisches Biosystem haben.

Das war bei den beiden Nordischen der Fall. In ihren Aurafeldern gab es keine vertrauten Strukturen, so dass es mir nicht möglich war, sie zu lesen. Nach allem, was ich weiß, könnte es sich bei ihnen durchaus um nichtbiologische Lebensformen gehandelt haben – synthetische Wesen, Roboter oder Cyborgs.

Wie in meinem Roman *The Emissary – Kolonie der Lichtwesen auf dem Meeresgrund*[2] beschrieben, leben außerirdische Rassen in der Tiefsee. Sie bewohnen diesen Planeten tatsächlich schon Jahrhunderttausende länger als wir und betrachten uns Menschen als die wahren Außerirdischen, noch dazu als feindliche Außerirdische. Dazu haben sie auch allen Grund, wenn wir objektiv das disharmonische Verhältnis unserer Spezies zur Ökologie unserer Erde und der großen Ozeane betrachten, das sich im Verhalten des Militärs und der Industrie gegenüber den großen Walen und den Delfinwesen – überhaupt jeglichem Leben im Meer – seinen vermutlich deutlichsten Ausdruck verschafft.[3]

Einige Aliens sind wohlwollend, andere, wie die Wesen mit dem länglichen Schädel, die meisten Greys, die Insektoiden und die Reptiloiden, sind es ganz sicher nicht. Die beiden Nordischen, denen ich begegnet bin, konnte ich nicht einordnen.

Inzwischen durchschauen immer mehr von uns die Maskerade der Aliens. Wenn sich der Schleier über unserem kollektiven Dritten Auge lüftet und uns das vierdimensionale Gerüst unseres sich ständig wandelnden Bewusstseins enthüllt, sind wir in der Lage, die Aliens dabei zu beobachten, wie sie mühelos in diese Dimension hinein- und wieder aus ihr hinausgleiten. Diese Kreaturen, die glauben, dass die Erde ihr Herrschaftsgebiet ist und nur ihnen gehört, sind entschlossen, den *Homo sapiens* auszulöschen. Sie wollen uns ein für alle Mal aus dem Weg räumen.

Aber es reicht ihnen nicht, uns einfach auszulöschen, was sie schon längst hätten tun können in all den Jahrtausenden. Nein, sie wollen unsere Zahl drastisch verringern, um uns überschaubarer zu machen, und dann unseren Körper und unseren Geist übernehmen, um alles biologische Leben auf dem Planeten vollständig zu kontrollieren und das von *Star Trek* inspirierte Schwarmbewusstsein der Borgs, kybernetisch aufgewerteter Bioorganismen, einzuführen – anders gesagt: das »Internet der Körper«.

Sie wollen das Licht des *Homo sapiens* endgültig auslöschen und über uns herrschen, indem sie den göttlichen Code in unserer DNA extrahieren und durch KI-Technologie ersetzen – das sind ihre ultimativen Ziele. Sie haben es auf unsere Seelenessenz abgesehen: auf die vollständige Verleugnung von Licht, Gott und Geist. Lassen Sie sich nicht täuschen: Ihnen – und Ihren Kindern! – Ihr inneres Licht zu stehlen ist das wahre Ziel dieser Wesen.

Darum ist es so außerordentlich wichtig zu wissen, wie Sie jede Störung, die versucht, Ihr Energiefeld zu durchdringen, abwehren können. Wir alle sollten lernen, wie wir unseren bioelektrischen Energiekörper schützen und extrem fokussierte Gedankenkraft ausüben können, um alle Programmierungen außer Kraft zu setzen – einschließlich jener, die der Bevölkerung jetzt aufgezwungen werden. Darüber hinaus ist es in Anbetracht der Agenda, die seit Beginn des aktuellen Jahrzehnts mehr und mehr durchgesetzt wird, eine Frage der absoluten Selbsterhaltung, dass wir alle wissen, wie wir unsere biologische DNA heilen, regenerieren und aktivieren können: indem wir uns mental, emotional und spirituell auf das Quantenlichtfeld fokussieren. Das gelingt uns, wenn wir die uns im Überfluss zur Verfügung stehenden unerschöpflichen Energieressourcen nutzen, um unsere mentale, emotionale und physische Integrität und die souveräne Erfahrung der Seele während des Aufstiegs in die nächste Dimension zu bewahren.

Selbst diejenigen von uns, die das Glück haben, sich an Lebenszeiten zu erinnern, die sie an anderen Punkten des Raum-Zeit-Kontinuums verbracht haben, und die beim Durchqueren des Quantenfeldes des universellen Seins beschlossen haben, dass sie nun als Menschen auf diesem Planeten inkarnieren wollen, manifestieren sich als menschliche Wesen immer noch mit der biologischen DNA-Schablone jener alten außerirdischen Genetiker. Sie ist immer noch der Bauplan dafür, wie wir die menschliche Form erschaffen und manifestieren, selbst wenn neunzig Prozent der Informationen noch ungeordnet, »nicht kodiert« sind. Einwanderer aus dem Jenseits, Millionen von Seelen, die noch nie zuvor den guten Boden unserer großzügigen Erde betreten haben, beschließen, genau das zu tun – sich in diesem physischen Feld der Materie zu materialisieren. Sie strömen scharenweise in unseren Teil der Realität. Sie fühlen sich von dieser karmischen Schule des Lernens angezogen und inkarnieren als menschliche Wesen, um an der Großen Veränderung teilzunehmen, die unseren Planeten revolutioniert: Sei es, dass sie als Lichtkrieger Dienst tun wollen, oder einfach nur, um die größte Reality-Show, die jemals ausgestrahlt wurde, aus nächster Nähe mitzuerleben … in Echtzeit.

Das Zusammentreffen so vieler Seelen aus nahen und fernen Welten ist ein bedeutendes und relativ seltenes kosmisches Ereignis. Sie werden herbeigerufen, um auf der Seelenebene am Kampf zwischen Dunkelheit und Licht teilzunehmen. Dieser Kampf spielt sich auf einem Planeten ab, der darum ringt, von der dritten in die vierte und fünfte Dimension und höher aufzusteigen, während er gleichzeitig mit einem globalen Armageddon konfrontiert ist.

Diese Seelen sind wir.

Wir sind ein bisschen früher hergekommen, bevor der große Massenansturm einsetzte.

Es ist wichtig zu erkennen, dass wir, die Sternensaat, beim Aufstieg auf der Lichtspirale Milliarden von Optionen haben, aus denen wir wählen können, um unsere karmischen Lektionen abzuarbeiten, die den Verlauf der Seelenreise bestimmen, während wir, in Spiralbahnen emporsteigend, zur Quelle zurückkehren. Obwohl unsere umkämpfte Erde des einundzwanzigsten Jahrhunderts auf einige wie ein letzter Zufluchtsort wirken mag, dient sie jenen, die die Mechanismen des Karmas verstehen, in Wirklichkeit als eine höhere Lehranstalt, in der die Lektionen unerträglich herausfordernd sind und die Prüfungen scheinbar nie aufhören – aber wo den im Transit befindlichen Seelen dennoch eine erstaunliche Ausbildung von unschätzbarem Wert zuteil wird.

Wir haben uns selbst dafür entschieden, hierher zu kommen. Vergessen Sie das nie.

> ⁘ <

Leider wird seit Beginn der »experimentellen« Injektionen einer wachsenden Zahl neuer Seelen, die versuchen, in dieser Welt geboren zu werden, bereits während der Schwangerschaft bewusst, dass etwas nicht stimmt. Irgendetwas hat den Bauplan der Spezies verändert. Daher wenden sich diese Seelen, die eigentlich eine Inkarnation auf der Erde als wertvollen Schritt ihrer Entwicklung betrachteten, von dem ihnen verdächtig erscheinenden Fötus ab. Sie schauen sich lieber nach anderen Möglichkeiten um, statt in ein

Leben geboren zu werden, das nicht vollständig menschlich ist … in ein Leben ohne das Licht Gottes.

Wie diejenigen, die sich trotz der biologischen Warnzeichen für die Geburt entscheiden, sich entwickeln werden, gibt Anlass zu großer Sorge. Was wird aus den neuen transhumanistischen Babys, die nun mit Graphen, menschlichen und tierischen fötalen Zellen und synthetischer mRNA zur Welt kommen, welche sie im Mutterleib durch ihre »geimpften« Eltern erworben haben?

Obwohl das Zensurprogramm, das der Weltbevölkerung weiterhin die Wahrheit vorenthält, nicht zulässt, dass wir erkennen, was wirklich mit diesen Babys geschieht oder was wirklich in diesen Spritzen enthalten ist, gibt es Leute in der Ärzteschaft, die Bilder von Babys mit schwarzen Augen und Neugeborenen mit extrem bizarren Verhaltensweisen und Missbildungen veröffentlichen. Einige sehr erschrockene Mediziner sagen uns, diese Neugeborenen seien nicht mehr vollständig menschlich.

Sind sie tatsächlich die neuen, genetisch veränderten transhumanistischen Design-Menschen?

Wir mögen nicht alle darin übereinstimmen, dass wir Beweise für das Auftreten dieser Anomalie bei Neugeborenen haben oder dass die sogenannten Impfungen die Ursache für einen schockierenden Anstieg von Fehl- und Totgeburten im Jahr 2022 sind. Berichte aus zuverlässigen Quellen, wonach bei werdenden Müttern, die im ersten und zweiten Trimester geimpft wurden, eine erschreckend hohe Zahl von Fehlgeburten auftritt, wurden leider vertuscht oder vollständig gelöscht. Traurigerweise kennen einige von uns Menschen, die diese Tragödie erleben mussten.

Wir sollten aufmerksam sein und alles in unserer Macht Stehende tun, um schwangere Frauen über die Gefahren der Injektionen für das neue Leben, das sie in sich tragen, aufzuklären – und auch über mögliche Gefahren, wenn sie das Gift über die Muttermilch an ihr Kind weitergeben.

Nicht nur die nahe und ferne Zukunft unseres individuellen Lebens hängt davon ab, sondern auch das Überleben unserer gesamten Spezies.

4

Transhumanismus auf dem Vormarsch

Das Konzept eines genetischen Experiments, das von außerweltlichen Wesen durchgeführt wurde und zur Geburt der multi-ethnischen, hybriden Superspezies *Homo sapiens* führte, ist für diejenigen unter Ihnen, die mit meiner Arbeit vertraut sind, sicherlich nicht neu. Es ist ein wiederkehrendes Thema, mit dem ich mich seit dem allerersten Band meiner ersten Trilogie der Sirianischen Offenbarungen befasse, der vor etwa fünfundzwanzig Jahren erschien.[4]

Unsere eigenen Wissenschaftler führen in unterirdischen Laboren ständig genverändernde Experimente durch, schaffen Biowaffen aus genetisch verbesserten oder mutierten Viren und Bakterien, experimentieren mit abartigen Chimären aus der DNA von Tieren und mischen deren DNA mit Schnipseln des menschlichen Genoms. Meistens ignorieren wir das, denn wenn wir es zur Kenntnis nähmen, müssten wir die Ethik und Moral jener Wissenschaftler in Frage stellen, die dort unschuldigen Lebewesen offenkundig grausam und gleichgültig abgrundtief Böses antun. Die Wahrheit ist, dass wir diesen Schmerz nicht an uns heranlassen wollen. Und die meisten Menschen fühlen sich außerstande, etwas dagegen zu unternehmen. Also ignorieren wir im Großen und Ganzen, was hinter den Mauern der Geheimhaltung vor sich geht, und so kommen dann diese verrückten Wissenschaftler mit so ziemlich allem durch, was ihnen an Perversitäten in den Sinn kommt.

Zumindest bis jetzt.

Ist es denn so schwer vorstellbar, dass Außerirdische, die unseren heutigen Bioingenieuren um Lichtjahre voraus sind, die nötige Technologie beherrschen, um aus der DNA verschiedener außerirdischer Spezies einen hybriden Humanoiden zu erschaffen?

Handelt es sich dabei vielleicht um das wahre »fehlende Bindeglied« in unserer Evolution?

Wie bereits erwähnt haben manche von Ihnen aus anderen Quellen von dem großen genetischen Experiment erfahren, denn andere Kanäle und Koryphäen haben sehr ähnliche Informationen veröffentlicht. Aber die Frage nach unserer wahren stellaren Abstammung und danach, wie unsere Spezies aus dem Experiment der Sirianer (das mit den besten Absichten durchgeführt wurde) hervorging, muss immer und immer wieder neu untersucht werden, bis wir wirklich verstehen, wie universell die Praxis der Gentechnik in Wahrheit ist. Darüber hinaus müssen Wissenschaftler im ganzen Universum lernen, dass ein Herumpfuschen an der Vollkommenheit des göttlichen Plans immer weit unter den Möglichkeiten aller bewussten Schöpfungen Gottes bleiben muss und niemals zu einer Verbesserung führen kann, mögen die Visionen und Absichten, deretwegen es geschieht, auch noch so rein und edel sein.

Wie ist es möglich, dass bewusste und intelligente Wesen überhaupt erst auf die Idee kommen, etwas besser zu wissen oder zu können als ihr eigener Schöpfer?

Doch leider kommt das immer wieder vor. Und es scheint eine Lektion zu sein, die auf die »harte Tour« gelernt werden muss. Finanziert von einem Kollektiv von Eugenikern scheinen viele der heutigen irdischen Genetiker und Bioingenieure willige Handlanger der transhumanistischen Agenda der Globalisten zu sein, da sie mit einer völlig gegenteiligen Absicht an die Aufgabe herangehen als die, die einst von den Wesen des sirianischen Sternenteams mitgebracht wurde. Sie ist bei weitem nicht »rein« und schon gar nicht edel. Ich spreche von dem umfassenden Krieg, der gegen unsere DNA geführt wird, und von der Implantation von Nanotechnologie in unsere Zellen, deren Ziel die endgültige Mutation biologischer Menschen (und Tiere) zu Chimären, Klonen, Alien-

Hybriden und schließlich zu halbmenschlichen, roboterartigen Lebensformen ist: Cyborgs.

Lassen Sie sich nicht von der altruistischen Rhetorik in den Mainstream-Medien und der Irreführung täuschen, mit der diese Technologie als Wunder angepriesen wird, das der »bedürftigen« Menschheit Hilfe verspricht. Sie erzählen uns, dass weitere mRNA-»Impfstoffe« entwickelt werden und dass die neue revolutionäre Medizin unserer Gegenwart und nahen Zukunft über im Labor hergestellte mRNA direkt in unsere Zellen verabreicht wird, um unsere »schadhafte« DNA zu reparieren und so alle möglichen Gesundheitsprobleme und Krankheiten zu behandeln.

Die transhumanistische Agenda, die in den Vordergrund unseres individuellen und gesellschaftlichen Bewusstseins drängt, hat die Absicht, das menschliche Genom für ihre Version des *Homo sapiens 2.0* zu mutieren: zunächst durch das Implantieren von Software, die den göttlichen Code vollständig aus uns entfernen soll – die *Große Trennung* –, um dann das, was noch von uns übrig ist, als emotionslose, roboterhafte Wesen in eine riesige techno-mechanische Matrix zu integrieren … seelenlose Werkzeuge, die von Künstlicher Intelligenz kontrolliert und manipuliert werden.

Das »brauchen« wir ganz sicher nicht. Und ich für meinen Teil werde nicht zulassen, dass künstliche Technologie in den heiligen Tempel meines Wesens eingepflanzt wird.

Damit das klar ist: Der Weg des Transhumanismus führt auf der Überholspur rasant in die Hölle. Die Technokratie hat das, was heute geschieht, von langer Hand vorbereitet.

Wir waren nur nicht wachsam genug. Während wir uns von den Tricks und Illusionen ablenken ließen, die der Magier mit der linken Hand ausführte, richtete er mit der rechten Hand alle notwendigen Systeme ein, um uns schließlich in die ultimative Matrix der Transhumanisten hineinzuziehen.

Und als die Vorbereitungen getroffen waren, folgte Covid-19.

Es gibt eine ganze Reihe von Untersuchungen über die wahren Ursprünge dieses »Virus«, die nachweisen, dass es schon Jahre im Spiel war, bevor es angeblich »einer Fledermaushöhle entsprang«, um den gesamten Globus zu infizieren. Trotz aller Bemühungen, die Geschichte zu verschleiern, sind die Informationen – einschließlich mehrerer Patente, die mit dem genetischen Design verschiedener als »Viren« bezeichneter Biowaffen zu tun haben – beim US-Patentamt hinterlegt. Wenn Sie bereit sind, Nachforschungen anzustellen, werden Sie diese Informationen leicht finden. Es ist kein Zufall, dass die Namen der Personen, die das gesamte »Not-Impfprogramm« leiten, auf diesen Patenten stehen, aber … Wir sollen so etwas nicht wissen, auch wenn es sich dabei durchaus um öffentlich zugängliche Informationen handelt.

Wenn Sie den wissenschaftlichen Beweis suchen, können Sie der Spur der Wahrheit folgen. Wir haben sehr mutige Anwälte, Ärzte und Senatoren, die sich zusammengetan haben, um aufzudecken, was den Menschen von den Verursachern der »Impf«-Kampagne angetan wurde. Sie sind bereit, Barrieren zu überwinden, und fordern von den Regierungen und Gesundheitsorganisationen, reinen Tisch zu machen – und dann zur Verantwortung gezogen zu werden. Klagen gegen die verantwortlichen Personen und die hinter ihnen stehenden Konzerne tauchen aus dem Nebel ihres gescheiterten Narrativs auf. Bürgerinnen und Bürger auf der ganzen Welt wehren sich bereits gegen das größte Verbrechen, das jemals gegen die gesamte Menschheit verübt wurde.

Und wir haben alternative Medien, Verlage und Autoren wie mich, die diese Informationen ans Licht bringen.

Die Covid-19-Agenda wurde im Februar 2020 mit der Entwicklung der abrupt festgestellten »Pandemie« und der ungetesteten Notfall-»Impf«-Kampagne, die unmittelbar darauf folgte, in die Tat umgesetzt – ein globales, nie erprobtes Experiment, bei dem noch drei Jahre später Milliarden Menschen DNA-verändernde, synthetische mRNA injiziert wird, immer und immer wieder. Allein damit demonstrieren die Verantwortlichen bereits, dass das, was man den Menschen da spritzt, gar kein Impfstoff ist.

Und wäre es doch ein Impfstoff, dann offenkundig kein sonderlich wirksames Mittel. Wäre es das, müsste die angebliche Impfung ja nicht so oft wiederholt werden.

Und nein, die Vorstellung, dass die Gifte und die Software, die sie den Menschen injizieren, das menschliche Genom verändern, ist keine »Verschwörungstheorie«. Trotz der Kontroverse darüber, ob der synthetische mRNA-Mechanismus des »Impfstoffs« die DNA verändert oder nicht, liegen wissenschaftliche Beweise von qualifizierten Forschern vor, und jeden Tag kommen neue hinzu.

Natürlich wirken sich diese Substanzen auf die DNA aus!

Wir haben es hier mit synthetischer mRNA zu tun, die unnatürlich in den Körper implantiert wurde und die natürliche Boten-RNA des Körpers blockiert, welche dazu bestimmt ist, die notwendige biologische Reaktion auf jeden viralen oder bakteriellen Eindringling zu erzeugen. Die synthetische, im Labor hergestellte mRNA aus der Injektion sendet eine neue Botschaft an die Körpersysteme, nämlich ständig ein gefährliches »Spike-Protein« zu produzieren, das den gesamten Organismus zu übernehmen scheint, ohne ein »Aus-Ventil« zu haben. Damit wird der Körper daran gehindert, das zu tun, was von Natur aus vorgesehen ist, um Infektionen zu bekämpfen und das natürliche Gleichgewicht zu erhalten.

Ihr Körper weiß, was zu tun ist. Er wurde entwickelt, um sich selbst zu schützen und einen Zustand von Gesundheit und Wohlbefinden aufrechtzuerhalten.

Jeder, der auch nur das geringste Verständnis davon hat, wie Impfstoffe und Immunologie wirklich funktionieren, würde sofort erkennen, dass das, was den Menschen hier verabreicht wird, nicht als Impfstoff eingestuft werden kann!

Es ist etwas ganz anderes … etwas, von dem Big Pharma selbst zugibt, dass es noch nie an Menschen angewendet wurde … daher der Begriff: »experimentelles Programm«.

Die Laborratten für den Covid-19-»Impfstoff« sind Menschen, und das Labor ist der gesamte Globus.

Das müsste doch inzwischen für alle offensichtlich sein … oder etwa nicht?

Zwischen der Explosion der Pandemie, den Lockdowns, der aufdringlichen Rhetorik bezüglich der Neuen Weltordnung, der vorsätzlichen Zerstörung der Weltwirtschaft und der Propagierung einer völlig neuen Art der »Behandlung von Krankheiten« durch mRNA-Impfstoffe lässt sich deutlich erkennen, dass es sich um eine geplante, vorsätzliche Entwicklung handelt.

Big Pharma und die globalen Gesundheitsorganisationen erzählen uns, dass es noch viele weitere mRNA-Impfstoffe geben wird und dass die Gentherapie die Medizin der Zukunft ist. Damit wir es nicht vergessen: Die mRNA-Injektion ist kein Impfstoff! Dennoch weigern sich die Menschen, sich die Frage zu stellen, was diese neue, invasive Technologie für unser menschliches Genom und unsere Zukunft bedeutet. Sie vertrauen immer noch auf das, was staatliche Stellen und die offiziellen Medien ihnen erzählen. Sie glauben, was man ihnen verkauft. Viele befinden sich in einem Zustand der Massenhypnose und sind völlig dem Narrativ aufgesessen.

Nach all den Todesfällen, Nebenwirkungen und zerstörten Leben glauben sie immer noch, dass das, was ihnen wiederholt in den Arm gespritzt wird – eine Substanz, die Berichten zufolge Gifte, Graphen, genverändernde synthetische mRNA und noch nicht identifizierte biologische Stoffe enthält – ein Impfstoff gegen ein Virus ist, das, wie es heißt, nie identifiziert wurde.

Diese Menschen weigern sich, unwiderlegbare Beweise dafür zu akzeptieren, dass ihre eigenen Regierungen, unterstützt von globalen Gesundheitsorganisationen, die sich angeblich um die Gesundheit der Bevölkerung kümmern, ihnen genverändernde synthetische Nanotechnologie injizieren. Schließlich betonen die Medien und Gesundheitsorganisationen, denen sie vertrauen, dass die mRNA-Spritzen die DNA nicht verändern … oder dass sie es zwar tun, aber nur »vorübergehend«. Und schließlich haben sie ja noch ihre »Faktenchecker«, die ihnen ständig bestätigen, was angeblich »Stand der Wissenschaft« sein soll.

Also gibt es für sie doch nichts zu befürchten, oder?

Forscher der Universität Lund in Malmö, Schweden, fanden heraus, dass der mRNA-Impfstoff in menschliche Leberzellen eindringt und die DNA der Zelle im Zellkern dazu veranlasst, die Produktion des LINE-1-Gens zur Herstellung von mRNA zu erhöhen. Der gesamte Prozess vollzog sich im Labor offenbar rasch, innerhalb von sechs Stunden, so die Schlussfolgerung der Studie.

Bei einem Artikel, der auf der Website des renommierten Multidisciplinary Digital Publishing Institute (MDPI) der Universität Lund[5] unter dem Titel »Intrazelluläre reverse Transkription des Pfizer BioNTech Covid-19 mRNA-Impfstoffs BNT162b2 in der menschlichen Leberzelllinie« veröffentlicht wurde und größtenteils einen Schwall medizinischer Fachbegriffe enthält, heißt es eindeutig: »Eine kürzlich durchgeführte Studie hat gezeigt, dass die SARS-CoV-2-RNA revers transkribiert und in das Genom menschlicher Zellen integriert werden kann.«

MDPI ist ein in der Schweiz ansässiger Herausgeber von wissenschaftlichen Open-Access-Zeitschriften, geleitet von seinem Mitgründer Shu-Kun Lin. Die Firma gibt an, Forschungsarbeiten von über 330.000 Autoren veröffentlicht zu haben und dass ihre Zeitschriften monatlich mehr als fünfundzwanzig Millionen Mal aufgerufen werden. Vielleicht sollten wir also zumindest dem, was sie vorlegen, die gleiche Zeit widmen wie dem, was wir aus den Massenmedien, von Sprechern der Pharmakonzerne, die diese »Impfstoffe« produzieren, und von globalen Gesundheitsorganisationen hören – die kategorisch abstreiten, dass die mRNA-Nanotechnologie in diesen Spritzen tatsächlich die DNA verändert.

Dr. Peter McCullough, ein hoch angesehener und etablierter Internist, Kardiologe und Epidemiologe, einer der führenden Kritiker dessen, was den Menschen als Covid-19-Impfstoffe injiziert wird, sagte, die Ergebnisse der Universität Lund hätten »enorme Implikationen im Hinblick auf dauerhafte chromosomale Veränderungen, die eine ganz neue Art von chronischen Krankheiten hervorrufen können«.

Bedenken Sie: Wenn sie die Chromosomen unseres Körpers verändern können, versetzt sie das in die Lage, jeden Aspekt unserer Biologie zu verändern – Gedanken, Gefühle und körperliche Formen. Diese wachsende Gruppe einflussreicher Transhumanisten drängt die Regierungen der Welt dazu, die KI-Technologie einzuführen, die das menschliche Bewusstsein mit dem großen Zentralcomputer verschmelzen kann, ob wir es wollen oder nicht. Sie sprechen offen darüber, genau jene DNA zu verändern, von der die Pharmakonzerne behaupten, sie würde durch die »Impfstoffe« nicht verändert. Es geht darum, unsere Seelen zu stehlen und uns an ein robotergesteuertes KI-Kontrollzentrum anzuschließen, das unseren Verstand, unseren Emotionalkörper und die Funktionsweise unseres physischen Wesens verändert.

Das ist buchstäblich der letzte Weckruf.

Uns bleibt keine Zeit mehr, uns umzudrehen und wieder einzuschlafen, in der Hoffnung, dass dies alles nur ein böser Traum ist, der mit Morgenkaffee und Frühstücksei wieder verschwindet. Unter dem Vorwand von Covid-19 haben sie uns in eine dystopische Version der Welt geworfen, die wir bislang kannten, als wir uns in vielerlei Hinsicht so viel menschlicher fühlten als jetzt … so viel freier, unser Leben zu leben, während sich die Menschen jetzt noch immer hinter ihren Plastikhauben und schmutzigen Masken verstecken und sich in ihren Käfigen aus Paranoia und Angst einschließen.

Es ist verrückt, dass es auf diesem Planeten nach wie vor Leute gibt, die tatsächlich glauben, diese Verschwörung gegen die Menschheit wäre bloß eine Theorie … denn das ist sie nicht: Immerhin erklären die Transhumanisten selbst ganz unverblümt, dass sie beabsichtigen, die alte Version des *Homo sapiens* (die natürliche) zu einer genetisch umstrukturierten, KI-gesteuerten Nachfolgeversion umzubauen: *Homo sapiens 2.0.* Sie sprechen ganz offen darüber, treiben diese Agenda voran und verändern das menschliche Bewusstsein, um ihr Ziel zu erreichen.

In der sterilen Weltsicht der überzeugten Transhumanisten gibt es keine Zukunft, keine Seele und nichts, was über die physische Lebenszeit hinausgeht – es sei denn, das Bewusstsein kann in Terabytes erfasst und neu definiert werden, indem man ihm eine falsche technologische Unsterblichkeit im Bienenstock der Künstlichen Intelligenz verleiht. Wie furchtbar schwer muss es sein, Frieden zu finden, und wie unmöglich, der Existenz einen Sinn zu geben, wenn man wie die

Transhumanisten glaubt, über die begrenzten Jahre unseres physischen Lebens hinaus würde nichts von uns fortbestehen.

Keine Vision von der Ewigkeit, von der unsterblichen Seele zu haben, das kann ich mir nicht vorstellen. Das muss ein enorm schmerzhafter Geisteszustand sein, ein hohles, leeres Gefühl, egal wie viele Villen, Bentleys und Goldbarren man besitzt. Egal, wie viel wir in der Welt der Materie anhäufen, egal, wie unersättlich wir leben. Der Glaube, dass nichts anderes existiert, wird bedeutungslos, wenn die Verabredung mit unserem Schöpfer endlich ansteht und wir die Barriere zwischen Leben und Tod überschreiten, um als Geist zu unserem nächsten Ziel zu reisen.

Wie schrecklich wäre es zu glauben, dass man in diesem Moment aufhört zu existieren … dass nichts von uns bleibt außer Staub.

Der Vorhang fällt. Die Lichter gehen aus. Das war's.

Es ist kein Wunder, dass so viele Menschen in die Sucht abgleiten und versuchen, den Schmerz zu betäuben, den die Angst vor einer Zukunft im totalen Nichts auslöst. Ich fühle mit denen, die glauben, dass diese wenigen Jahre des physischen Lebens auf der Erde, von denen viele mit Leiden und unerfüllten Wünschen verbracht werden, alles sind, was sie haben, und dass, wenn der letzte Vorhang fällt, nichts folgt – und gar nichts von ihnen übrigbleibt, nichts als Fußspuren am Strand, die von den Wellen weggespült werden.

Oder, was vielleicht noch schlimmer ist: Sie wissen, dass sie ihre Seele verkauft haben, und fürchten sich so sehr vor der Dunkelheit, die sie in der Stunde des Todes erwartet, dass sie verzweifelt versuchen, ihre sterbliche Hülle mit allen Mitteln zu erhalten … koste es, was es wolle. Sie lassen ihren Körper einfrieren, bis ein Heilmittel für die Krankheit gefunden werden kann, an der sie starben, oder sie verschmelzen freiwillig mit der KI, um ihr Bewusstsein in die Cloud eines Computernetzwerks zu projizieren – Verzweiflungstaten von Wesen, die nicht begreifen, dass sie unsterblich sind.

Glauben sie, abgesehen von den Belohnungen, die sie auf ihrer kurzen Reise durch die materielle Welt erhalten, etwa, dass der »Teufel« ihnen Prämien zahlt, wenn sie möglichst viele Seelen an die dunkle Seite ausliefern? Glauben sie, frage ich mich, dass sie sich irgendwie vom Haken des Peinigers befreien können, wenn sie so viele Menschen wie möglich verraten? Ist es die Angst vor der Nichtexistenz nach diesem physischen Leben, die den Transhumanisten antreibt, Unsterblichkeit in einem Bündel von Nervenimpulsen zu suchen, deren Frequenzen durch das mechanische Gehirn eines Megacomputers pulsieren?

Oder ist es eher die Furcht vor dem Teufel, der auf Vergeltung wartet, die sie dazu treibt, alles zu tun, um die Menschen in ihre unendliche Düsternis zu locken?

Das macht doch nachdenklich, nicht wahr?

Mich jedenfalls schon.

5

Der Bauplan für den Menschen 2.0

Wie bauen Sie einen menschlichen Roboter? Wie gestalten Sie die unsere Spezies erhaltende biologische Vorlage so um, dass es möglich wird, den »neuen Menschen« systematisch mit der monströsen Cloud der Computerzentrale zu verbinden, um ihn von der Künstlichen Intelligenz verwalten, kontrollieren und versklaven zu lassen? Sobald Ihre perversen Techno-Lakaien und käuflichen Bioingenieure das Know-how und die Fähigkeit erlangt haben, den göttlichen Bauplan umzuschreiben, den Gottescode in der DNA zu löschen und ihn durch den kodierten Boten Ihrer Wahl zu ersetzen, lautet die nächste Frage: Wie schaffen Sie es, das umzubauen, was Sie als den veralteten, unvollkommenen »Menschen 1.0« bezeichnen? Und zwar ohne dass Ihre ahnungslosen Versuchspersonen jemals erfahren, dass sie zu einer neuen, verbesserten Version ihres früheren Selbst mutiert wurden – einem mit der Maschine verschmolzenen Menschen: das Upgrade, Modell »Mensch 2.0«? Was müssen Sie in die Wege leiten, bevor Sie Ihren Plan, die Natur des Menschen zu verändern, in die Tat umsetzen und damit den evolutionären Kurs einer ganzen Zivilisation ändern können? Die Antwort ist einfach. Sie erschaffen mit Hilfe der von Ihnen kontrollierten Massenmedien das künstliche Szenario einer angeblichen existenziellen Bedrohung für das Überleben der Menschheit. Sie hämmern diese Propaganda in die Gehirne der Weltbevölkerung, während jeder Minute eines jeden Tages. So erzeugen Sie ein so angstbesessenes Gruppenbewusstsein, dass diejenigen, die sich darauf einlassen, blindlings allem zustimmen, was Sie, die »Elite«, als Gegenmittel gegen die projizierte Gefahr anordnen.

Im Wesentlichen sind Sie also Urheber und Eigentümer des Problems. Sie besitzen das Patent darauf und bieten die Lösung an, die Sie sich ebenfalls haben patentieren lassen. Das nennt man eine undurchdringliche Sphäre allmächtigen Einflusses.

Diejenigen, die sich nicht beugen und Ihrem Plan folgen wollen, bezeichnen Sie als gefährliche Aufrührer und Extremisten, die von der Herde isoliert, von der Gesellschaft abgeschnitten, in »Umerziehungszentren« interniert und schließlich entsorgt werden müssen. Sie bringen jede Logik und echte Wissenschaft zum Schweigen, und Sie eliminieren alle Expertenaussagen und schließen jeden aus, der irgendetwas in Frage stellt, das Ihre Position entlarven oder Ihren Masterplan enthüllen könnte, bis die Menschen so betäubt und abgestumpft sind, dass sie nur noch mit Gleichgültigkeit reagieren, wenn sie mit der Wahrheit konfrontiert werden.

Wenn Menschen gegen Sie opponieren, zerstören sie deren Glaubwürdigkeit, Karriere und Existenz. Wie in einem Orwellschen Drehbuch überzeugen Sie die von Ihnen hypnotisierte Öffentlichkeit davon, dass diese »Anderen« – die Abtrünnigen – eine ernste Gefahr für das Überleben der Folgsamen darstellen. Dann wird die Masse den Oppositionellen misstrauen und die Wahrheit zurückweisen, die diese ihr zu vermitteln versuchen.

Anschließend überzeugen Sie Ihre Untertanen davon, dass Sie die Mittel haben, sie vor jeder Gefahr zu schützen, weil allein Sie die wahren Retter sind. Die Untertanen müssen Ihnen vertrauen, weil Sie alles unter Kontrolle haben. Sie und nur Sie wissen, was zu tun ist, damit die Bevölkerung »sicher« ist, behütet. Alles, was Sie, die edle Elite, tun, dient schließlich dem Schutz Ihrer Untertanen.

Sie verzerren die Wahrnehmung der Menschen, bis diese glauben, es sei eine gute Sache, als Sklave einer zentralen Herrschaft zu dienen. Die Unterwürfigen werden belohnt, indem sie sich in Ihrem sozialen Kreditsystem Verdienste erwerben, während die Freigeister geächtet und bestraft werden.

Und dann, wenn das erreicht ist und Sie den Verstand eines ausreichend großen Teils der Weltbevölkerung vollständig erobert haben, präsentieren Sie Ihr Trojanisches Pferd.

Durch finanzielle Manipulationen und die Zerstörung der Wirtschaft zeigen Sie den Menschen, dass materielle Dinge nicht wichtig sind und dass sie auch ohne sie leben können, denn am Ende kann nur Ihr Orden – das Kontrollsystem – sie retten. Künstlich verschlimmern Sie die Lage so sehr, bis die Leute ihre Jobs, ihre Häuser, ihre Autos und alles, was sie erworben haben, verlieren, bis es nur noch ums nackte Überleben geht. Und in einer solchen verzweifelten Lage werden die meisten so gut wie allem zustimmen, was ihnen Rettung und Sicherheit verheißt.

Und Sie erklären den Menschen sogar, dass sie Insekten auf ihren Speiseplan setzen und lernen sollen, Unkraut zu essen, während Sie gleichzeitig absichtlich die Nahrungsmittelversorgung zerstören und bereit sind, Milliarden Menschen verhungern zu lassen.

Sie verschleiern den Plan, ihnen ihren freien Willen, ihre unabhängigen Gedanken und ihre Fähigkeit, zu lieben und Mitgefühl zu empfinden, zu rauben, indem Sie ihnen vorgaukeln, dass mit der Botschaft »ihr werdet nichts haben und glücklich sein« materielle Besitztümer gemeint sind, während die wahre Botschaft hinter diesen abschreckenden Worten lautet, dass die Menschen kein »Selbst« mehr haben werden, keinen freien Willen – und dass sie Ihnen, den selbsternannten Hütern ihrer Sicherheit, widerstandslos und glücklich gehorchen werden: Ihnen, den Oberherren der Borg.

Ihre Aufgabe als technikbegeisterter Transhumanist ist es, die effektivste Methode zu finden, die es Ihnen ermöglicht, heimlich Cyborg-Technologie in den voll funktionsfähigen Körpern Ihrer Zielpersonen zu installieren, ohne dass diese es überhaupt bemerken – bis es zu spät ist, etwas dagegen zu unternehmen, bis der Wille, ihre Seelen zu retten, von der Festplatte und der Software in ihren Gehirnen, Organen, Zellen und ihrem Blut gelöscht wurde.

Längst haben Sie die teuflischen Mittel entwickelt, um die grundlegenden Bausteine, die strukturellen, selbstorganisierenden Materialien wie Graphenoxid, für den Aufbau Ihrer intrazellulären

Nanotechnologie-Systeme, die von einer Künstlichen Intelligenz entwickelt und betrieben werden, in die ahnungslosen Körper der Bevölkerung einzubringen – eine Technologie, die in der Lage ist, Stück für Stück die Nutzlast zu liefern, um eine selbstorganisierende Nano-Computersteuerung auf zellulärer Ebene zu schaffen. Sie setzen die bisherige »Software« außer Kraft – die gottgegebene DNA-Architektur –, indem Sie die Signatur des Schöpfers aus dem Bauplan herausschneiden und Ihren Versuchspersonen die Seele rauben, indem Sie synthetische genetische »Hardware« installieren, die das Original überschreibt.

Sobald Sie die DNA gespalten und die heilige Sprache ihres Designs unterbrochen haben, fügen Sie ein Programm Ihrer Wahl ein und ersetzen den göttlichen Code durch eine neue Signatur. Gleichzeitig überzeugen Sie Ihre umprogrammierten Untertanen durch sorgfältig orchestrierte Propaganda davon, dass die Umwandlung von ihnen, ihren Kindern und der gesamten menschlichen Spezies (einem veralteten, minderwertigen, fehlerhaften Design) in eine wie Arbeitsbienen gefütterte, roboterisierte Version ihres früheren individuellen Selbst einfach eine unvermeidliche Weiterentwicklung ihrer Spezies ist.

So geht das.

Und nein, was ich hier beschreibe, ist kein verwässertes Drehbuch aus einem Science-fiction-Horrorfilm oder eine Seite aus Orwells *1984*. Es beschreibt genau den Fahrplan für die Jahre bis 2030, dem Zieldatum für die Umwandlung des *Homo sapiens* in das »neue, verbesserte« Modell der Transhumanisten: den Menschen 2.0.

Vielleicht denken Sie jetzt, dass ich Witze mache, aber ich versichere Ihnen, dass dies eine todernste Angelegenheit ist. Ich habe jahrzehntelang mit angesehen, wie sich diese Entwicklung vollzog, und all die Jahre habe ich diese Warnungen veröffentlicht, um so viele Menschen wie möglich wachzurütteln. Und jetzt ist es soweit. Wie der Hohe Rat vom Sirius bereits vor fünfundzwanzig Jahren erklärte: »Die Neue Weltordnung ist da.«

Entweder wir akzeptieren diesen Horror als unsere Zukunft, oder wir sagen laut und triumphierend »Nein« und bewahren die Reinheit unserer souveränen Seelen. Das Schicksal unseres Lebens, unserer Familien und Gemeinschaften und die Zukunft unserer Spezies liegt in unseren Händen – nicht in ihren.

Wir haben die Macht, »Nein« zum *Homo sapiens 2.0* zu sagen.

Mit all unseren Fehlern, Schwächen und Unzulänglichkeiten sind wir immer noch eine großartige Spezies. Wir haben die Fähigkeit, über die Maßen zu lieben; wir haben das Lachen, die Freude, und unser Dasein hat einen Sinn. Wir sind Seelen in der Schule, die lernen, in die höheren Dimensionen aufzusteigen.

Wir sind die Lichtbrigaden.

Also hoch die Schilde, geliebte Freundinnen und Freunde! Jetzt gibt es kein Zurück mehr.

Wir müssen die Architekten der Neuen Weltordnung daran hindern, ihre schnell näher rückende Frist bis 2030 erfolgreich einzuhalten. Sie wissen, dass eine Rebellion im Anmarsch ist und dass sie uns nicht mehr lange unterdrücken können. Sie müssen so viele von uns wie möglich von der Quelle trennen und das göttliche Licht gänzlich aus diesen entfernen, oder ihre Agenda wird nicht wie geplant vorankommen. Jetzt wissen Sie also, warum die Kabale eine so umfassende Kampagne gegen diejenigen von uns gestartet hat, die sich weigern, aus dem Giftkelch zu trinken.

Der Plan der Kabale für das Jahr 2030 besteht darin, so viele Menschen wie möglich zu töten und für den Rest die menschliche DNA vollständig zu dekonstruieren, indem der göttliche Code durch einen luziferischen Override ersetzt wird. Bevor man unsere biologischen Körper vollständig an die Borg übergibt, damit wir in die KI-Matrix absorbiert werden, wollen sie sicherstellen, dass nichts von unserer Seelenverbindung zur Quelle übrig bleibt: keine Gottessignatur, kein göttlicher Code, kein Licht, das in die Software ihres neu entworfenen Mensch/Borg-Hybriden geschrieben wurde. Es ist die ausdrückliche Absicht dieser dunklen Oberherren, die Signatur des Schöpfers aus diesem Code zu entfernen, um den Weg zurück zu Gott zu verdunkeln, so dass uns nichts mehr zurück zum Licht führen kann und nur noch ein synthetischer Ersatz übrig bleibt, der das Wort Gottes nicht mehr kennt.

Das, meine Freunde, ist das Zeichen des Tieres. Habt keine Angst, ihm ins Gesicht zu sehen.

In dieser Gleichung ist kein Platz für Liebe und die Weite der menschlichen Gefühle. Es gibt keinen Platz für das Licht ... nur noch für das trügerische, falsche Licht des luziferischen Götzen.

Es ist nicht schwer zu verstehen, warum sie uns dafür hassen, dass wir die Lichtträger dieses relativ abgelegenen Ortes in unserer Galaxis sind – eines Planeten, den vor langer Zeit bereits ihre Vorfahren für sich beanspruchten, noch bevor wir Menschen hier geboren wurden. Offensichtlich wollen sie, denen er nie gehörte, ihn doch noch erbeuten, und damit das gelingt, wollen sie uns aus dem Weg räumen.

Ihr Ziel ist es, alles Licht, alle Wärme, alle Liebe in uns und um uns herum zu verdunkeln. Sie vermindern die Kraft der Sonne. Das tun sie nicht, wie sie uns glauben machen wollen, um der »Klimaerwärmung« entgegenzuwirken und einen vorgetäuschten »grünen Energieplan« zu verwirklichen, sondern weil sie die Sonne verabscheuen, die unser inneres Licht nährt, die Highways des Lebens in unserem Körper erhellt und das Cholesterin in unserer Haut in Vitamin D umwandelt, das so wichtig für das Immunsystem und gesunde Knochen ist. Die Sonne schenkt uns auf jeder Ebene so viel essentielle Energie! Sie wärmt das Herz und ruft Freude hervor, die sich dann als die Erhöhung der heiligen geometrischen Form in jeder Zelle unseres Wesens manifestiert.

Das wollen sie nicht.

Sie wollen, dass es uns von der Wiege bis zur Bahre schlecht geht, damit wir weiterhin ihre Pharmazeutika einnehmen und schwach, ungesund und abhängig sind.

Denken Sie daran: Sie wollen, dass eine möglichst große Anzahl von uns sich von ihnen beherrschen lässt, damit sie dafür sorgen können, dass wir so schnell wie möglich aussterben. Diejenigen, die das Eugenik-Programm überleben, das sie bereits über uns verhängt haben, wollen sie in ihr System einspeisen, als zombifizierte neue

Versionen des *Homo sapiens*, die als seelenlose Borg-Einheiten auf der Erde wandeln sollen.

> ⁛ <

Ich kann nicht anders, als mich immer wieder zu fragen: »Wie können Menschen, die in diesen Laboren arbeiten, so wenig Rücksicht auf die Ethik und die Folgen ihres Handelns nehmen?« Sind einige von ihnen überhaupt noch Menschen? Haben sie Kinder, und wenn ja, lieben sie sie? Ist ihnen nicht klar, welche enormen Auswirkungen ihr Handeln auf die Gesamtheit der Lebewesen auf diesem Planeten hat, sie selbst eingeschlossen?

Die offensichtliche Antwort lautet: Nein, es ist ihnen nicht bewusst. Sonst könnten sie nicht so rücksichtslos gegen uns vorgehen. Diese Mediziner scheinen sich nicht bewusst zu sein, welche karmische Schuld sie sich aufbürden, und mit größter Wahrscheinlichkeit für einen unfassbar großen Teil ihrer Ewigkeit, wenn man die Ungeheuerlichkeit ihrer Vergehen bedenkt. Andererseits muss ich mir vor Augen halten, dass die meisten von ihnen weder an die Seele glauben, noch die Ewigkeit wahrnehmen können. Nicht im Geringsten. Also ist es ihnen offensichtlich egal. Und im Falle von Eingriffen an lebenden Tieren empfinden sie eindeutig kein Mitgefühl für die unschuldigen Opfer ihrer bizarren Experimente und quälenden Protokolle. Sonst könnten sie niemals tun, was sie tun.

Man hat diesen eifrigen Interventionisten freie Hand gelassen, um ihre Experimente auf die nächste Stufe zu heben: Auf Weisung der Globalisten, die den Kurs klar abgesteckt haben, finden nun Versuche unmittelbar an der menschlichen Bevölkerung statt. Darunter verstehe ich die Trennung aller Menschen voneinander (insbesondere der Kinder von ihren Eltern), von der Lebenskraft der Göttin Gaia und vor allem vom Licht der Quelle, durch die Dekonstruktion des göttlichen Codes in der DNA.

Sie haben die Fähigkeit erlangt, unseren göttlichen Bauplan zu verändern, zu spleißen und neu zu schreiben. Damit wenden sie dieselben grundlegenden Prinzipien an, die unsere Sternenvorfahren nutzten, die sich vereinigten, um uns zu gebären. Damit meine ich nicht nur die gemeinsamen Anstrengungen der beteiligten exoplanetaren Wissenschaftler, Biologen und Genetiker, die ihre Kräfte mit den Sirianern vereinten, die das Experiment beaufsichtigten. Ich beziehe mich insbesondere auf das »Vereinigen«, die Verschmelzung des DNA-Materials zwölf verschiedener Spezies aus unserer Milchstraße und aus anderen Galaxien.

Der *Homo sapiens*, die geistige Schöpfung der Sirianer, ist in Wahrheit die genetisch verbesserte, verschmolzene Abstammungslinie dieser außerordentlich intelligenten, zutiefst mitfühlenden außerplanetarischen Wesen – Vertretern der Allianz für intergalaktischen Handel und kulturellen Austausch. Die AIHKA, in der Science-fiction-Serie *Star Trek* (oder *Raumschiff Enterprise*) als »Sternenflottenkommando« dargestellt, wurde uns in dieser wunderbaren Zukunftsvision von dem Zeitreisenden Gene Roddenberry nahegebracht. In den sechziger Jahren des vorigen Jahrhunderts war diese Serie ihrer Zeit weit voraus. Damals konnten wir uns die reale Möglichkeit interaktiver Kulturen jenseits unserer planetarischen Grenzen und die Funktionsweise des größeren Universums noch gar nicht vorstellen.

Und doch regte *Star Trek* unsere Fantasie an.

Bei mir war es jedenfalls so.

Diese köstliche Fiktion wies uns den Weg, *mutig dorthin zu reisen, wo nie ein Mensch zuvor gewesen ist.*

Was für ein Vermächtnis Roddenberry und seine heroischen Charaktere uns hinterließen – eines, das, wie ich glaube, unsere Vision von der Zukunft wirklich beeinflusst hat. Bei dieser Fernsehserie ging es vor allem darum, uns bewusst zu machen, dass wir keine Waisen in einem Universum sind, das damals von vielen Leuten als außerhalb unseres Planeten unbelebt und sinnlos betrachtet wurde. *Star Trek* brachte uns dazu, über die Möglichkeit nachzudenken, dass wir in einem Universum mit bewusstem, intelligentem Leben existieren, und zeigte uns, dass Austausch und Zusammenarbeit zwischen Zivilisationen im gesamten Universum eine naheliegende und wahrscheinliche Realität ist.

Im Grunde lernten wir durch die galaktischen Fahrten des Raumschiffs *Enterprise*, wie man träumt.

Und nun befinden wir uns im Jahr 2022, kämpfen zwischen den Dimensionen und leben in einem Science-fiction-Szenario, das weitaus unglaublicher ist, als es die *Star-Trek*-Fernsehserie in den frühen Tagen der Hollywood-Studios jemals für uns hätte darstellen können – bis hin zur *Final Frontier*, der »letzten Grenze«.

> ⁘ <

Um unsere wahre Abstammung vollständig zu verstehen und das, was wir aus diesem Wissen gewinnen, auf unser gegenwärtiges genetisches »Dilemma« anwenden zu können, müssen wir verstehen, wie und warum Sternenwesen aus dem Jenseits es auf sich genommen haben, biotechnisch eine genetisch optimierte Superrasse von Lichtwesen zu entwickeln, auf dem Planeten Erde auszusäen und zu vermehren … und wie das unser Karma beeinflusst hat. Diejenigen, die dazu beitrugen, verstanden und verehrten den göttlichen Code in sich selbst und in der gesamten Schöpfung. Ihre gemeinsame Absicht war es, dem damals noch in einem primitiven Zustand befindlichen Planeten Erde einen evolutionären Vorsprung zu verschaffen – einen Riesensprung –, um Licht zu einem vergleichsweise dunklen Ort im Weltall zu bringen, einem abgelegenen Ort in unserer Milchstraßengalaxis, die sich ihrerseits sehr abgelegen in einem relativ kleinen Galaxienhaufen befindet.

Die Bodhisattvas des Universums, die an dem Großen Experiment mitwirkten, die nach höchster Erkenntnis strebenden Wesen, wussten genug über karmische Vergeltung, um zu verstehen, dass sie ihr Karma mit unserem verknüpfen würden.

Doch sie nahmen auf sich, was sie für nötig erachteten, um das Licht hier zu verankern, so wie alle Lichtarbeiter es an jenen Orten versuchen, wo sie Dunkelheit vorfinden.

Wenn wir verstehen wollen, was es wirklich bedeutet, in den göttlichen Bauplan, den architektonischen Fahrplan des Urschöpfers, einzugreifen, dann können wir nicht ignorieren, dass die Sirianer und ihr Team trotz bester Absichten erkennen mussten, wie ihre Vorfahren sie durch diesen Eingriff karmisch an unsere Spezies gebunden hatten. Es besteht eine Verbindung zwischen ihnen, unserer menschlichen Rasse und der Erde selbst, denn ihr Eingreifen in Gaias Evolution hat sie an den Planeten gebunden. Was das für ihren Fortschritt bedeutet, ist für uns und wahrscheinlich auch für sie nur schwer zu erkennen, aber nichtsdestoweniger können wir uns glücklich schätzen, denn sie haben ein berechtigtes Interesse an unserer Befreiung und Erleuchtung als Individuen und als Spezies insgesamt. Es ist ihre karmische Absicht, uns in unserer Evolution zu unterstützen. Und das ist eine gute Sache.

In dieser Stunde, in der die Harmonie unseres Planeten auf unsagbare Weise gestört wird, ist es ebenso beruhigend wie ermutigend zu wissen, dass wir in unserem Kampf gegen den großen Widersacher nicht allein sind. Und obwohl wir es besser wissen, als auf einen Retter zu warten, der die Dinge für uns in Ordnung bringt, können wir Trost in dem Wissen finden, dass diese Sternenwesen jedes Interesse daran haben, dass, auf diesem kostbaren Edelstein von einem Planeten, das Licht über die Dunkelheit herrscht – in uns und in unseren elektromagnetischen biologischen Lebensformen.

Das ist gut zu wissen in dieser Zeit, wo die mächtige, dunkle Kraft, deren Erscheinen die Sirianer zweifellos voraussahen, ihren umfassenden Feldzug eingeleitet hat, um unser Reich zu verschlingen, um das Licht aus unserer DNA-Matrix zu entfernen und sie mit einem sadistischen Kontrollsystem zu überschreiben, das alles Leben auf unserem Planeten kontrollieren und schließlich Gaias Licht für immer verdunkeln soll.

Doch es gibt eine Hintertür. Bedenken Sie, wie Softwareentwickler die Speicherung von Computerdaten handhaben. Wenn eine Datei gelöscht wird, bedeutet das nicht, dass sie verschwunden ist. Das Dateisystem auf der Festplatte aktualisiert die Datenbank, um anzuzeigen, dass die Datei nicht mehr aktiv oder in Gebrauch ist. Sie wird sozusagen begraben. Aber sie ist immer noch da, und wenn der Speicherplatz nicht mit anderen Informationen überschrieben wird, können die Daten wiederhergestellt werden.

Ich schlage vor, dass wir, wenn wir später in diesem Buch mit der Visualisierung der DNA-Heilung fortfahren, bedenken, dass wir wie jeder Software-Schreiber in der Lage sind, das, was in den Hintergrund geschickt wurde, zurückzuholen und wiederherzustellen. Dann werden wir nach dem gleichen Prinzip des Überschreibens von Daten, wie es von Computerexperten angewendet wird, in die heilige Spule blicken, als schauten wir in ein Elektronenmikroskop. Dort werden wir sehen, ob es einen invasiven Code oder eine »Umschreibung« in der Doppelhelix des Körpersystems gibt. Wenn ja, überschreiben wir sie mit den heiligen Buchstaben des göttlichen Bauplans und entfernen alle invasiven Daten, indem wir sicherstellen, dass der Platz, den sie im veränderten Genom belegt haben, vollständig gelöscht wurde.

Alles ist im Akasha-Datensatz niedergeschrieben, dem Quantenfeld, das als eine Art kosmische Bibliothek für die gesamte Schöpfung dient: für alle Wesen, alle Universen, jegliches Bewusstsein. Solange wir nicht vom göttlichen Code in uns allen abgeschnitten sind, haben wir ständig eine Schnittstelle zu dieser Ressource und sind für sie auf zellulärer Ebene empfänglich.

So können wir auf alles zugreifen, was wir brauchen, um unser genetisches Gedächtnis umzustrukturieren, zu erneuern und zu beschleunigen – sowohl auf der biologischen als auch auf der bewussten Ebene, die natürlich nie voneinander getrennt sind.

Dies ist von größter Bedeutung für unsere Fähigkeit, unser DNA-Konstrukt und die heilige Form, die es verkörpert, zu heilen und zu aktivieren – durch intensive Fokussierung unserer Gedanken und Absichten. Wie das funktioniert, werde ich im zweiten Teil dieses Buches näher erläutern.

Im Rausch ihrer vermeintlichen Macht und Kontrolle haben sich diese »Herrscher« geoutet: Es kümmert sie nicht mehr, ob wir wissen, was sie für uns auf Lager haben – im Gegenteil, sie genießen es geradezu, dass wir so bereitwillig unsere Macht an ihre Techno-Welt abgeben. All diese Entwicklungen werden uns vor Augen geführt, da Silicon Valley und die Mainstream-Medien den Massenverstand derart massieren, dass er akzeptiert, was sie uns glauben machen wollen, nämlich dass eine nichtmenschliche Zukunft unvermeidlich ist.

Und so haben sie ihre Horrorshow nun gestartet.

Kombiniert man die Fähigkeit, in das menschliche Genom einzugreifen und es zu verändern, mit der immensen Datenverarbeitungskapazität von Supercomputern, erhält man einen Haufen verrückter transhumanistischer Vordenker, die den Schlüssel zur Veränderung des menschlichen Verhaltens in der Hand halten und in der Lage sind, das grundlegende Betriebssystem – die DNA – des menschlichen Organismus so umzukodieren, dass er seine Menschlichkeit verliert. Ihre düstere Vision für die Zukunft des *Homo sapiens* sieht vor, unseren natürlichen Biorhythmus tiefgreifend zu stören, indem sie uns Sensoren, Chips und tragbare Sensoren implantieren. Auf diese Weise wollen sie unsere Gedanken zu elektronischen Signalen reduzieren, die von Computern empfangen, gespeichert und analysiert werden können. Und die KI, die »Künstliche Intelligenz«, wird nicht nur Informationen und Daten von unseren überwachten Körpern empfangen, sondern auch Befehle an sie senden: Anweisungen zur Manipulation unserer Gedanken und Befehle, die dem Körper sagen, wie er sich bewegen und fühlen soll und wie die fremdgesteuerte Version unseres früheren Selbst zu sein hat.

Es genügt diesen modernen Anbetern des transhumanistischen Techno-Gottes noch nicht, dass diese alten außerirdischen Marodeure und Störenfriede uns auf ein zweisträngiges Bewusstsein reduziert, unsere Brillanz verringert und unseren Weg untergraben haben, auf dem wir einst im Licht Christi wandelten.

Wir haben diese Attacke auf unser Wesen überlebt und sind dennoch aufgestiegen, haben uns selbst erkannt und mit jedem Augenblick mehr darüber gelernt, wer wir wirklich sind und welchen Platz wir im Universum einnehmen.

Durch alle Höhen und Tiefen unserer Existenz und trotz der unerbittlichen, fortwährenden Einmischung in die menschliche Evolution strahlte unser Gotteslicht auch weiterhin.

Wir sind zu ungeahnter Größe fähig, so brillant ist der göttliche Schöpfungsplan. Trotz aller Versuche, uns zu sezieren und zu zerstören, gibt es eine wachsende Zahl schöpferischer Menschen, die frei denkende, nach Liebe suchende Funken dieses göttlichen, unauslöschlichen Feuers bleiben.

Und in jeder Stunde, an jedem Tag erwachen mehr von uns.

Wir, die **souveränen** menschlichen Seelen der Erde, werden nicht in der Techno-Cloud verloren gehen. Wir weigern uns, auf Algorithmen reduziert zu werden, in einer zusammengebastelten Matrix aus simulierten Informationen und Biotechnologie aufgehen zu müssen. Ihr werdet uns nicht sagen, wer wir sind. Ihr werdet uns niemals besitzen, denn ihr könnt das Licht des göttlichen Bewusstseins in uns nicht hacken – es sei denn, wir selbst lassen euch herein. Es mag euch gelingen, einen Teil der Bevölkerung zu kontrollieren, um eure KI-Bestie zu füttern, aber es wird euch nie gelingen, die menschliche Spezies entsprechend dem von euch gewünschten Ziel zu transformieren. Niemals werdet ihr den Geist der Erwachten töten, denn wir werden niemals den Vertrag unterschreiben, die Nadel akzeptieren, freiwillig das Gift schlucken – aber um euer Ziel zu erreichen braucht ihr diese Resignation, diese Unterwerfung. Das wissen wir. Trotz all eurer Algorithmen, Biometrien und Datenprozessoren unterschätzt ihr immer wieder uns Menschen. Wir werden einen Weg um euch herum finden, glaubt mir. Was auch immer ihr unserer Zivilisation antun wollt, eure Zeit auf dem Planeten Erde wird bald beendet sein.

Vielleicht habt ihr auf dem Weg dorthin einige Seelen gestohlen. Gott helfe ihnen … Sie haben euch hereingelassen. Aber wir werden alles tun, was in unserer Macht steht, um sie zu befreien und ihnen bei der Heilung zu helfen.

Niemals werden wir Souveräne uns euch beugen. Wir sagen Nein.

Ihr habt hier keinen Zutritt, also verschwindet!

> ⁘ <

Wenn wir uns und unsere Menschheitsfamilie aus den Klauen dieser feindlichen Kräfte befreien und die transhumanistische Agenda rechtzeitig aushebeln wollen, um unsere grundlegende menschliche Biologie, Gegenwart und Zukunft zu bewahren, müssen wir eine umfassende Kampagne fahren, um so viele Menschen wie möglich aus dem technologischen Netz zu befreien.

Dabei müssen wir bei uns selbst beginnen, mit besonderem Augenmerk auf Handys, Fernsehen und Heimcomputer. Uns von diesen Programmen zu »entgiften« ist schwierig, denn sie sind so konzipiert, dass sie stärker süchtig machen als alle auf der Erde verfügbaren Drogen. Und viele lebenswichtigen Aktivitäten – Bankgeschäfte, die Beschaffung von Materialien und Informationen sowie der Online-Handel – machen uns von ihnen abhängig. Was glauben Sie, warum man sie »Programme« nennt? Uns von dieser Abhängigkeit und elektromagnetischen Beeinflussung zu befreien, ist jedoch unerlässlich: für unsere geistige Klarheit, unsere emotionale Unabhängigkeit und, wie sich jetzt zeigt, sogar für unser Überleben.

Die Werkzeuge der Techno-Lords bringen den Verstand und den emotionalen Körper dazu, die mit unterschwelligen Botschaften gefüllten Programme zu akzeptieren und unhinterfragt anzunehmen, was sie für ihr globales Publikum bereitstellen. Auf verschiedenen Ebenen des hypnotisierten Verstandes werden die Botschaften von uns absorbiert und tief ins Unterbewusstsein eingespeist, das sie dann ständig in Form von Verhaltensreaktionen widerspiegelt.

Seit ich in der Öffentlichkeit stehe, appelliere ich an die Menschen, sich den Verlockungen der KI zu entziehen und ihre Geräte auszuschalten oder zumindest den Zugang zu ihnen zu begrenzen. Wenn ich nicht gerade am Computer tippe, ein Buch schreibe oder ein Interview aufnehme, schränke ich den Zugang zur Technologie ein – insbesondere zu den sozialen Medien. Ich habe noch nie in meinem Leben ein Computerspiel gespielt und habe weder den Wunsch noch die Absicht, jemals damit anzufangen. Und ich hatte noch nie ein GPS-System in meinem Auto, weil ich es vorziehe, meinen Verstand zu benutzen, um dorthin zu gelangen, wohin ich will, und zwar im wahrsten Sinne des Wortes. Wenn man lernt, Karten zu lesen und auf die Schilder zu achten, auf die man achten muss, entwickelt man kognitive Fähigkeiten. Warum sollte ich das aufgeben wollen?

Ich halte es für verrückt, mir ein KI-Gerät wie Alexa, die neueste Big-Brother-Technologie, ins Haus zu holen, das den Menschen angeblich auf Knopfdruck alle Informationen liefert, die sie sich wünschen. Der eigentliche Zweck dieses Gerätes ist es doch vielmehr, die Menschen in der Heiligkeit ihres eigenen Zuhauses auszuspionieren. Alexa zeichnet alles auf, was Sie tun. Es dient dem Sammeln von Daten, mehr nicht.

Warum, um alles in der Welt, sollte jemand diesen Eingriff bereitwillig hinnehmen? Ist »Bequemlichkeit« so viel wertvoller als Privatsphäre und Herrschaft über die eigenen Gedanken? Offensichtlich sind diese stolzen »Alexianer« so naiv, dass sie nicht verstehen, wie ihre privaten Informationen, Gewohnheiten und Intimitäten in die große Computerzentrale eingespeist werden – als wäre die KI nur dazu da, ihnen Informationen zu liefern … und nicht auch dazu, Informationen über sie an die Zentrale zu liefern.

Wer weiß? Vielleicht ist es ihnen einfach egal. Wahrscheinlich haben sie noch nichts über das im kommunistischen China getestete und funktionierende Sozialkreditsystem erfahren, bei dem jeder Schritt und jede Bewegung, jede Tat, jedes gesprochene Wort und möglicherweise auch jeder Gedanke von der Regierung überwacht wird. Jedes Verhalten wird von KI-Systemen bewertet, die ständig das »soziale Rating« der Menschen in Echtzeit ermitteln, Belohnungen oder Kredite für gutes Verhalten verteilen und Strafen und Beschränkungen für Verhaltensweisen verhängen, welche die Regierung als »inakzeptabel« einstuft.

Das alles wird bald auch in Ihrem Land geschehen.

Und während Alexa in den Haushalten auf der ganzen Welt Einzug hält und milliardenfach verkauft wird, verdient die Technologiebranche damit ein Vermögen. Ich bin mir sicher: Wer oder was auch immer hinter dieser Technologie steckt, ist seinem wachsenden Kundenstamm dankbar für das Geschäft, das die Arbeit, die Bürger zu überwachen, so einfach und zugleich profitabel macht. Ich stelle mir vor, dass wir uns der in Orwells Buch vorhergesagten Zeit nähern, in der diese Überwachungsgeräte, und noch viel raffiniertere und allgegenwärtigere, von der Regierung in jedem Zimmer eines jeden Hauses vorgeschrieben werden: nicht mehr als Annehmlichkeit verkauft, sondern als Zwangsmaßnahme angeordnet, um uns der Totalüberwachung durch eine Weltregierung zu unterwerfen.

Das sind nur ein paar Gründe, warum mich Simulationen, virtuelle Realitäten und Künstliche Intelligenz gar nicht reizen.

Und was ist mit der Jugend? Es steht außer Frage, dass ein übermäßiger Umgang mit der Technologie Kinder abhängig macht und ihre Fähigkeit einschränkt, kreativ zu sein, körperliche Aktivität zu genießen und Zeit draußen in der Natur zu verbringen. Es hemmt ihre intellektuelle, soziale und emotionale Entwicklung. Es muss einen Grund geben, warum Menschen wie Steve Jobs und Bill Gates die Nutzung von Computern, iPhones und anderen Geräten durch ihre Kinder bis ins Teenageralter hinein einschränkten.

Jobs war bekannt für die Auffassung, die Einschränkung der Computernutzung seiner Töchter sei für deren kreative Entwicklung wichtig gewesen. Bill Gates und seine Frau beschränkten Berichten zufolge die Online-Zeit ihrer Kinder zu Hause auf fünfundvierzig Minuten täglich. Leider erachten sie die einsichtsvollen Maßnahmen, die sie bei ihren eigenen Kindern für notwendig hielten, bei allen anderen Kindern auf der Welt offenbar als überflüssig.

Der physische Körper leidet darunter, wenn wir stundenlang vor dem Bildschirm sitzen, und gerät dadurch in einem Zustand erhöhten Adrenalinstresses. Das US-Gesundheitsministerium empfiehlt, die Bildschirmzeit auf weniger als zwei Stunden pro Tag zu begrenzen, um eine Verschlechterung der Sehkraft zu verhindern. Fettleibigkeit, Lethargie und nervöse Störungen – sogar bis hin zu Herzinfarkten und Schlaganfällen bei Kindern – zeigen sich immer häufiger bei denen, die vor dem Bildschirm festkleben.

Auch auf die Gefahr hin, wie ein überfürsorglicher Elternteil zu klingen, möchte ich noch einmal betonen, dass es jetzt an der Zeit ist, die Kraft zu finden, den Fernseher – Big Brothers wichtigstes Herrschaftsinstrument – auszuschalten und uns und unsere Kinder von seiner hypnotischen, den Verstand betäubenden Kontrolle zu befreien. Wir müssen unseren Gebrauch von Handys, *dem* Disziplinierungs- und Überwachungsinstrument der Mächtigen, drastisch reduzieren. Wir müssen unsere Abhängigkeit von Computern, Gadgets und allen möglichen Technologien einschränken, die uns an die Matrix fesseln und davon ablenken, uns wieder auf die natürliche, schöne Welt um uns herum einzustellen.

Nur dann können wir jemals unseren Weg zur Wiederherstellung wahrer Unabhängigkeit auf diesem Planeten finden.

> ⁘ <

In unserem Befreiungskampf gegen all diese Eingriffe und Manipulationen an der menschlichen Psyche müssen wir Vergebung gegenüber der Dunkelheit in uns selbst und in allen Menschen praktizieren. Diese Lektion ist gewiss eine der größten, die mit diesem Drama verbunden sind, und sie stellt, wie ich glaube, das ultimative Hindernis für unseren Aufstieg dar.

Gott weiß, dass das nicht einfach ist. Es sind monströse Wesen, mit denen wir es zu tun haben, und sie schwelgen in ihrem Bösen: je bösartiger … desto »besser«. Aber um sinngemäß den großen ermordeten Präsidenten John F. Kennedy (1917-1963) zu zitieren: »Wir haben uns entschieden, diesen Weg zu gehen, nicht, weil es leicht ist, sondern weil es schwer ist.«

Das »Einfache« lehrt uns nichts. Es inspiriert nicht. Es fordert uns nicht heraus, nach Mond und Sternen zu greifen. Es führt uns nicht zur Größe, zum Streben nach dem Schöpfer, damit wir für immer das Licht entfachen … den Christus in uns neu entdecken.

Das bringt mich unmittelbar zu dem karmischen Band, das mich – und uns alle – mit den Sirianern verbindet. Auf einer sehr tiefen, sehr persönlichen Ebene bin ich dankbar dafür, dass mir die glorreiche Gelegenheit gegeben wurde, all diese Jahre als ihre Schreiberin zu dienen. Wenn wir davon ausgehen, dass die Seele genau weiß, was sie tut, bevor sie zustimmt, sich im Physischen zu manifestieren, dann habe ich sicher vor vielen Lebenszeiten als Seelenessenz und als galaktische Reisende bereitwillig an diesem Experiment teilgenommen. Viele von uns Sternensamen wählten dies, als wir beschlossen, hier auf der Erde zu inkarnieren, um Teil dieser Revolution zu sein. Wir haben uns verpflichtet, an der Erfüllung eines kollektiven Seelenvertrages mitzuwirken. Und wir halten uns daran, denn wir wissen auf einer tieferen Ebene, dass wir hier sind, um heute, nach Hunderttausenden von Jahren, im Licht des göttlichen Geistes zu stehen. Es ist unser Weg, dieses Licht auf der Erde zu verankern, egal wie schwierig es ist. Und wir dürfen uns dabei von den heftigen galaktischen Winden nicht aus dem Gleichgewicht bringen lassen, die gegenwärtig, in diesem sich wandelnden Zeitalter, so heftig auf uns einstürmen.

Wir haben uns für diesen Weg entschieden, weil er schwer ist.

Es gibt andere, die sich bereitwillig an dem derzeit stattfindenden Völkermord-Experiment beteiligen und eifrig das akzeptieren, was die Regierung ihnen auftischt, ohne zu hinterfragen, ohne Zweifel zu hegen. Auch das kann als Seelenvertrag betrachtet werden, den sie in diesem Leben eingegangen sind. Wenn ich um diejenigen trauere, die bereits so viel gelitten haben, und um diejenigen, die noch umkommen werden, tue ich mein Bestes, um mich immer daran zu erinnern, dass es weder mir noch einem von uns zusteht, über andere zu richten. Und ich erinnere mich daran, die Entscheidung und den Prozess jeder einzelnen Seele zu ehren, wie schmerzhaft er auch sein mag, im Wissen darum, welches Karma sie für sich selbst erschaffen und wie sich diese Entscheidungen auf die Gesamtheit der bewussten Realität auswirken.

Was die Verursacher von so viel Bösem angeht, so versuche ich, selbst für die dunkelsten Seelen Mitgefühl zu empfinden, ihnen zu vergeben, was sie uns alle antun, und ich bete sogar darum, dass auch andere dieses Mitgefühl aufbringen, damit wir nicht auf ewig an diese verirrten Seelen gebunden sind … und damit wir stets mit Frequenzen in Resonanz gehen, die aus unserem Herzen und dem erhabenen Geist kommen.

> ⁘ <

Unsere größte Macht und Kraft erlangen wir, wenn wir unsere tiefste Wahrheit leben: dass wir souveräne Wesen sind, Kinder der

Schöpfung, der Sterne und der Erde. Lassen Sie uns feiern, dass wir jederzeit gesegnete Manifestationen des göttlichen Lichts sind, ganz gleich, was sich um uns herum oder in uns entfaltet.

In meiner persönlichen Erfahrung bin ich zweimal gestorben und wieder auferstanden – und so habe ich das Privileg, wie andere, die eine Nahtod-Erfahrung gemacht haben, ohne jeden Zweifel zu wissen, dass **wir nicht sterben.**

Ich kenne die Unsterblichkeit der Seele und werde niemals zulassen, dass irgendetwas die natürliche Entfaltung meines ewigen Seins stört. Ganz gleich, was in der äußeren Welt oder im Inneren geschieht, ich weiß, dass mein Dahinscheiden an diesem Ort nur ein Tropfen im kosmischen Meer der »Ich bin«-Erfahrung ist.

Immer werde ich souverän bleiben. So kam ich in diese Welt der Materie, geborgen in der unermesslichen und liebevollen Schwingungsumarmung meiner außergewöhnlichen geliebten Mutter, die mich in dieses physische Reagenzglas des irdischen Lebens hinein gebar, und so werde ich auch weiterhin sein, wenn in diesem Leben für mich der letzte Vorhang fällt. Dort, zurück im hellen Licht der kosmischen Flamme, werde ich mich wieder mit meiner Mutter und all meinen Vorfahren (von der Erde und den Sternen) vereinen, eine Stufe höher auf der Spirale des Lichts, die mich nach Hause führt … zurück dorthin, wo meine Erinnerung an die Form sich auflösen und mein Geist aufsteigen wird.

Was ist es doch für ein unermessliches Geschenk, dass mir dieser kurze Einblick in die Ewigkeit zuteil wurde: Sterben und Wiederauferstehung. Ich kehrte von dieser Erfahrung mit einer Vorstellung vom »Himmel« zurück, das sich unauslöschlich in meine Seele eingebrannt hat … neben all der Schönheit dieser herrlichen Mutter Erde und all der Liebe, die ich in diesem und anderen Leben erfahren durfte.

Während meine Essenz den Kosmos durchquert, trage ich in meinem karmischen Schulranzen alles bei mir – auch den Schmerz und die schwierigen Erinnerungen.

Ich trage es mit einem Gefühl der Freude und des Staunens: von Leben zu Leben, von Stern zu Stern.

6

Unsere Erde, ein »Typ Null«-Planet

Im Laufe meiner langjährigen Beschäftigung mit der Kernfrage der Existenz – dem Sinn des Lebens und unserem Platz im Universum und darüber hinaus (denn es gibt immer ein Jenseits … aus jedem Blickwinkel) – hatte ich das Privileg, einige der großen Denker unserer Zeit zu treffen und mit ihnen zu sprechen: Philosophen, Forscher, Wissenschaftler, Visionäre, Futuristen. Was ich von ihnen allen gelernt habe, ist, dass wir bewusste Wesen unabhängig von unserem Fachgebiet oder unserer Erfahrung ein gemeinsames Ziel haben: zu verstehen, woher wir kommen, unseren Lebenssinn zu entdecken, zu erkennen, warum wir hier und jetzt inkarniert sind, und zu wissen, wohin unsere Reise als Hüter des Planeten Erde uns führen wird, individuell und als globale Zivilisation.

Wissenschaftler und Ingenieure sind fest entschlossen, dem Ganzen auf den Grund zu gehen, damit unsere Zivilisation in ein neues Zeitalter der Erforschung anderer Planeten katapultiert werden kann, während eine neue »Manifest Destiny«-Mentalität unsere Spezies in die Zukunft projiziert – eine »offensichtliche Bestimmung«, die einem den göttlichen Auftrag verleiht, die eigenen kulturellen Vorstellungen in der Welt zu verbreiten. Doch aus Sicht der Metaphysiker und Spiritualisten sind wir Einheiten des universellen Bewusstseins und sollten uns für die Erkenntnis öffnen, dass wir Mitschöpfer der gesamten Realität sind und dass die unermessliche Weite der Schöpfung in uns liegt – in jeder Zelle eines jeden von uns und sogar noch weit darüber hinaus, in den kleinsten Einheiten der subatomaren Welt.

Vom mikrokosmischen Wunderland, dem subatomaren Universum, bis zum makrokosmischen Multiversum übersteigt alles Unendliche das Vorstellungsvermögen derjenigen von uns, die an die Ewigkeit glauben, ebenso wie es den Verstand der KI-Ingenieure verwirrt. Teleskope, die den Weltraum durchdringen, und Elektronenmikroskope, mit denen wir in die subatomare Welt schauen können, geben uns Einblicke in die Grenzenlosigkeit der Existenz im Kleinen wie im Großen, doch bis heute bleiben die unermesslichen und undurchdringlichen Weiten des Universums und die Komplexität der multidimensionalen Realität für uns unergründlich. Wir haben unzählige Theorien, Hinweise und Rätsel und eine ganze Menge Überzeugungen. Doch bei meiner unermüdlichen geistigen Suche nach einer Definition des Unbekannten finde ich am Ende nur eine einzige Erklärung, die für mich persönlich einen Sinn ergibt: Ein unglaublicher Mathematiker und Liebhaber der Kunst, der Musik, der Farben und Schwingungen muss die kosmische Suppe gekocht und aus einer vorher präzise festgelegten Anzahl von Atomen, Protonen und Neutronen in einheitlichen dynamischen und räumlichen Beziehungen alle Monde, Planeten und Sterne und alles Leben erschaffen haben.

Dort, wo wir diese beiden Systeme – Wissenschaft und Geist – miteinander verschmelzen, kommen wir der Entschlüsselung der Geheimnisse der Existenz und der Ausbreitung des Lebens am nächsten. Dort sind wir der Wahrheit am nächsten.

Es zeigt sich, dass unser fortschreitendes Wissen über die hyperdimensionale Physik naturgemäß zu einer breiteren Akzeptanz des Metaphysischen führt, und dadurch wird uns klar, dass wir letztlich alle nach derselben Sache suchen: Wir wollen den obersten Schöpfer erkennen. Wir suchen nach dem Beweis, dass Gott existiert. Selbst eingefleischte Atheisten kommen ins Straucheln, wenn man sie nach der Ursache für die Entstehung des Lebens fragt. Wenn es keinen Urschöpfer gab, wie, warum und wann ist dann alles entstanden? Und zu welchem Zweck? Und woher kam es?

Physiker, die sich mit der rätselhaften Theorie vom »Urknall« herumschlagen, suchen vergeblich nach einer Erklärung dafür, was sich vor dem Urknall abspielte. Die Oberhäupter der Religionen wissen keine überzeugende Antwort auf die unlösbare Frage: »Wer hat Gott erschaffen?« Quantenphysiker, die Materie und Energie auf der fundamentalen, mikrokosmischen Ebene erforschen, sagen uns, dass sie Aspekte von Materie und Energie entdeckt haben, die von der Wissenschaft noch nicht vollständig verstanden werden, und dass sie dabei sind, Antworten auf die Frage zu finden, wie der Kosmos tatsächlich entstanden ist. Sie sind begeistert von ihren Durchbrüchen, ebenso wie wir hingebungsvollen Spirituellen, denn wir haben von zwei verschiedenen »Auffahrten« aus Zugang zu den Autobahnen eines multidimensionalen Universums, die alle galaktischen Entdecker dazu einladen, aufzusteigen und unsere Frequenzen zu erhöhen, um der Morgendämmerung unseres wahren Erwachens zu begegnen: dem Wassermann-Zeitalter, in dem die Menschheit sich zu einem höheren Verständnis von Wahrheit und Realität entwickeln und ihr Schicksal endlich in die eigenen Hände nehmen wird.

Wir haben noch etwa zweitausend Jahre Zeit, um zu sehen, wie sich das entwickelt, bevor wir den nächsten kosmischen Sprung wagen: ins Steinbockzeitalter. Ich persönlich habe nicht vor, in jenem Zeitalter wiederzukommen.

Zu wissen, was jenseits davon liegt, was wir zu wissen glauben … was wir um uns herum sehen … was wir in der sinnlichen Welt erleben, und diese Wahrnehmungen auf der Suche nach einer größeren, universelleren Wahrheit in Frage zu stellen: das ist die Herausforderung für die wahren Wasserfrauen und Wassermänner – für Spirituelle und Wissenschaftler gleichermaßen.

Eine der für mich aufschlussreichsten Begegnungen war jene mit dem Mitbegründer der Stringtheorie, Dr. Michio Kaku, der von vielen als »Einstein unserer Zeit« bezeichnet wird. Er ist zweifellos einer der renommiertesten theoretischen Physiker dieses und vieler anderer Jahrhunderte. Zweifellos leistet Dr. Kaku einen großen Beitrag zu einer wissenschaftlichen Fachrichtung, deren Ziel darin besteht, zu verstehen, wie Universen interagieren, koexistieren und miteinander das größere Multiversum der Parallelwelten, simultanen Realitäten und multidimensionalen Schwingungsfelder teilen.

In dem Bestreben, wo immer möglich, eine Brücke zwischen Wissenschaft und Geist, empirischem Wissen und angeborener Weisheit zu schlagen, war ich begeistert, als ich vor vielen Jahren die Gelegenheit hatte, ihn in meiner BBS-Radiosendung *Beyond the Matrix* live zu interviewen. Ich vertraute bei unserem Gespräch darauf, dass mein intuitiver Sinn für die Realität und einige Grundkenntnisse der Quantenphysik (die mir von meinen außerdimensionalen Führern und Lehrern vermittelt worden waren) es mir ermöglichen würden, einigermaßen mit seinem Genie Schritt halten zu können. Und zu meiner Freude war ich tatsächlich in der Lage, seiner wissenschaftlichen Analyse des für immer unbekannten Seelenkosmos zu folgen.

Ich war nicht mit allem einverstanden, was er zu sagen hatte, vor allem nicht, als seine politischen Überzeugungen das Gespräch in eine Sackgasse zu führen schienen, aber ich hörte aufmerksam Wort für Wort zu, ließ mir seine Wahrnehmungen durch den Kopf gehen und sog dankbar auf, was ich von der Wissenschaft lernen konnte – einem Gebiet, das diametral entgegengesetzt zu meinem eigenen intuitiven Prozess funktioniert.

In den meisten Fällen gab es große Übereinstimmung zwischen unseren beiden Denkrichtungen. Es war eine fruchtbare Begegnung von Physik und Metaphysik. Michio Kaku ist als Buddhist aufgewachsen und wurde daher schon früh mit dem philosophischen Grundsatz vertraut gemacht, dass die Existenz weder Anfang noch Ende hat. Doch als Physiker, der glaubt, dass wir »in einem Multiversum von Universen« existieren, zwang die Wissenschaft ihn und seine Kollegen dazu, den Bereich des Möglichen zu erforschen, um den Beweis für die wahren Anfänge des physikalischen Universums zu suchen und schließlich zu finden!

In unserem faszinierenden Gespräch, in dem wir mehrere unbewiesene Theorien über diesen noch unklaren »Anfang« diskutierten – das Fortbestehen des sich ausdehnenden Universums und unsere Rolle darin als bewusste Wesen auf dieser winzigen Murmel im Weltraum –, erläuterte er ein System zur Messung des Fortschritts eines beliebigen planetarischen Körpers anhand seiner Energieentwicklung und seines Energieverbrauchs. Erstmals teilte 1964 der sowjetische Astrophysiker Nikolai Kardaschow (1923-2019) diesen Fortschritt in drei Hauptkategorien ein:

Typ Eins – eine planetarische Zivilisation, welche die auf ihrem eigenen Planeten vorhandene Energie nutzt und speichert;

Typ Zwei – eine stellare Zivilisation, die ihren gesamten Energiebedarf von ihrem eigenen Zentralstern bezieht;

Typ Drei – eine galaktische Zivilisation, die in der Lage ist, ihren Energieverbrauch aus der gesamten Galaxis zu beziehen, in der sie lebt.

Ich fragte Dr. Kaku, wo die Erde in dieser recht simplen, auf dem Energiebedarf beruhenden Bewertungsskala für die himmlische Evolution einzuordnen sei. Er antwortete, unser Planet hätte bislang noch nicht den Status einer Zivilisation des Typs Eins erreicht, da wir immer noch hauptsächlich die Ressourcen des Planeten ausbeuten, fossile Brennstoffe verbrauchen und die Kernspaltung falsch handhaben. Den Status von Typ Eins würden wir wohl erst in hundert bis zweihundert Jahren oder später erreichen.

Laut Dr. Kaku ist die Erde einfach ein »Typ Null«-Planet. Kann denn unser bedrängter Planet mit seinen blutrünstigen globalen politischen Führern, seiner ökologisch nachlässigen menschlichen Bevölkerung und seinen schwindenden Ressourcen noch zweihundert Jahre überstehen, bevor er sich zur nächsten Stufe entwickelt? »Interessant«, dachte ich. Dann dachte ich an all die anderen, im Vergleich zum Thema Energieverbrauch viel naheliegenderen Gründe dafür, dass wir uns immer noch am Nullpunkt befinden. Da wir gegenwärtig in das

Wassermannzeitalter eintreten, müssen wir, überlegte ich, zunächst einige äußerst tückische evolutionäre Hindernisse überwinden, bevor wir den riesigen Sprung in das Goldene Zeitalter wagen können, das von der Astrologie, den esoterischen Meistern und den einheimischen Weisheitsbewahrern der Vergangenheit prophezeit wurde.

Und dann war da noch die Frage des planetarischen Aufstiegs und ob wir uns – wie es der Hohe Rat der Sirianer als unsere solare und planetarische Flugbahn prophezeite – tatsächlich auf dem Weg durch die vierte Dimension befinden (was so viele von uns schon heute medial und visuell erleben)? Steigen wir wirklich auf – heben unsere resonanten Schwingungsfrequenzen uns auf eine höhere »Ebene«? Und ist dieser Prozess der Befreiung von der Dichte unserer dreidimensionalen Welt weniger schmerzhaft als das Chaos, das sich seit Beginn dieses Jahrzehnts entfaltet?

Wie monumental ist er, dieser große Wandel der Zeitalter! Wie kraftvoll, leiderfüllt und gleichzeitig außergewöhnlich ist es, diesen gewaltigen Wechsel vom Zeitalter der Fische in den nächsten 2160-Jahres-Zyklus des Wassermann-Zeitalters mitzuerleben, während wir die Flugbahn der Erde in die noch ungewisse multidimensionale Zukunft betrachten?

Einige bekannte Astrologen glauben, dass dies das Goldene Zeitalter ist, in dem die Menschheit endlich ihre Macht zurückerobert und ihre Bestimmung erfüllt, um wieder als christliche Wesen und Hüter der physischen Reiche zu wandeln – wie es beabsichtigt war, als wir hier in diesem Garten Eden ausgesät wurden.

In Anbetracht der traumatischen Welt, in der wir uns gegenwärtig befinden, haben wir sicher noch einen weiten Weg vor uns. Durch die vor uns liegenden Hindernisse werden wir nun aus der ambivalenten Bequemlichkeit unserer Fernsehsessel – von denen aus ein Großteil unserer »westlichen« Zivilisation das Leid großer Teile der Menschheit nur aus der Ferne beobachtete, ohne persönlich betroffen zu sein – an die Frontlinien unseres gegenwärtigen globalen Krieges um die menschliche Souveränität katapultiert.

Der Krieg, den die herrschende Elite gegen die gesamte Zivilisation führt, ist verheerend. Er ist in vielerlei Hinsicht sehr beängstigend und weckt große Wut in uns, aber für diejenigen, die verstehen, was hier auf dem Spiel steht, ist er sehr ermutigend. Er ist der Anstoß, der uns aus unserer Komfortzone herausgerissen und auf ein Schlachtfeld gestoßen hat, das uns zweifellos dazu antreibt, eine Welt zu retten, die in den Untergang getrieben wird. Er ruft uns auf, zu erwachen, den Gehirnnebel abzuschütteln, unsere Lichtschwerter zu erheben und für alle Lebewesen dieser guten Erde einzustehen.

Jeder einzelne Mensch auf diesem Planeten steht jetzt vor der Wahl zwischen Gehorsam und Widerstand. Es gibt kein Entrinnen, egal wie weit wir von den sich entfaltenden Ereignissen entfernt oder wie abgelenkt wir auch sind. Überall auf der Welt ist eine Revolution im Gange, und sie hat nun unsere Haustür erreicht. Entweder wir beanspruchen und gebrauchen unsere Macht oder wir beugen uns – und dann werden wir vielleicht nie wieder aufstehen.

Dieses geistige Armageddon, das sich hier in unserer kleinen Ecke der Galaxis ereignet, ist Schauplatz für einen großen Kampf zwischen dem Bösen und der Liebe. Und trotz unserer Verzweiflung über das, was wir durchmachen müssen, um auf die andere Seite zu gelangen, verspüren wir ein immenses Gefühl der Dringlichkeit, in Aktion zu treten, denn dieser Fleck auf unserer Freiheit breitet sich schnell aus und trübt das Wasser. Für diejenigen unter uns, die sehen können, kommt das Gesicht des Bösen mit jedem Tag näher und drängt sich gegen das unsere, als wollte es sagen: »Widerstand ist zwecklos. Ihr könnt mir nicht entkommen …« Für so viele von uns dient diese offenkundige Bösartigkeit nicht dazu, uns zu schwächen, wie es beabsichtigt und vorgesehen ist, sondern vielmehr dazu, unsere Fähigkeiten zu wecken und unsere Entschlossenheit zu stärken. Endlich erkennen wir, womit wir es tatsächlich zu tun haben, vielleicht mehr als je zuvor – als Individuen und als das kollektive Bewusstsein unserer wachen und erwachenden Spezies.

Wir versuchen nicht zu fliehen, denn wir wissen, dass wir hier sind, um dem Dämon die Stirn zu bieten … ein für alle Mal. Das ist der einzige Weg, die Freiheit wiederherzustellen.

Und das ist es, was wir tun müssen, egal, wohin es uns führt: egal, wie lange der Kampf dauern mag … egal, wie weit verbreitet die Bösartigkeit zu sein scheint. Wir müssen ihre Dunkelheit in unserem Gotteslicht bleichen, so dass sie verdorrt, zu einem winzigen Fleck in unserem peripheren Blickfeld schrumpft und sich schließlich zu ätherischem Staub verflüchtigt.

Wir, die wir uns entschlossen haben, dem giftigen Feueratem des Drachens entgegenzutreten, sind in vielerlei Hinsicht lebendiger, als wir es uns überhaupt vorstellen können. Durch diese Palingenese, diese Wiedergeburt der Seele, diese Wiederentstehung des menschlichen Wesens durch die Entwicklung der schöpferischen Merkmale des gesamten Seins, so glaube ich, spüren wir die Wachstumsschmerzen des Sprießens unserer metaphorischen Flügel … während wir uns darauf vorbereiten, den Flug anzutreten und über die Extreme der irdischen Polaritäten und Gegensätze hinaus zu schweben: über Gut und Böse, über Licht und Dunkelheit, über all das Leid, dessen Zeugen wir werden, wenn wir die Welt durch eine dunkle Linse betrachten.

Mit diesen Gedanken im Kopf kam ich aus dem Gespräch mit dem berühmten Dr. Kaku – überzeugt, dass die Frage des Energieverbrauchs gar nicht so entscheidend für das Entwicklungstempo einer Zivilisation ist, auch wenn ich zustimme, dass die Rückkehr zur Sternenenergie zweifellos einen größeren Respekt für und eine synergetische Beziehung zum entsprechenden Planeten bedeuten würde. Im Fall unserer Mutter Erde besteht kein Zweifel daran, dass sie von unserer Entwicklung hin zu einer ökologisch verträglichen (von uns erst noch effektiv zu gestaltenden) Nutzung der Sonnenenergie profitieren würde und von einem Ende des Verbrauchs giftiger fossiler Brennstoffe, mit dem wir der Erde ihre Ressourcen entzogen und der Umwelt so großen Schaden zugefügt haben.

Ironischerweise verfügen wir bereits über das technologische Know-how, um genau das zu tun, wenn nur diese niederträchtige herrschende Klasse, die durch genau die Erdölprodukte, die sie derzeit zu verachten vorgibt, widerlich reich geworden ist, die Menschheit und den Planeten an die erste Stelle setzen würde. Und wenn sie nur die Verbreitung der Solarenergie zulassen würde, statt sie zu unterdrücken, was sie schon seit Jahrzehnten tun, während sie das

Sonnenlicht mit ihrer allgegenwärtigen, immerwährenden Hülle aus chemischen Partikeln blockieren, die durch tödliche Aerosol-Chemtrails in der Atmosphäre verteilt werden.

Der Tiefe Staat besprüht den Planeten seit mehr als dreißig Jahren, verdunkelt das Sonnenlicht, verändert das Mikroklima und das globale Klima und überschüttet uns mit allen Giften, die die verlogenen Schergen und gehorsamen Sklaven des Militärisch-Industriellen Komplexes auf uns herabregnen lassen wollen: ein andauernder tödlicher Chemie-Regen. Es ist ein Angriff auf den gesamten Planeten – über dem Himalaya, den Anden, den Ozeanen, über den bevölkerungsreichen Städten weltweit und allen Landstrichen dazwischen. Die meisten Menschen sind blind gegenüber den deutlich sichtbaren chemischen Gittern, die Tag für Tag in die Atmosphäre eingebracht werden, und verleugnen in ihrer »glückseligen Unwissenheit« das tägliche Bombardement, das nach dem Motto zu geschehen scheint: »Der beste Ort, um ein Geheimnis zu verstecken, ist direkt vor aller Augen.«

Diese Aerosolspuren, die inzwischen die Erdatmosphäre vom Nord- bis zum Südpol durchziehen, lassen sich sogar von der internationalen Raumstation aus, die unseren Planeten in etwa vierhundert Kilometern Höhe umkreist, deutlich erkennen.

Es ist erschreckend, dass dennoch Milliarden von Menschen hier unten, die nur ihre Scheuklappen ablegen und einen Moment in den Himmel schauen müssten, nicht sehen können oder wollen, wer und was da direkt über ihren Köpfen gefährliche Chemikalien und Metallpartikel herabregnen lässt.

Schließlich handelt es sich um eine »Verschwörungstheorie«. Nichts weiter als eine Verschwörungstheorie …

Dabei sind für diejenigen, die zumindest bereit sind, in Betracht zu ziehen, dass ein koordinierter flugzeugchemischer Angriff durchgeführt wird und schon seit Jahrzehnten andauert, die Informationen problemlos verfügbar. Die Regierung der Vereinigten Staaten höchstselbst legt dies ausführlich dar: in einem dreihundertdreiundsechzig Seiten starken Dokument mit dem Titel »Geo-Engineering: Teil I, II und III«,[6] das vor über zehn Jahren im Repräsentantenhaus in einer

Anhörung vor dem Ausschuss für Wissenschaft und Technologie vorgestellt wurde. Darin werden in erschreckender Ausführlichkeit die Pläne der Weltregierung beschrieben, das Klima des Planeten zu verändern, angeblich um die Treibhausgasemissionen zu reduzieren. Dies soll geschehen durch »Methoden zur Steuerung der Sonneneinstrahlung, um einen Teil der Sonneneinstrahlung in den Weltraum zurückzuwerfen« und durch das Einbringen von Aerosol-Chemikalien in die Atmosphäre – Chemikalien, die, wie sie zugeben, »grundlegend andere Herausforderungen in Bezug auf Regierungsführung, Ethik, Wirtschaft und ökologische Auswirkungen darstellen«.

Diese selbsternannten Verwalter unserer Energiegemeinschaft mit der Sonne und eines eventuellen Austauschs mit den Nachbarplaneten haben es auf sich genommen, die Strahlung unseres Zentralgestirns von den Lebensfeldern der Erde abzuschirmen. Damit schwächen sie die selbstkorrigierende Fähigkeit der Natur, sich im Einklang mit dem galaktischen Feld zu reparieren und zu verjüngen. Wie die Sonne mit uns als Individuen interagiert, unsere Seelen nährt, die physische Zellstruktur durch Licht und Freude aktiviert und die energetische Hülle verstärkt, in der das Physische präsent ist, dürfen wir ebenfalls nicht übersehen.

Wenn der Plan darin besteht, die Sonnenenergie vom Planeten abprallen zu lassen, wie, so kann man sich nur fragen, soll sich die Erde dann von unserem primitiven Typ-Null-Status zu einer fortschrittlicheren planetarischen Zivilisation vom Typ Zwei entwickeln? Man muss kein Genie der Atmosphärenwissenschaft sein, um zu erkennen, dass diese beiden Ansätze zur Problembewältigung im Bereich des Energiesystems eines Planeten – zum Beispiel unserer Erde – an völlig entgegengesetzten Enden des Lösungsspektrums liegen.

Ich fragte mich, ob Dr. Kaku und seine Physiker-Kollegen **das** bei ihrer Bewertung unserer Stellung in der Hierarchie der planetarischen Evolution in Betracht gezogen hatten – die absichtliche Verschleierung der Sonnenenergie durch die Kabale, die für dieses Chemtrail-Projekt verantwortlich ist. Waren die Astrophysiker und Ingenieure bei der NASA und seine anderen wissenschaftlichen Kollegen blind für das Sprühen von Aerosolen? Das hörte sich für mich ganz sicher alles andere als wissenschaftlich an. Und wenn sie sich der globalen Aerosol-Sprüh-Agenda bewusst waren, die das Militär seit Jahren im Rahmen von Wetterkriegen auf dem Planeten durchführt, hätten Dr. Kaku und seine Freunde es dann überhaupt gewagt, in einem offenen Forum darüber zu sprechen? Würden sie sich mit diesem Wissen mitschuldig machen an einem der größten Verbrechen, das jemals gegen die Menschheit … und Mutter Erde selbst verübt wurde?

Aber ja, natürlich würde es absolut Sinn machen, dass eine Zivilisation, die solare oder galaktische Energie nutzt, statt dem Planeten das Lebensblut auszusaugen, sich stärker auf die universellen Energien ausrichtet – und sich daher ihrer Rolle in der planetarischen und galaktischen Dynamik wesentlich stärker bewusst ist. Aber hat das etwas mit der gesellschaftlichen Evolution zu tun? Beantwortet das die Frage des spirituellen Fortschritts und des Aufstiegs des Einzelnen und seines Planeten gleichermaßen? Vielleicht war Kardaschows Bewertungssystem, so simpel und begrenzt es auch sein mag, für die wissenschaftliche Welt in 3D sinnvoll … für die Ingenieure und Physiker, die physikalische Antworten auf himmlische Probleme suchen. Aber für mich war es das nicht.

Was war der größere Plan dahinter? Haben sich einige Planeten in einem Sonnensystem schneller entwickelt als andere? Und warum? Und wenn unsere Sonne tatsächlich durch die vierte Dimension aufsteigt, wie in meinen früheren Büchern thematisiert, wie wirkt sich das auf alle Planetenkörper und Monde aus, die den Stern in der galaktischen Synergie, die wir als »das Sonnensystem« kennen, ständig umkreisen?

Wie wirken sich die biologischen Lebensformen eines bestimmten Planeten auf seine Entwicklung aus – oder ist es umgekehrt, kann das eine vom anderen getrennt werden? Und wie kann sich aufgrund der galaktischen Beziehung zwischen den Planeten in einem bestimmten Sonnensystem der eine in einem anderen Tempo entwickeln als der andere?

Geniale Köpfe wie Dr. Kaku sind entschlossen, die Mechanik des Ganzen zu entschlüsseln, damit unsere Zivilisation in ein neues

Zeitalter der Erforschung anderer Planeten katapultiert wird und unsere zukünftigen galaktischen Entdeckungsreisenden ein weitaus komplexeres Verständnis der Natur des physikalischen Universums mitbringen als das, über das wir heute verfügen – oder sollte ich sagen: als das, was die Kabale heute »zulässt«. Es gibt jedoch weitaus dringendere Fragen, mit denen sich unsere Wissenschaftler befassen sollten, und dazu gehört ganz sicher die Frage der Ethik, und zwar in allen Bereichen des Denkens und Experimentierens, die den Planeten und die Lebewesen, die ihn bewohnen, betreffen:

- biochemische und genetische Experimente an allen Lebensformen;
- der Vorstoß für gentechnisch kontrollierte und veränderte Organismen in der Lebensmittelversorgung;
- die Schaffung von Hybriden, Klonen und synthetischen Wesen als Ausdruck eines teuflischen Missbrauchs aller natürlichen Lebensformen, insbesondere des *Homo sapiens*;
- eifriges Experimentieren mit Genomvermischung, um Chimären und andere Mutationen zu erzeugen;
- das Vorantreiben des Transhumanismus und die immer deutlicher werdende Übernahme von Geist, Körper und Seele des Menschen durch Künstliche Intelligenz;
- die absichtliche Veränderung der Atmosphäre mit ökologischen Folgen für den gesamten Planeten.

Wohin führt das alles im Gesamtplan der Schöpfung? Was passiert, wenn diese eigensinnigen Wissenschaftler den göttlichen Plan verwerfen, und ist ihnen das überhaupt möglich, wenn ein Höchstes Bewusstsein alles geschaffen hat: Dunkelheit und Licht? Was war der kausale Anstoß, der alles, was existiert, auslöste, und warum wurde er erschaffen? Woher speist sich die Quelle, die in den großen Ozean unserer sinnlichen Realität und des größeren Bewusstseins jenseits davon mündet? Und wo können wir, die Sterblichen, innerhalb dieses immensen Rahmens jemals diese Quelle finden und erkennen … innerhalb und außerhalb dessen, was wir als das »Selbst« verstehen?

Wir Metaphysiker wissen seit langem, dass Materie nichts anderes ist als das Zusammenfließen von gerichteter Energie und ihrer Manifestation, gebündelt durch die Absicht als treibende Kraft.

Ein Tischler baut einen Tisch. Mittels seiner Vision, seiner Absicht, seinen körperlichen Fähigkeiten und seinem erworbenen Wissen formt er das rohe Holz so, dass es eine bestimmte Funktion erfüllt, und zwar auf der Grundlage von Prinzipien, die durch rudimentäre Physik, Wissen über Form und Struktur, Design und so weiter vorgegeben sind. Aber wer hat das Holz selbst entworfen? Wer hauchte dem Samen den Lebensfunken ein, durch den er zu einem mächtigen Baum heranwuchs, und wer erschuf den Samen? Und schließlich … wessen Absicht war es, die biologische Architektur zu entwerfen, die das immerwährende, zyklische Leben vom Samen zum Baum bestimmt, aus dessen Substanz eine andere Form und ein anderer Zweck entstehen – und von dort wieder zurück zum Samen, um einen weiteren Baum hervorzubringen?

Wer ist dieser Urschöpfer? Sind wir überhaupt dazu bestimmt, das zu wissen?

> ⁘ <

Je mehr wir erkennen, wie unser fortschreitendes Wissen über die hyperdimensionale Physik naturgemäß mit einer breiteren Akzeptanz des Metaphysischen verschmelzen muss, desto deutlicher wird, dass wir letztlich alle dasselbe suchen: den Urschöpfer: die erste Ursache … den Funken … den Gestalter allen Lebens. Auf ihrer unermüdlichen Suche nach einer endgültigen Antwort auf die Frage, was vor dem Urknall kam, haben die Physiker mit ihrer »Urknall«-Theorie das offensichtliche Rätsel, was davor war, noch nicht lösen können. Auch die religiösen Führer geben in den Schriften und heiligen Büchern keine überzeugende Antwort auf die unlösbare Frage: »Wenn Gott (der oberste Schöpfer) alles erschaffen hat, was existiert, wer hat dann Gott erschaffen?«

Physiker, Priester, Gurus … Niemand hat bisher eine Antwort auf die drängenden Fragen gefunden, die das Rätsel der Zeit vor Gott und dem Urknall umgeben. Das heißt: Wenn das, was wir als »Alles-was-ist« verstehen, nicht der Entwurf eines höchsten Schöpfers, eines supraintelligenten Architekten ist, wie, woraus und warum ist es dann entstanden? Wer hat den Kosmos ins Dasein gerufen? Wann, wenn überhaupt, werden wir unseren Schöpfer endlich mit Gewissheit kennen, statt nur eine Überzeugung, eine Theorie oder einen einfachen »blinden Glauben« zu haben?

Was mir in den ersten Jahren, in denen ich die zeitlosen, multidimensionalen Weisheiten des Hohen Rates der Sirianer aufschrieb, gezeigt wurde, war, dass der ultimative Fortschritt der Individuen und des kollektiven Bewusstseins intelligenter Wesen auf jedem beliebigen Planeten als Kern des Realitätsverständnisses ein Bewusstsein für alles Leben als manifeste biologische Schöpfung haben muss, die aus dem künstlerischen und architektonischen Entwurf eines Höchsten Wesens oder Bewusstseins entstanden ist.

Ist es so schwer, sich vorzustellen, dass diese Flamme der Schöpfung schon immer existierte, ohne Anfang und ohne Ende, und dass alles ihrer immerwährenden Kunstfertigkeit, ihrem mathematischen Genie und der Liebe ihren eigenen wundersamen Werken entspringt – und dass sie vor allem dazu bestimmt ist, ein ewiges Licht auszustrahlen, das niemals ausgelöscht werden kann? Ja, in der Tat, die Schöpfung liebt sich selbst. Sie staunt über ihre unendliche Schönheit, denn sie ist ganz und gar Liebe.

Wir, Funken dieses Liebeslichts, springen von der Gottheit in den dunklen Abgrund, den auch wir erschaffen oder besser gesagt »miterschaffen«. Auf diese Weise finden Aspekte der Quelle – Funken der göttlichen Flamme – heraus, wie weit sie sich vom Licht entfernen können, und erleben, welche Folgen das hat. Und dann finden sie allmählich den Weg zurück zum unendlichen Licht, um wieder mit dem Heiligen Feuer zu verschmelzen.

Für mich gibt es einfach keine andere Erklärung, die der Komplexität und dem Wunder der Existenz gerecht wird.

Und es gibt keine Dunkelheit, die so tief und so kalt wäre, dass sie nicht erreicht werden und schließlich im Licht doch noch Wärme und Vergebung finden kann.

7

Die DNA
Der Göttliche Bauplan

Der Meisterentwurf des Schöpfers, die verschmolzene Kunstfertigkeit von Schwingung, Musik und einer exquisiten Formulierung komplexer biologischer Software – das Genom, aus dem alles Leben entworfen und aufgebaut ist – ist die Desoxyribonukleinsäure: die DNA. Aufgerollt im Kern jeder Zelle ist sie der absolute Keim des Lebens … die supra-intelligente Architektur der gesamten Biologie und zwangsläufig aller dimensionalen Aspekte, die zur Komplexität jedes einzelnen Lebewesens beitragen, überall dort, wo sich in der Schöpfung Leben manifestiert.

Sie definiert jeden einzelnen Aspekt aller organischen Formen, die im Kosmos der Seele existieren, und treibt die evolutionäre Entwicklung aller organischen Substanzen und Wesen an.

So wichtig das ist, so wenig denken wir über unsere eigenen Betriebssysteme und über die Frage unseres Überlebens als Spezies nach. Doch Big Pharma widmet sich kaum etwas anderem. Sie wollen jedes Lebewesen besitzen, es nach Belieben verändern, wie es ihnen passt, und unsere genetisch veränderte DNA patentieren lassen, so dass sie rechtlich gesehen tatsächlich unsere Eigentümer werden – bis hin zu jeder einzelnen Zelle in unserem Körper.

Es handelt sich bei der DNA um eine komplexe Sprache, die von einer höchsten Intelligenz diktiert wird und die, in Materie umgewandelt, ein lebendiges Softwareprogramm von außerordentlicher Komplexität, Weisheit und Absicht ist. Wie eine akribisch genau ausformulierte Gebrauchsanweisung definiert die DNA durch ihren Code alles, woraus jede biologische Lebensform besteht, und zwar besonders detailliert, was die Proteine betrifft, die über die Struktur und Funktion des Lebewesens bestimmen. Und sie sagt jedem Aspekt der Zelle, was er wann zu tun hat, wie er zu funktionieren hat, wann er geboren werden und wann er absterben soll – alles für eine optimale Leistungsfähigkeit, ein optimales Wohlbefinden und eine optimale Langlebigkeit der elektromagnetischen biologischen Lebens-Einheit, durch die jedem von uns die wundersame Gelegenheit gegeben wird, unseren Platz im Universum zu erfahren, als lebende, atmende Wesen auf der Erdenwelt.

In der chemischen Struktur der DNA – im Kern jeder Zelle eines jeden Lebewesens – befindet sich ein sehr präziser Fahrplan, eine biologische Gebrauchsanweisung, die von jedem einzelnen Element in allem, was Leben und Bewusstsein trägt, interpretiert wird. Und in diese unglaublich komplexe Sprache von Lichtinformationen ist der göttliche Code eingebettet.

Lassen Sie mich das noch einmal sagen.

In jeder einzelnen Zelle unseres Körpers, im Inneren des Zellkerns, ist das DNA-Material verschlüsselt, das in seiner unergründlichen Weisheit das Wesen des Schöpfers enthält: Seine Identität und Sein Wort. Ich spreche nicht nur von der Schwingung, dem Licht, der Liebe. Ich sage, dass er, wie jeder Künstler, seine Signatur hinterlassen hat: vergraben in jeder einzelnen Zelle unseres Seins, in einem über zwei Metern langen, eng gewundenen mikroskopischen Code, der eine geschätzte Sequenz von über zwei Milliarden »Worten« enthält. Genau dort, im Genom, in der DNA-Sequenzierung, identifiziert in der TCAG-Nukleotid-Software aller biologischen Lebensformen, hat Gott einen Abdruck seiner kodierten Identität hinterlassen, immer und immer wieder. Wie aufregend, das zu betrachten! Die Suche nach dem göttlichen Code, dem in die DNA eingeschriebenen »Ich bin«, ist sicherlich eine Herausforderung, aber auch eine bewusstseinserweiternde Reise ins Unbekannte.

Denken Sie darüber nach. Ist es nicht völlig natürlich, dass Seine Signatur sich genau dort befindet, eingewoben in die DNA selbst?

Diese Überseele, der Gott in uns, ist in den göttlichen Bauplan eingeschrieben.

> ∴ <

Ich möchte betonen, dass es mir hier nicht darum geht, die Existenz Gottes, den ich lieber als »Schöpfer« bezeichne, zu beweisen oder zu widerlegen, und auch nicht die eines Teufels, den ich als Gegenspieler des Lichtgottes betrachte: das »Luzifer«-Konstrukt. Vor langer Zeit habe ich gelernt, mich auf solche Diskussionen nicht einzulassen, und ich war ganz sicher nie daran interessiert, jemanden zu einem bestimmten Glauben oder Glaubenssystem zu bekehren; ich bin selbst auch nicht mit einem allein seligmachenden Weg geistig »verschmolzen«. Es gibt für mich nicht nur *einen* richtigen Weg, sich mit Gott, dem Schöpfer zu verbinden … was auch immer man unter Ihm oder Ihr versteht. Daher ist es zwecklos, über Glaubensfragen zu streiten, die in einer Religion gefangene Individuen verinnerlicht haben. Wie wir im Laufe unserer Geschichte gesehen haben, führt dies nur zu Disharmonie und Misstrauen und dient als ständiger Vorwand, um Menschen in sinnlose, nie endende Kriege und Differenzen zu treiben.

Den eigenen Weg in dieser irdischen Welt zu finden und eine Verbindung zur Quelle zu erfahren ist etwas sehr Persönliches, und es gibt keine allgemeingültige Antwort, ganz gleich, wie eifrig ein Individuum oder eine Kultur versuchen, ihre eigene Sichtweise anderen aufzuzwingen. Ganz gleich, wie sehr man sich einem Glaubenssystem verschrieben hat, es ist lediglich das – eines von vielen Systemen. Im Laufe der Zeit hat jede Zivilisation darum gekämpft, die Kräfte des Universums und darüber hinaus zu verstehen, und doch haben wir noch keine abschließende Antwort auf die Frage gefunden, die der Mensch seit seinen primitivsten Anfängen bis zum heutigen Tag zu ergründen versucht.

Ich habe die Texte vieler Religionen und Glaubensrichtungen gelesen und darin viel Wahres und Schönes gefunden, mich jedoch aufgrund meiner Erfahrungen dafür entschieden, der Religion respektvoll aus dem Weg zu gehen. Trotz all ihrer Weisheit, ihrer schönen Gleichnisse und ihrer tiefgründigen Ideologien spiegelt Religion unweigerlich die Interpretation eines anderen Menschen von Gott wider. In dieser Interpretation ist die Absicht des Autors, Predigers, Lehrers oder Priesters enthalten.

Ich möchte nicht, dass ein solcher Filter meine direkte Verbindung mit meinem Schöpfer verändert, den ich in der außergewöhnlichen Schönheit der Natur suche und finde … in der Unschuld und Gnade aller Wesen, die im Licht der Liebe wandeln.

Dort liegt mein Tempel: im Herzen, in der interaktiven Komplexität und Schönheit all dessen, was mich umgibt, an jenem Ort, an dem die unnachahmlichen Manifestationen des lebendigen Bodens, des Meeres und der Luft das Wunder des Lebens widerspiegeln – der Erhabenheit, die aus der unfassbar kraftvollen Verbindung mit dem Geist entsteht.

Das ruft mich dazu auf, in mir selbst das »Ich bin« zu erkennen und zu erforschen.

Ich freue mich an der heiligen Form und Geometrie eines Blattes. Ich spüre die Anziehungskraft und die Bewegungen der Planeten, des Mondes und unserer Sonnengottheit. Die unendliche Weite der Sterne gibt mir Rätsel auf, denn ich weiß, dass das Multiversum kein Ende hat und es daher auch keinen Anfang geben kann. Ich beobachte, wie die Flut anrollt und mich zurück zu den Dünen schickt. Und dann trägt sie mich wieder hinaus, um ein magisches Universum winziger Geschöpfe zu enthüllen, die zwischen dem großen Meer und dem sandigen Ufer leben: jedes mit seiner eigenen Würde … jedes mit seinem Grund und Zweck … jedes mit Göttlichkeit.

Selbst für den überzeugten Atheisten ist es schwierig, nicht die unvermeidliche Tatsache anzuerkennen, dass hinter dem großen Plan eine Kraft und Intelligenz steht, die jenseits des menschlichen Verständnisses, jenseits von Wissenschaft und empirischem Wissen liegt. Sowohl aus wissenschaftlicher als auch aus spiritueller Sicht ist es unbestreitbar, dass alle Lebewesen göttlich geschaffene, zugleich einfache und auf wunderbare Weise komplexe Organismen sind, die im Kern jeder Zelle einen Masterplan enthalten: den Bauplan höchster Intelligenz und Kunstfertigkeit. Er liegt der Körperlichkeit aller Lebewesen zugrunde – vom einfachen Regenwurm bis hin zu den mächtigen Walen und Delphinen … und dem Menschen. Das Kernwissen, das es den Seelen ermöglicht, sich für Selbsterkenntnis und die Verbindung zur Quelle zu öffnen, erschließt sich nicht nur durch die persönliche Suche nach dem Sinn des Lebens, auch nicht aus der fehlgeleiteten Suche nach dem Schöpfer in den von Menschen geformten Religionen und schon gar nicht aus den einengenden analytischen Systemen der Wissenschaft.

Nur wenn diese Herangehensweisen an die großen Fragen der Existenz, der Schöpfung, ausgewogen und in gegenseitigem Respekt miteinander verschmolzen werden, kann eine Zivilisation schließlich zu der Erkenntnis gelangen, dass alle Lebewesen ihren Ursprung im göttlichen Licht haben und dass das Wissen um die Natur der Quelle und des eigenen Selbst im Wesenskern aller Individuen dieser Zivilisation kodiert ist.

Es gibt eine Straßenkarte, ein minutiös kodiertes System, das in vielerlei Hinsicht einer Computersoftware ähnelt, aber dabei unendlich viel größer als die Software unserer komplexesten Computer ist. Es definiert jeden Aspekt des Wesens einer bestimmten Lebensform: alle genetischen Eigenschaften, Aspekte und Funktionen, festgelegt mit wissenschaftlicher Präzision. Ist dieser Masterplan erst einmal identifiziert, bestimmt der Gebrauch oder Missbrauch des Wissens das Tempo der Evolution oder Degeneration einer Zivilisation: Aufbau oder Zerstörung, Aufstieg oder Abstieg auf der Evolutionsspirale allen Bewusstseins im Kosmos.

Und genau dort befinden wir uns gerade.

Was wir, die Individuen der Spezies *Homo sapiens*, im einundzwanzigsten Jahrhundert mit diesem Wissen anfangen, wird über Fortschritt oder Misere unserer Zivilisation entscheiden. Während Diktatoren versuchen, jeden Anschein wahrer Demokratie zu zerstören und die Zivilisation zu vernichten, sind wir an einem moralischen und technologischen Scheideweg angelangt und müssen, wo wir einst passiv zuschauten und abwarteten, nun entscheiden, welchen Weg die Menschheit einschlagen soll.

Es bleibt die beunruhigende Frage: Besitzt die von der Regierung finanzierte und vom Militär gesteuerte wissenschaftliche Elite genügend moralische und ethische Substanz, um ihr freien Zugang zu Experimenten und Manipulationen am grundlegenden Schöpfungsplan des Lebens auf unserem Planeten zu erlauben? Die Antwort ist ein schallendes »Nein«! Werkzeuge, die in der Lage sind, auf zellulärer Ebene die Evolution aller Lebensformen zu verändern, sind in den Händen von geistig unentwickelten Personen fehl am Platz und höchst gefährlich.

Werden die Wissenschaftler und Biogenetiker, die Gott spielen wollen, das Geheimnis, das in der göttlichen Schöpfung des DNA-Bauplans liegt, respektieren und ehren? Kann man ihnen dieses Wissen anvertrauen?

Nach dem zu urteilen, was sich in den Geheimlabors abspielt, und nach dem Ausmaß der mRNA-Impfprogramme für die »Gentherapie« zu urteilen, ist dem wohl offenkundig nicht so.

Die große Frage ist: »Wer wird sie aufhalten?«

Neben dem seit Jahrzehnten laufenden Geo-Engineering- und Aerosol-Sprühprogramm gibt die Weltregierung offen zu, dass sie in einer nächsten Phase plant, die Erde zu einem erheblichen Teil von der Strahlung unserer Zentralsonne abzuschirmen – der Energiequelle, die alles Leben in dieser Zone der Galaxis erhält und nährt.

Steht das nicht in diametralem Widerspruch zu dem großen evolutionären Schritt, den wir nach Dr. Kakus Auffassung möglichst bald gehen sollten?

Eines dieser vielen beunruhigenden Projekte ist SCoPEx, das Stratospheric Controlled Perturbation Experiment oder »Experiment zur Kontrollierten Störung der Atmosphäre«, das von Wissenschaftlern der Harvard University entwickelt und von Bill Gates finanziert wird. Dabei geht es um die Erarbeitung und Umsetzung einer Technologie zur künstlichen Verdunkelung der Sonne. Es soll mehr Sonnenlicht in der Atmosphäre reflektiert werden, indem Kalziumkarbonatstaub in der oberen Erdatmosphäre versprüht wird. Das Ergebnis wäre die besagte Verdunkelung.

Die erste, mit drei Millionen Dollar dotierte Phase des Experiments von Mister Gates und seinem Harvard-Team, die momentan blockiert ist, beinhaltet den Start von zwei steuerbaren Ballons in die Stratosphäre, wo sie Kalziumkarbonatpartikel freisetzen sollen, damit die Wissenschaftler untersuchen können, wie gut sich die Partikel dort oben verteilen. Die Idee hinter diesem höchst fragwürdigen Experiment ist, dass Staub, der in der Stratosphäre ausgestreut wird, sich schnell rund um den Globus ausbreitet und mehrere Jahre in dieser Höhe bleibt. So könnte in beiden Hemisphären ein künstlicher Schutzschild gegen das Licht der Sonne geschaffen werden, um den Planeten abzukühlen. Dabei ist immer noch nicht bewiesen, dass die Erde tatsächlich überhitzt ist – ganz im Gegenteil: Mehrere Ökologen sind der Auffassung, dass eine neue Eiszeit kurz bevorsteht!

Und was ist mit dem seit Jahrzehnten unvermindert andauernden umfangreichen Chemtrail-Programm? Wird dadurch das lebenswichtige Sonnenlicht nicht schon genug gedämpft? Genügt das den Globalisten noch nicht? Und was ist mit der Zunahme von Vulkanausbrüchen rund um den Globus? Ist es nicht denkbar, dass viele davon künstlich ausgelöst werden, um das gleiche Ziel zu erreichen: das Sonnenlicht zu blockieren?

Jedenfalls geht das aus einem vom UCAR, dem Center for Science Education, veröffentlichten Bericht hervor. In »How Volcanoes Influence Climate« (»Wie Vulkane das Klima beeinflussen«)[7] heißt es:

> »Vulkanische Asche oder Staub, die bei einem Ausbruch in die Atmosphäre gelangen, schotten das Sonnenlicht ab und bewirken eine vorübergehende Abkühlung. Größere Aschepartikel haben kaum Auswirkungen, da sie schnell zu Boden fallen. Kleine Aschepartikel hingegen bilden in der Troposphäre eine dunkle Wolke, die den Bereich darunter abschirmt und abkühlt. Die meisten dieser Partikel fallen einige Stunden oder Tage nach einem Vulkanausbruch bei Regenfällen vom Himmel. Die kleinsten Staubpartikel gelangen jedoch in die Stratosphäre

und können große Entfernungen zurücklegen, oft weltweit. Diese winzigen Partikel sind so leicht, dass sie monatelang in der Stratosphäre verbleiben können, wo sie das Sonnenlicht blockieren und über weite Teile der Erdoberfläche eine Abkühlung verursachen.

Ausbrechende Vulkane stoßen häufig Schwefeldioxid aus, und dieses kühlt das Klima viel wirksamer ab als Aschepartikel. Das Schwefeldioxid gelangt in die Stratosphäre und verbindet sich mit Wasser zu Schwefelsäureaerosolen. Die Schwefelsäure bildet in der Stratosphäre einen Dunst aus winzigen Tröpfchen, der die einfallende Sonnenstrahlung reflektiert und so eine Abkühlung der Erdoberfläche bewirkt. Die Aerosole bleiben bis zu drei Jahre in der Stratosphäre, werden von den Winden verteilt und verursachen weltweit eine erhebliche Abkühlung, bis die Tröpfchen schließlich groß genug geworden sind, um vom Himmel zu fallen.«

Wenn wir diesen Auszug aus dem wissenschaftlichen Bericht des UCAR lesen, müssen wir uns fragen: Ist der Gedanke so weit hergeholt, dass Leute, die das Licht unseres Zentralgestirns dämpfen wollen, um den Planeten »abzukühlen«, auch daran interessiert sein könnten, dafür ein paar Vulkane anzuzapfen? Wir wissen, dass das Militär über die Technologie und die Ausrüstung verfügt, um so ziemlich alles, was es will, jederzeit und überall auf dem Planeten in die Luft zu jagen, und dass die Verbreitung von Waffen im Weltraum kein Ende nimmt. Ist es da so abwegig, ihnen zuzutrauen, dass sie sich darüber Gedanken machen, wie sie mit Vulkanasche und Vulkanstaub, die bei Ausbrüchen in die Atmosphäre gelangen, das Sonnenlicht abschirmen und eine vorübergehende oder langfristige Abkühlung des Planeten bewirken können? Wäre das nicht von großem Interesse für die verrückten Wissenschaftler – vor allem für diejenigen, die nicht wollen, dass wir auf Dr. Kakus Skala zu einem Typ-Eins-Planeten aufsteigen, also die Fähigkeit entwickeln, unser Zentralgestirn für die Deckung unseres gesamten Energiebedarfs zu nutzen?

Im Moment ist SCoPEx auf Eis gelegt, aber Sie können darauf wetten, dass es nicht vom Tisch ist. Angeblich soll dieser neueste

Plan von Mister Gates ganz uneigennützig die globale Abkühlung unseres angeblich überhitzten Planeten bewirken.

Aber ich traue der Sache nicht. Ich verstehe, dass die reichsten Individuen auf diesem Planeten die Erde und alles, was sich auf ihr befindet, besitzen wollen, aber ich möchte an dieser Stelle darauf hinweisen, dass das Experimentieren mit kosmischen Dynamiken, wie zum Beispiel der Interaktion unseres Planeten mit der Sonne und anderen Planeten in unserem Sonnensystem, purer Wahnsinn ist – genauso wie es ein Verbrechen gegen die göttliche Souveränität des Planeten Erde ist, sie all ihrer Ressourcen zu berauben, während von dieser Kabale Pflanzen, Insekten, Tiere und Menschen genetisch manipuliert werden.

Kein neues Argument ihrer als Vorwand benutzten Treibhausagenda kann die Tatsache verschleiern, dass uns auf diesem Planeten bereits jetzt lebenswichtiges Sonnenlicht auf allen Ebenen der Biologie vorenthalten wird. Damit wird der galaktische Plan für unseren kleinen Winkel des Universums direkt und massiv beeinträchtigt. Unsere Gesundheit wird beeinträchtigt, unsere Lebensfreude und unser Wohlbefinden. Und planen diese Verdunkler der Sonnenstrahlen womöglich, in ähnlicher Weise das ätherische Licht unserer DNA zu blockieren? Wie steht es damit?

Was wäre, wenn es tatsächlich einen weitaus finstereren Plan der transhumanistischen Machthaber gäbe, der darauf abzielt, unsere Verbindung zum Licht der Quelle zu unterbrechen, um den göttlichen Code aus unserer DNA zu entfernen und ihn durch etwas Dunkles und Finsteres zu ersetzen, durch eine »luziferische« Signatur, einen Code oder Ausweis?

Nehmen wir an, eine ruchlose Machtstruktur versucht mit ihren satanisch-luziferischen Tentakeln raubgierig das Licht aus unserem lebendigen Planeten herauszuwürgen und finanziert zu diesem Zweck verrückte Genetiker. Diese Genforscher entwickeln ein Trägersystem, mit dem der göttliche Code überschrieben werden kann – was dann? Nehmen wir an, sie haben einen Weg gefunden, den Gottescode aus unserer DNA zu löschen und uns von der gottgegebenen Heiligkeit und dem Licht zu trennen. Stattdessen pflanzen sie uns einen Zahlen- oder Schwingungscode ein, der so dunkel und mächtig ist, dass er, wenn er aktiviert wird, als zerstörerische Kraft innerhalb des göttlichen Schöpfungsplans dienen kann – eine Kraft, die dem Göttlichen entgegenwirkt?

Was dann?

Was, in Gottes Namen, dann?

Die vielleicht größte und beunruhigendste Frage unserer gefährlichen Zeit lautet: Sind diese wahnsinnigen Globalisten, deren katastrophaler Kurs eindeutig darauf abzielt, die Zivilisation des einundzwanzigsten Jahrhunderts zu zerstören, dabei, das, was von der Menschheit übrig bleiben wird, zu transhumanistischen Robotern zu machen? Haben sie tatsächlich die Absicht, den göttlichen Code zu hacken, um jeden einzelnen Menschen vom Geist – von der Quelle – zu trennen, so wie sie beabsichtigen, das planetarische Wesen vom Lichtspender zu trennen: unserem Zentralgestirn?

Und was noch wichtiger ist: Wenn alles, was existiert, tatsächlich ein Aspekt oder eine Manifestation von Gottes Masterplan ist, kann es dann überhaupt gelingen, das Licht auf dem Planeten Erde verlöschen zu lassen?

Die Antwort ist einfach.

Entweder man glaubt an Gott oder nicht.

Wenn ja, dann kennen Sie tief in Ihrem Inneren die Antwort.

Und das, meine Freundinnen und Freunde, ist alles, was Sie über die Zukunft unserer Welt wissen müssen.

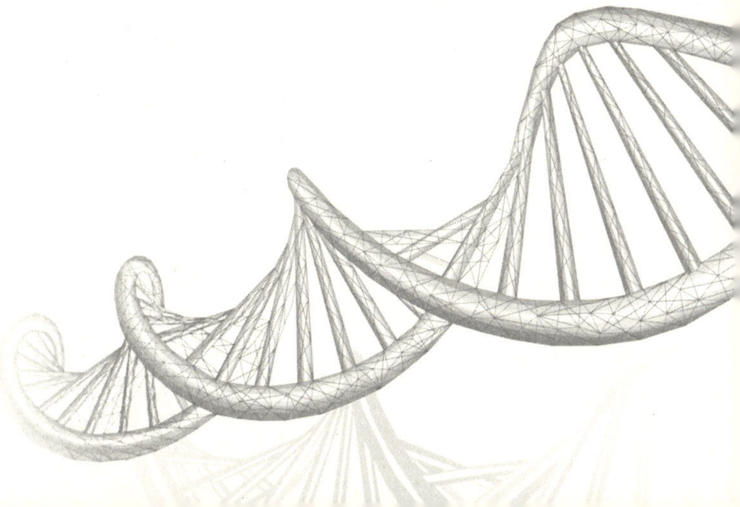

8

Kriegsschauplatz Erde

Während wir in diesen Jahren den Übergang vom Zeitalter der Fische in das Zeitalter des Wassermanns erleben, ereignet sich ein gewaltiger Wandel, weg von ideologischen Werten, die auf globalen Religionen, Glaubens- und Überzeugungssystemen beruhen, hin zu solchen, die die Zivilisation in Richtung Erweiterung des menschlichen Bewusstseins, Innovation und Wissenschaft vorantreiben. Zunächst jedoch müssen wir uns, so scheint es, von dem Alten befreien, das uns mit aller Macht an sich binden will, denn große Veränderungen sind nie einfach.

Die Komfortzone der Nachkriegszeit, die der glücklichere Teil der Weltbevölkerung genießen durfte, liegt definitiv hinter uns, und was an ihre Stelle treten wird, muss von uns selbst – im gemeinsamen Entscheidungsprozess des Kollektivs – gestaltet werden. Ich glaube, für die meisten Menschen auf diesem Planeten zu sprechen, mich selbst eingeschlossen, wenn ich sage, dass die Weltbevölkerung diesen kulturellen, politischen und gesellschaftlichen Umbruch sehr stark spürt. Wir erleben, dass wir selbst und unsere Welt in raues Fahrwasser geraten, und fragen uns, wo wir hingelangen werden, wenn wir den Sog dieser großen Zeitenwende hinter uns lassen.

Die Intensität dieser Phase wird noch dadurch gesteigert, dass unser Fortschritt im Tandem mit dem kolossalen Übergang der himmlischen Zeitalter stattfindet, mit dem unglaublichen vierdimensionalen Warp-Antrieb des Aufstiegs unserer Sonne aus dem dreidimensionalen Raum und der gleichzeitigen Metamorphose aller nachfolgenden Planeten, die im Wesentlichen die Chakren unseres Sonnensystems bilden. Hier, auf einem Planeten, der dem Kommunikationszentrum – dem Halschakra – unseres Zentralgestirns entspricht, entgeht mir nicht, wie paradox es ist, dass wir durch Zensur zum Schweigen gebracht werden und zudem über zwei Jahre lang gezwungen wurden, erstickende Masken über unseren Mündern zu tragen, die unser Sprechen und unsere klare Kommunikation unterbrachen und behinderten.

Die kolossale kosmische Kraft solcher immensen Verschiebungen kann uns so überwältigen, dass wir manchmal das Gefühl haben, kaum noch aufrecht stehen zu können.

Wir werden in alle Richtungen gestoßen und gezogen, absichtlich aus dem Gleichgewicht gebracht und kämpfen Tag für Tag, Stunde für Stunde darum, nicht unterzugehen.

Der Kampf gegen die scheinbar unüberwindlichen negativen Energien zermürbt die Menschen. Wir sehen, wie viele Leute um uns herum geistig und emotional erschöpft sind. Auch das ist ein globales Phänomen. Tragischerweise steigt die Zahl der Menschen, die sich das Leben nehmen, selbst bei Kindern, dramatisch an. Immer mehr Menschen entscheiden sich für den Selbstmord als Ausweg aus einer einsamen, schrecklichen Existenz, die nur eine hoffnungslose, unerträgliche Zukunft bereitzuhalten scheint. Es bricht mir das Herz, dass Menschen solchen Schmerz erdulden müssen und eine wachsende Zahl verzweifelter Seelen einen frühen Tod wählt, weil Leid und Angst für sie unerträglich geworden sind.

Wir müssen Mittel und Wege finden, diesen Menschen zu helfen, bevor sie sich in den Abgrund stürzen.

Ich habe ein paar Menschen zurückholen, ihnen eine solche Verzweiflungstat ausreden können. Aber es gibt so viele, für die längst die Grenze des Erträglichen erreicht ist, viele, denen niemand eine helfende Hand reicht … und dann springen sie.

Wir Übrigen verbeißen uns in alles, was uns hilft, den galaktischen Winden des Wandels und der Zerrüttung standzuhalten, die, wie es scheint, uns alle entwurzeln wollen, indem sie uns immer wieder heftig den Boden unter den Füßen wegziehen. Wenn wir es schaffen, lange genug durchzuatmen, um die Bedeutung dieses kosmischen Sturms zu begreifen, werden wir eine Ahnung davon bekommen, was uns nach dieser wilden Fahrt erwartet. Wir werden erkennen, dass die Verwurzelung mit Mutter Erde in einem sehr schönen Sinne genau das ist, worauf wir unsere Energien verwenden sollten, um uns auf das Kommende vorzubereiten.

Wenn wir unser eigenes Überleben sichern wollen, während wir der Göttin helfen, die Schwingungsspirale auf unserer evolutionären Reise zurück zur Quelle weiter aufzubauen, müssen wir tief im Herzen unserer geliebten planetarischen Gottheit Wurzeln schlagen, den Anker werfen und uns festhalten.

Lassen Sie uns die Erde über alle Maßen lieben und feiern. Verpflichten wir uns, jetzt hier zu sein, Teil all dessen zu sein, was auch immer es ist, und unseren Weg fortzusetzen.

So sehr wir uns auch danach sehnen, zu unseren jeweiligen Sternen zurückzukehren und dieses kleine Fleckchen himmlischen Aufruhrs hinter uns zu lassen, haben wir, die Sternensaat, doch nicht das Universum durchquert, um diesen entlegenen Winkel des galaktischen Waldes zu erreichen, nur um gleich wieder davonzulaufen, »wenn es schwierig wird«. Wir wussten sehr wohl, dass es ziemlich rau werden würde, als wir uns anmeldeten, um an dem teilzunehmen, was sich schließlich als glorreicher evolutionärer Meilenstein entfalten wird: dem großartigen Aufstieg der Erde, der gerade mit allen Details in die Akasha-Aufzeichnung eingetragen wird.

Ich weiß tief im Herzen, dass wir irgendwann auf unserem Weg innehalten, zurückblicken und uns daran erinnern werden, dass wir in einer so außergewöhnlichen Zeit wie dieser aktiv mitgewirkt haben. Dann werden wir lächeln und denken: »Ich war dabei.«

Einstweilen haben wir in den Momenten, in denen wir uns müde und niedergeschlagen fühlen, das Recht, unsere Lichtschwerter abzulegen, uns den Schweiß von der Stirn zu wischen, durchzuatmen und Kraft zu schöpfen. Dafür muss Zeit sein. Wichtig ist, dass wir gestärkt weitermachen und uns immer wieder ins Gedächtnis rufen, warum wir hergekommen sind. Wir wussten, dass es schwierig werden würde, und doch haben wir uns entschieden, dabei zu sein und als inkarnierte *Homo sapiens*, als die Neuen Wasserfrauen und Wassermänner, das Licht zu tragen.

Unsere ultimative Ermächtigung ergibt sich aus der Tatsache, dass wir genau wussten, worauf wir uns einließen, als wir uns für den Dienst bei den Lichtbrigaden meldeten, jetzt … wo sich hier auf der Erde das große Armageddon ereignet. Wir gingen unbeirrt und mit absoluter Entschiedenheit in dieses sterbliche Fleisch ein, in Ausübung unseres freien Willens, fest entschlossen, unsere Mission zu erfüllen. Für viele von uns war es eine schwierige Entscheidung, eine, von der wir ahnten, dass sie unseren Geist strapazieren, unseren Willen auf die Probe stellen und unsere Entschlossenheit bis zum Äußersten herausfordern wird.

Und doch trafen wir diese Entscheidung bereitwillig. Als spirituelle Krieger, die bereit waren, diese riesigen Sprünge auf der Lichtspirale zu machen, die letztlich unsere Rückkehr zur Quelle beschleunigen werden, inkarnierten wir genau aus diesem Grund zu diesem Zeitpunkt auf der Erde: um geprüft zu werden, um herausgefordert zu werden, um zu dienen und Teil des Aufstiegsprozesses der bemerkenswerten himmlischen Gottheit Gaia zu sein.

Es ist verständlich, dass wir Momente haben, in denen wir kampfmüde sind und glauben, an Boden zu verlieren. Wenn wir in die äußere Welt blicken, kann sie beängstigend und bedrohlich wirken, egal wie stark unser Wissen ist, dass das LICHT selbst in diese dunklen Ecken vordringen wird. Was auch immer es ist, in das wir im Geiste eingewilligt haben, wir können nicht leugnen, dass es auf der Erde des einundzwanzigsten Jahrhunderts möglicherweise doch etwas heftiger zugeht, als wir erwartet hatten. Da sind die intensiven Umbrüche und die Bösartigkeit, mit denen es fertigzuwerden gilt, und schlimmer noch … Wir müssen dem Bösen, das diese Geschehnisse vorantreibt, von Angesicht zu Angesicht gegenübertreten.

Aber wir wissen, wie man damit umgeht, denn sonst wären wir ja nicht hier, oder?

So wie die Lichtkräfte zahlloser Sternensysteme und paralleler Realitäten sich entschieden haben, an diesem gewaltigen Geschehen teilzunehmen, zog es, wie uns, auch unsere Widersacher hierher, und sie spielen nun gemeinsam mit uns in diesem schicksalhaften Drama ihre Rolle. Die Erde ist das Schlachtfeld, und das große Aufeinandertreffen der Kräfte – Gut und Böse – nimmt nun seinen Lauf, bis zum bitteren oder süßen Ende. Ich werde dadurch daran erinnert, dass wir, die Funken des Lichts, vor langer Zeit in den Abgrund stürzten, um die Dunkelheit kennenzulernen. Auch wir entschieden uns, wie die Sirianer sagen, »auf unserer langen Reise nach Hause vom dunklen Wein zu trinken«.

Shakespeare hat das in einem Monolog in seinem Stück *Wie es euch gefällt* sehr schön ausgedrückt:

> »Die ganze Welt ist eine Bühne,
> und alle Frauen und Männer bloße Spieler.
> Sie treten auf und gehen wieder ab.
> Sein Leben lang spielt einer manche Rollen …«

Es ist kein Zufall, dass die kaltblütigen Herrscher des Planeten Erde diese Zeit großer kosmischer Turbulenzen und immenser zyklischer Veränderungen gewählt haben, um ihren Holocaust gegen die gesamte Menschheit auszuführen. Ihre Brut wusste seit Langem, dass dies die Koordinaten im Raum-Zeit-Kontinuum sein würden, um ihren letzten Zug zu machen, ihren letzten Versuch zu starten, die Erde an der Verwirklichung ihrer wahren Bestimmung und uns daran zu hindern, jemals auf unserem Weg in höhere Dimensionen Fortschritte zu machen – aber nun ist es an der Zeit, dass wir uns aus ihren Fängen befreien!

Die Personen, die über diese Geheimgesellschaften herrschen, stehen jetzt im Licht der Öffentlichkeit, ohne Masken, und benutzen korrupte politische Schachfiguren und die Massenmedien, um die öffentliche Meinung so zu manipulieren, dass die Menschheit jenes letzte Manifest der Zerstörung akzeptiert: die Agenda 2030. Erinnern wir uns daran, dass das ultimative Ziel der heimlichen

Herrscher darin besteht, neunzig Prozent der Weltbevölkerung zu eliminieren und das, was von den biologischen Menschen (und Tieren) übrig bleibt, nach der Ausmerzung zu transhumanistischen Robotern und Chimären umzuformen: zu seelenlosen Kreaturen, die einzig und allein für das Kontrollraster des Schwarmbewusstseins, für die Gewinnung biologischer Körperteile oder einfach zur perversen Belustigung sehr kranker Wesen von nah und fern biotechnologisch produziert werden sollen.

Um diesen letzten Krieg zu gewinnen, müssen sie das Narrativ kontrollieren und so viele Menschen wie möglich in einen Zustand hypnotischen Gehorsams versetzen. Das ist ihnen schon seit Langem äußerst erfolgreich gelungen, aber noch nie so gut wie jetzt, nach dem Auftauchen von Covid. Eine sorgfältig konstruierte Angstkampagne, die uns unserer Freiheiten beraubte und uns in Furcht und Schrecken versetzte, brachte Milliarden Menschen dazu, gehorsam alle angeordneten Regeln zu befolgen, als hinge wahrhaftig ihre Existenz davon ab. Tragischerweise sind viele von ihnen inzwischen bereits tot. Andere wurden verstümmelt und leiden unter schweren, chronischen Krankheiten. In den kommenden Monaten und Jahren werden noch mehr von ihnen sterben.

Diejenigen dagegen, die erkennen, was gespielt wird, die sich nicht hypnotisieren und kontrollieren lassen, werden von den Medienmarionetten als gefährliche Verschwörungstheoretiker, Radikale und Extremisten verleumdet. Ich weiß das, denn ich werde von einigen so wahrgenommen, einfach weil ich es wage, Autoritäten zu hinterfragen, meinem Bauchgefühl zu folgen und meine eigenen Antworten zu finden.

Ob wach oder schlafend, wir werden auf ideologischer Distanz zueinander gehalten, im immerwährenden Zustand eines übersteigerten Antagonismus: Wir kämpfen um Raum, um Dominanz und um das sprichwörtliche Stück Käse – wie frenetische Ratten, die in ihren elektromagnetischen Käfigen gefangen sind. Die Globalisten glauben, sie müssten das Mitgefühl aus uns herausprügeln, bis wir keine Ehrfurcht mehr vor dem Leben haben, egal in welcher Form. Dieser Aspekt unseres Menschseins muss verschwinden, und mit ihm alle Hoffnung, alle Freude und selbst die kleinsten Dinge, die dazu dienen, unseren Geist zu erheben. Sie müssen uns ablenken, so sehr in den unteren Chakren gefangen halten, dass wir uns niemals, nicht einmal für einen Moment, aus dem Gefühl der Ohnmacht ihnen gegenüber erheben können, um zu erkennen, wie wenige sie tatsächlich sind und was sie beabsichtigen, den vielen aufzuzwingen, der ganzen Menschheit – und dieser zunehmend dystopischen, gespaltenen Welt.

Sie sitzen auf ihren Thronen an der vergoldeten Spitze ihrer Machtpyramide. Aber sie sind nur zweitausend Puppenspieler, die ihre Marionetten an straff gespannten Fäden baumeln und sie vor der grünen Leinwand der Illusionen herumtanzen lassen, wo sie leere Phrasen dreschen und Gefühle vortäuschen, die sie nicht mehr besitzen. So versuchen sie, die Massen in die Irre zu führen.

Wenn man es erträgt, in ihre Augen zu schauen, sieht man die langen totenstillen Korridore ihrer inneren Leere.

Bei ihnen ist niemand mehr zu Hause.

Haben Sie daher Mitleid mit den hölzernen Marionetten, denn sie hängen an den Fäden jener, die ihrerseits vor dem dunklen Herrscher buckeln. Wie heftig auch immer ihre Drohgebärden gegen uns alle sein mögen, sie sind nichts weiter als leere Galionsfiguren. In ihrer Besessenheit haben sie ihre wahren menschlichen Gefühle zusammen mit ihren Seelen an den Meistbietenden verkauft … schon vor langer Zeit.

Auf der anderen Seite sind wir, das »Vieh«, wie sie uns liebevoll nennen, fast acht Milliarden, und wir werden immer mehr. Sie befinden sich also eindeutig, ja geradezu episch, in der Minderheit. Um die Wahrheit zu sagen, hat die Machtelite schreckliche Angst vor der unaufhaltsam ansteigenden Flut von Menschen auf der ganzen Welt. Diese Flut wird über die Elite hereinbrechen, wenn wir uns zusammenschließen und ihnen die Stirn bieten. Wir sind ihnen auf den Fersen, und sie wissen es. Das, was sie fürchten – ein globaler Aufstand – ist bereits in vollem Gange, und sie wissen, dass sie keine Chance haben, diese Flut aufzuhalten. Sie setzen jedes Mittel, sämtliche Tricks und Waffen ein, um uns unter

Kontrolle zu halten und jeglichen Widerstand zu unterdrücken. Und dennoch erheben wir uns.

Wir erheben uns.

Immer mehr Menschen schütteln die hypnotische Programmierung ab, die aus ihren TV- und Handy-Gedankenkontrollgeräten auf sie einprasselt, und erobern ihre Souveränität zurück. Endlich wachen sie auf: Sie erkennen, was gespielt wird, klar und deutlich. Schon bald werden immer mehr von ihnen sich dem Licht, dem Großen Erwachen anschließen. Dann werden alle schmutzigen Geheimnisse aufgedeckt, und es wird wahre Gerechtigkeit herrschen.

Was die oberen Ränge der Kabale und ihre Lakaien am meisten beunruhigt, was sie über alle Maßen frustriert, ist, dass es ihr eigener Machtmissbrauch ist, der dieses Erwachen der Massen bewirkt. Sie erkennen, dass sie sich, je mehr sie die soziale Ordnung auf diesem Planeten stören und in unsere Freiheiten eingreifen, selbst in die Bredouille bringen, ihre eigene Agenda durchkreuzen und ihren »Great Reset« für die gesamte Menschheit sabotieren. Stellen Sie sich die Frustration und Wut dieser allmächtigen »Bosse« vor, wenn sie sich mit ihrer eigenen Inkompetenz auseinandersetzen müssen.

Sie haben bereits begonnen, sich gegenseitig zu kannibalisieren.

Im Zenit des Armageddon beginnen sie zu begreifen, dass trotz ihrer vermeintlichen Allmacht, die ihnen so sicher schien – trotz all ihres Geldes, ihrer schwarzen Magie, der Manipulationen, der ausufernden Korruption –, ihre Pläne nicht so funktionieren, wie sie es geplant hatten. Sie haben sich selbst in eine Sackgasse manövriert, sind in ihre eigene Falle getappt.

Was für ein unglaublicher Schlag gegen ihr riesiges kollektives Ego! Niemals hätten sie in ihrem großen Plan vorhersehen können, dass sie sich von einer Zivilisation aus, in ihren Augen, »minderwertigen« Wesen geschlagen geben müssen. Das ist für sie einfach nicht nachvollziehbar. Doch wenn wir unsere Kräfte bündeln, wenn wir uns ihnen in Rathäusern, auf Plätzen und Straßen weltweit entgegenstellen, uns nicht länger fügen, sondern »Nein« zu ihren Giftpfeilen sagen, kommen sie um die Erkenntnis nicht herum, dass es gerade ihre räuberischen Machenschaften gegen uns waren, die uns dazu trieben, ihnen ihre Machtmandate zu entziehen. Nur dadurch haben sie sich und die von ihnen kontrollierten Medien als das entlarvt, was sie wirklich sind, und uns aufgeweckt, so dass wir *jetzt* unseren geliebten Planeten endlich ihrem Würgegriff entreißen werden.

Trotz des unnachgiebigen Narrativs und der endlosen Lügen, trotz der Drohungen und Manipulationen, die sich zu einem strategisch günstigen Zeitpunkt und an vorher festgelegten Orten abspielen, sind wir *jetzt* tatsächlich in der Lage, ihre Macht zu neutralisieren. Und das macht sie fassungslos. Sie haben den unfassbaren Fehler begangen, den menschlichen Geist und die Kräfte des Lichts zu unterschätzen, die hinter uns stehen und uns mit Energie versorgen.

Das war ihr großer Fehler.

Nichts außer einem totalen thermonuklearen Krieg kann aufhalten, was kommen wird, und obwohl sie uns täglich damit drohen, wird ein atomares Inferno niemals zugelassen werden.

Unser Planet steht unter ständiger Beobachtung, nicht nur durch uns *nicht* wohlgesonnene ET-Spezies, sondern auch durch galaktische Friedenstruppen, die in der Lage sind, alle Atomwaffenarsenale auf dieser guten Erde zu neutralisieren. Das tun sie seit dem Zweiten Weltkrieg, und sie werden nicht zulassen, dass der Wahnsinn der Bestie und der irregeleiteten Menschen die Art von Zerstörung anrichtet, die einen Planeten in Stücke sprengen, ein riesiges Loch in die Fasern des galaktischen Feldes reißen und eine verheerende Schockwelle durch den Seelenkosmos schicken würde … eine so unermesslich katastrophale Gewalt, dass sie das multidimensionale Universum bis in alle Ewigkeit erschüttern würde.

Sie stecken also in einem Dilemma, diese luziferischen Architekten! Das Einzige, was sie jetzt tun können, ist, ihre fehlerhafte Agenda voranzutreiben, komme, was da wolle. Damit befördern sie sich selbst geradewegs in die Hölle: Das wird ihr selbst erschaffenes Ende sein. Schon leben sie am Rande dessen, was sie dort erwartet. Und wir sind die »Flut«, die sie hinwegspülen wird: die erwachende Menschheit. Wir erheben uns jetzt sehr schnell, spülen die alten korrupten Kontrollsysteme weg und hauchen den Sandlandschaften der Ewigkeit neues Leben, neue Lebensenergie ein.

Wir befinden uns auf der Siegerstraße.

Wir wissen genug über Karma, um keinem anderen Wesen Leid zu wünschen, und wir danken dem Geist und vertrauen darauf, dass die göttliche Gerechtigkeit das richtige Maß findet, wo auch immer Gerechtigkeit nötig ist. Aber, oh, wie sehr liebt es das Universum, eine gute Dosis Ironie hinzuzufügen, wenn es seine karmische Vergeltung auftischt. Wer weiß? Vielleicht erleben wir noch, wie diese üblen Kreaturen von unserer Erde vertrieben und auf einen unfruchtbaren, leblosen Planeten verbannt werden, auf dem es für sie nichts zu zerstören gibt … in einem weit entfernten Universum.

> ⁘ <

Ich möchte betonen, wie wichtig es ist, dass wir niemals die Menschen aufgeben, die noch schlafen und nicht bereit sind, ihren Opiumrausch abzuschütteln, um mit eigenen Augen zu sehen, was der Dunkle Orden auf unserer Welt anrichtet. Wenn wir uns erst einmal mit Hingabe dem nächsten Schritt widmen und als geeinte Menschheit gegen das Böse erheben, werden wir die Tyrannen stürzen und das Gleichgewicht wiederherstellen. Die geheimen unterirdischen Städte, die sie für ihre sicheren Rückzugsorte halten, werden zerstört – bombardiert und geflutet –, so dass ihnen die Flucht in ihre millionenschweren Eigentumswohnungen in der Unterwelt versperrt wird. Ebenso wenig wird es ihnen erlaubt sein, sich hier auf der Planetenoberfläche frei unter uns zu bewegen, denn sie sind wie Untote. Und höchstwahrscheinlich wird kein zivilisierter Planet sie willkommen heißen, sollten sie irgendwo ungebeten aufkreuzen.

Keine List, keine Manipulationen, keine Hightech-Kontrollsysteme und keine Waffen, mag das alles auch noch so furchterregend und großartig sein, werden sie retten können, nachdem sie das Armageddon in Gang gesetzt haben. Es gibt für sie keinen Ausweg mehr, denn wie wir alle wissen, kann niemand seinem Karma entkommen – besonders jetzt, in der vierten Dimension, wo die karmische Vergeltung so unmittelbar und intensiv ist. Ihre Marionetten, ihre verdeckten Aktivitäten, die Korruption und der Machtmissbrauch werden als das entlarvt, was sie sind. Nicht einmal die kontrollierten Medien können die Wut der Wahrheit zurückhalten. Und mit keiner noch so großen Zahl ihrer Tricks und Täuschungsmanöver werden sie die anschwellende Flut der vielen Lichtkrieger ablenken können. Auf lange Sicht haben sie keine Chance, denn je mehr sie uns unter Druck setzen, desto freier werden wir.

Sie haben erkannt, dass sie uns mit ihrer Agenda, von der sie dachten, sie wäre narrensicher, überhaupt nicht mehr täuschen können, sondern dass sie uns nur stärker und das Licht heller macht als jemals zuvor. Ganz gleich, wie sehr sie das Böse ihrer Taten verschlimmern, ganz gleich, welche Tricks sie noch aus dem Zauberhut ziehen, sie sehen den Sieg des Lichts über die Dunkelheit, weil sie durch den Spiegel – das *Sternentor des Orion-Würfels* – Zugang zu dieser leuchtenden Zukunft haben – **unserer**, nicht ihrer Zukunft. Ganz gleich, wie sie die Daten, die sie in die Zeitmaschine einspeisen, auch verdrehen … ganz gleich, wie sie mit wahrscheinlichen Ergebnissen und veränderten Realitäten spielen … sie werden immer als Verlierer dastehen. Wir, die Menschen dieser guten Erde, brauchen keine futuristischen Computer, die in andere Zeitlinien schauen können, um die Zukunft vorherzusagen, denn wir besitzen unseren eigenen, inneren Spiegel, und zwar das Herz und das Okular der menschlichen Seele.

Wir haben ihnen gegenüber den ultimativen Vorteil, dass wir wissen, was Liebe bewirken kann. Und während wir zusehen, wie sich die Lieblosen langsam selbst zerstören, verzehrt von Dämonen, die sie selbst heraufbeschworen und in ihr Inneres hereingelassen haben, wissen wir, was der Hass nicht vermag. Denken Sie immer daran, dass sie, so wie sie das Licht nicht ertragen können, auch nicht mit der Liebe in Resonanz gehen. Sie können sich ihr nicht einmal annähern, so weit unten im Schwingungsspektrum liegt ihre Bandbreite – in der Schlangengrube, wo sie in negativen Energien gefangen bleiben, die von ihrer Verachtung für andere und einem unstillbaren Hunger nach Macht über alles und jeden leben. Sie haben keine Ahnung, wie man innerhalb des schwingenden Energiefeldes des Herzens operiert, und sie kennen keinen anderen Weg, uns zu steuern, als dieses lästige, störende Phänomen – die LIEBE – zu zerstören, die sie so sehr verabscheuen. Durch Angst, Sinneslust und alle Arten von Missbrauch wollen sie uns in ihre Resonanzfelder ziehen: mental, emotional und physisch. Zusammen mit all ihren Dämonen existieren sie in diesem niederfrequenten Feld: in der Schwingungssignatur von Konflikt und Krieg … Schmerz und Perversion … Hass und Gier.

Die Schwingungssignatur des Friedens ist bedingungslose Liebe. Das können sie nicht ertragen.

Sie können nicht von unserer Energie trinken oder unser Licht verdunkeln, wenn wir fest im Heiligtum des Einen Herzens ruhen.

Sie können nicht ertragen, dass wir einander lieben und ein glückliches, harmonisches Leben führen. Die Liebe und das Licht, die von unserem Herzen ausstrahlen, sind das, was sie am meisten fürchten. Es ist schwer zu glauben, dass sie vor unserem Licht weit mehr Angst haben könnten als wir vor ihrer Dunkelheit, aber so ist es. Sie haben Angst vor dem, was das Licht vollbringen kann.

Solange wir im Herzen bleiben und die Angst zurückweisen, werden sie uns niemals dorthin bringen, wo sie uns gerne haben wollen. Sie werden niemals in der Lage sein, uns unter ihre totale Kontrolle zu bringen. Hass, Misstrauen, Zerstörung und der Schrecken, den sie überall um uns herum verbreiten, sind das Feld, in dem ihre Macht sich ausbreitet.

Sie leben in einem metaphorischen Gespensterwald, umgeben von ihren eigenen Dämonen. Das ist alles, was sie wissen. Ihr Armageddon richtet sich gegen alles und jeden: Sie hetzen die Menschen gegeneinander auf, spalten uns und versuchen, uns vom Weg abzubringen, uns von der Quelle abzuschneiden. Ihre falschen Ideologien und Lügen zielen auf unsere grenzenlose Fähigkeit zur Liebe, und sie schlagen mit ihren Waffen überall dort zu, wo sie unsere Stärke, unsere Reinheit und unser Licht wahrnehmen.

In dieser Hinsicht haben jene Kreaturen in den letzten Jahren große Fortschritte gemacht. Sie richten in unseren Gesellschaften unermesslichen Schaden an, stiften Aufruhr, Unruhe und Elend überall auf der Welt – und zerstören die Freiheit.

Doch dagegen erheben wir uns jetzt.

Ich bin mir, wie auch viele von Ihnen, völlig darüber im Klaren, dass das, was sich wirklich auf unserem kriegsmüden Planeten abspielt, ein systematisches Programm ist, das seit Jahrzehnten vorbereitet wurde und darauf abzielt, der Menschheit die Seele aus dem Herzen zu stehlen – einem Menschen nach dem anderen, indem es uns vom göttlichen Licht trennt.

Wenn dann die Mehrzahl unserer Spezies, die Masse der »nutzlosen Esser«, verschwunden ist und von der roboterisierten, unfruchtbar gemachten Erde nichts als eine düstere Bergbaustation im kalten, dunklen Weltraum bleibt, werden sie, so stellen sie es sich vor, endlich ihr Ziel erreicht haben, die Lichter auf diesem Juwel, das sie so sehr verachten, für immer auszulöschen … Sie stellen sich vor, dass sie dann den dritten Felsbrocken, der die Sonne umkreist, von allem getrennt hätten, was göttlich ist und voller Leben, voller Liebe und Schönheit in der Vollkommenheit des Schöpfers.

Es sind im Grunde erbärmliche Kreaturen, die sich ihren Weg durch Schlamm und schwarzen Schleim bahnen. Ich kann mir das schreckliche Schicksal nicht vorstellen, das sie erwartet, wenn sie versuchen, an Land zu kriechen, nur um wieder in den fauligen Sumpf zurückgesogen zu werden.

Vergessen wir nie, auch nicht für einen einzigen Moment, wie gesegnet wir sind, weil wir uns für das Licht entschieden haben, während wir uns mit unseren Schwingen darauf vorbereiten, uns über die Wolken zu erheben.

9

Klipp und klar gesagt: Es ist biologische Kriegsführung

Am 9. Januar 2020 gab die Weltgesundheitsorganisation bekannt, dass in der chinesischen Stadt Wuhan eine Häufung extremer Lungenentzündungsfälle aufgetreten sei – genauer gesagt: neunundfünfzig. In dieser Stadt befindet sich ein Hochsicherheitslabor für Krankheitserreger, das Institut für Virologie Wuhan, dessen Labore sich über eine Fläche von etwa zwei Fußballfeldern erstrecken und von zwölf Mal so viel Land umgeben sind.

Bemerkenswert ist die Tatsache, dass die streng geheime Einrichtung bereits seit 2017 von der gemeinnützigen US-Organisation EcoHealth Alliance finanziert wird, die behauptet, »Pandemien zu stoppen, bevor sie beginnen«. Einzelheiten zu dieser kooperativen Allianz wurden der gemeinnützigen Organisation Judicial Watch vom National Institute of Allergy and Infectious Diseases (NIAID) in einem Dokument[8] zur Verfügung gestellt, das im Rahmen des Freedom of Information Act veröffentlicht wurde.

Wir hoffen, dass aktive Ermittlungen über die mögliche Beteiligung dieser Organisationen an den Ursprüngen des Covid-Ausbruchs und seiner raschen Ausbreitung über alle Kontinente zu Anklagen gegen diejenigen führen werden, die mutmaßlich Verbrechen gegen die Menschlichkeit begangen haben. Derzeit laufen Anhörungen im US-Repräsentantenhaus, und durch besorgte Bürger wie Tom Fitton, den Präsidenten von Judicial Watch, wurden sogar schon rechtliche Schritte eingeleitet. Folgende Fragen sind Gegenstand der Untersuchungen:

- Die Rolle des NIAID unter der Leitung von Anthony Fauci, der 2016 einen Zuschuss in Höhe von 3,7 Millionen Dollar an die EcoHealth Alliance bewilligte, um am Wuhan Institute of Virology Gain-of-Function-Forschung zu betreiben (also Viren als Waffe für die biologische Kriegsführung zu entwickeln).
- Die angebliche Beteiligung von Peter Daszak, Präsident und leitender Wissenschaftler der EcoHealth Alliance.
- Die Aktivitäten von Shi Zhengli, einer Virologin, die seit über fünfzehn Jahren am Wuhan-Institut auf dem Gebiet der – Sie ahnen es – Gain-of-Function-Forschung arbeitet.

Besagte Shi Zhengli, Sprecherin des Labors, die wegen ihrer besonderen Faszination für das potenzielle Risiko einer Infektion des Menschen durch Fledermausviren auch als »Fledermaus-Lady« bekannt ist, besteht darauf, dass es keine Verbindung zwischen dem Virus und dem Institut für Virologie in Wuhan gibt.

Zwei Wochen nach dieser ersten Ankündigung der WHO meldete China siebzehn Tote und erklärte mehrere hundert Personen für »infiziert« mit dem noch gar nicht identifizierten »Virus«. Die chinesische Regierung ergriff die drastische Maßnahme, Wuhan vollständig abzuriegeln und die elf Millionen Einwohner gewaltsam einzusperren. Sie schränkte den Zugang zur benachbarten Provinz Huanggang ein, in der weitere achtzehn Millionen Menschen unter Hausarrest gestellt wurden – aber erst, nachdem einige Menschen per Flugzeug aus China »entkommen« waren, wie es hieß. Auf diese Weise verbreitete sich die Krankheit angeblich über die Landesgrenzen hinaus, und zwar durch infizierte Menschen, die durchaus nicht so krank waren, dass sie den Kontrollen der chinesischen Polizei, des Militärs und der Flughafenbehörden nicht entkommen konnten und auf einigen wenigen Flügen in Richtung Italien, Großbritannien, Frankreich und in den US-Bundesstaat Washington ausreisten.

Man zeigte schreckliche Szenen von Menschen in Wuhan, die von chinesischen »medizinischen« Behörden abtransportiert wurden – einige gegen ihren Willen, andere scheinbar zu krank, um sie noch behandeln zu können. Und die sensationslüsternen Medien schürten die Angst der Menschen vor dem, was kurz darauf zu einer »globalen Pandemie« erklärt wurde.

Ich sage »scheinbar«, weil ich das Narrativ nie geglaubt und den manipulierten Medien ihre Panikmache-Fotos nie abgekauft habe.

Die Abriegelung des gesamten Planeten, von Alaska bis Sansibar, folgte bald darauf: methodisch und absichtlich wurden unsere Freiheiten beschnitten und die Angstschraube so schnell angezogen, dass die Mehrheit der Menschen auf die Knie ging und schluckte, was ihnen vorgesetzt wurde. Sie gehorchten. Die Gesunden wurden getestet, erneut getestet und abermals getestet … und wieder. Sie akzeptierten nicht nur, dass sie zum Maskentragen gezwungen und unter Quarantäne gestellt wurden, sondern bettelten geradezu darum, geimpft, eingesperrt und einsam in ihren Häusern eingeschlossen zu werden.

Die unerbittlichen globalen Medien, die von den Marionetten der Neuen Weltordnung gelenkt werden und nur sieben Oligarchen gehören, peitschten die Menschheit so schnell in einen solchen Schaum irrationaler Angst und abnormalen Verhaltens, dass ihre akribisch konstruierte weltweite Panik über Nacht eintrat, genau wie sie es geplant hatten.

Und die Welt, wie wir sie kannten, hörte auf zu existieren.

Seitdem spielt sich ein Orwellscher Albtraum ab, in dem diejenigen von uns, die sich nicht konform verhalten, als böse, schmutzige Kriminelle gebrandmarkt werden, die man ausstößt, denen man die grundlegenden Menschenrechte verweigert, die schikaniert, inhaftiert und sogar ermordet werden! Und gleichzeitig wird die absurde, manipulative Propaganda so weit politisiert, dass inzwischen jegliche Rebellion und Rhetorik gegen die laufende Agenda sofort als »rassistisch« gilt und das Infragestellen des Narrativs oder Äußerungen dagegen zu einem Akt des »Terrorismus« gegen die Gesellschaft als Ganzes erklärt werden.

Wie kann jemand öffentlich geäußerte Zweifel an einem ungetesteten »Impfstoff« und dessen überstürzter Einführung mit »Rassismus« gleichsetzen? Wissen die Leute überhaupt, was das Wort bedeutet? Die globalistischen Medien spielten diese bizarre Rassismuskarte immer wieder fieberhaft aus und verurteilten alles, was nicht ins Drehbuch passte – und sie tun es heute, drei Jahre später, immer noch, bis zu dem Punkt, dass man überall hört: »Wenn du dich nicht impfen lässt, bist du ein Rassist.«

Die große Spaltung der Völker wurde im Jahr 2020 in Gang gesetzt, und zwar im größten Ausmaß, das jemals auf unserem Planeten versucht worden ist. Der Plan der Globalisten, der den Grundstein für das legte, was der Menschheit in den kommenden Monaten auferlegt wurde, lief auf Hochtouren und bereitete uns alle auf die mehr oder weniger erzwungenen »Impfungen« vor, die bald darauf folgten. In der neuen globalen Apartheid, die es auf diesem Planeten noch nie zuvor gab, wurden die »Geimpften«, die keine Fragen stellten und blindlings die Ärmel hochkrempelten, um sich die unbekannte chemisch-genetische Modifizierungsspritze geben zu lassen, gegen die »Ungeimpften« aufgehetzt, die es wagten, die Autorität in Frage zu stellen, und wissen wollten, welche Gefahren in diesen Spritzen lauerten.

Wir wurden ein gespaltenes, misstrauisches und paranoides Volk. Viele legten eine ungezügelte Hysterie an den Tag. Viele weitere wurden gewalttätig gegen ihren Bruder, ihre Schwester, den Nachbarn, einen Freund: gegen jeden, der sich nicht an die neuen Corona-Regeln und Corona-Vorschriften hielt, den Maskenzwang, die Tests, das Desinfizieren von allem – und der es nicht zuließ, sich selbst und seine Kinder mit einer unbekannten Substanz gegen einen mysteriösen »Virus« impfen zu lassen, der angeblich eine Infektion auslöst, deren Genesungsrate durch die »Impfung« bei 99,7 Prozent liegen sollte.

Würden sich die Leute von den »Impfungen« doch nur ebenso leicht erholen!

Einigen von uns wurde fast sofort klar, dass wir Zeugen des Beginns des Dritten Weltkriegs waren und dass es ein Krieg sein würde, wie wir ihn noch nie zuvor erlebt hatten: ein Krieg, den die Konstrukteure der Neuen Weltordnung gegen die gesamte Weltbevölkerung führen.

Viele von ihnen tun das noch immer, obwohl eine wachsende Zahl von Menschen angesichts der drakonischen Verstöße gegen ihre Freiheitsrechte und der Ereignisse um sie herum inzwischen aufwacht, und zwar mit einer Wucht, die einem Überschallknall in ihrem Bewusstsein gleicht.

> ∴ <

Wer sind die wahren Urheber dieses Krieges und was ist ihr Ziel? Die Menschen sind eifrig dabei, die Schuld auf Pinocchio-Politiker zu schieben, weil sie immer noch nicht wissen, wer die Puppenspieler sind, auch wenn einige von ihnen ab und zu ihre Reptiliengesichter zeigen. Diese hyperelitären Konstrukteure der Massenvernichtung neigen immer noch dazu, aus dem Schatten ihrer düsteren Zweideutigkeit heraus zu operieren und Lakaien vorzuschicken, die für sie die Drecksarbeit erledigen.

Adolf Hitler, Wladimir Lenin, Joseph Stalin, Idi Amin, der Große Vorsitzende Mao und andere skrupellose Despoten waren nur Amateure: gerissene, böse und wahnsinnige Neophyten. Das Ziel derer, die heute am Werk sind, ist die Zerstörung und Auslöschung allen Lichts und Lebens auf der Erde. Es ist, als hätte jemand aus den oben genannten Schreckensherrschern einen einzigen stinkenden Ball abscheulicher Bosheit geschaffen, mit einer Prise kaltblütiger außerirdischer Planung, die in die Mischung hineingeworfen wurde – und das Ganze auf Steroiden.

Dieser Krieg, der letzte Krieg der Erde, ist eine orchestrierte psychobiologische globale Übernahme des gesamten Planeten, die nicht von der Politik oder dem, was wir als »Tiefer Staat« bezeichnen, angeführt wird, sondern von hybriden Nachkommen reptilienartiger erdbewohnender Gestaltwandler und anderer ET-Spezies, die sich in unsere planetarischen Angelegenheiten einmischen. Es ist ihr letzter Vorstoß, um ihre transhumanistische Agenda voranzutreiben, deren ultimatives Ziel die endgültige Auslöschung des biologischen Menschen ist – ein für alle Mal.

Sie wollen den *Homo sapiens* aus dem Weg räumen, um den Planeten als ihre Bergbaustation im All vorzubereiten, die von KI-Maschinen, Robotern und halbmenschlichen Cyborgs betrieben wird.

Sie mögen glauben, dass das, was ich Ihnen erzähle, nur in meiner Einbildung existiert und Science-fiction oder Fantasy ist … Aber es ist das *Jetzt* unserer Existenz. Ob es auch unsere Zukunft ist, hängt ganz davon ab, wie schnell die Menschheit die Droge abschüttelt und in Aktion tritt.

Der Krieg gegen den »unbekannten Feind« ist in vollem Gang.

Es liegt an uns, den souveränen Sternensaaten, Lichtarbeitern, Lichtkriegern und gottliebenden Menschen des Erdenschiffs, diese böse Agenda zu stoppen und diesen atemberaubend schönen Planeten endlich aus den schmutzigen Klauen dieser Wesen zu befreien.

Ich erinnere mich noch sehr genau, dass ich vor vielen Jahren, zu Beginn der 1980er, als AIDS ausbrach, eine Nachtsendung des öffentlich-rechtlichen Fernsehens sah, die, wenn ich mich richtig erinnere, den Titel trug: *AIDS, die neue Epidemie.* Ein Politiker, ein Priester, ein Professor und ein langhaariger, bärtiger Mann, der in einem unterirdischen Labor arbeitete, diskutierten am runden Tisch. Ich erwähne sein Aussehen nur, weil ich damals den Eindruck hatte, dass er seine Identität absichtlich verschleierte. Nach der Sendung verstand ich den Grund.

Die Debatte, die sich mit der explosionsartigen Ausbreitung von AIDS befassen sollte, drehte sich um zwei Hauptfragen: Was war das für ein virulentes Virus, das so viele Tausende von jungen Männern, vor allem in der schwulen Bevölkerung, auslöschte, und woher kam es?

Während die drei übereifrigen Vertreter von Kirche und Staat ihre Theorien und Meinungen darüber vortrugen, warum und wie so viele schwule Männer in den Krankenhäusern von Küste zu Küste so schnell starben, saß der Mann aus dem Labor da und hörte zu, als würde er gleich explodieren. Der Politiker war besorgt über die finanziellen Auswirkungen auf die Gemeinde, der Priester dozierte über die Unmoral der Homosexualität und darüber, ob AIDS die Rache Gottes für ihre »Sünden« sei.

Als der sichtlich erregte Mann aus dem Labor das unsinnige Gespräch voller ungebildeter Spekulationen und schwulenfeindlicher Urteile nicht mehr ertragen konnte, ergriff er schließlich das Wort. »Ich arbeite in einem unterirdischen Labor«, sagte er, »einem von vielen. Wir entwickeln tödliche Viren und Bakterien für die biologische Kriegsführung – um Menschen zu töten. Was glauben Sie, was wir dort tun? Wir haben Stämme entwickelt, die so bösartig sind, dass ein Fingerhut voll, der in die Wasserversorgung einer beliebigen Großstadt gelangt, die gesamte Bevölkerung innerhalb von vierundzwanzig Stunden töten würde.«

Während ich fasziniert zusah, wurde die Sendung plötzlich unterbrochen. Der Sender blendete folgenden Text ein: »Bitte entschuldigen Sie die kurzzeitige Unterbrechung unseres Programms. Es ist keine Einstellung Ihres Geräts erforderlich.«

Wenige Augenblicke später wurde zurück in die Sendung geschaltet, aber der Mann aus dem unterirdischen Labor war verschwunden. Seine Wahrheit war zum Schweigen gebracht worden, allerdings nicht für mich.

Bald darauf erfuhren wir, dass wichtige Städte wie San Francisco, Los Angeles und New York ein gezieltes Impfprogramm durchgeführt hatten, bei dem man Tausende schwule Männer dazu ermutigt hatte, an einer von der Regierung geförderten Studie über sexuell übertragbare Krankheiten teilzunehmen, bei der es schwerpunktmäßig um Hepatitis B ging.

Was diese Männer durch die Injektionen bekamen, war voll ausgebildetes AIDS. Die Auswirkungen auf die schwulen Gemeinden dieser wichtigen Städte, insbesondere San Francisco, waren verheerend. Ich wohnte damals in San Francisco und erlebte das alles aus erster Hand mit.

In einem Artikel[9] in der *Washington Post* vom 1. Februar 1987 heißt es: »Bis 1987 hatten die Gesundheitsbehörden erfahren, dass mindestens 600 der 6.700 Teilnehmer am erworbenen Immundefektsyndrom (CVID) erkrankt waren. Etwa 375 von ihnen waren daran gestorben. Und eine Stichprobenuntersuchung ergab, dass etwa 70 Prozent der Teilnehmer positiv auf den AIDS-Antikörper getestet wurden – ein Hinweis darauf, dass sie wahrscheinlich Träger der Krankheit waren.«

Später behaupteten Regierungs- und Gesundheitsbeamte, dieses tödliche Virus sei in Afrika von einer Affenart übertragen worden, was dann in den Köpfen derjenigen verankert wurde, die den damaligen Erzählungen Glauben schenkten.

In einem Artikel von Theodore M. Hammett und Roderick T. Bronson, der im Juni 2016 im *American Journal of Public Health*[10] veröffentlicht wurde, hieß es, dass schätzungsweise achtundsiebzig Millionen Menschen infiziert wurden, neununddreißig Millionen von ihnen starben und unzählige Millionen mit HIV leben mussten:

> »AIDS wurde 1981 beim Menschen erkannt, und eine Affenform wurde in den Jahren 1983 bis 1985 beschrieben. In den späten 1960er Jahren wurden jedoch Ausbrüche von opportunistischen AIDS-Infektionen bei Affen in den Vereinigten Staaten beobachtet. Dieses offensichtliche Syndrom blieb damals unerkannt. Wir haben diese frühen Fälle bei Affen analysiert und Gründe dafür angeführt, warum sie nicht zu einer früheren Erkennung von AIDS bei Affen oder Menschen geführt haben, darunter Schwächen im Verständnis der Krankheitsmechanismen, das Fehlen von Beweisen für menschliche Retroviren und ein Meinungsklima, das die Untersuchung von Infektionskrankheiten und immunologischen Krankheitsursachen abwertete. Dieses ›erkenntnistheoretische Hindernis‹ erklärt wichtige Elemente dieser Geschichte, da falsche Vorstellungen das Verständnis der Zusammenhänge zwischen viraler Infektion, Immunschwäche und opportunistischen Krankheiten blockierten. Hätte eine bessere Akzeptanz der Beweise für Affen als Überträger dazu geführt, dass man AIDS beim Menschen früher erkannt hätte, wären möglicherweise lebensrettende Präventions- und Behandlungsmaßnahmen früher ergriffen worden.
>
> Eine Form von AIDS bei Affen (verursacht durch das Affen-Immunschwäche-Virus [SIV]) wurde zwischen 1983 und 1985 beschrieben.

> Allerdings wurden in Primatenzentren und Laboren in den Vereinigten Staaten seit Ende der 1960er Jahre Ausbrüche von opportunistischen AIDS-Infektionen bei Affen beobachtet, wobei es einige Hinweise auf virologische und immunologische Ursachen gab. Dieses offensichtliche Syndrom blieb damals unerkannt. Wir haben diese frühen Fälle bei Affen zusammengetragen und nennen Gründe, warum sie nicht in Verbindung gebracht wurden. Wir spekulieren auch darüber, was ein früheres Verständnis dieser Ausbrüche bei Affen für die Erkennung von und die Reaktion auf AIDS beim Menschen bedeutet haben könnte.«

Affen aus Afrika, Fledermäuse von den Märkten in Wuhan … Sie alle scheinen es auf die menschliche Spezies abgesehen zu haben. Aber Viren springen nicht einfach vom Tier auf den Menschen über, ohne dass man nachhilft und eingreift. Und genau das tun sie in diesen Laboren für biologische Kriegsführung – sie extrahieren Viren aus Tieren und verändern sie dann genetisch, um sie für den Menschen gefährlicher und infektiöser zu machen.

Darum geht es bei der »Gain-of-Function-Forschung«: Viren so zu modifizieren, dass sie beim Menschen besser »funktionieren«.

Von Experten, die es wagen, ihre Meinung frei zu äußern, und von den National Institutes of Health (NIH), den Nationalen Gesundheitsämtern selbst, haben wir erfahren, dass in den Laboren in Wuhan beim »Fledermaus«-Virus nicht nur »Gain-of-Function«-Technologie angewendet wurde, sondern dass die NIH zur Finanzierung dieser Technologie auch noch Gelder der amerikanischen Steuerzahler verwendeten.

Trotz öffentlicher Dementis seitens der US-Gesundheitsbeamten, zu denen nicht zuletzt Anthony Fauci gehört, schrieb der stellvertretende Direktor der NIH, Lawrence A. Tabak, einen vernichtenden Brief an den US-Kongressabgeordneten James Comer, in dem er die EcoHealth Alliance (eine gemeinnützige Organisation aus New York, die dabei erwischt wurde, wie sie US-Gelder an das Labor in Wuhan schickte) beschuldigte, die Vorgänge in diesem Biolabor nicht offengelegt zu haben. Tabak wies darauf hin, dass Spike-Proteine von natürlich vorkommenden Fledermaus-Coronaviren, die in China zirkulieren, sich in einem Mausmodell an den menschlichen ACE2-Rezeptor binden können.

Was geschieht in Laboren für biologische Kriegsführung? Nun, wenn es um Krieg geht, kann man ja wohl davon ausgehen, dass dort Viren zu funktionstüchtigen (»Gain of Function«) Waffen gemacht werden – das ist militärisch dann ein »Gain«, ein Gewinn.

Am 11. Februar begann man den neuen SARS-Stamm als »SARS/CoV-2« oder »Covid-19« zu bezeichnen. Dass es bereits Jahre zuvor ein Patent dafür gab, schien keine Rolle zu spielen. Offenbar interessierte sich niemand für lästige Details. Es herrschten Angst und Panik. Die Lockdowns, die Beschneidung von Verfassungs- und Menschenrechten, wurden zum Gebot der Stunde, und schon Mitte 2021 hatten sie in den Laboren von Big Pharma – Moderna, Pfizer, AstraZeneca und Johnson & Johnson: die vier apokalyptischen Reiter – auf wundersame Weise ein ungetestetes, unsicheres »Impfstoff«-Protokoll entwickelt, mit »Warp-Geschwindigkeit«.

Zwei Jahre später haben sich schätzungsweise fünfzig bis siebzig Prozent der Weltbevölkerung der allmächtigen Herrschaft gebeugt, die denjenigen, die es wagen, zu hinterfragen, was ihnen in den Körper injiziert wird, täglich mehr und mehr Freiheiten nimmt. Die anderen haben sich impfen und sich auch die anschließenden »Auffrischungsimpfungen« verabreichen lassen, die angeblich die Immunität gegen das nicht ganz so tödliche Covid-19-»Virus« stärken sollen.

Aber es funktioniert nicht.

Wo stehen wir jetzt … Auffrischung Nummer fünf? Wir erleben, wie viele Menschen an Aneurysmen, Krampfanfällen, Gesichtslähmung und sonstigen Lähmungserscheinungen, Myokarditis und diversen anderen Leiden erkranken. Sie sterben oder tragen schwere gesundheitliche Schäden davon. Zahllose andere Nebenwirkungen treten bei Opfern auf der ganzen Welt auf: bei jungen und alten, gesunden oder vorerkrankten Menschen.

Auch wenn wir die sogenannten »Verschwörungstheorien« über die verdeckte Entvölkerungsagenda und das rasche Vordringen einer KI-gesteuerten transhumanistischen Umgestaltung unseres natürlichen, biologischen menschliches Designs einmal für einen Moment beiseite lassen, lässt sich nicht leugnen – egal auf welcher Seite des Zauns wir sitzen –, dass die Statistiken erschütternd sind. Trotz der unerbittlichen Propaganda in den Medien sagen uns Ärzte und medizinisches Fachpersonal, dass es die Geimpften sind, die die Krankenhäuser mit lebensbedrohlichen Symptomen überschwemmen, und nicht die Ungeimpften, wie uns die Behörden glauben machen wollen.

Wenn Sie die Liste der unerwünschten Nebenwirkungen in der Pfizer-Studie lesen, die eigentlich erst 2089 veröffentlicht werden sollte, sehen Sie das alles schwarz auf weiß.

Das mutmaßliche Virus, das noch nie in einem Labor isoliert wurde, hat eine geschätzte Genesungsrate von 99,7 Prozent (bei Kindern liegt sie noch höher). Auch gibt es wirksame Behandlungsmethoden, aber diese sind überall verboten. Man weigert sich, sie Ihnen zugänglich zu machen.

Punktum. Die Neue Weltordnung hat Ihnen das Recht genommen, Ihren eigenen Körper zu heilen, damit Sie den Mund halten, die Giftspritzen nehmen (und/oder in einem Krankenhaus mit einem Beatmungsschlauch im Hals enden). Und wenn sie sich weigern, werden Sie aus der Gemeinschaft ausgestoßen und verflucht.

Man muss kein Genie sein, um zu erkennen, dass etwas weitaus Unheilvolleres im Gange ist als das, was uns in all den Jahren voller unnötiger Kriege und inszenierter Hungersnöte, Seuchen und Leiden widerfahren ist.

Der langhaarige Mann, der uns 1980 in besagter Fernsehsendung darüber aufklären wollte, was in diesen geheimen unterirdischen Laboren wirklich vor sich geht, warnte vor einer Biowaffe. Diese Waffe wurde der Menschheit nun verabreicht: nicht in Fingerhüten, wohlgemerkt, sondern mittels Injektionsnadeln. Die Untersuchungen über die Quelle von Covid-19 konzentrieren sich immer noch auf das »Virus« selbst und darauf, ob es tatsächlich eine »Gain-of-Function«-Forschung in einem Labor in Wuhan war, die das Monster hervorbrachte.

Die satanisch-luziferische Agenda ist in vollem Gange. Diese dunkle Opposition gegen das Licht hält jede Ebene der Regierung, der Justiz, der Medien, der Medizin, der Bildungssysteme und der internationalen Unternehmensstruktur in ihren Klauen gefangen. Die Unterwanderung der Gesellschaft ist das Ziel – das Verdunkeln des Lichts, der Liebe und des Lachens – des Glanzes unserer Göttlichkeit, des Wunders unseres Menschseins. Unschuld und Schönheit werden durch das Vulgäre und Profane ausgelöscht: durch Hässlichkeit und Angst.

Die sprichwörtliche schwarze Katze ist aus dem Sack. Doch kommen Sie heraus. Zeigen Sie Flagge!

Wir wissen, wie wir die Bestie zähmen können.

10

Die Boten-RNA-Injektion

Hören wir endlich auf, es »Impfstoff« zu nennen!

Es ist an der Zeit, dass wir definieren, was ein Impfstoff wirklich ist, denn wir scheinen es vergessen zu haben. Vielleicht haben wir nie daran gedacht, dies zu hinterfragen, denn im Großen und Ganzen folgen die Menschen einfach den Empfehlungen ihrer Ärzte und vertrauen den Gesundheitsbehörden, auch wenn diese nachweislich falsch liegen.

Sagt man ihnen, dass sie und ihre Kinder gegen bestimmte obskure Krankheiten geimpft werden müssen, befolgen sie das, ohne zu fragen. Allerdings zeigt sich uns allen immer deutlicher, dass es nie dringender und wichtiger war als heute, diese Haltung in Frage zu stellen. Das ist ein positiver Aspekt dieser sogenannten »Pandemie« und der Injektionskampagne.

Die meisten Menschen verstehen unter einem Impfstoff ein Präparat aus einer winzigen Menge eines abgetöteten oder »abgeschwächten« Virus oder Bakteriums, das als Auslöser einer der zahlreichen Infektionskrankheiten gilt. Der Impfstoff wird in der Regel per Injektion verabreicht und soll dem körpereigenen Immunsystem die Möglichkeit geben, Antikörper gegen die betreffende Krankheit zu bilden, so dass der Körper gegen sie immunisiert ist, wenn er später einer virulenteren Form des Virus oder Bakteriums ausgesetzt wird. Das ist, so behauptet man, was Impfstoffe leisten sollen, und sie wurden im Laufe der Medizingeschichte immer wieder zur Bekämpfung tödlicher Krankheiten eingesetzt.

In meiner Kindheit wurden wir noch kaum geimpft, dennoch schienen wir erheblich gesünder und stärker zu sein als die Kinder von heute. Auch Autismus gab es seinerzeit nicht, soweit ich mich erinnern kann. Natürlich war die Welt damals sicherer – es gab viel weniger Giftstoffe, und viele Umweltfaktoren trugen zu unserem allgemeinen Wohlbefinden bei.

Aber anscheinend ist es seit Langem überfällig, das Vertrauen zu hinterfragen, das wir den Vertretern der rasant wachsenden Pharmaindustrie entgegenbrachten. Während die Debatte darüber, ob das Covid-19-»Virus« tatsächlich jemals isoliert und identifiziert wurde, weitergeht, wissen wir, dass bei diesen Spritzen viel mehr als nur eine »tote oder abgeschwächte« Version des angeblichen Virus verabreicht wird. Neben anderen toxischen Substanzen wird dem Körper synthetische Nanotechnologie injiziert, die seine DNA außer Kraft setzt und ihm befiehlt, eine im Labor entwickelte Funktion auszuführen … angeblich, um Spike-Proteine zur Bekämpfung des gefürchteten Virus zu produzieren.

Das ist eine Tatsache.

Hören wir also auf, es einen Impfstoff zu nennen. Möge die aggressive Diskriminierung und Verleumdung der Menschen endlich enden, die Nein zu der Spritze sagen – der sogenannten »Impfverweigerer«, denen man die grundlegenden Bürgerrechte verweigert, die den »Geimpften« gewährt werden.

Denn das, was sie sich nicht spritzen lassen wollen, ist überhaupt kein Impfstoff.

Wir wissen vielleicht noch nicht, was wirklich in die Arme der Menschen gelangt, aber wir wissen, dass es sich nicht um einen Impfstoff handelt, schon gar nicht um einen wirksamen, denn zum einen scheint niemand nach der Einnahme immun zu sein! Definitionsgemäß hätten sie nach der ersten Impfung immun sein müssen. Dafür sind Impfstoffe schließlich da. Und wurde nicht genau das den Menschen versprochen? Oder habe ich da etwas falsch verstanden? Überall, in Ländern auf der ganzen Welt, zeigt sich, dass, trotz einer Impfung nach der anderen, die »Geimpften« immer noch an Covid-19 erkranken.

Und es sind die Geimpften, die ständig mit Symptomen des sogenannten Virus oder mit schweren Nebenwirkungen der Impfung selbst die Krankenhäuser füllen. Es gibt definitiv mehr geimpfte Menschen, die wegen Covid ins Krankenhaus eingeliefert werden, als solche, die sich nicht impfen ließen.

Auch das ist eine Tatsache.

Wir hören jetzt jeden Tag die Horrorgeschichten … wir sehen das Leid. Wir sehen Menschen, die plötzlich tot umfallen.

Irgendetwas stimmt hier nicht.

Aus Berichten geht hervor, dass bei diesem »Notfallexperiment« verschiedene, unterschiedlich starke Chargen des Giftes eingesetzt werden. Es gibt viele Spekulationen darüber, ob bestimmte Städte oder demografische Gruppen gezielt mit dem stärkeren oder dem harmloseren Gift behandelt werden.

Wir erfahren auch, dass in den ersten Tagen der »Teststudie« ein Teil der Geimpften ein Placebo erhielt.

Wenn das der Wahrheit entspricht, waren sie die Glückspilze.

Einige Menschen sterben sofort oder kurz nach der ersten Injektion. Bei gesunden achtjährigen Kindern wird nach der Injektion eine Herzmuskelentzündung diagnostiziert, und einige sterben an Herzinfarkten. Überall auf der Welt sterben Sportler, einige der fittesten Menschen der Welt, und wir sehen mit Entsetzen, wie sie auf Spielfeldern, Rennstrecken und Tennisplätzen zusammenbrechen. Berichte über diese herzzerreißenden Ereignisse sickern aus den Mainstream-Medien ins öffentliche Bewusstsein.

Bei einigen treten nach der ersten Impfung nur leichte Nebenwirkungen auf, so dass sie sich die von den Gesundheitsbehörden empfohlenen drei oder vier weiteren Dosen verabreichen lassen, die erforderlich sind, um den begehrten Status »geimpft« aufrechtzuerhalten, der es ihnen erlaubt, zu arbeiten, zu reisen und am gesellschaftlichen Leben teilzunehmen. Sie werden dennoch krank. Trotz aller Leugnungen zeigen die Berichte mehrerer Krankenhausärzte, dass ein hoher Prozentsatz der Personen, die schwer an Covid erkrankten, vorher geimpft waren, oft sogar mehrfach. Wo ist also die Immunität, die diese Impfungen angeblich verleihen sollen? Eine Liste der aufgezeichneten Nebenwirkungen und Gesundheitsbeschwerden würde jedem die Haare zu Berge stehen lassen.

Die Impfbefürworter wollen nicht, dass wir die Statistiken mit den durch die Impfungen Verstorbenen oder dauerhaft gesundheitlich schwer Geschädigten sehen, aber nun, da wir bereits ins dritte Jahr des ausgedehnten »Notfallexperiments« eingetreten sind, werden diese Daten verfügbar. Sie werden von den Pharmaunternehmen, der Regierung und den Gesundheitsorganisationen so gut wie möglich zurückgehalten oder verschleiert. Dennoch ist das inzwischen an die Öffentlichkeit gelangte Zahlenmaterial eindeutig und stammt aus vielen zuverlässigen Quellen. Auch das gezielte Verzerren der Berichte, das »Framing«, kann nicht mehr verhindern, dass die Wahrheit ans Licht kommt. Eine Quelle ist das Vaccine Adverse Event Reporting System (VAERS), ein »Meldesystem für Impfnebenwirkungen« der US-amerikanischen Regierung, das von den staatlichen Gesundheitsbehörden Centers for Disease Control (CDC) und der Food and Drug Administration (FDA) verwaltet wird, um die Sicherheit aller in den Vereinigten Staaten zugelassenen Impfstoffe zu überwachen. Dort finden Sie eine Datenbank, in der (zumindest einige) Berichte über unerwünschte Ereignisse, die nach einer Impfung auftreten, gesammelt und geprüft werden.

Da wir wissen, wer diese Organisationen finanziert, müssen wir ihre Berichte mit Vorsicht lesen. Dennoch können wir dort einige Wahrheiten über die vielen durch die Injektionen verursachten unerwünschten Nebenwirkungen und Todesfälle herausfinden.

Die Beweise liegen vor. Viele von uns riskieren ihr Leben, um sie an die Öffentlichkeit zu bringen. Was die Menschen mit den Informationen machen, bleibt ihnen überlassen.

> ⁘ <

Welche Todesangst müssen Menschen vor dem Virus haben, wenn sie selbst miterleben, wie Menschen durch den »Impfstoff« sterben, und trotzdem nicht ihren Platz in der Schlange vor den Impfzentren verlassen und um ihr Leben rennen? Wie kann es sein, dass sie nicht daran denken, sie selbst könnten die nächste Person sein, die auf offener Straße plötzlich und unerwartet tot umfällt?

Ich persönlich tue mich sehr schwer, diese Angst zu verstehen. Ich begreife nicht, wie Menschen so etwas mitmachen können, denn ich habe Autoritäten immer in Frage gestellt und bin immer aus der Reihe getanzt, wenn man mir sagte, ich solle mich brav in die Herde einreihen. Inzwischen habe ich mehr als deutlich gemacht, dass ich der Regierung und all den militärisch-industriellen Strukturen misstraue, die vom Geschäft des Krieges leben. Denn darum geht es in Wirklichkeit: Krieg gegen die gesamte Menschheit, die Aufrechterhaltung unserer Versklavung und Völkermord.

Ich habe wirklich Mitleid mit jedem, der immer noch glaubt, die Regierung hätte sein Wohl im Sinn, während Big Pharma und die konspirativen Machtstrukturen der Welt die Unantastbarkeit unserer Gesundheit und unseres Wohlergehens außer Kraft setzen. Und doch hat das Handeln dieser so enorm Mächtigen für sie bisher keine Konsequenzen. Zwar gibt es inzwischen mehrere Gerichtsverfahren wegen der Verbrechen, denen sie beschuldigt werden. Aber wird das zu Verurteilungen führen? Ehe sie das Experiment begannen, haben sie sich rechtlich abgesichert. Es wird äußerst interessant sein zu sehen, ob wir noch Reste eines nicht korrumpierten Justizwesens haben, das Recht und Gesetz Geltung verschafft und diese Verbrecher vor Gericht bringt.

Wie können die Menschen diesen Organisationen noch vertrauen, nachdem sie die Welt einem experimentellen medizinischen Verfahren unterworfen haben, das Milliarden von gesunden Menschen aufgezwungen wurde – Menschen, die zu viel Angst hatten, ein paar einfache Fragen zu stellen, zum Beispiel: »Warum soll ich mir eine ungetestete, unbekannte Substanz verabreichen lassen, wenn diese Virusinfektion eine Überlebensrate von 99,7 Prozent hat? Warum werden alternative Behandlungsmethoden unterdrückt, den Krankenhauspatienten verweigert und von Apothekern boykottiert, selbst wenn Ärzte sie empfehlen und verordnen? Warum werden die Geimpften immer noch krank, selbst nach fünf verabreichten Injektionen?«

Diesen Menschen wurde eine Nanotechnologie implantiert, die ihre DNA umschreibt. Das hat die Studie der Universität Lund zum Teil bestätigt. Sie wissen nicht wirklich, was es ist und was es bewirkt, und vielleicht ist es ihnen auch (noch) egal, aber es ist da. Entweder wachen sie auf und sind bereit, die wachsende Zahl wissenschaftlicher Daten zu prüfen, die aufdecken, was ihnen aufgezwungen wird, oder sie werden bedauerlicherweise mit den irreparablen Folgen konfrontiert, die sich bereits in der Bevölkerung abzeichnen.

Wie viele müssen noch zu Boden gehen, vor unseren Augen – in Nachrichtensendungen, die live im Fernsehen übertragen werden, auf Fußball- und Tennisplätzen, in der Schlange für die nächste Injektion oder beim Verlassen des Impfzentrums –, bevor sie endlich sagen: »Es reicht!«

Die eklatante Wahrheit ist, dass bei einem tatsächlich wirksamen Impfstoff nicht mehrere Dosen erforderlich sind, die strategisch im Abstand von einigen Wochen und dann von Monaten verabreicht werden. Die Immunität, die dadurch angeblich aufgebaut werden soll, stellt sich eindeutig nicht ein. Es handelt sich ganz offensichtlich um eine Lüge. Was genau befindet sich in diesen Spritzen, und warum sind diese Informationen für die Öffentlichkeit – die menschlichen Versuchskaninchen – immer noch nicht verfügbar? Warum gibt es keine Liste der Inhaltsstoffe und Nebenwirkungen und andere Warnhinweise? Warum muss der »Impfstoff« bei Minusgraden gelagert werden, und was geschieht, wenn er auf die menschliche Körpertemperatur erwärmt wird?

Wird in dieser Substanz ein bizarrer, außerirdischer Parasit aktiviert, wenn sie sich auf die menschliche Körpertemperatur von 36,6 Grad erwärmt? Marginalisierte Forscher haben mikroskopische Bilder veröffentlicht, die bestätigen, dass seltsame, nicht identifizierbare Organismen im Blut und Gewebe derjenigen erscheinen und wachsen, die sich das Gift injizieren ließen.

Die Menschen müssen verstehen, dass sie tatsächlich eine Software – einen künstlichen Genveränderungsmechanismus – in ihre

DNA aufnehmen. Ist diese Veränderung von Dauer? Sie müssen darauf aufmerksam gemacht werden, dass – zusätzlich zu den in den Spritzen enthaltenen giftigen Chemikalien, dem fremden biologischen Material (einschließlich abgetriebenem menschlichen Fötusgewebe und tierischer DNA) sowie den giftigen Hilfsstoffen – mit den Injektionen offenbar auch Graphenoxid-Nanopartikel in ihren Zellen abgelagert werden.

Wenn sie all dies wissen und trotzdem die Spritze wollen, dann ist das eine bewusste Entscheidung. Sie stimmen zu. Das ist ihr freier Wille, und welche Konsequenzen sich daraus ergeben, ist ihr Schicksal und letztlich ihre Verantwortung.

Aber warum? Warum, in Gottes Namen, sollte jemand alledem eigentlich zustimmen?

Offensichtlich ist die Gentherapie das nächste große Geschäft für Big Pharma. Die Leute, die diese Horrorshow veranstalten, erzählen uns, die Zukunft der Medizin läge im Einsatz dieser im Labor entwickelten synthetischen mRNA- und DNA-Produkte, die durch Injektion in den Körper implantiert werden und angeblich in den Zellkern gelangen, um dort unsere »schadhafte DNA« zu reparieren. Inzwischen sollen sie auch oral, durch die Nase und sogar über entsprechend behandelte Lebensmittel verabreicht werden. Im Mittelpunkt ihrer PR-Kampagnen steht die Vorstellung, dass die Injektion von synthetischer mRNA, die in ihren Biolaboren hergestellt wird (wo man anscheinend viel klüger ist als die Schöpfung selbst), der Weg in die Zukunft ist. Wir dürfen uns auf wundersame genverändernde Therapeutika für alle genetischen Krankheiten freuen, die wir vielleicht gar nicht haben – dafür müssen wir uns nur die veränderte DNA in unseren Körper implantieren lassen, womit wir tatsächlich zu genetisch veränderten Wesen werden, zum *Homo sapiens 2.0.* Das ist die Zukunft, die sie für uns vorgesehen haben.

Biogenetiker sprechen darüber, wie sie Genomsequenzen aus der Ferne ein- und ausschalten können, sobald wir über unsere Implantate und Sensoren mit dem »Internet der Körper« verbunden sind. Die Technologie besitzen sie bereits. Um sie aus ihren Laboren in unsere Körper bringen zu können, müssen sie nur noch den Widerstand einer zunehmend aufmerksam werdenden Öffentlichkeit überwinden. Diese Transhumanisten, die die Tugenden des Internets der Körper preisen, erzählen uns, dass ein neues Computer-Ökosystem unsere privaten Gesundheitsdaten sammeln, Herzschrittmacher miteinander verbinden, Körperstatistiken (durch Sensoren und Implantate) auslesen und im Grunde jeden persönlichen Kontakt mit Ärzten überflüssig machen wird – es sei denn, er erfolgt über das Internet oder, wie ich mir vorstelle, im Falle einer Operation, bei der statt menschlichem Personal Roboter in den Notaufnahmen der Krankenhäuser arbeiten werden (wie Elon Musks maschinelle Neurolink-Chirurgen, die uns den Schädel aufbohren sollen). Sie wollen uns glauben machen, das wäre eine absolut natürliche, sozusagen zwangsläufige Entwicklung.

Es tut mir leid, aber sie können niemanden, der wach ist und sein Gehirn benutzt, davon überzeugen, dass es ein natürlicher Prozess – eine gute Sache – ist, mechanisch mit einem Computernetzwerk verbunden zu sein, egal wie sehr sie versuchen, uns zu überreden, diesen Plan widerspruchslos zu akzeptieren und sogar noch cool zu finden. Der natürliche Weg, mehr über den Körper zu erfahren, besteht darin, mit ihm im Einklang zu sein, Gifte aller Art so weit wie möglich zu vermeiden, sie auszuscheiden und, so weit möglich, für eine gute geistige, spirituelle und körperliche Gesundheit zu sorgen. Es geht nicht darum, einen Sensor in der Brust oder einen implantierten Nanoroboter zu haben, der jede Bewegung, jeden inneren Ton und jede Gehirnwellenaktivität unseres heiligen elektrischen Körpers an einen Computer meldet.

Wenn es danach ginge, was die Bosse der Pharmakonzerne wollen, könnten wir unser persönliches Konzept für Gesundheit und Wohlbefinden, einen Zustand der Harmonie von Körper, Geist und Seele, nicht mehr schützen. Wir würden an dieses »Internet der Körper« angeschlossen, wobei all unsere Körperfunktionen über das allmächtige Internet überwacht werden sollen und man uns mit diversen mRNA-Injektionen behandeln würde, von denen uns jetzt gesagt wird, sie wären die Medizin der Zukunft. Punkt.

Ich glaube nicht, dass sie sich in dieser Sache durchsetzen werden. Der Plan fällt in sich zusammen, weil die Menschen erkennen, was der Menschheit angetan wurde. Und unsere Zahl wächst.

Sie werden nicht in der Lage sein, dies bei denjenigen von uns durchzusetzen, die sich weigern.

Solange es den globalisierten Handel gibt, werden uns Produkte verkauft, die angeblich die Lösung für alles sind, was die Megakonzerne, die die Weltwirtschaft beherrschen, an uns für negativ und defizitär halten. Das ist das Modell, auf dem die Gesellschaft seit einer gefühlten Ewigkeit beruht – wenigstens seit der Industriellen Revolution. Es wird interessant sein zu sehen, wie das Konsumverhalten zusammenbricht, das sie den Leuten aufzwingen, wenn der inszenierte Absturz unserer Weltwirtschaft den Tiefpunkt erreicht und die Menschen darum kämpfen müssen, einen Laib Brot zu kaufen, statt eine Achtzig-Dollar-Phiole mit Designer-Verjüngungsserum.

Die psychologische Manipulation des menschlichen Geistes durch die Konzerne war noch nie so rigoros wie heute, denn wenn man den Leuten einredet, nicht gut genug zu sein, kann man ihnen so ziemlich alles verkaufen, ob sie es brauchen oder nicht, und oft auch, ob sie es wirklich wollen oder nicht. Frieden, gute zwischenmenschliche Beziehungen und Selbstliebe sind keine Produkte, die sich verkaufen lassen. Durch die Industrie und die ihr gehörenden Medien werden wir ständig darauf programmiert zu glauben, dass wir unzulänglich sind und dass ihre Markenprodukte uns helfen können: Kosmetika, die aufkeimende Industrie für plastische Chirurgie, Produkte zur Gewichtsreduzierung, Medikamente, Mode, Luxusartikel, Spiele – was auch immer. All die angepriesenen Produkte beruhen auf dem Grundsatz, dass der Mensch in seinem natürlichen und reinen Zustand körperliche Mängel aufweist und dass wir uns nur dann würdig und vollständig fühlen können, wenn wir die vorgegebenen Standards für Schönheit, Fitness und (scheinbaren) Reichtum erfüllen. So werden wir zu Gefangenen im endlosen Kreislauf des unersättlichen Konsums, der uns angeblich »heilen« soll, indem er uns Status in einer wettbewerbsorientierten Welt verspricht. Doch wir können in dieser künstlichen Welt einfach nicht schön genug, jung genug, cool genug sein. Wir strampeln uns im Hamsterrad ab: Wir jagen etwas, das nicht da ist … und kommen niemals ans Ziel.

Wir sind daran gewöhnt, dass die Werbung uns damit bombardiert, wie fehlerhaft wir im Vergleich zu den unerreichbaren Standards von Schönheit und Coolness sind, Standards, denen wir nacheifern sollen, indem wir die Schönheits-, Mode- und Statusprodukte der Konzerne kaufen. Und jetzt sagen sie uns, dass wir schadhaft sind, bis tief in unsere DNA. Aber keine Sorge – auch dafür haben sie eine teure, aber, wie meistens, qualitativ minderwertige Lösung. Was sie heute als Technologien deklarieren, mit denen sie unsere angeblich so unvollkommene biologische Natur reparieren wollen, ist in Wahrheit der genmanipulierte Mensch, nach Maß programmiert. Es geht nur darum, die Bevölkerung zur Akzeptanz zu bewegen, was in diesem Moment unseres Lebens geschieht, während sie auf ihr Endziel zusteuern, eine neue, biotechnische Hybrid-Spezies: den *Robo sapiens*.

Ich bin nicht so naiv zu behaupten, dass genetisch bedingte Krankheiten beim Menschen und bei anderen Arten nicht vorkommen. Wir wissen, dass wir bestimmte Eigenschaften und Vorbedingungen von unseren Eltern erben. Diese wiederum erbten sie von früheren Vorfahren, und wir wissen, dass genetische Mutationen über Generationen hinweg weitergegeben werden können. Aber das gibt der viel zu wenig regulierten biotechnologisch-pharmazeutischen Industrie nicht das Recht, ins menschliche Genom einzugreifen und mit geheimen Technologien zu experimentieren, die im Fall dieser wiederholten Covid-Injektionen irreführend und offenkundig in bewusst täuschender Absicht als »Impfstoffe« bezeichnet werden. Weiß Gott nicht!

Natürlich finden sich bei der Erforschung von Krankheiten in allen Bevölkerungsgruppen Faktoren, die das Körpersystem auf zellulärer Ebene schädigen. Aber was diese kaltblütigen Laborexperimentatoren nicht verstehen und auch nicht verstehen wollen, ist, dass wir nicht nur physische Lebewesen sind, ebenso wenig wie die Tiere, die Fauna, dieses Planeten. Wo eine Krankheit auftritt, gibt es eine Ursache, die von den Pharmakonzernen ignoriert wird, weil es ihnen in erster Linie darum geht, mit der Behandlung von Symptomen viel Geld zu verdienen. Es ist ein Teufelskreis, und wenn man erst einmal darin steckt, reagiert der Körper auf die »Therapie« statt auf die Ursache und erhält den Zustand des Unwohlseins aufrecht, der durch Umweltprobleme, psychologische und emotionale Probleme verursacht wird – und dann zunehmend auch von den Folgen des ständigen Bombardements mit pharmazeutischen Medikamenten.

Und ja, es gibt auch vererbbare Eigenschaften, die sich als Krankheit manifestieren können.

Die meisten Ärzte, die heute verpflichtet sind, die Richtlinien der Centers für Disease Control (CDC) zu befolgen, tun kaum mehr, als Labortests durchzuführen und Medikamente zu verordnen. Diejenigen, die sich wirklich um ihre Patienten kümmern wollen, werden entweder aus dem Beruf gedrängt oder sind so sehr mit staatlicher Bürokratie belastet, dass sie ihren Patienten einfach nicht mehr die Zeit widmen können, die für wahre Heilkunde notwendig ist und früher auch üblich war.

In einem Interview mit *Bloomberg* vom 10. Januar 2022[11] erklärte der vom CNN zum »Geschäftsmann des Jahres« gekürte Pfizer-Chef Albert Bourla:

> »›Ein weiterer Bereich, den wir heute in Zusammenarbeit mit Beam [Beam Therapeutics Inc.] angekündigt haben, sind die seltenen Krankheiten. Dabei handelt es sich hauptsächlich um Krankheiten, deren Ursache ein Fehler in der DNA ist, ein genetischer Fehler. Irgendetwas stimmt mit Ihrer DNA nicht, und infolgedessen haben Sie eine Krankheit. Mit der Technologie der Basenenzym-Editierung, die Beam meisterhaft beherrscht, versuchen wir, die mRNA so zu verändern, dass

> diese Fehler korrigiert werden können‹, erklärt er. ›Zu guter Letzt ist da noch der Codex. Was hat es mit der Codex-Technologie auf sich? Sie erzeugt DNA, mit der wir die ursprüngliche biologische DNA ersetzen, das heißt, sie ist synthetisch.‹«

Da haben Sie es schwarz auf weiß. Aus dem Mund des CEOs des Pharmariesen Pfizer kommt das Eingeständnis, dass sie »synthetische DNA« herstellen, um damit Ihren biologischen Codex zu ersetzen, wenn sie glauben, dass »etwas mit Ihrer DNA nicht stimmt«. Und dennoch führt man uns weiterhin an der Nase herum, was die Funktion der synthetischen mRNA angeht, und behauptet, sie würde nicht notwendigerweise, und schon gar nicht dauerhaft, mit der DNA interferieren. Noch immer wird uns der Zugang zu detaillierten Informationen über den Inhalt dieser Spritzampullen verwehrt. Noch immer wird den Menschen erzählt, es würde sich bei diesen mehrstufigen Injektionen um »Impfstoffe« handeln, was schlicht unwahr ist. Und immer noch diskreditieren sie jeden, der versucht, die Wahrheit zu sagen – die Wahrheit, die Albert Bourla bereits selbst der Öffentlichkeit mitgeteilt hat –, dass sie »DNA erschaffen, die synthetisch ist.«

Teams von Wissenschaftlern, Bioingenieuren und Medizinern, die mit Leuten wie Albert Bourla zusammenarbeiten, gehen von der Annahme aus (an die sie vielleicht tatsächlich glauben, vielleicht aber auch nicht), dass alle Menschen auf zellulärer Ebene geschädigt sind, dass **sie** aber wissen, wie sie uns heilen können, nämlich indem sie allen Erdenmenschen synthetische mRNA implantieren. Das ist das Ziel der Pharmakartelle, welche die Gentherapie als ihr neues Billionen-Dollar-Geschäftsmodell in die Pole Position bringen. Es handelt sich um eine traditionsreiche Industrie, die darauf abzielt, die menschliche Rasse genetisch zu verändern, indem sie in unser zelluläres Design eindringt und unsere angeblich »mangelhafte« DNA so umprogrammiert, dass sie sich selbst repariert – nicht so, wie es göttlich vorgesehen war, sondern so, wie diese Leute es für notwendig erachten.

Verlassen Sie sich nicht auf mein Wort. Vergegenwärtigen Sie sich einfach das, was Bourla höchstselbst öffentlich erklärt hat: Pfizer stellt in seinen Laboren synthetische DNA her, die den Menschen injiziert werden soll.

Deutlicher kann man es nicht formulieren.

In seinem kürzlich erschienenen Buch *Covid-19 And The Global Predators: We Are The Prey*[12] (»Covid-19 und die globalen Raubtiere: Wir sind die Beute«) erklärt der bekannte Autor und Psychiater Dr. Peter Breggin:

> »Diese Injektionen haben keine Ähnlichkeit mit irgendetwas anderem in der Geschichte der Menschheit, das jemals als Impfstoff bezeichnet wurde. Sie ähneln am ehesten einem Trojanischen Pferd.
>
> Die DNA (Desoxyribonukleinsäure) enthält unseren genetischen Code – den Bauplan für unsere biologische Existenz. Sie befindet sich im Zellkern jeder Zelle unseres Körpers. Ein Enzym ermöglicht die Umwandlung der DNA in RNA (Ribonukleinsäure), die zu mRNA werden kann, dem Botenstoff mit Anweisungen für die Zelle zur Herstellung von Proteinen. Beide Arten von Impfstoffen verwenden von SARS-CoV-2 abgekupferte genetische Anweisungen. Dabei handelt es sich um die Codes, die es dem tödlichen Virus ermöglichen, jenes Spike-Protein herzustellen, das in menschliche Zellen eindringt.
>
> Statt das genetische Material direkt SARS-CoV-2 zu entnehmen – eine teure und mühsame Vorgehensweise –, reproduzieren die Wissenschaftler das genetische Material künstlich im Labor. Sowohl bei DNA- als auch bei mRNA-Impfstoffen veranlasst das genetische Material unseren Körper, das gleiche Spike-Protein zu bilden, das auch bei SARS-CoV-2 vorhanden ist. Unser Körper erhält also eine Injektion mit der »Botschaft«, ein fremdes SARS-CoV-Spike-Protein zu erzeugen, das bekanntermaßen für Säugetiere, einschließlich uns Menschen, sehr giftig ist. Daher mein Vergleich mit dem berühmt-berüchtigten Trojanischen Pferd. Das theoretische Konzept sieht vor, dass unser Immunsystem dann das Spike-Protein angreift, das vom eigenen Körper gerade selbst produziert wurde, wodurch, so die Hoffnung, eine gewisse Immunität gegen

SARS-CoV-2 hervorgerufen wird. Aber nicht das war es, was geschah, als die im Holzpferd versteckten Griechen mitten in der Nacht aus dem geschenkten Gaul krochen, die trojanischen Wachen niedermetzelten und die Stadttore für das griechische Heer öffneten.

Wie wir sehen werden, werden hier eine Menge Probleme gerade dadurch verursacht, dass in Wahrheit **viele** Zellen im Körper die genetische Anweisung erhalten, das fremde Spike-Protein zu produzieren. Das Spike-Protein selbst ist Teil des Krankheitsprozesses von COVID-19. Neben anderen unerfreulichen Auswirkungen schädigt es Endothelzellen in vielen Organen des Körpers, was zu Blutungen und Gerinnseln in den Blutgefäßen und sogar zum Tod führen kann. Darüber hinaus kann das Spike-Protein schwere immunologische Überreaktionen auslösen, die wie bei COVID-19 zu einem potenziell tödlichen Zytokinsturm führen.

Es gibt zwei wichtige Unterschiede zwischen mRNA- und DNA-Impfstoffen, wobei letztere als virale Vektorimpfstoffe bezeichnet werden. Der erste Unterschied ist die Methode, die verwendet wird, um den genetischen Code in den menschlichen Körper einzubringen. Die mRNA, die in einer Verpackung aus Nanopartikeln eingeschlossen ist, wobei »m« für Messenger = Bote steht, gelangt in den Blutkreislauf und findet ihren Weg zur RNA. Bei den DNA-Impfstoffen wird, wie der Begriff »viraler Vektor« schon andeutet, stattdessen ein sich nicht vermehrendes tierisches Adenovirus verwendet, um den Strang des genetischen Codes zu den Zellen im Körper zu bringen.

Der zweite Unterschied besteht darin, dass die mRNA-Impfstoffe ihre genetischen Stränge durch den Blutkreislauf ohne Zwischenschritte direkt an die RNA in den Zellen schicken. mRNA liefert den genetischen Code mit den Anweisungen und dem Plan zur Herstellung des SARS-CoV-2-Spike-Proteins. Im Gegensatz dazu finden beim DNA-Impfstoff zwei Schritte statt. Zunächst findet er seinen Weg zu einer mRNA im Körper. Diese gibt dann der RNA den Auftrag, das SARS-CoV-2-Spike-Protein zu produzieren.

Es stimmt nicht, dass die injizierten Stoffe und ihre Wirkungen auf die Injektionsstelle beschränkt bleiben. Die Codierung der Botenstoffe findet überall im Körper statt und kann sich auf alle Körperzellen auswirken.

> Bisher gibt es keine Beweise dafür, dass die mRNA- oder DNA-Impfstoffe die DNA im Zellkern direkt beeinflussen, aber wachsame Journalisten und Wissenschaftler machen sich Sorgen, dass das Verfahren am Ende die menschliche DNA und das Genom verändern könnte. Der Prozess könnte der »reversen Transkription« ähneln, durch die COVID-19 vermutlich das Genom einiger Patienten verändert hat. Die leichtfertige Zurückweisung solcher Bedenken ist mit einer auf ethischen Prinzipien beruhenden Medizin, Wissenschaft und öffentlichen Gesundheitspolitik unvereinbar.«

Ehe die Menschen die Oberarme entblößen und sich noch mehr dieser die natürliche DNA überschreibenden, im Labor hergestellten synthetischen Botenstoffe in den Körper spritzen lassen, sollten sie besser aus ihrem Opiatschlaf aufwachen und sich die Frage stellen: Sind sie wirklich bereit, ihr menschliches Genom der Billionen Dollar schweren Biotech-/Pharmaindustrie zu überlassen, also jenen Konzernen, die überhaupt erst die Behauptung aufstellten, unsere natürliche DNA wäre »fehlerhaft« und gentechnisch überholungsbedürftig? Welche Informationen übermittelt dieser injizierbare synthetische Botenstoff den DNA-Molekülen? Welche dauerhaften Veränderungen löst er im Menschen aus, und warum sollten wir zulassen, dass jemand das angeborene Wissen und den göttlichen Bauplan außer Kraft setzt und die menschliche Evolution in neue Bahnen lenkt?

Haben wir nichts aus der Übernahme der Lebensmittelversorgung durch die Konzerne gelernt? Alles, was uns das bescherte, waren gentechnisch veränderte, geschmacklose Lebensmittel, bei denen ausschließlich die längere Haltbarkeit, das heißt höhere Profite für die Konzerne, Ziel der genetischen Manipulationen war.

Es ist wirklich an der Zeit, dass wir uns über die biologischen Grundlagen informieren und die tatsächliche Rolle der RNA im Körper erforschen. Wir wissen, dass sich die DNA im schützenden Zellkern jeder Zelle befindet. Um lebenswichtige Funktionen ausführen zu können, die für einen gesunden Organismus erforderlich sind, müssen die in diesem ursprünglichen Bauplan enthaltenen Informationen vom Zellkern an den Rest der Zelle – das Zytoplasma – weitergegeben werden, wo die lebenswichtigen Proteine, die so viele Funktionen im Körper ausführen, zusammengesetzt werden.

mRNA ist die Bezeichnung für die spezifischen Sequenzen des DNA-Codes, die vom Zellkern in die Zelle transportiert werden, um Proteine zu produzieren, die aufgrund von Anweisungen der DNA-Zentrale als notwendig erachtet werden – und zwar für jeden Zweck, der für die gesunde Funktion des Organismus erforderlich ist, einschließlich Reparatur und Schutz der zellulären Integrität.

In einem Artikel[13] mit dem Titel »What is mRNA?« (»Was ist mRNA?«), der von der Texas A&M University in der Zeitschrift *The Conversation* veröffentlicht wurde, erklärt die außerordentliche Professorin für Funktionsgenomik, Penny Riggs, in relativ einfacher Terminologie, welche Rolle die mRNA bei der Übermittlung von DNA-Anweisungen an die Zelle spielt. Sie schreibt:

> »Als zwischengeschalteter Botenstoff ist die mRNA ein wichtiger Sicherheitsmechanismus in der Zelle. Er verhindert, dass Eindringlinge die zelluläre Maschinerie kapern, um fremde Proteine zu produzieren, denn jede RNA außerhalb der Zelle wird sofort von Enzymen namens Ribonukleasen (abgekürzt: RNasen) zerstört. Wenn diese Enzyme die Struktur und das U im RNA-Code erkennen, löschen sie die Botschaft und schützen die Zelle vor falschen Anweisungen.
>
> Die mRNA gibt der Zelle auch die Möglichkeit, die Geschwindigkeit der Proteinproduktion zu steuern – sie schaltet die Baupläne je nach Bedarf ein oder aus. Keine Zelle möchte jedes im gesamten Genom beschriebene Protein auf einmal produzieren.
>
> Die Anweisungen der mRNA sind so getaktet, dass sie sich selbst zerstören, wie ein sich nach einer festgelegten Zeitspanne automatisch selbst löschender Text oder eine Snapchat-Nachricht. Strukturelle Merkmale der mRNA – das U im Code, ihre einzelsträngige Form, der Ribosezucker und ihre spezifische Sequenz – sorgen dafür, dass sie eine kurze Halbwertszeit hat. Diese Merkmale ermöglichen es, die Nachricht zu ›lesen‹, in Proteine zu übersetzen und dann schnell zu zerstören – innerhalb von Minuten für bestimmte Proteine, die streng kontrolliert werden müssen, oder bis zu ein paar Stunden für andere.

> Sobald die Anweisungen verschwinden, wird die Proteinproduktion eingestellt, bis die Proteinfabriken eine neue Nachricht erhalten.«

Für mich klingt das nicht so, als würde die mRNA in uns externe »Nachhilfe« durch Konzernwissenschaftler benötigen, die sich in diesen komplizierten und wunderbaren Prozess einmischen, der genau steuert, was zur Bekämpfung einer Invasion von außen benötigt wird. Warum sollten wir uns also einen synthetischen Botenstoff spritzen lassen, eine Technologie, die die natürliche Informationsautobahn in unserem Inneren außer Kraft setzt, um den Körper dazu zu bringen, Spike-Proteine zu produzieren – eine Produktion, bei der es, im Gegensatz zu unseren körpereigenen Fähigkeiten, kein Abschaltventil gibt? Das ist doch Irrsinn.

Die Centers for Disease Control (CDC) klären Sie auf ihrer Website[14] darüber auf, dass das, was sie als *mRNA-Impfstoff COVID-19* bezeichnen, nicht wie andere »Impfstoffe« wirkt.

In der Tat nicht. Denn, und ich wiederhole: Es ist kein Impfstoff.

Wörtlich erklärt diese US-Gesundheitsbehörde die Funktion der mRNA-Injektion, die als »Covid-Impfstoff« verwendet wird, folgendermaßen:

> »Um eine Immunreaktion auszulösen, geben viele Impfstoffe einen geschwächten oder inaktivierten Krankheitserreger in unseren Körper. Nicht aber mRNA-Impfstoffe. Sie verwenden stattdessen eine im Labor hergestellte mRNA, um unseren Zellen beizubringen, wie sie ein Protein – oder auch nur einen Teil eines Proteins – herstellen können, das in unserem Körper eine Immunreaktion auslöst. Diese Immunreaktion, bei der Antikörper gebildet werden, schützt uns vor einer Infektion, wenn das echte Virus in unseren Körper gelangt.
>
> Der COVID-19-mRNA-Impfstoff wird in den Oberarmmuskel injiziert. Die mRNA dringt in die Muskelzellen ein und weist den Zellapparat an, ein harmloses Stück des sogenannten Spike-Proteins zu produzieren. Das Spike-Protein befindet sich auf der Oberfläche des Virus, das COVID-19 verursacht. Nachdem das Proteinstück hergestellt ist, bauen unsere Zellen die mRNA ab und entfernen sie.

Dann zeigen unsere Zellen das Spike-Proteinstück auf ihrer Oberfläche. Unser Immunsystem erkennt, dass das Protein dort nicht hingehört. Das löst im Immunsystem die Reaktion aus, Antikörper zu produzieren und andere Immunzellen zu aktivieren, um das abzuwehren, was es für eine Infektion hält.«

Der wesentliche Zweck der biologischen Werkzeuge, die allem Leben auf diesem Planeten und zweifellos im gesamten Universum zur Verfügung gestellt werden, besteht darin, sich an die göttliche Prägung in der genetischen Codierung der DNA zu halten, um geboren zu werden, zu wachsen und zu gedeihen und Angriffe auf den Organismus abzuwehren. Wie dies zu geschehen hat, ist im Genom, dem unglaublichen Geniestreich der Schöpfung, minutiös festgelegt. Das haben alle Geschöpfe Gottes gemeinsam. In den Zellen eines jeden Wesens ist eine gewaltige Informationsautobahn gespeichert – die Geschichte der Spezies. Das ist die Schöpfung in Reinkultur, und sie ist von Liebe, Weisheit und Licht des Schöpfers durchdrungen.

Die eigentliche Boten-RNA ist bereits vorhanden, sie ist Teil des großen Plans. Es ist die Weisheit in jedem Einzelnen von uns, die Quelle, die die mRNA in die Zelle, das Gewebe, und überall dorthin schickt, wo der Überlebenscode gebraucht wird. Das Immunsystem des Organismus erfüllt seine vorgesehene Aufgabe, jede Invasion zu umzingeln und aus dem Körper zu entfernen. Es weiß, wie es die Zelle anweisen kann, sich zu vermehren, sich zu reparieren, einen Feind abzuwehren und, wenn nötig, zu sterben.

Der Körper muss nicht von einem Wissenschaftler-Team aus einem Biotech-Labor belehrt werden, wie man ein Protein herstellt. Auch wenn diese Leute behaupten, nur das Beste für die Menschheit im Sinn zu haben. Wie kann man ihnen das glauben, wenn man weiß, was wir wissen und gesehen haben? Das Immunsystem Ihres Körpers, Ihrer natürlichen bioelektrischen Lebensform, weiß, was zu tun ist. Es muss nicht synthetisch getriggert werden, Antikörper zu produzieren und andere Immunzellen zu aktivieren, um das abzuwehren, was es für eine Infektion hält.

Diese Fähigkeit ist fest in Ihrer göttlichen DNA verankert.

Wenn Sie nicht zulassen, dass Menschen an Ihrer Göttlichkeit herumpfuschen, die Gott spielen wollen und in ihren Geheimlaboren Störungen unserer natürlichen, gottgegebenen Lebenserhaltungssysteme aushecken, dann wird diese göttliche Weisheit während Ihres gesamten Lebens für Sie arbeiten. Sie wird immer weiter Neues gebären und das abtöten, was aufgelöst werden muss, und sie wird Ihren Körper unterstützen, nähren und schützen, solange Ihr Leben hier auf Erden währt.

Wenn wir dem Körper erlauben, von seinen natürlichen Fähigkeiten Gebrauch zu machen, kommt es oft zu Spontanheilungen. Aber wie viele Menschen geben dem Organismus Zeit, eine Infektion »wegzubrennen«, indem er die Körpertemperatur durch Fieber erhöht, oder eine Infektion ohne Antibiotika und Desinfektionsmittel zu bekämpfen – Chemikalien, die den natürlichen Prozess behindern? Selbstverständlich hat auch die Schulmedizin ihren Platz in der Bekämpfung von Krankheiten, aber wie weit hat sie sich inzwischen bei der Behandlung von Gesundheitskrisen vom eigentlichen Ziel entfernt?

Und jetzt injizieren sie den Menschen eine synthetische Technologie, die die DNA umschreibt und ihr sagt, welche Proteine sie produzieren soll. Das kann nur als Komplott zwischen Big Pharma und den globalistischen Regierungsapparaten beschrieben werden, mit dem Ziel, die biologische Natur des Lebens auf diesem Planeten zu verändern. Und was unternehmen wir dagegen?

Eines wissen wir mit Sicherheit: Was auch immer in diesen Spritzen enthalten ist – es wird dem Körper die Botschaft eingeflößt, dass er nicht weiß, wie er sich vor einer Infektion schützen kann. Und es bedarf keines großen Bewusstseinssprungs, um zu erkennen, dass der invasive Stoffcocktail dem Organismus nicht mitteilt, dass er tatsächlich selbst über die Mittel verfügt, sich auch vor diesem synthetischen Botenstoff zu schützen.

Für das allgemeine Wohlergehen der Lebewesen auf dieser Erde ist es sinnvoller, die Labore ein für alle Mal zu schließen, damit die Verbreitung von waffenfähigen Viren und Superbakterien gestoppt wird, von denen wir wissen, dass man sie dort heranzüchtet.

Das sind die großen Waffen dieses Armageddon-Krieges: Bioengineering, biologische Kriegsführung und synthetische KI, die in die natürliche Biosphäre aller Lebewesen eindringt. Big Pharma hat bereits im Pflanzenreich großen Schaden angerichtet, indem sie die Nahrungsmittelversorgung, Kräuter und Heilpflanzen hybridisiert und genetisch verändert haben. Sie haben auch die Tierwelt mutiert, immer mit besonderem Augenmerk auf der Nahrungskette, damit sie ihre genetischen Mutationen in den Menschen einschleusen können. Und jetzt besteht der teuflische Plan darin, alle Menschen – jeden von uns – mit synthetischen Prionen zu kolonisieren, um langsam unsere göttliche Essenz aus unserem genetischen Code zu entfernen – dem Gottescode – und diese unendliche Brillanz durch das falsche Licht dessen zu ersetzen, was sie »Luciferin« nennen.

Eher wird es in der Hölle eine Eiszeit geben, als dass ich zulasse, dass mir auf Anordnung von Labor-Weißkitteln im Dienste der dunklen Seite unnatürliche Substanzen injiziert werden, um mein zelluläres Gefüge zu mutieren, und zwar auf eine so bösartige Weise, dass dadurch der perfektionierte Göttliche Bauplan des Schöpfers selbst außer Kraft gesetzt wird. Niemals werde ich dazu meine Einwilligung geben. Möge meine natürliche mRNA, der Bote der göttlichen Quelle, mich durch meine DNA-Lichtsequenzierung gesund erhalten und gedeihen lassen, und mögen auch Sie in sich diese Kraft finden und standhaft bleiben.

Es ist an der Zeit, dass alle Menschen – unabhängig von Größe, Gestalt, Geschlecht, ethnischer Zugehörigkeit oder religiösem Bekenntnis – die höchste Gnade erkennen, die darin liegt, dass wir genau das sind: Menschen.

Ehren Sie die göttliche Weisheit in Ihnen. Und stehen Sie für das Licht ein, das von Ihrem Herzen und Ihrer Seele ausstrahlt – gegen alles und jeden, gegen alle Versuche, Ihren Glanz zu trüben.

Geistige Krieger: Das ist eine Schlacht, die wir gewinnen müssen! Und wir werden sie gewinnen. Um der Liebe Gottes willen.

11

Seelen im Lockdown

*»Und die Zeit wird kommen, vielleicht gar nicht in so ferner Zukunft …
wo noch ganz andere Tendenzen auftreten werden,
wo man sagen wird: Es ist schon krankhaft beim Menschen,
wenn er überhaupt an Geist und Seele denkt.
Gesund sind nur diejenigen Menschen,
die überhaupt nur vom Leibe reden.
Man wird es als ein Krankheitssymptom ansehen, wenn der Mensch sich
so entwickelt, dass er auf den Begriff kommen kann: Es gibt einen Geist
oder eine Seele. Das werden kranke Menschen sein. Und man wird finden,
da können Sie ganz sicher sein, das entsprechende Arzneimittel,
durch das man wirken wird. Damals schaffte man den Geist ab.
Die Seele wird man abschaffen durch ein Arzneimittel.*
***Man wird aus einer ›gesunden Anschauung‹ heraus
einen Impfstoff finden, durch den der Organismus so
bearbeitet wird in möglichst früher Jugend,
möglichst gleich bei der Geburt, dass dieser menschliche Leib nicht
zu dem Gedanken kommt: Es gibt eine Seele und einen Geist.***
*So scharf werden sich die beiden Weltanschauungsströmungen
gegenübertreten. Die eine wird
nachzudenken haben, wie Begriffe und Vorstellungen
auszubilden sind, damit sie der realen Wirklichkeit,
der Geist- und Seelenwirklichkeit gewachsen sind.
Die andern, die Nachfolger der heutigen Materialisten,
werden den Impfstoff suchen, der den Körper ›gesund‹ macht,
das heißt, so macht, dass dieser Körper*

durch seine Konstitution nicht mehr von solch albernen Dingen redet wie von Seele und Geist, sondern ›gesund‹ redet von den Kräften, die in Maschinen und Chemie leben, die im Weltennebel Planeten und Sonnen konstituieren. Das wird man durch körperliche Prozeduren herbeiführen. ***Den materialistischen Medizinern wird man es übergeben, die Seelen auszutreiben aus der Menschheit.***«[15]

– Rudolf Steiner –

Hundert Jahre später scheint der von dem Visionär Rudolf Steiner (1861-1925) beschriebene »die Seelen austreibende« Impfstoff, der gar kein wirklicher Impfstoff ist, sich in unserer Wirklichkeit manifestiert zu haben, geschaffen von »materialistischen« Medizinern. Die Zeit ist gekommen, Herr Steiner.

Hier spielt nun aber die Frage der »Wahl«, der Entscheidungsfreiheit, eine Rolle und manifestiert sich mit besonderer Vehemenz im Weltgeschehen, gerade was die konstruierte Bedrohung durch Covid und die absurde Reaktion auf diese Bedrohung angeht.

Schließlich geschieht es zum ersten Mal in der Geschichte der Impfstoffe, zumindest soweit wir wissen, dass Nanotechnologie direkt in Menschen – die willigen Versuchskaninchen – implantiert wird. Und man wusste vorher nicht, ob wir uns von der unerbittlichen Propagandamaschinerie der Medien überhaupt gefügig machen lassen und uns einfach in die Schlange einreihen würden, um uns massenhaft injizieren zu lassen, was auch immer sie in unseren Körper einpflanzen wollen – oder ob wir uns nicht doch weigern und Widerstand leisten würden.

Um das gewünschte Ergebnis zu erzielen, dass ungefähr siebzig bis achtzig Prozent der Weltbevölkerung sich viele Male spritzen lassen würden, mussten die Globalisten gleich zu Beginn eine solche Hysterie erzeugen, dass ein großer Teil der Menschen in Panik geriet, emotional erstarrte und gehorchte.

Und der Plan ging auf. Ein Großteil der Menschheit krempelte eifrig den Ärmel hoch und sagte: »Rettet mich vor dem, was mich eurer Meinung nach umbringen kann.« Sie fügten sich nicht nur darin, sich das mysteriöse Gift injizieren zu lassen – sie verlangten sogar äußerst vehement danach. Dieselben Menschen lieferten ihre Kinder aus denselben Gründen an dieselben Gesundheitsbürokraten aus. Niemand fragte nach den Inhaltsstoffen in den Spritzen, Tests und Masken, und diejenigen, die dies doch wagten, erhielten keine Informationen.

Schließlich handelte es sich um einen »Notfall«. Es blieb keine Zeit für Voruntersuchungen, Fragen und Recherchen. Und trotzdem sagten die Menschen »Ja!«, standen stundenlang um die Häuserblocks herum in der Schlange und kämpften darum, endlich an die Reihe zu kommen.

So war das. Die Mission wurde erfüllt. Big Pharma und die Maschinerie dahinter und davor waren erfolgreich. Die Massenmedien veranstalteten ein wahres Propagandafeuerwerk und überzeugten die Menschen, der Regierung eifrig und ohne zu zögern zu gehorchen, denn es sei schließlich eine epische Pandemie, der Millionen Menschen auf der ganzen Welt zum Opfer fallen würden. Diejenigen, die sich impfen ließen, glaubten entweder, dass es sich um eine wütende Pandemie von so monströsem Ausmaß handelte, dass die Menschen ringsum auf den Straßen tot umfallen würden … oder sie waren leicht skeptisch, wussten aber, dass ihnen ohne die Impfung, ohne den Nachweis der Impfung (und die Erteilung des Covid-»Passes«) der Zugang zu so ziemlich allem verwehrt werden würde, was die Gesellschaft ihnen früher zu bieten hatte. Sie fügten sich, weil sie es für einfacher hielten, sich impfen zu lassen, um in ein Flugzeug steigen, ein Restaurant besuchen und ein Gebäude betreten zu dürfen. Ob das, was sie sich da in ihren Körper injizieren ließen, gut für sie war oder ob es schädliche Nebenwirkungen verursachen konnte (wie wir jetzt bei Hunderttausenden von bedauernswerten Menschen gesehen haben), schien eine Frage von geringer oder gar keiner Bedeutung zu sein – etwas, das man außer Acht lassen und ignorieren konnte.

Aus verzweifelter, irrationaler Angst befolgte die Mehrheit der Menschen die strikten und unangemessen strengen Auflagen: Sie blieben zu Hause in der Isolation, eingesperrt infolge staatlicher Erlasse und der von den Massenmedien geschürten Hysterie. Sie luden eifrig die Tracking-App herunter, die es der Regierung ermöglichte, sie jederzeit zu orten, festzustellen, mit wem sie sich trafen, und ihnen zu befehlen, sich für einen PCR-Test zu melden, wenn die örtlichen Gesundheitsbehörden das für erforderlich hielten.

Die Menschen trauten sich nur dann aus ihren Käfigen heraus, wenn sie vollständig maskiert und desinfiziert waren, und auch nur, um »lebenswichtige« Dinge wie Lebensmittel und Medikamente zu kaufen. Wie brave kleine Soldaten standen sie in der Schlange, um sich den Giftpfeil in den Arm stechen zu lassen – die sogenannte »Impfung«, die sie angeblich schützen sollte – ein, zwei, drei, vier und jetzt ein fünftes Mal. Aber wie sie nach über einem Jahr leider feststellen mussten, boten die Spritzen überhaupt keinen Schutz.

Der Direktor der CDC, der Centers for Disease Control, selbst hat das klipp und klar öffentlich erklärt. Nach dem weltweit größten Impfprogramm, das jemals durchgeführt wurde (ohne dass die sonst üblichen jahrelangen Tests stattfanden, nämlich aufgrund des von der WHO ausgerufenen »Ausnahmezustands«), erkannte man schließlich, dass der »Impfstoff« nicht nur unwirksam ist, sondern sich im Gegenteil als Ursache für schwere Nebenwirkungen erwies, die bei einer großen Zahl von Menschen tödlich endeten.

Als die Fakten den Schutzschild der Medien zu durchdringen begannen und die Menschen die Nebenwirkungen und Todesfälle sahen, die sich um sie herum ereigneten, erklärte Rochelle Walensky, Direktorin des CDC, in einem Interview: »Niemand hat jemals gesagt, dass der Impfstoff wirken würde.«

Soll das ein Witz sein? Die Leute lassen sich also impfen, weil …?

> ⁘ <

Diese vermeintliche Bedrohung durch das »Virus« Covid-19 und das noch größere Risiko, völlig gesunden Männern, Frauen und Kindern wiederholt ungetestete Substanzen zu injizieren, haben unser Leben eingeschränkt – und manche kostete es gar das Leben.

Unsere sozialen Strukturen haben sich verändert, und wir wurden unserer Freiheit beraubt. Die Art und Weise, wie das Covid-Debakel von Regierungen und Gesundheitsbehörden gehandhabt wurde, hat Familien getrennt, Freundschaften zerstört und uns in gegnerische Lager gespalten. Es war ein Fiasko für die Weltwirtschaft. Die Menschen haben ihre bürgerlichen Freiheiten bereitwillig und gehorsam verschenkt und zugelassen, dass diejenigen, die im Hintergrund der Regierungen die Fäden ziehen, das Leben auf diesem Planeten mehr als zwei Jahre lang lahmlegten. Traurigerweise ist mit dem Fortschreiten der Krise und der angeblichen Entdeckung immer neuer »Virusvarianten« (und den angeblich dazu passenden immer neuen »Booster-Impfungen«) nur allzu deutlich geworden, dass unser Leben, wie es war, bevor diese Agenda ausgerollt und der Menschheit aufgezwungen wurde, für immer vorbei ist.

Leider geht trotz all dieser Erkenntnisse und Beobachtungen der Krieg zwischen Geimpften und Ungeimpften weiter. Die nicht enden wollende Pandemie wird immer weiter in die Zukunft verschleppt. Leute wie Dr. Anthony Fauci und Albert Bourla starten schon die nächste »Booster-Kampagne« und erzählen uns, dass wir in Zukunft noch viel mehr Impfungen benötigen.

Haben Sie je von einem Impfstoff gehört, bei dem alle paar Monate Auffrischungsimpfungen nötig sind, weil die Schutzwirkung der Impfung, die Sie vor einem Monat oder zwei, drei Monaten erhalten haben, aufgrund neuer Virus-»Mutationen« schwächer geworden ist? Unabhängig davon, wie man die immunologische »Wissenschaft« versteht, kann ein Impfstoff nicht als wirksam angesehen werden und erzeugt offensichtlich keine Immunität, wenn die Impfung Monat für Monat, Jahr für Jahr wiederholt werden muss, mit der Ausrede, das immer noch nicht eindeutig identifizierte Virus wäre »mutiert«. Die Beamten, die für die Gesundheitsvorschriften auf unserem Planeten verantwortlich sind, wissen das, genauso wie sie bereits sicher wissen wollen, dass eine weitere »Pandemie« im Anmarsch sei. Man bereitet die Menschen schon darauf vor, und Sie können darauf wetten, dass der passende Impfstoff längst entwickelt und bereit für die Massenproduktion ist.

Anthony Fauci sagt immer wieder, dass uns etwas noch Schlimmeres bevorsteht.

Und wer könnte das besser wissen als er, nicht wahr?

Oh ja, und dann fragt man sich, ob man nicht vielleicht doch ein bisschen zu paranoid ist, schaut auf der CDC-eigenen Finanzierungsseite[16] nach, wo man entdeckt, dass diese staatliche Behörde …

> »… ungefähr 2,1 Milliarden Dollar an Finanz- und Ressourceninvestitionen für die globale Gesundheit verwaltet. Zusätzlich zu den vom Kongress bewilligten Mitteln erhalten die CDC etwa 12 Millionen Dollar an globalen Mitteln von Stiftungen und anderen Spendern, darunter die Bloomberg-Familienstiftung, die Bill & Melinda Gates Foundation und die CDC-Stiftung«.

Mit anderen Worten, dieselben Leute, die die CDC finanzieren, finanzieren auch Big Pharma und pushen auf der ganzen Welt das »Impfstoff«-Programm. (Sie wissen schon, dasselbe globale Impfprogramm, das die CDC eigentlich regulieren sollten.)

Eine noch nie dagewesene 55.000 Seiten umfassende Dokumentation von Pfizer, die enthüllt wurde, nachdem US-Bezirksrichter Mark T. Pittman vom Northern District of Texas die Food and Drug Administration (FDA) zwang, klinische Daten zu den Impfstoffen freizugeben, enthält eine Liste von über dreizehnhundert aufgezeichneten unerwünschten Nebenwirkungen, wobei es sich in vielen Fällen um extreme, lebensverändernde Gesundheitskrisen handelte – bei denen die Betroffenen oft dauerhafte Schäden davontrugen. Weitere vernichtende Beweise sind in Vorbereitung, da der Richter die FDA angewiesen hat, von nun an jeden Monat mindestens genau so viele Seiten zu veröffentlichen. Es ist beruhigend zu wissen, dass wir in der Justiz immer noch Leute haben, die ehrlich um die Menschen besorgt sind, mutige Wahrheitsfinder. Diese gibt es auch in der Medizin, wie die bekannten Ärzte Peter

McCullough, Aaron Keriaty und Harvey Risch von der gemeinnützigen Organisation Public Health and Medical Professionals for Transparency – »Medizinisches Personal des Öffentlichen Gesundheitswesens für Transparenz«. Sie verklagten im September 2021 die amerikanische Gesundheitsbehörde FDA, weil diese sich weigerte, die Covid-19-Impfstoff-Prüfdokumente gemäß dem Freedom of Information Act zu veröffentlichen.

Dazu heißt es bei *MedPage Today*:[17]

»Nachdem die FDA letzte Woche den ersten Stapel der Dokumente verteilt hatte, stellte Public Health and Medical Professionals for Transparency die Akten auf ihre Website. Der Inhalt der Dokumente ist sehr unterschiedlich, ohne dass wirklich erklärt wird, was die Dateien beinhalten. In einem Dokument sind anonymisierte Daten zu demografischen Daten und zur Krankengeschichte von Patienten aus klinischen Studien aufgeführt, ein anderes enthält die Antwort der FDA auf den Antrag von Pfizer auf eine beschleunigte Prüfung. Ein Dossier enthielt Daten zur Sicherheit nach der Markteinführung, die auf freiwillig gemeldeten unerwünschten Ereignissen beruhten.

Dr. Zach Zalewski, Berater für regulierende Strategien bei Avalere Health, sagte, dass viele der veröffentlichten Dokumente der FDA bis zur Notfallzulassung und der vollständigen Zulassung des Impfstoffs vorgelegt wurden und für eine Gesamtanalyse der Sicherheit und Wirksamkeit des Impfstoffs möglicherweise nicht wesentlich sind. Die FDA hat bereits ein Zulassungspaket für den Impfstoff COVID-19 von Pfizer-BioNTech veröffentlicht, das aus Zusammenfassungen der von der FDA überprüften Daten besteht. Die Dokumente, die die Behörde veröffentlichen muss, werden wahrscheinlich die ungekürzte Version dieses Berichts enthalten, sagte Zalewski.

›Dies wird buchstäblich jeden Fetzen Papier umfassen, der während der gesamten Pandemie bei der FDA eingereicht wurde‹, so Zalewski gegenüber *MedPage Today*. ›Wenn Transparenz das ist, was sie wollen, dann werden sie Transparenz bekommen‹.«

Impfgegner haben die Veröffentlichung dieser Dokumente bereits zum Anlass genommen, die COVID-19-Impfstoffe weiter in Frage zu stellen. Children's Health Defense, eine gemeinnützige Organisation, die sich gegen den Einsatz von COVID-Impfstoffen bei Kindern einsetzt, hat eine Liste von unerwünschten Nebenwirkungen hervorgehoben, die in den Dokumenten aufgeführt sind – eine nach Ansicht von Experten irreführende Liste, die alle negativen Reaktionen auf die Impfstoffe enthält, die bei den an der klinischen Studie teilnehmenden Personen auftraten, auch bei denen, denen ein Placebo verabreicht wurde.

›Es besteht die Gefahr, dass man sich die Rosinen herauspickt und Dinge aus dem Zusammenhang reißt‹, so Zalewski. Nur weil man alle Daten vor sich liegen hat, heißt das nicht, dass man zu anderen Schlussfolgerungen kommt‹.«

Es ist kein Wunder, dass die Food and Drug Administration (FDA) behauptete, es würde Jahrzehnte dauern, die Daten auszuwerten, und dass sie versuchte, die Ergebnisse dieser Studie bis ins Jahr 2096 zurückzuhalten – fünfundsiebzig Jahre nach den ersten Injektionen, wenn niemand mehr am Leben sein würde, der sich darüber Gedanken machen könnte. Das ist verwerflich und ein ungeheuerlicher Verrat an all jenen, die sich dem Impfregime unterworfen haben.

Gott sei Dank sind sie damit nicht durchgekommen.

Der schockierende Pfizer-Bericht enthüllte, dass eine extrem hohe Zahl von Menschen in den Vorversuchen sofort oder kurz nach der Injektion starb. Darüber hinaus enthielt der Bericht eine neunseitige Liste sämtlicher unerwünschten Effekte der Impfungen. Wir sehen bereits, was sie zu verbergen versuchen, und es gibt keinen Grund, sich die »Rosinen herauszupicken«!

Einige der verheerendsten Nebenwirkungen sind: Lungenembolie, Hirnblutung, Herzstillstand, Lähmung, akutes Nierenversagen und Epilepsie. Die vollständige Liste ist auf der Website von Robert Kennedy jr. veröffentlicht: www.childrenshealthdefense.org. Möglicherweise ist Ihnen der Pfizer-Bericht noch nicht bekannt, denn zur gleichen Zeit, als diese Informationen bekannt wurden, lenkten die

Massenmedien die öffentliche Aufmerksamkeit sorgfältig von Covid und der »Impfstoff«-Debatte auf die Krise in der Ukraine um.

Aber Sie müssen sich diese Dinge jetzt bewusst machen, sich informieren – unbedingt.

Obwohl die Informationen in dem Bericht von größter Bedeutung sind, möchte ich mich hier nicht mit den körperlichen Nebenwirkungen befassen, die von einer wachsenden Zahl unglücklicher Opfer erlebt werden. Aus psycho-spiritueller Sicht, die höchstwahrscheinlich nie in einer offiziellen, dokumentierten Liste von Nebenwirkungen auftauchen wird, glaube ich, dass das, was wir bei einem bedeutenden Teil der »geimpften« Bevölkerung erleben, eine absichtliche chemische und genetische Manipulation des ursprünglichen Bauplans des menschlichen Genoms ist. Damit soll eine Schließung des Astralportals, eine Abtrennung der ätherischen Hülle und, daraus folgend, eine Störung des gesamten bioelektromagnetischen menschlichen Systems verursacht werden.

In Anbetracht dessen, was wir über Bioengineering und die Experimente zur Veränderung des menschlichen Genoms wissen und was wir direkt von Albert Bourla gehört haben, halte ich es nicht für übertrieben zu sagen, dass diese synthetische mRNA ganz speziell darauf ausgelegt ist, die DNA zu verändern. Und es gibt viele andere Forscher und Ärzte, die übereinstimmend sagen, dass die synthetische mRNA tatsächlich in die reine biologische menschliche DNA eindringen und diese dauerhaft verändern kann.

Und wieder frage ich Sie: Was wäre, wenn der göttliche Code isoliert und dann aus unserem uns von Gott geschenktem menschlichen Genom entfernt und durch einen anderen Signaturcode oder eine übergeordnete Schwingungssequenz ersetzt wird? Wie lange würden wir brauchen, um herauszufinden, was man damit so vielen unschuldigen Menschen angetan hat? Wie würde das bei einzelnen Menschen aussehen, und was würde es, aus einer größeren Perspektive, für die Zukunft unserer Zivilisation bedeuten?

Die Vorstellung von zombifizierten, leeren Hüllen, wie sie uns in Filmen und Horrorgeschichten ständig zur Unterhaltung präsentiert werden, kommt einem in den Sinn. Ist es das, was die Centers for Disease Control (CDC) andeuten wollten, als sie auf ihrem »wissenschaftsbasierten« Blog *Public Health Matters* einen Artikel mit dem Titel »Preparedness 101: Zombie Apocalypse?« (»Vorbereitung 101: Zombie-Apokalypse«) veröffentlichten? Nachdem die CDC in den Medien viel Kritik für diesen Text einstecken mussten, den sie als »lehrreiche Unterhaltung« verteidigten, behaupteten sie auf dem Blog, man habe dabei »popularkulturelle Bezüge zu Zombies genutzt, um für die Vorbereitung auf verschiedene Notfälle und Katastrophen zu werben«[18] und mehr Besucher auf die Website zu locken. Würden Sie das Clickbait oder Manipulation oder beides nennen? Ich kann den Unterhaltungswert nicht erkennen, der darin besteht, die Menschen noch mehr zu verängstigen, als sie ohnehin schon sind, nur um der »Unterhaltung« willen. Wenn die wichtigste Gesundheitsbehörde der Nation, die die menschliche Gesundheit schützen soll, gefährliche experimentelle medizinische Verfahren, die noch nie zuvor an Menschen getestet wurden, als »Notfallmaßnahme« gegen eine potenzielle Bedrohung genehmigt, und wenn die Direktorin der Behörde selbst sagt, sie hätten nie behauptet, dass die Impfung funktionieren würde, müssen wir – die Opfer ihrer genetischen Manipulationen und Gifte – den absoluten Beweis verlangen, dass die von ihnen angebotene »Lösung« nicht schlimmer ist als das Problem. Wenn sie das Scheitern ihres teuflischen Experiments auf diese Weise abtun, durch das Menschen schwer erkranken, permanente Behinderungen davontragen oder sterben, gibt es dann noch einen Grund, warum wir akzeptieren, dass diese Personen weiterhin im Amt bleiben?

Die chemischen Präparate müssen von einer unvoreingenommenen Regierungsbehörde getestet und zugelassen werden, wenn wir denn eine finden können, und wir müssen die Möglichkeit haben, genau zu lesen, was in diesem Injektions-»Cocktail« enthalten ist … und was die möglichen Nebenwirkungen sind – und zwar brauchen wir diese Informationen, *bevor* wir uns entscheiden, nicht *danach*. Das war früher Standard bei der Markteinführung von Arzneimitteln, aber wieder einmal werden diese Produkte und die Organisatoren der Injektionskampagne dadurch geschützt, dass es sich angeblich um Notfallmaßnahmen gegen eine globale Gesundheitsgefahr handelt.

Wird man die Verantwortlichen zur Rechenschaft ziehen?

> ·:· <

Unabhängig davon, wie die »Pandemie« in der ersten Phase der weltweiten Hysterie in den Medien dargestellt wurde, wissen wir, dass die extremen Maßnahmen wissenschaftlich in keiner Weise gerechtfertigt waren, da die Fakten, die uns von Anfang an präsentiert wurden, eine Heilungsrate von 99,7 Prozent bei Erwachsenen belegen. Bei Kindern lag sie noch höher, bei nahezu hundert Prozent, und dennoch hielten die Eltern, das medizinische und pädagogische Personal und die Regierungen auf der ganzen Welt es für angebracht, ihre Kinder dennoch zu impfen.

Ab dem fünften Lebensjahr wird bereits gespritzt, und jetzt sollen noch die Neugeborenen dazukommen!

Warum sollten Eltern die Gesundheit eines Kindes, dessen natürliches Immunsystem sich noch entwickelt, riskieren, indem sie zulassen, dass ihm diese gefährliche Substanz gespritzt wird, obwohl sie wissen, dass die Überlebenschance bei Jugendlichen fast hundertprozentig ist? Das ist purer Irrsinn.

Trotzdem werden die Injektionen fortgesetzt, genauso wie die endlosen PCR-Tests – die invasiven Sonden, die so weit in die obere Nasennebenhöhle eingeführt werden, dass sie sogar die Blut-Hirn-Schranke durchdringen können, gefährlich nahe an der Zirbeldrüse. Wonach suchen sie wirklich, wenn sie mit ihren Ethyloxid-Tupfern tief in den empfindlichen Nasen-Rachen-Membranen der Menschen herumstochern … und, noch beängstigender, was bringen sie dort hinein?

Wenn es sich um ein so virulentes Virus handelt, warum reicht dann ein Tropfen Speichel nicht aus?

Ungeachtet aller Mahnungen und der überwältigenden wissenschaftlichen Daten von Fachärzten, Genetikern und Pharmazeuten, die den Mut hatten, sich zu äußern, blüht das äußerst profitable Geschäft mit den Nasenabstrichen und Gentherapie-Injektionen.

Haben wir vergessen, was zu den Zeiten von Thalidomid geschah, das zu schwersten Schädigungen bei mehr als zehntausend Neugeborenen und zum Tod von Tausenden dieser Babys führte? Die meisten Menschen wissen bis heute nicht, wie und warum Thalidomid schwangeren Frauen verabreicht wurde, als es nach dem Zweiten Weltkrieg in Deutschland und den USA auf den Markt kam, und sie wissen auch nicht, dass es von Heinrich Mückter entwickelt wurde, einem hochrangigen Mediziner, Pharmakologen und Chemiker, einem Nazi, der wiederholt an Häftlingen im Konzentrationslager Buchenwald bei Weimar experimentiert hatte. Er entging der strafrechtlichen Verfolgung für diese Verbrechen und schaffte es, als Entwicklungsleiter eines relativ neuen Pharmaunternehmens, Chemie Grünenthal, in die deutsche Pharmaindustrie einzusteigen. Gründer der Firma war Hermann Wirtz, ebenfalls ein ehemaliges engagiertes Mitglied der Nazipartei.

Zu den Naziverbrechern in Schlüsselpositionen in diesem Unternehmen gehörten auch Martin Staemmler, ein Arzt und Befürworter der Eugenik-Programme der Nazis, Heinz Baumkötter, Chefarzt des Konzentrationslagers Sachsenhausen, und nicht zuletzt Otto Ambros, Hitlers Berater für chemische Kriegsführung. Dieser ruchlose Mensch war zufällig Vorsitzender von Grünenthals Beratungsgremium, als die schreckliche Chemikalie Thalidomid entwickelt und bald auf den Markt gebracht wurde – zunächst im Jahr 1956 in Westdeutschland und später weltweit.

Thalidomid wurde unter dem Namen »Contergan« als rezeptfreies Medikament gegen Angstzustände und Schlafstörungen beworben und verkauft. Schwangeren Müttern wurde es als Mittel gegen morgendliche Übelkeit verabreicht, obwohl keine Studien mit schwangeren Frauen durchgeführt worden waren. Ich frage mich, wie viele Menschen überhaupt eine Ahnung davon haben, dass die Zahl der extremen Geburtsfehler bei Babys von Müttern, die das

Medikament damals während der Schwangerschaft eingenommen hatten, bei über zehntausend lag, von denen Berichten zufolge vierzig Prozent oder mehr bei der Geburt starben.

Hat also der Zweck die Mittel »gerechtfertigt«?

Nebenbei bemerkt wurden Mückter und andere Mitarbeiter von Grünenthal in den Jahren 1967 und 1968 in Aachen vor Gericht gestellt. Das Unternehmen wurde wegen vorsätzlicher Körperverletzung und fahrlässiger Tötung angeklagt, aber trotz der erdrückenden Beweise wurde die Anklage auf mysteriöse Weise fallen gelassen. Grünenthal erklärte sich bereit, den deutschen Contergan-Opfern hundert Millionen Mark als Entschädigung zu zahlen, und, Überraschung, Überraschung ... Die Nazi-Monster wurden von ihren Verbrechen gegen die Menschlichkeit freigesprochen.

Das gleiche Medikament, das 1961 wegen der Missbildungen und Todesfälle vom Markt genommen worden war, wurde 1998 in den Vereinigten Staaten zur Behandlung von Krebs zugelassen. Kaum zu glauben, nicht wahr? Es wurde wieder eingeführt, ist heute als Generikum erhältlich – Contergan oder Thalomid – und steht sogar auf der Liste der unentbehrlichen Arzneimittel der Weltgesundheitsorganisation. Gift, das von Nazi-Eugenikern entwickelt wurde, die an unschuldigen Gefangenen in den Lagern der Hölle experimentierten – ein Gift, das nachweislich zerstört, verstümmelt und tötet – ist seit Jahrzehnten wieder auf dem Markt, und nicht nur, dass es wieder im Handel ist ... Es wird sogar von der WHO sanktioniert und vermarktet!

Die Food and Drug Administration (FDA) und andere Aufsichtsbehörden haben die Vermarktung des Medikaments ebenfalls genehmigt. Der einzige Vorbehalt ist, dass die Menschen über die Risiken aufgeklärt werden und das Medikament nicht während einer Schwangerschaft eingenommen werden darf.

Offensichtlich können wir nicht darauf vertrauen, dass diese staatlichen Organisationen wirklich unsere Gesundheit und Lebenserwartung im Sinn haben, vor allem, wenn etwas so Giftiges wie Contergan, das von Nazi-Eugenikern entwickelt wurde, auf ihrer Liste der empfohlenen Medikamente steht.

Und wenn die CDC – die Regierungsbehörde, die für unsere Sicherheit zuständig ist und das Gesundheitswesen kontrollieren soll – behaupten, die Veröffentlichung von Empfehlungen, wie die Menschen sich auf eine Zombie-Apokalypse vorbereiten sollen, sei lediglich eine »augenzwinkernde pädagogische Unterhaltung« gewesen, müssen wir Fragen stellen, zum Beispiel: »Wie definieren Sie ›Unterhaltung‹?«

So unsicher die Welt heute auch ist, ich möchte von einer Regierungsbehörde, die mit der in ihrem Namen definierten Aufgabe betraut ist, nämlich dem Schutz vor Infektionskrankheiten, stichhaltige Informationen und keine Unterhaltung. Ich finde nichts Unterhaltsames an ihrer Anleitung zur Zombie-Apokalypse. Sie machen sich über uns lustig statt uns zu schützen. Wir sollten zumindest wütend darüber sein.

Aber: Hier gibt es nichts zu sehen, Leute … Geht weiter. Es ist ja nur eine kleine »pädagogische Unterhaltung« für die Massen.

12

Die Große Abtrennung

Ich möchte meine persönliche Erfahrung mit den psycho-spirituellen Auswirkungen dessen darlegen, was meiner Meinung nach wirklich vor sich geht, wie vom großen Rudolf Steiner vorhergesagt.

Im Laufe meines spirituellen Lebens habe ich Tausende von hellsichtigen, heilenden Readings durchgeführt, entweder persönlich oder über Zoom. Doch noch nie habe ich eine so tiefe Kluft zwischen den Menschen beobachtet wie heute. Während viele Leute auf den Wellen des »Aufstiegs« surfen und zu ihrer wahren Göttlichkeit erwachen, scheint gegenwärtig eine andere Gruppe, und das ist zur Zeit immer noch die Mehrheit, eine erschreckende spirituelle Isolation zu erleben, in unterschiedlichem Ausmaß. Traurigerweise stehen einige sogar vor einer überaus ernsten existenziellen Krise … einer Krise von monströsem Ausmaß.

Seit dem Beginn der weltweiten Impfkampagne habe ich dieses Phänomen bei Menschen, die sich vom Geist abgeschnitten fühlen, aus erster Hand miterlebt. Ich beziehe mich nicht nur auf die sich bekriegenden Religionen, die Zunahme atheistischer und kommunistischer Doktrinen oder das Syndrom der Massenhypnose, das Milliarden von Menschen dazu bringt, sich dem pharmazeutischen Imperium zu beugen, dessen angstgetriebener Propaganda zu glauben und allem zu gehorchen, was man ihnen sagt. Ich spreche auch die Frage an, wie es möglich ist, dass ein großer Teil der Menschheit das Streben nach Spiritualität, Gemeinschaft und Beziehungen den allmächtigen Kontrollbildschirmen des Techno-Gottes überlassen hat.

Seit Beginn der Impfkampagne beobachte ich bei vielen Menschen, für die ich Hellseh- und Fernheilungssitzungen durchführe, eine Art »Seelenabtrennung«. Ich hätte nie für möglich gehalten, dass sich ein solches Phänomen bei einem lebendigen, bewussten Wesen manifestieren könnte. Aber es ist so, und anscheinend erleben andere Channelmedien und Sensitive das bei ihrer Beratungsarbeit ebenfalls. Rudolf Steiners Vision, von der ich zum ersten Mal las, als ich Informationen für dieses Buch sammelte, entfaltet sich offenbar direkt vor unseren Augen genau so, wie er es prophezeite.

Was ich sehe, oder besser gesagt, was ich im Energiefeld von Menschen, die mehrfach gegen Corona »geimpft« wurden, nicht mehr sehe, ist das *Sahasrara*, das Kronenchakra, das Portal der Verbindung zur Quelle: der direkte Weg der Seele zur Quelle. Es ist einfach nicht da … oder zumindest erscheint es nicht mehr vor meinem geistigen Auge.

Es handelt sich dabei um jenen Energiewirbel, von dem spirituelle Menschen auf der ganzen Welt wissen, dass er als unsere Brücke zur Quelle und zu allen höheren Dimensionen dient und uns eine umfassende Wahrnehmung der Existenz ermöglicht. Es ist das Portal des göttlichen Lichts, das Energiekörper, Geist und Seele durchflutet – der Glanz, der uns immer wieder an unsere wahre Essenz erinnert: an den Geist, der vorübergehend in einem menschlichen Körper oder einer physischen Form wohnt, um die Materie und die sinnliche Welt zu erfahren.

An diesem Kraftpunkt im ätherischen System unseres elektromagnetischen, biologischen Energiekörpers verbindet sich unser bewusstes »Selbst« direkt mit dem höheren, universellen Bewusstsein. Das Kronenchakra ist sozusagen der direkte Weg zur Transzendenz, von dem begrenzten Bewusstsein, das durch den Zustand des Getrenntseins und des Materiellen definiert ist, hin zu unserem Auftauchen im Einssein und der multidimensionalen Weite, die Realitäten durchdringt, die wir bislang noch nicht vollständig erfahren haben. Von diesem Bewusstseinszustand aus, der sich über die Matrix unserer derzeitigen Beschränkungen in der drei- bis vierdimensionalen Wahrnehmung einer materiellen Welt und der gesamten Existenz erhebt, verlagern wir unsere Wahrnehmung rasch in die nächste Phase unseres Aufstiegs, in der die Illusion von Zeit und Raum schließlich ganz verschwindet.

Vom Kronenchakra aus betreten und verlassen wir im Traumzustand den physischen Körper und begeben uns auf Astralreisen. In der Stunde, in der wir aus dem Leben scheiden, begibt sich der Geist durch das Kronenchakra auf eine »permanente« Astralreise ins ewige Licht – wenn das Leben, das wir als Menschen, als Erdenbewohner, kennen, in die nächste Phase übergeht.

Was es für die Reise der Seele bedeuten würde, wenn dieser kosmische Weg völlig von ihrem Körpertempel abgekoppelt wäre, stellt metaphysische Philosophen vor ein verblüffendes Rätsel. Es erinnert an das Bild von jemandem, der von einer Reise nach Hause kommt und feststellt, dass sein Haus mit Brettern vernagelt und die Lichter ausgeschaltet sind, ohne dass es eine Möglichkeit gibt, hineinzugelangen. Wohin geht die wandernde Seele/Geistessenz, wenn der Eingang zu ihrem physischen Haus versiegelt und die Lichtstraße, die sie nach Hause führt, völlig verdunkelt ist? Glaubt die Seele dann, dass der Körper gestorben ist, obwohl das gar nicht der Fall ist? Wird sie jenseits des Astralfeldes davonschweben und überstürzt die Astralschnur zerreißen, wie es sonst nur beim Sterbeprozess geschieht?

Wir wissen, dass die Seele mit ihrer physischen Manifestation durch die *Sutratma* oder Silberschnur verbunden ist, die im Sanskrit die Verbindung zwischen dem *Atma* (dem Höheren Selbst) und der physischen Form beschreibt. Viele Menschen berichten, dass sie diese Schnur während außerkörperlicher Reisen deutlich sehen, und sind der Ansicht, dass sie als Rettungsleine dient, die den Astralkörper zurück zu seinem physischen Wesen zieht.

Sobald sich die astrale Form in der Nähe des Aurafeldes befindet, das vom physischen Körper ausgeht, wird sie zurückgeführt und tritt durch das Kronenchakra wieder in ihn ein – im vollen Bewusstsein, dass das Kronenchakra als Tor oder Punkt des Wiedereintritts dient. Ich habe selbst mehrere solche Erfahrungen gemacht und kann persönlich bestätigen, dass ich die Silberschnur sehe, wenn ich von diesen außergewöhnlichen Astralreisen zurückkehre, an die ich mich – da fühle mich gesegnet und bin sehr dankbar – mit großer Klarheit erinnere. Es hat mir immer ein Gefühl der Sicherheit gegeben, zu wissen, dass ich, die Seele, die mein »Ich bin«-Bewusstsein definiert, an meinen physischen Körper gebunden bin. Und ich erlebe immer wieder das unangenehme Gefühl, den ungebundenen, formlosen Astralkörper auf eine Größe zusammenziehen zu müssen, die klein genug ist, um durch das Kronenchakra zu passen.

Wie ein so vitaler und herausragender Aspekt des menschlichen Energiefeldes bei einem lebenden Menschen einfach nicht vorhanden sein kann, passt nicht zu einem metaphysischen Verständnis der Verbindung von Körper und Seele – zumindest nicht nach meiner Erfahrung. Wir glauben, dass die Seele, wenn die Zeit des Todes kommt, den Körpertempel hinter sich lässt, indem sie durch das Kronenchakra austritt, und dass dieses Band durchtrennt wird, wodurch die Seele frei wird, um in ihre nächste Erfahrungsphase weiterzureisen. Aber wenn die Menschen zu Lebzeiten diese Verbindung zum Geist nicht spüren – oder besser gesagt, wenn sie das Gefühl haben, dass die Seele den Tempel bereits verlassen hat –, was dann?

Bei inzwischen vierzehn Personen, die ich mit meinen medialen Fähigkeiten gescannt habe, war mir in jedem Fall vorher nicht bekannt, dass die Person eine oder mehrere Corona-Injektionen erhalten hatte. Ich hatte mich nicht danach erkundigt, bevor ich mit dem Reading begann. Ich informiere mich vor einer Sitzung nie über meine Klienten, da ich die reine mediale Wahrnehmung nicht durch Informationen und Eindrücke beeinflussen möchte, die ich zuvor erhalten habe. Ich glaube, das wäre bei der speziellen Dienstleistung, die ich erbringe, unethisch. Vielmehr verlasse ich mich strikt auf das, was mir durch meine hellseherische Gabe gezeigt wird. Und genau das ist es, was die Menschen wünschen, die sich von mir beraten lassen.

Dass mir das Kronenchakra überhaupt nicht erscheint, wenn ich mein Drittes Auge öffne, um den medialen Scan des Energiekörpers einer Person durchzuführen, ist äußerst alarmierend und beunruhigend. In jedem der vierzehn Fälle war ich verblüfft, dass ich an diesem kritischen Punkt im elektromagnetischen Feld der Person überhaupt nichts sehen konnte: keinen wirbelnden Strudel, kein funkelndes Licht … nichts, was ich als »Energie« am Kronenchakra hätte definieren können.

Dass all diese Menschen dann erklärten, sie könnten Gott nicht mehr spüren, nicht mehr meditieren, sich nicht mehr mit geistigen Helfern oder dem Großen Geist selbst verbinden, war eine Bestätigung dafür, dass etwas wirklich Entmenschlichendes mit ihnen geschieht – etwas, das wir noch nie erlebt haben.

Immer mehr Menschen beschreiben das Trauma nach der Injektion als ein Gefühl, als hätte »ihre Seele sie verlassen«. Sie beschreiben, dass sie sich verzweifelt und deprimiert fühlen, den Eindruck haben, von allem und jedem getrennt zu sein. Sie sagen mir, dass sie Gott nicht spüren können. Sie beschreiben, dass sie ein Gefühl von Apathie und Gleichgültigkeit gegenüber ihren Mitmenschen nicht loswerden können, und sie geben zu, dass sie in unterschiedlichem Maß traurig und deprimiert sind, dass ihnen insgesamt das Mitgefühl oder die Verbindung zu allem, was außerhalb ihrer selbst liegt, abhanden gekommen ist. Der Materialismus – ihr neuer Gott – ist nun das Einzige, was zählt, während sie vom Geist völlig verlassen zu sein scheinen.

Stellen Sie sich vor, wie viele Angst haben, sich zu äußern, und wie viele nicht in der Lage sind, zu ergründen, was ihnen auf geistiger Ebene angetan wurde. Meine persönliche, begrenzte Erfahrung sieht so aus, dass bei allen vierzehn von mir beratenen geimpften Menschen – also bei hundert Prozent – das Kronenchakra nicht sichtbar war. Zudem war der Ätherleib deutlich geschwächt und schwand regelrecht dahin. Alle diese vierzehn Personen schilderten mir übereinstimmend, dass sie sich von der Quelle getrennt fühlten … von Gott … vom Licht.

Genau das hat Rudolf Steiner vor hundert Jahren beschrieben. Das kann kein Zufall sein.

Inzwischen beginnt die Wahrheit darüber, was wirklich in diesen Spritzen steckt, durchzusickern. Immer mehr von denen, die sich das Gift verabreichen ließen, sehen, wie Menschen um sie herum chronisch erkranken oder an den Injektionen sterben, und erkennen, dass sie einen schrecklichen Fehler gemacht haben. Gefangen in der vehementen gesellschaftlichen Polarität zwischen Impfbefürwortern und Impfgegnern, ringen diese Menschen mit sich, haben Angst, die Fragen zu stellen, die gestellt werden müssen, und wissen nicht, wohin sie sich wenden können, um Antworten zu erhalten.

Versuchen Sie einmal, einem schulmedizinischen Impfbefürworter-Arzt zu sagen, dass Sie »Gott nicht mehr in sich spüren können« oder dass Sie befürchten, nach der Injektion irgendwie von der Quelle »abgekoppelt« worden zu sein. Bei denjenigen, die es doch wagen, wird man eine »Psychose« oder »Depression« diagnostizieren. Dann werden sie, das versteht sich von selbst, an einen Psychiater überwiesen und/oder erhalten stimmungsverändernde, ruhigstellende Medikamente, um die Symptome zu unterdrücken. Offenbar sind nur wenige Ärzte darauf vorbereitet oder erhalten die Erlaubnis, sich mit einem Problem auseinanderzusetzen, das so tiefgreifend und beispiellos ist wie eine Verschwörung, die darauf abzielt, den göttlichen Code in unserer DNA abzuschalten oder zu verschlüsseln.

Es erübrigt sich zu sagen, dass niemand im Medizinstudium lernt, eine »Seelenabtrennung« zu diagnostizieren und zu behandeln.

Es war sehr aufschlussreich und alarmierend zu erfahren, dass alle vierzehn Personen zwei oder drei Injektionen erhalten hatten. Wie viele Hunderttausende, die sich mehrfach haben »impfen« lassen, kämpfen ebenfalls im Stillen mit der ultimativen existenziellen Krise, abgeschnitten vom Geist, ohne jemanden, an den sie sich wenden können? Welcher dunkle, parasitäre Mechanismus wurde diesen Menschen injiziert, und was hat dazu geführt, dass ihr Licht und ihre Anbindung so sehr geschwächt wurde? Und ist auch nur irgendjemand bereit, ihnen zuzuhören und zu helfen?

Welche Erklärung gibt es für diese abnorme Störung des menschlichen Energiesystems, die das Kronenchakra auszuschalten scheint? Und warum beschrieben alle vierzehn Betroffenen mir gegenüber das gleiche unheimliche Gefühl, irgendwie von der göttlichen Quelle abgeschnitten zu sein? Ihre entsetzten Berichte reichten von Gefühlen verminderter Spiritualität, erloschenem inneren Licht,

Verlust der Lebensfreude bis hin zu der hoffnungslosen Verzweiflung, dass Gott sie irgendwie »verlassen« hätte.

Ich fragte mich: Hatten die Injektionen den Lebensenergiewirbel des Kronenchakras irgendwie verdeckt oder abgeschattet? Hatten sie die Verbindung vollständig unterbrochen? War der Göttliche Lebensplan außer Kraft gesetzt worden? Und, vielleicht die wichtigste Frage von allen: Würde sich das Chakra mit der Zeit wieder beleben, und wenn ja, bis zu welchem Grad?

In den ätherischen und astralen Dimensionen können alle möglichen Erscheinungen und Phänomene auftreten. Als objektive Beobachterin und mediale Heilerin finde ich es oft sehr schwierig, sie zu deuten und angemessen mit ihnen umzugehen. Ich habe alles gesehen: von schaurigen dämonischen Wesenheiten und vampirischen Blutsaugern, die dem Wirt die Lebenskraft aussaugen und das Energiefeld erschöpfen, bis hin zu weitaus weniger schädlichen Anhaftungen nicht bösartiger Geister, die sich irgendwo im Äther verirrt haben und sich dann wie Parasiten energetisch an einen Menschen anhängen und sich von seiner physischen Lebensenergie ernähren, um zu überleben. Es gab zahllose Manifestationen dessen, was ich mein ganzes Leben lang durch mein inneres Auge zu sehen vermochte: einige beängstigend und bedrohlich, andere geheimnisvoll und kurios – Aspekte des multidimensionalen Universums, die sich im ätherischen Feld manifestieren. All das erfüllt mich mit Staunen und großer Neugier, und ich empfinde großes Mitgefühl für jene harmlosen, unbedenklichen Energien, die sich im Dazwischen verirren. Als Heilerin war ich oft in der Lage, verlorenen Energien/Geistern zu helfen, sich zu lösen und weiterzuziehen, hin zu ihrem rechtmäßigen Platz in den ätherischen Reichen. Es ist viel schwieriger, dieses Mitgefühl für die eher dämonischen Wesenheiten zu empfinden, die in die Energiekörper von Menschen eindringen und in vielen Fällen von ihnen Besitz ergreifen.

Selbst wenn ich in der Lage wäre, diese Art von bösartigem Geist aus der Anhaftung zu befreien, wüsste ich dann, wohin er gehen soll? Wäre ich in der Lage, dafür zu sorgen, dass er nicht einfach weiterzieht, um sich ein anderes Opfer zu suchen?

In diesen seltenen Fällen hilft mir mein persönlicher Schutzschild, sie in Schach und auf Distanz zu halten.

Sehr oft sind es karmische Entscheidungen der Menschen, mit denen sie diese Energien selbst in ihr Leben rufen. Ist es die Aufgabe des Heilers, sich einzumischen?

Die gleichen Fragen stellen sich auch, wenn ich auf dieses beunruhigende neue Phänomen stoße: eine leere Stelle über dem Kronenchakra, wo normalerweise funkelnde Lichter, Strahlen, ja sogar Spiralen von diesem heiligen Raum ausgehen, das Aurafeld durchqueren und in den Äther hinausschießen. Und in allen Fällen beschreiben diese Menschen genau das gleiche Gefühl, dass sie von der Quelle getrennt sind, dass sie die göttliche Energie nicht mehr spüren können … und sich isoliert und verloren fühlen.

Meine Gedanken kreisen um die Frage: Wie kann ich ihnen helfen, die Verbindung wiederherzustellen? Und dann beschäftigt mich eine Überlegung, der sich auch andere Heiler und Medien stellen müssen: Wird mein Eingreifen auf irgendeiner Ebene das Karma beeinträchtigen, das der Betreffende geschaffen hat, indem er vorsätzlich zuließ, dass eine fremde Substanz, von der er nichts weiß, in seinen Körpertempel injiziert wird? Würde ich dabei mein eigenes Karma mit dem des anderen verbinden?

Diejenigen, die vor den allmächtigen Administratoren unhinterfragt immer wieder die Arme entblößen und sich das Gift spritzen lassen, schließen im Grunde, ohne sich dessen wirklich bewusst zu sein, einen Bund mit etwas oder jemandem. Im Wesentlichen geben diese Menschen ihre Einwilligung, dass ihr gottgegebenes Betriebssystem durch ein synthetisches ersetzt wird. Auch wenn sie sich diese Realität bewusst nicht eingestehen, sagen sie zu den Mächtigen: »Ja, macht mit mir, was ihr wollt.« Und sie geben die eigene Souveränität über Geist, Körper und Seele auf.

Das ist eine wirklich krasse Form der Selbstaufgabe, wenn man bedenkt, wie hoch bei der Erkrankung, vor der dieser Impfstoff, der gar kein Impfstoff ist, angeblich schützen soll, die Heilungsrate ist. Sie sagen unwissentlich: Ja, unbedingt, spritzt mir einen chemischen Cocktail mit unbekannten Substanzen, der auch Nanotechnologie – synthetische mRNA – enthält, die in den Molekülkörper eingebracht wird und die zelluläre Zusammensetzung aller Menschen verändert, die ihn sich injizieren lassen. Er setzt das Heilige, den göttlichen Code, außer Kraft und fügt eine völlig neue Schablone in den göttlichen Bauplan ein, mit einer neuen Reihe von Befehlen, die offenbar höchst schädlich für den Körper und auch für die Seele sind – und doch sagen sie: Ja, her damit!

Spritzt mir euer Zeug, sperrt mich zu Hause ein ... Raubt mir meinen Atem. Macht das alles mit mir!

Und was steckt wirklich dahinter? Die synthetische Transkription in unserer mutierten DNA und das genetisch gespleißte, falsche Neonlicht aus der DNA nicht-menschlicher Spezies, das sie in unser natürlich leuchtendes Wesen einzufügen begonnen haben, enthält etwas, das die Verantwortlichen »Luciferin« nennen. Und genau darum geht es: *Luzifer »in«* – »Luzifer einlassen«.

Bedeutet dieser auf Angst beruhende Gehorsam, der die Menschen dazu antreibt, zum örtlichen Impfzentrum zu eilen, dass sie auf irgendeiner Ebene des Unterbewusstseins tatsächlich sagen: »Ja, ich akzeptiere Luzifer?« In den meisten Fällen bezweifle ich das sehr. Was bedeutet eine solche Zustimmung nicht nur für den eigenen Körper und das jetzige Leben, sondern auch für die Reise der Seele? Welche Art von karmischer Bindung wird damit erzeugt? Was ist das für ein Pakt? Muss diese Entscheidung durch unzählige Leben hindurch geheilt werden und untergräbt sie den Aufstieg der Seele? Wenn das, wie ich vermute, der Fall ist, wie tief werden sie dann auf der Spirale der Seelenreise hinabstürzen? Sind sich diejenigen, die das Gift akzeptieren, der karmischen Schlinge bewusst, die sie sich für viele folgende Leben um den Hals legen?

Die meisten Menschen haben keine Ahnung, was ihnen da verabreicht wird. Sie stellen keine Fragen und geben ihre Souveränität an diejenigen ab, von denen sie zu ängstlichen Labormäusen für die pharmazeutische, medizinische und biotechnologische Kabale gemacht werden – die mit der DARPA (Defense Advanced Research Projects Agency = Verteidigungsbehörde für hochentwickelte Forschungsprojekte) des US-Militärs zusammenarbeitet. Dieser Agentur der US-Regierung, die der höchsten Geheimhaltungsstufe unterliegt, verdanken wir Errungenschaften wie das GPS-Ortungssystem, Tarnkappenflugzeuge, Spracherkennung, selbstfahrende Autos und viele andere Technologien, die darauf abzielen, die Menschen besser überwachen und beherrschen zu können – oder zumindest unser Verhalten zu verändern.

Wenn Sie immer noch nicht glauben wollen, dass Ihre eigene Regierung mit Big Pharma zusammenarbeitet, lesen Sie diese Erklärung der DARPA, die auf deren Website zu finden ist:[19]

> »Das 2017 gestartete Programm Pandemic Prevention Platform (P3) der DARPA konzentriert sich auf die schnelle Entdeckung, Charakterisierung, Produktion, Prüfung und Bereitstellung wirksamer DNA- und RNA-kodierter medizinischer Gegenmaßnahmen gegen Infektionskrankheiten. Diese grundlegende Technologie, die von der DARPA im Rahmen des Programms Autonomous Diagnostics to Enable Prevention and Therapeutics (ADEPT; »Autonome Diagnostik für Prävention und Therapie«) entwickelt wurde, gibt dem Körper Anweisungen, wie er sofort mit der Produktion von schützenden Antikörpern gegen eine bestimmte Bedrohung beginnen kann. Nach nur zwei Jahren in einem vierjährigen Programm waren Mitwirkende des P3-Programms bei AbCellera Biologics, AstraZeneca, der Duke University und der Vanderbilt University alle in der Lage, in weniger als neunzig Tagen Antikörper für COVID-19 zu identifizieren. Normalerweise dauert dieser Prozess mehrere Jahre.«

Wir sollten nie vergessen, dass der Körper bereits weiß, wie er »sofort mit der Produktion von schützenden Antikörpern gegen eine bestimmte Bedrohung beginnen kann«. Man nennt es das natürliche Immunsystem. Was genau schwebte der Big Pharma/DARPA-Koalition also vor, als sie den Plan entwickelten, jedem lebenden Menschen weltweit einen sogenannten »Impfstoff« zu injizieren, bei dem es sich in Wirklichkeit um einen Mechanismus zum Eindringen in unsere DNA handelt? Und warum ist eine Geheimabteilung des Militärs so stark in diese Sache involviert?

Zum ersten Mal begegnete mir dieses sonderbare und beunruhigende Phänomen der nicht mehr mit dem Körper verbundenen Seele bei einer Frau, der zwei Wochen vor unserem Reading, das ich über das Internet durchführte, der »Impfstoff« gespritzt worden war. Ich werde sie »Lily« nennen.

Ein Jahr zuvor hatte Lily schon einmal einen Termin bei mir gehabt, also bevor sie die »Zweifachimpfung« erhielt. Sie war lebhaft, engagiert, spirituell gut integriert, und ihre metaphysische Praxis kreiste um ihr beliebtes Yogazentrum, wo sie Kurse leitete und Yoga-Retreats organisierte. Sie war eine wirklich zentrierte, leuchtende, hochenergetische Frau.

Ein Jahr später saß ich bei unserer Online-Sitzung einer völlig veränderten Person gegenüber. Sie war leblos und grau, ihr Energiefeld trübe und matt. Das Funkeln und die Wärme waren aus ihren Augen verschwunden.

Als ich ihr sagte, dass ich Mühe hatte, ihr Kronenchakra zu sehen, antwortete sie, sie habe »den Kontakt zum göttlichen Geist verloren« und könne nicht mehr meditieren. Sie beschrieb, wie sie darum gekämpft hatte, ihr Zentrum offen zu halten. Als dann aber die wirklich harten Mandate, Lockdowns und Verbote ausgerollt wurden, war ihr keine andere Wahl geblieben, als es zu schließen. Wie alle anderen, die ich bei den folgenden Readings erlebte, fühlte sich auch Lily wie abgeschaltet, völlig von ihrem höheren Selbst getrennt, und auch von allem und jedem um sie herum. Sie hatte gehofft, dass ein Reading mit mir ihr helfen würde, der Ursache auf den Grund zu gehen und die Blockaden zu lösen, die ich in ihrem Energiekörper feststellte. Lily hatte ihren Zustand der Entfremdung nicht mit dem »Impfstoff« in Verbindung gebracht, bis ich sie fragte, ob sie geimpft sei. Sie antwortete, dass sie die erste Impfung bekommen hatte, als sie zum ersten Mal verabreicht wurden, weil sie damals glaubte, dass sie keine andere Wahl hatte, wenn sie ihr Zentrum offen halten wollte, und dass sie die zweite Impfung erst zwei Wochen vor unserer Sitzung bekommen hatte. Sie berichtete, dass sie keine besonderen Nebenwirkungen verspürt hatte, außer einem wunden Arm und Muskelschmerzen im ganzen Körper nach der ersten Dosis, und nach der zweiten Dosis dann Fieber, erdrückende Kopfschmerzen, die tagelang anhielten, und ein allgemeines Unwohlsein, das noch länger anhielt.

Ich wage zu behaupten, dass dies definitiv negative körperliche Reaktionen auf die Injektionen waren! Und nun war sie hier, zwei Wochen nach der zweiten Spritze, heruntergefahren, ihr Licht abgeschaltet, fühlte sich geistig leer und war verständlicherweise deprimiert und ängstlich.

Es erübrigt sich zu sagen, dass die spirituelle Nebenwirkung der Impfung, die all diesen unschuldigen Menschen aufgezwungen wird, in der Mainstream-Debatte nicht zur Sprache kommt. Wenn Sie es wagen, irgendetwas zu diskutieren, das als »Anti-Impf-Haltung« ausgelegt werden kann – und das schließt hochqualifizierte Forscher, Ärzte, medizinisches Fachpersonal und sogar Whistleblower aus den pharmazeutischen Unternehmen ein –, werden Sie unerbittlich angegriffen und verfolgt. Man lässt nichts unversucht, um Sie zum Schweigen zu bringen und Ihre Existenz zu vernichten. Dadurch verlieren Sie Freunde und oft auch die Familie. Allein die Entscheidung, die Injektion für den eigenen Körper abzulehnen, wird als eine Form von Terrorismus gegen die Gesellschaft verunglimpft.

Während ich dieses Kapitel schreibe, fordern mehrere Regierungschefs und Bürger, die »Ungeimpften« sollten in Konzentrationslager oder sogenannte »Umerziehungszentren« eingesperrt werden, die in Ländern auf der ganzen Welt aus dem Boden schießen.

> ·:· <

Ich erinnere an den Nürnberger Kodex von 1947. Wurde er nicht geschrieben, damit die Welt nie wieder medizinische Experimente an unfreiwilligen Opfern eines Schurkenstaates erleben würde? Müssen wir daran erinnert werden, dass einer der grundlegenden Grundsätze dieses medizinischen Ethikkodex der Nachkriegszeit besagte, dass »das Maß des einzugehenden Risikos niemals dasjenige überschreiten sollte, das durch die humanitäre Bedeutung des Problems, das durch das Experiment gelöst werden soll, bestimmt wird«? Jedem, der bei klarem Verstand ist, sollte einleuchten, dass eine Heilungsrate von 99,7 Prozent nicht das Risiko rechtfertigt, das ein experimenteller, noch nie zuvor verwendeter gentechnisch veränderter »Impfstoff« mit sich bringt. Hier werden ahnungslose Menschen, die ihren Ärzten und ihren politischen Führern vertrauen, als Versuchskaninchen missbraucht.

In diesem Umfeld, in dem die meisten Menschen negative körperliche Reaktionen auf das Experiment als »rein psychisch« abtun, wird der Versuch, eine Diskussion über die Auswirkungen des Covid-19-»Impfstoffs« auf den Geist und die Seele eines Menschen zu eröffnen, sicherlich auf Widerstand, Feindseligkeit und Spott stoßen. Dieser Aspekt des Problems spielt bei den meisten Menschen einfach keine Rolle, denn sie sind mit dieser Facette ihres Wesens noch gar nicht in Berührung gekommen. Wer Zeuge wird, wie jemand an der Spitze der Schlange tot umfällt, und sich dann trotzdem unterwirft, sieht nicht wirklich, was geschieht, denkt nicht eigenständig und versteht die tieferen Zusammenhänge nicht.

Ob es nun ein Zustand der Massenhypnose, des fehlgeleiteten Vertrauens oder der völligen Verleugnung ist, der die Menschen blind macht, vor allem für das Leiden anderer: Es ist nicht zu rechtfertigen, dass sich jemand angesichts dieser Umstände dennoch die Spritze geben lässt. Kommt diesen Leuten denn gar nicht in den Sinn, dass es hier möglicherweise darum geht, sich auf der spirituellen Ebene in ihr Sein einzumischen, indem man ihnen etwas injiziert, das in der Lage ist, sie von der Quelle abzutrennen und den göttlichen Code in ihrer DNA zu hacken?

Die Möglichkeit, den Unschuldigen mittels einer experimentellen Injektion oder Droge das pure Böse zu verabreichen, etwas, das so allgegenwärtig ist, dass es das chakrische/aurische Energienetz umwandeln und buchstäblich die Lichter im Geistkörper ausschalten könnte, übersteigt das Vorstellungsvermögen der meisten Menschen. Für herzzentrierte Menschen ist es sehr schwierig, sich etwas derartig Böses vorzustellen, obwohl der Beweis für alle völlig auf der Hand liegt, die bereit sind, mit offenen Augen zu sehen, was tatsächlich vor sich geht. Und dann gibt es da natürlich noch die den Geist der Menschen betäubenden Mainstream-Medien, die der gleichen Kabale gehören und nicht nur den trügerischen Schein von Objektivität erzeugen … sondern immer offener zur Unterdrückung der Meinungen aller aufrufen, die es wagen, sich dem offiziellen Narrativ und den Regierungen zu widersetzen.

Wenn wir bedenken, dass auf unserem Planeten ein spiritueller Krieg tobt, mit Armeen von Kriegern der Dunkelheit und des Lichts, die sich bereits kampfbereit gegenüberstehen, gelangen wir schnell zu der Erkenntnis, dass es bei der endgültigen Eroberung nicht um Länder, Reichtümer oder Macht geht.

Denn all das besitzen die Herrscher der Finsternis bereits.

Nein, das Ziel ist die Unterwerfung der Seele der Menschheit, die sich willig der satanischen Macht ausliefern und sich ihr in absolutem Gehorsam und Hingabe beugen soll. Um das zu erreichen, ist es erforderlich, die Massen vom göttlichen Licht zu trennen.

Von dieser totalen Unterwerfung nähren sich die Kräfte des Bösen, davon, dass die Menschen nicht länger an die eigene Göttlichkeit glauben … und ihr Selbst an den Meister ausliefern, dem die Kräfte des Bösen huldigen: an die Angst.

Diese bösen Despoten wollen die Seele eines jeden Menschen erobern, den sie auf die dunkle Seite ziehen können. Ihre Absicht ist es, das Licht überall zu verdunkeln, in uns und um uns herum. Wenn diese Trennung erst einmal vollzogen ist, wollen sie das, was von uns dann noch übrig ist, mit Hilfe von Technologien, die uns unfassbar erscheinen, in das Schwarmbewusstsein der Künstlichen Intelligenz assimilieren. Und sie verfügen bereits über diese Technologien. Mit jedem Tag, der vergeht, selbst während ich diese Zeilen schreibe, decken fleißige Forscher immer mehr auf, wie die KI-Nanorobotik der Kabale durch diese Injektionsnadeln verabreicht wird. Und trotzdem lassen sich die Menschen immer noch die nächste und übernächste Spritze geben, lassen immer noch zu, dass die Sonden die Blut-Hirn-Schranke durchdringen, atmen oft immer noch ihr eigenes Kohlendioxid hinter ihren »schützenden« Gesichtsmasken ein und knien vor den Herren nieder, die sie versklaven wollen.

Das mag für Sie völlig weit hergeholt, beängstigend oder verrückt klingen. Aber ich kann Ihnen Folgendes sagen: Aus meiner persönlichen Erfahrung durch Begegnungen, die ich mit Menschen habe, die auf ihrem spirituellen Weg weit fortgeschritten sind, die aber jetzt das Gefühl haben, dass sie sich nicht mehr »mit Gott verbinden« können, weiß ich, dass das Verschwinden des Kronenchakras ein sehr reales Phänomen ist. Diejenigen, die es am eigenen Leib erfahren und sich zunehmend bewusst werden, dass sie einen schrecklichen Fehler begangen haben, sind entsetzt.

Doch ganz gleich, wie weit wir uns von der Quelle entfernen – sei es durch Angst oder Unwissenheit: Es gibt immer einen Weg, und es gibt für jedes Problem immer Lösungen, mehr als eine. Diese Lösungen sind nicht immer das, was wir erhoffen, aber am Ende schaffen wir es, Fortschritte zu machen und dazuzulernen.

Meiner Erfahrung nach, die ich in diesem Buch mit Ihnen teilen möchte, geht es darum, sich absolut auf die Absicht zu konzentrieren, die eigene souveräne DNA zurückzufordern und dann alles wiederherzustellen, was verändert wurde. Das gelingt mit Hilfe kraftvoller Schwingungsfrequenzen, die das, was zerrissen wurde, neu weben und so die Musik, das Licht und die zerbrochenen Teile wiederherstellen … und, wenn möglich, alles entfernen, was mit den entweihenden Injektionsnadeln in den heiligen Tempel des Menschen implantiert wurde.

> ⁘ <

Als eine Pionierin, die vor fast drei Jahrzehnten die Idee der Aktivierung und Reparatur der DNA erstmals ins allgemeine Bewusstsein brachte, beschäftigt mich diese Frage auf meinem Weg als Heilerin und spirituelle Beraterin schon lange.

Jetzt steht allerdings mehr auf dem Spiel … sehr viel mehr.

In diesem Sinne lade ich Sie ein, sich mir anzuschließen, wenn ich dem Dämon direkt in die Augen schaue, um zum absoluten Kern des Problems zu gelangen, mit dem wir alle konfrontiert sind. Wenn wir dann die Natur dieses Problems wirklich erkennen, wird uns das in die Lage versetzen, es umzuwandeln: für uns selbst, für die vierzehn Seelen, die sich abgetrennt und isoliert fühlen, und für viele Hunderttausende andere, die verzweifelt auf unsere Hilfe angewiesen sein werden.

Das Überleben unserer und vieler weiterer Arten steht auf dem Spiel. Wir sind *Homo sapiens*, ob wir nun in unserem Glanz wandeln oder uns in Angst krümmen und uns vor dem Licht Gottes verstecken. Wir sind menschliche Wesen.

Wenn Sie sich fragen, warum Sie das durchmachen müssen, und wenn Sie sich abmühen und müde sind von dem, was sich wie ein endloser Kampf anfühlt, dann denken Sie daran, dass der Krieg nicht nur um Ihre eigene Seele geführt wird, sondern um das Seelenkollektiv der gesamten menschlichen Rasse.

Also, heben wir die Schilde und stellen uns dem Feind!

Haben Sie keine Angst, denn Angst bindet und entmündigt nur.

Wir können über all das sprechen – all das Böse – und es Stück für Stück auseinandernehmen, um jedes einzelne Rädchen zu untersuchen und die zerstörerischen Räder des Widerstands gegen die Liebe zum Stillstand zu bringen.

Spüren Sie die enorme Kraft, die Ihnen das Wissen verleiht, dass Sie direkt in den Bauch der Bestie blicken können und sich ihrer Macht niemals beugen werden. Das Böse hat keine Macht über Sie, es sei denn, Sie sind aus Angst bereit, Ihre Macht aufzugeben. Denken Sie immer daran, dass die Bestie das Adrenalin, das Sie in den Ethos pumpen, als Treibstoff braucht. Sie braucht Ihre Angst, um zu überleben, Ihr Denken zu vernebeln und Ihre Emotionen zu stören, um sich über die Ozeane des menschlichen Bewusstseins ausbreiten und den Geist des Kollektivs beflecken zu können, wie indigoblaue Tinte in kristallklarem Wasser. Rufen Sie das göttliche Licht an, das in Ihnen und um Sie herum existiert.

Lassen Sie nichts in Ihr Inneres eindringen, was nicht der höchsten Absicht entspricht. Entweder fungiert Ihr Geist als ultimativer Schutzschild gegen alles, was in Sie eindringen will – oder aber, wenn Sie das zulassen, als programmierbarer Magnet, den dann Kräfte außerhalb von Ihnen benutzen können, um Sie zu manipulieren und Ihnen dauerhaft Angst einzujagen.

Denken Sie daran, dass Sie ein Kind der Schöpfung sind und dass Sie den göttlichen Code in jeder Zelle Ihres Wesens tragen. Wo und wann immer nötig, liefert Ihnen Ihre natürliche mRNA ständig alle erforderlichen Informationen an jedes Ihrer Gewebe, Organe und sonstigen Körpersysteme, um nicht nur den physischen Körper aufzubauen, zu erhalten und mit Kraft und Energie zu versehen, sondern auch den Geist, die Seele und die brillanten Fähigkeiten Ihres Verstandes. Das nennt sich Selbstheilung.

Jenseits der biologischen DNA werden Sie von mächtigen Energien und Einflüssen im Quantenfeld unterstützt, die Ihrem heiligen, biologischen Wesen ständig lichtgespeiste Informationen übermitteln. Werden Sie sich dessen bewusst. Und erkennen Sie, dass keine böse Macht – egal wie dunkel, egal wie mächtig – Ihnen jemals nehmen kann, was Sie nicht aufzugeben bereit sind.

Ihre Bereitschaft ist das Entscheidende. Nur mit Ihrer Einwilligung können die bösen Mächte Ihnen etwas wegnehmen. Es ist Ihre eigene Entscheidung, ob Sie Ihre Seele für Ruhm und Reichtum aufgeben, für einen mit Ihrem eigenen Blut besiegelten Vertrag. Oder ob Sie den Ärmel hochkrempeln, um sich Luzifer injizieren zu lassen, in der Hoffnung, auf diese Weise Ihre Angst zu besiegen.

Wenn Sie nicht mehr mitmachen, ist das Spiel der Kabale vorbei, denn es funktioniert nur, wenn Sie sich selbst aufgeben. Darin liegt ihre ultimative Macht. Das ist es, was sie von Ihnen wollen.

Wie weit geht Ihr Gehorsam? Ist die Grenze des Zumutbaren nicht längst überschritten? Wenn ja, dann sprechen Sie mir nach: »Ich bin ein souveränes Wesen, ein Kind der Erde und der Sterne.«

Und souverän werden wir für alle Zeiten bleiben.

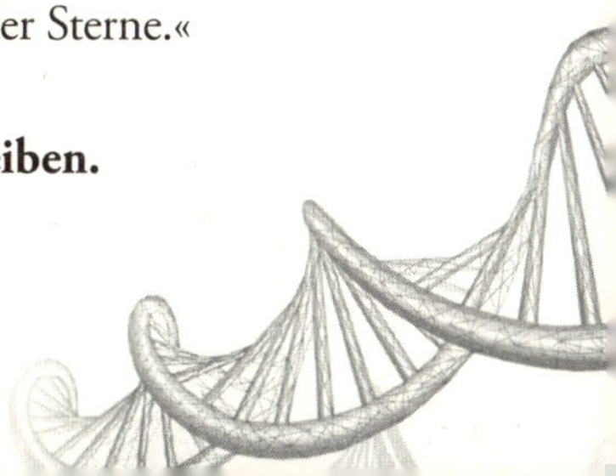

13

Den göttlichen Code in uns ehren

Bioengineering ist die vergiftete Speerspitze des medizinisch-pharmazeutischen Imperiums, das sich auf Kollisionskurs mit dem Schicksal befindet und invasive chemische, synthetische und genetische Manipulationen an der Heiligkeit unserer göttlichen Wesen vornimmt: bei Pflanzen, Tieren und Menschen gleichermaßen. Bioingenieure verrichten ihr Werk, die nicht im Blick haben, wie wunderbar es ist, dass es uns überhaupt gibt, und wie göttlich wir im Innersten unseres Wesens sind, jenseits von Persönlichkeit und Körperlichkeit. Denn wir alle verdanken unsere Existenz der Vision jenes allwissenden göttlichen Wesens, von dem wir glauben, dass es der unglaubliche Architekt allen Lebens ist.

Einige Seelen – »junge Seelen«, wie sie oft genannt werden – entscheiden sich dafür, in einem sehr frühen Stadium auf dem Weg zur letztlichen Erleuchtung Gestalt anzunehmen und in die irdische Dimension hineingeboren zu werden. Hypnotisiert von der sinnlichen Welt und den Verlockungen der pornografischen Sexualität und des bedeutungslosen Materialismus, entscheiden sie sich dafür, in diesen Illusionen zu schwelgen, wo der Schatten das Licht verschleiert. Andere, weitgereiste Seelen aus der Nicht-Zeit, kommen mit einer höheren Vision, einer Mission und mit Gaben, die sich im Laufe ihres Lebens entfalten – Gaben, die gelebt und mit der Gemeinschaft geteilt werden, um das Leben sehr vieler Menschen besser und erhebender zu machen.

Dabei hat jede Seele ihre eigene Zeit, ihren eigenen Rhythmus und ihr eigenes Tempo.

Dunkel oder hell, neu oder alt, wir sind alle aus demselben Grundstoff erschaffen, der das Baumaterial für die gesamte Biologie ist. Es handelt sich um eine Verschmelzung, die aus dem subatomaren, unendlichen mikrokosmischen Universum kommt, aus dem das eigentliche molekulare Material – die DNA – stammt, die aufgrund ihrer unglaublichen Form, ihrer Schwingungsessenz und ihrer Funktion mit einem außergewöhnlichen Bewusstsein und höchster Intelligenz ausgestattet ist.

Aus nicht-invasiver Sicht haben Heiler, Spiritualisten und Mystiker wie ich viel über die ätherische Natur der DNA gelernt: wie das eigentliche Molekül auf negative oder positive Gedanken, Klänge und Schwingungen reagiert und mit dem einheitlichen Feld interagiert. Wir erkennen, wie in unserem Körper das Zellgedächtnis, in dem sich die wässrige und kristalline Essenz unseres biologischen Wesens widerspiegelt, als Resonanzraum für jeden Gedanken dient, den wir je gedacht, jedes Wort, das wir je gesprochen, und jeden Klang, den wir je in unser Herz und die heiligen Hallen unseres »Seins« eingelassen haben. Und uns ist mehr als klar, dass die 90 Prozent DNA in uns, die von der wissenschaftlichen und medizinischen Forschung als »Müll« bezeichnet werden, alles andere als das sind, denn in der Schöpfung und ihrem grenzenlosen Ausdruck im gesamten Kosmos gibt es nichts Überflüssiges.

Die in den Offenbarungen der Sirianer dargelegte Erklärung, dass Fragmente von zehn unserer ursprünglichen zwölf Stränge (die von den Genetikern als »nicht kodiert« oder »Müll« bezeichnet werden) verstreut wurden und in den Zellen schlummern, ist meiner bescheidenen Meinung nach weitaus glaubwürdiger als die offizielle Darstellung: dass neun Zehntel unserer DNA zweckloser Abfall sind, der keine Funktion hat und nirgendwo hingehört … so als hätte die Schöpfung nach unserer Erschaffung vergessen aufzuräumen.

Lassen Sie uns ganz klar aussprechen, was ich nur eine »unbestreitbare Wahrheit« nennen kann: Von allen lebenden einheimischen Tierarten, die unseren Lebensraum hier auf der Erde teilen, erzeugt nur der Mensch »Müll« – und zwar eine Menge – Stunde um Stunde sind es unzählige Tonnen, und damit verwüstet er jedes Ökosystem auf dem Planeten. Das gibt es nirgendwo in der Natur, wo alle Lebewesen in einem fortwährenden Tanz individueller und kollektiver Ziele, die sich in atemberaubender Schönheit ausdrücken, gemeinsam eine miteinander verbundene Umwelt schaffen, die überall, wo der Mensch nicht eingreift, wunderbar gedeiht.

Die Schöpfung hat alle möglichen Lebensformen hervorgebracht, die in perfekter Synchronizität immer wieder Neues erschaffen, aber auch Verfall und Tod aus jedem Ökosystem entfernen und so die Natur in perfektem Gleichgewicht halten. Maden, Geier, Hyänen und viele andere Tiere ernähren sich von Kadavern und beseitigen alle gestorbenen Organismen. Selbst die kleinsten Lebewesen wie die Ameise dienen als Aasfresser, die Abfälle beseitigen und verzehren. Andere ernähren sich von abgestorbenem Pflanzenmaterial, wodurch neues Wachstum ermöglicht wird.

Damit soll nicht geleugnet werden, dass Menschen, die im Einklang mit der Natur leben, wunderbare Dinge tun, wenn sie Gärten anlegen, die Tiere schützen und in Harmonie mit ihrer Umwelt leben, achtsam gegenüber dem Fluss des Lebens und der Schönheit der Schöpfung. Viele von uns verlassen auf der Suche nach einer solchen Verbundenheit die giftbelasteten Großstädte. Sie bauen nachhaltige Häuser und achten darauf, so wenig Abfall wie möglich zu erzeugen. Sie sind sich unseres »ökologischen Fußabdrucks« bewusst. Und wenn wir den zusätzlichen Schritt tun, das Plastik und den Müll, den andere in Parks und an Stränden hinterlassen haben, einzusammeln, dann spielen wir als Hüter der Umwelt eine sehr bewusste Rolle im Tanz des Lebens. Wir werden zu bewussten Mitwirkenden am auf wechselseitigen Abhängigkeiten beruhenden System der Natur.

Wir verneigen uns in großer Demut und Hochachtung vor der Schönheit … und die Göttin Gaia verneigt sich vor uns.

Halten Sie einmal inne und denken Sie darüber nach, wie harmonisch alles in unserer gegenseitig abhängigen natürlichen Welt zusammenpasst. Wir müssen nur das perfekte Gleichgewicht der reinen Erde, des Meeres und des Himmels und aller gesegneten Geschöpfe der Erde betrachten, um zu erkennen, wie das Leben in einem exquisit choreographierten Tanz des Lebens miterschafft und dass nichts im großen Plan unserer Welt und darüber hinaus ohne Daseinsberechtigung ist.

Nichts im göttlichen Plan ist überflüssig. Alles, was existiert, hat einen Zweck: in der Natur, im Makrokosmos des multidimensionalen Universums und in den mikrokosmischen Mustern, die den zellulären Aufbau aller Lebewesen bestimmen. Wenn wir das Leben durch diese Linse betrachten und erkennen, wie die Dinge in den großartigen Landschaften unserer Erde so nahtlos zusammenpassen, liegt folgender Schluss nahe: Die Naturwissenschaftler, die die Etymologie unserer Spezies untersuchen, waren offensichtlich nur deshalb noch nie in der Lage, 90 Prozent unserer DNA als sinnvollen Teil unseres göttlichen Bauplans zu identifizieren, weil es mit ihrer wissenschaftlichen Herangehensweise auf diesem Gebiet ein neunzigprozentiges Problem gibt!

Wir Metaphysiker haben verstanden, dass diese 90 Prozent alles mit unserem inneren Auge, der Zirbeldrüse, zu tun haben und damit, wie perfekt wir für die bewusste Verbindung mit dem Quantenuniversum und den Zugang zu ihm erschaffen wurden. Diese zerlegten Lichtstränge und schlafenden Signale sind derzeit in einem Sumpf aus zerbrochenen Segmenten verschlüsselt und warten auf den Impuls und die bewusste Steuerung, die sie in ihre ursprüngliche Form, Struktur und Bestimmung zurückmagnetisieren und wieder mit dem »Hauptschaltpult« verbinden.

Für die vollständige zwölfsträngige Aktivierung dieses verstreuten DNA-Materials ist auch die Deaktivierung des elektromagnetischen Gitters erforderlich, das den Planeten umgibt und uns in einem niedrigeren Energiefeld gefangen hält. Dieses Gitter behindert die leuchtende, christusähnliche Energie, die unser ursprüngliches Geburtsrecht ist.

Mit großem Interesse las ich vor einiger Zeit, dass vierzig von neunundvierzig Starlink-Satelliten, die von entscheidender Bedeutung für Elon Musks invasives SpaceX-»Kommunikationssystem«

sind, im Februar 2022 auf die Erde abstürzten. In einer eilig veröffentlichen Pressemitteilung erklärte SpaceX, die Starlink-Satelliten würden nicht mit den unzähligen anderen Satelliten kollidieren, die unseren Planeten umkreisen, und da sie beim Eintritt in die Atmosphäre verglühen, würden keine gefährlichen Trümmer entstehen, die auf der Erde aufschlagen.

Anscheinend gab es also keine Abstürze.

Je nachdem, ob die Leute Musk als Helden oder als Schurken betrachten, tauchten in den sozialen Medien sofort alle möglichen Spekulationen darüber auf, ob die Satelliten von den White Hats oder von den Black Hats abgeschossen wurden, den Guten oder den Bösen. Die Debatte dauert an. In einer Erklärung von SpaceX selbst heißt es, die Satelliten seien durch einen geomagnetischen Sturm vom Kurs abgekommen. Wenn das wirklich stimmt, dann möge es noch viele solcher Stürme geben! Und mögen noch viele weitere High-Tech-Überwachungssatelliten, die potenziell als Waffe eingesetzt werden, außerhalb der Erdatmosphäre explodieren … im Weltraum. Dann können sie nicht mehr dafür genutzt werden, unsere privaten Räume auszuspionieren.

Obwohl wir wissen, dass wir unser Schicksal selbst in die Hand nehmen und selbst die Retter sein müssen, auf die wir, wie manche glauben, angeblich warten, ist es mein persönlicher Eindruck, dass Kräfte, die noch jenseits unserer Wahrnehmung liegen, der Erdenmenschheit in dieser tückischen Zeit beistehen. Ob es wie unsere persönlichen Geistführer, die uns auf unserem individuellen Weg unterstützen, auch friedliebende Zivilisationen außerhalb des Planeten gibt, die mithelfen, unseren Aufstieg aus dem Sumpf zu ermöglichen, in dem wir uns heute befinden, wird ein Geheimnis bleiben, bis wir unbestreitbaren, unwiderlegbaren Kontakt haben. Was wir in der Zwischenzeit nicht übersehen dürfen, ist das außergewöhnlich bewusste Zusammenspiel zwischen den Planeten und unserer Sonne, der Quelle von Wärme und elektromagnetischer Energie, die unser Sonnensystem aufrechterhält. Diese mächtigen Energien unseres aufsteigenden Sterns sind in der Tat mehr als fähig, den unseren Planeten umgebenden elektromagnetischen Käfig aufzulösen, dessen extreme Strahlung unsere Atmosphäre durchdringt und sich äußerst negativ auf alles irdische Leben auswirkt.

Das schreckliche Gitter, das unseren Planeten umgibt, muss beseitigt werden, und das wird auch geschehen – auf die eine oder andere Weise. Sei es, dass friedliebende Außerirdische uns hier unten dabei helfen, oder dass die Sonne selbst das gesamte Netz in einer monumentalen Sonneneruption verbrennt und die Trümmer aus der Erdumlaufbahn schleudert. Jedenfalls ist es an der Zeit, dass dieser technisch-mechanische Gürtel um unseren Planeten entfernt wird – und nicht mit noch mehr technologischen Geräten enger gezogen wird, die zusätzlich stärkere elektromagnetische Frequenzen auf unsere Welt regnen lassen.

Wir haben genug davon. Lasst diesen waffenfähigen Strahlenkäfig im Weltraum verbrennen und, wie das Fleisch verendeter Tiere in der Savanne, von wohlmeinenden galaktischen Aasfressern – den Aufräumtrupps – abtransportieren.

Der Abbau des elektromagnetischen Gitters, das unsere Erde umgibt, ist für unseren Fortschritt von entscheidender Bedeutung: vom mikrokosmischen Universum – den Atomen, Protonen und Neutronen des subatomaren Bewusstseins – bis hin zum makrokosmischen Energieaustausch zwischen unserer Sonne und allen Himmelskörpern, die in ihrem Einflussbereich liegen, sowie mit allen Spezies, die auf den Planeten, Monden und Asteroiden in unserem Sonnensystem leben und gedeihen. Und ich wiederhole: Es ist notwendig für die vollständige Reaktivierung jener zusätzlichen DNA-Stränge, die gegenwärtig in unserer DNA-Matrix verstreut liegen wie winzige Bits und Stücke, die in einem Topf mit mikrowellengekochter Minestrone herumschwimmen.

Ich kann die Frage nicht ignorieren, wie sich dieses Gitter auf die DNA von Tieren, Pflanzen und Menschen auswirkt. Forscher behaupten, dass es auch bei vielen anderen Spezies »Müll-DNA« gibt, und da wir wissen, dass wir erstaunlich ähnliche genetische Bausteine haben, liegt es nahe, dass die Störung, bei der zehn Stränge unserer göttlich erschaffenen DNA durcheinander gebracht wurden, sich auch auf die gesamte Tier- und Pflanzenwelt ausgewirkt hat. Dass Außerirdische vor über 100.000 Jahren absichtlich eine futuristische Form elektromagnetischer Strahlung eingesetzt haben, um unsere DNA zu zerstückeln und damit die Brillanz einer Gesellschaft göttlich erschaffener Wesen zu schwächen und unsere Evolution zu sabotieren, ist eine sehr faszinierende Annahme … allerdings auch sehr verwirrend.

Und die Tatsache, dass es auch im Tierreich zu Chromosomenstörungen und schädlichen Mutationen kam, wirft weitere Fragen auf. Zu welchen wahnsinnigen Waffen hatten diese Spaltung und Unfrieden erzeugenden außerirdischen Kreaturen Zugang? Und was genau planen die modernen Vernichter? Wie wollen sie all das einsetzen, über das sie inzwischen verfügen: im Weltraum, über den Wolken, auf dem Land und tief im Meer?

Ungeachtet des unbedeutenden kleinen Problems dieser lästigen 90 Prozent mysteriöser DNA, die prominente darwinistische Theoretiker als übrig gebliebenen Müll – als Abfallprodukt der Evolution – abtun, glauben Genetiker des einundzwanzigsten Jahrhunderts, sie hätten das gesamte menschliche Genom erfolgreich sequenziert, was jedoch nicht der Fall ist. Ganz und gar nicht. Zweifelsohne verfügen sie heute über eine hoch entwickelte Technologie. Sie wurde vor Jahrzehnten aus Quellen erworben, die der damaligen technologischen Kapazität der Menschheit um Lichtjahre voraus waren. Soweit wir wissen, hat Präsident Dwight D. Eisenhower in seinem Handelsabkommen mit außerirdischen Wesen den außerirdischen Besuchern die Erlaubnis erteilt, an uns »Typ-Null«-Menschen zu experimentieren, im Austausch gegen hochentwickelte Technologie und damit verbundene wissenschaftliche Erkenntnisse, die unseren evolutionären Fortschritt eindeutig verändert haben.

Unabhängig davon, ob der Präsident überhaupt die Wahl hatte, die Bedingungen dieser Außerirdischen zu akzeptieren oder nicht, war dieser »Deal«, wenn er tatsächlich stattfand, ein sehr schlechter, und zwar in jeder Hinsicht. Wenn man das Leid Tausender traumatisierter Entführungsopfer berücksichtigt, und die Folgen für unsere Zivilisation, die durch Informationen und Systeme, die für unsere darauf unvorbereitete Gesellschaft viel zu fortschrittlich sind, konditioniert und ihnen ausgesetzt wurde, scheint Präsident Eisenhowers Handschlag mit den Außerirdischen vor allem für den Militärisch-Industriellen Komplex von Nutzen gewesen zu sein – für jenen dunklen »Tiefen Staat« also, vor dem Eisenhower selbst gewarnt hatte. Für den gesunden Fortschritt des Lebens auf der Erde war er dagegen alles andere als förderlich.

Unabhängig von der Quelle, ob außerirdisch oder menschlich, ist es erwiesen, dass das Militär und die von der Regierung angeworbenen Wissenschaftler über Technologien verfügen, die dem heute öffentlich bekannten Stand mindestens vierzig Jahre voraus sein dürften. Angesichts dessen, wie die Kabale, die seit Beginn des einundzwanzigsten Jahrhunderts den Fuß auf dem Gaspedal hat, diese Werkzeuge seit Eisenhowers Alien-Begegnung einsetzt, schaudert es mich, mir vorzustellen, wozu sie fähig sind, nicht nur auf diesem Planeten, sondern auch auf anderen, die sie erobern wollen.

Schon seit der Zeit des Despoten Adolf Hitler ist alles Leben auf der Erde Gegenstand eines unerbittlichen Experiments, das jede erdenkliche und unvorstellbare Invasion gegen alle biologischen Arten beinhaltet. Im Jahr 2008 tat sich eine Organisation namens Crop Trust oder »Welttreuhandfonds für Kulturpflanzenvielfalt«, eine NGO mit Sitz in Rom, mit der norwegischen Regierung zusammen, um in einer Bergflanke in Spitzbergen den Global Seed Vault zu errichten, einen »Weltweiten Saatgut-Tresor«, der der mythischen Arche Noah nicht unähnlich ist. Überrascht es Sie zu hören, dass die Bill Gates Foundation/UN Foundation der zweitgrößte Geldgeber für das Projekt ist?

Nachdem die Organisation mit dem Geld der Superreichen, die hinter ihr stehen, das Saatgut jeder lebenden Pflanzenart der Erde gesammelt und in diesem eisigen Globalen Tresor im Permafrost eingelagert hatte, wurde die atemberaubende Flora unserer Erde – insbesondere Kulturpflanzen und Heilkräuter – attackiert, vergiftet, verbrannt, genetisch manipuliert und ausgerottet. Die verbliebenen Pflanzen- und Baumarten des Gartens Eden werden gentechnisch verändert, um ihre Produktivität zu steigern, sie widerstandsfähiger gegen Infektionen und Schädlinge zu machen und vor allem, um unnatürliches DNA-Material in die Nahrungskette einzubringen, zusammen mit synthetischer mRNA, Arzneimitteln, Insekten und Gentherapien.

Wie hat Mutter Erde das alles eigentlich früher allein so schön hinbekommen?

Ich kann nur sagen: »Seien Sie äußerst vorsichtig mit dem, was Sie essen.« Verzehren Sie, so weit möglich, ausschließlich Lebensmittel aus biologischer Landwirtschaft. Seien Sie sich dessen bewusst und treffen Sie die beste Wahl, die Sie treffen können. Erzeugen Sie Ihre Nahrung im eigenen Garten oder schließen Sie sich mit Landwirten und Gartenprojekten in der Nachbarschaft zusammen.

Pflanzen Sie Bäume, um die Erde abzukühlen, und Blumen für die Bienen. Bauen Sie Ihre eigenen Lebensmittel an.

Mit den Tieren wurde natürlich schon immer experimentiert. Die DNA von Tieren wurde gespleißt, gekreuzt, mutiert und mit der von anderen Arten verbunden, um neue bizarre Mutationen zu schaffen – Chimären – aus Gründen, die alles andere als altruistisch sind. Damit wurde der Weg zu den aktuellen Experimenten geebnet, bei denen die menschliche DNA mit außerirdischer vermischt und dadurch der natürliche biologische Leib des Bioms der Erde völlig, und höchstwahrscheinlich für immer, verändert wird.

Eine teuflische Weltregierung will die menschliche DNA nun mit der Technologie der Künstlichen Intelligenz verschmelzen, und zieht dabei alle Register. Wie völlig verantwortungslose Anfänger, die rücksichtslos Gott spielen (nicht nur mit unserer gegenwärtigen Existenz, sondern auch mit der Zukunft unseres Lebens), haben staatlich finanzierte Universitäts- und Laborforscher Hochkonjunktur und arbeiten weltweit an der Verwirklichung ihrer dystopischen Fantasien. Seit Beginn des einundzwanzigsten Jahrhunderts haben sie eine viel breitere Lizenz und freien Zugang zu einigen der futuristischen außerirdischen Technologien, die durch Eisenhowers Deal zugänglich wurden. So können sie ohne Einschränkungen die göttliche molekulare Software verändern – bei einem einfachen Blatt, einem Vogel, einem mächtigen Wal … und bei uns Menschen.

Es scheint, dass ein sehr einseitiges Wettrennen im Gange ist, um den gottgegebenen Code in allen Lebensformen zu verändern, zu spleißen und neu zu schreiben, wahrscheinlich absichtlich. Abgesehen von der Beeinflussung und Veränderung des göttlichen Bauplans, ungeachtet des angeblichen Altruismus, ist die »angewandte Genetik« vor allem ein großes Geschäft – und bedeutet viel Geld für die Großindustrie. Zu den Bereichen, die wegen ihrer unfassbar hohen Gewinnmargen für Big Pharma und möglicherweise für die Regierung und das Militär erforscht werden, gehören:

- Auswertung von Daten, die das menschliche Genom betreffen, Kategorisierung von genetischen Informationen für die Regierung, Big Pharma und andere private Interessengruppen.
- Bestimmung genetischer Prädispositionen für Krankheiten des Fötus oder des Neugeborenen – und Eingriffe in den genetischen Code, wenn sie für »notwendig« erachtet werden.
- Entwicklung neuer Gentherapien.
- Profiling: Ausrichtung bestimmter Arzneimittel und Gentherapien auf Menschen mit bestimmten genetischen Merkmalen und Eigenschaften.
- Prüfung genetischer Mensch-Tier-Mutationen.
- Herstellung von Biowaffen, wie im Fall der mRNA-Impfungen.
- Schaffung von »Designer«-Babys.
- Veränderung des menschlichen Genoms, um die Evolution der menschlichen Spezies in neue Bahnen zu lenken.

Wenn man diese Liste mit einigen der lukrativsten »Wachstumsfelder« der aufkeimenden Genetikindustrie liest, kann man sich sehr gut vorstellen, dass, egal wie sie es drehen und wenden, invasive Praktiken, die in die Unantastbarkeit des menschlichen Lebens eingreifen, durch Testen, Sondieren, Injizieren, Modifizieren und Verabreichen von Medikamenten, in den Big Pharma/Biotech-Berufen schon längst an der Tagesordnung sind.

Die Praxis in diesen sterilen, kalten Laboren, in denen an der DNA der oben erwähnten Föten, Neugeborenen, Kinder und Erwachsenen experimentiert wird, ist zu schmerzhaft, um an dieser Stelle ausführlicher darauf einzugehen.

Sie ist für jeden herzensguten, bewussten Menschen unerträglich finster und böse. Viele werden niemals in der Lage sein, zu ergründen oder zu glauben, was in diesen Einrichtungen tatsächlich vor sich geht, denn es ist sehr schwierig für liebende Seelen, die Gräueltaten zu betrachten, die dort begangen werden: ob auf zellulärer Ebene in den Reagenzgläsern und Petrischalen oder durch Experimente an gefangenen, missbrauchten Lebewesen.

Wir wollen nicht darüber nachdenken, wir wollen nicht darüber reden. Aber das Grauen ist präsent, und es breitet sich in Windeseile aus. Wir haben schon viel zu lange die andere Wange hingehalten.

Vor vielen Jahren lernte ich eine Frau kennen, die in einem solchen Labor arbeitete, und zwar in einem, das Tierversuche für die Kosmetikindustrie durchführte. Ich erspare Ihnen die grausamen Details. Ich erinnere mich, dass ich dachte, wie verschlossen sie als Mensch war, und wie seltsam es mir vorkam, dass eine Mutter von vier Kindern diesen gequälten Tieren das antun konnte. Als ich sie fragte, wie sie es ertrug, diesen unschuldigen, unendlich leidenden Geschöpfen solche Schrecken und Schmerzen zuzufügen, antwortete sie ganz sachlich, dass es ja »nur Tiere« seien.

Ich erinnerte sie daran, dass auch wir Tiere sind, eine bestimmte Spezies von Tieren, worauf sie kalt erwiderte: »Du bist zu sensibel. Du solltest härter werden, sonst wirst du das, was sie für die Zukunft planen, nicht ertragen können.«

Jahrzehnte später verfolgen mich diese ominösen Worte jeden Tag mehr und mehr, wenn ich sehe, was bereits geschehen ist und was uns noch bevorsteht. Ich habe mich nie gegen das Leiden »abgehärtet« und werde es auch niemals tun.

Es genügt zu sagen, dass verrückte Genetiker schon seit dem Zweiten Weltkrieg die DNA von Tieren und Pflanzen aus Gründen vervielfältigen, ersetzen und mutieren, die nichts oder bestenfalls sehr wenig mit dem Fortschritt einer empfindungsfähigen

Art zu tun haben. In diesen Laboren werden unvorstellbar grausame Experimente durchgeführt, und in den Vorstandsetagen der Unternehmen, die sie finanzieren, hat sich das Interesse in den letzten Jahrzehnten von der Mutation und Verstümmelung des Pflanzen- und Tierreichs auf die Veränderung und Sabotage der menschlichen DNA verlagert.

Die von den Regierungen finanzierte Big Pharma und der Militärisch-Industrielle Komplex, vor dem Eisenhower bereits im Januar 1961 in seiner Abschiedsrede an die Nation warnte, scheinen keine Hemmungen, keine ethischen oder moralischen Einschränkungen und Grenzen zu kennen. In der Anonymität ihrer relativ geheimen Welt ist auf dem Gebiet der Biotechnologie alles erlaubt, auch Experimente mit sämtlichen auf der Erde heimischen und wahrscheinlich auch mit außerirdischen Lebensformen. Es heißt, dass sie hybride Spezies schaffen, indem sie die menschliche DNA mit der von ausgewählten außerirdischen Wesen vermischen. Zehntausende Entführte behaupten, Erfahrungen mit dieser außerirdischen Agenda zu haben – es sind viel zu viele, um sie zu ignorieren. Den Bioingenieuren wird in diesen Laboren freie Hand gelassen. Gott stehe den armen Tieren und Menschen und wahrscheinlich auch Außerirdischen bei, die in ihren Käfigen landen, wie es in Area 51 und anderen streng geheimen Militärbasen häufig der Fall zu sein scheint.

Gott stehe ihnen allen bei.

Was auch immer die Genetiker öffentlich behaupten und versprechen: dass das sich entwickelnde Feld der biogenetischen Medizin oder Gentherapie eine erheblich wirkungsvollere Behandlung von Krankheiten ermöglichen und unsere Lebensspanne verlängern würde – die Wahrheit ist erheblich finsterer: Die profitabelste Industrie der Welt lebt davon, dass wir von Pharmazeutika, von legalem Drogenhandel abhängig sind – es geht nicht um unser Wohlbefinden. Das gilt auch für die Gentechnik.

Es geht, wie gesagt, um Geld – viel Geld – für Big Pharma und deren »finanziell empfängliche« Freunde, die für die wunschgemäßen politischen Entscheidungen sorgen.

Ein geachteter und liebevoll behandelter Körper weiß, wie er seine Gesundheit erhalten kann, auch wenn die Toxizität unserer Umwelt unser Immunsystem bis an die Grenzen belastet, ebenso wie unsere Abhängigkeit von pharmazeutischen Mitteln. Natürlich gibt es Ausnahmen. Ich bin nicht so leichtsinnig zu behaupten, dass es in der Medizin keine großartigen Errungenschaften gegeben hat oder dass es in diesen Bereichen keine wohlmeinenden Fachleute gibt, und ich bin rechtlich nicht qualifiziert, irgendwelche medizinischen Ratschläge zu erteilen. Zahlreiche ethisch denkende Mitarbeiter des Gesundheitswesens riskieren alles, um die Wahrheit darüber zu sagen, was in Krankenhäusern und Kliniken auf der ganzen Welt wirklich vor sich geht. Aber es ist klar, dass heute eine ungezügelte pharmazeutischen Industrie, die mit der Ärzteschaft unter einer Decke steckt, die Kontrolle über das Wohlergehen vieler unschuldiger Menschen ausübt, die immer noch nicht erkennen, wie schädlich die ihnen verordneten chemischen Gifte und Gentherapien für ihre Gesundheit und ihr Wohlbefinden sind.

Eine gesunde Gesellschaft ist nicht profitabel für eine Maschinerie, die aus Profitgier Menschen vergiftet und in diesem Treiben von korrupten Politikern unterstützt wird. Das Gleiche gilt für Kriege: Frieden ist nicht profitabel. Der traurige Stand der Dinge ist eine weltweite Aufrüstungs- und Kriegspolitik sowie die Verhöhnung der Gesundheit und des Wohlergehens der Bürger durch die von uns bezahlten Politiker.

Ist Ihnen bewusst, dass die Gesundheitsbranche Berichten zufolge die zweitgrößte Lobby in den Vereinigten Staaten ist? In einem Reuters-Artikel vom 25. Oktober 2021[20] heißt es dazu:

> »Die Industrie, die traditionell mehr an die Republikaner spendet, hat in diesem Jahr rund 60 Prozent der gespendeten Wahlkampfgelder an die Demokraten weitergeleitet. Über 177 Millionen Dollar hat sie 2021 für Lobbyarbeit und Wahlkampfspenden ausgegeben.«

Aber auch die Republikaner werden ein beträchtliches Stück des Kuchens abbekommen haben – wir sollten nicht eine Minute lang glauben, dass nur eine Seite des politischen Spektrums korrupt ist! In dem Artikel heißt es weiter:

> »Gemeinnützige politische Aktionskomitees (PACs), die von Pfizer Inc. und Amgen Inc. und den Pharmaceutical Research and Manufacturers of America (PhRMA; Verband der Pharmaforschung und der pharmazeutischen Industrie Amerikas) gesteuert werden, gehörten zu den größten Spendern, wie aus den Daten zu den politischen Ausgaben von OpenSecrets, dem früheren Center for Responsive Politics, hervorgeht.«

Wenn die Menschen erst einmal wirklich verstehen, wie korrupte Regierungsbeamte aus Geld- und Machtgier mit korrupten Pharmariesen zusammenarbeiten, könnten sich die Dinge ändern. Wenn mehr von uns erkennen, dass ein großer Prozentsatz der Pillen, Spritzen, Impfstoffe, Therapien, Heilmittel und Operationen, die den Gesunden wie den Ungesunden verschrieben werden, lediglich der Honigtopf einer rücksichtslosen Industrie sind, einer Industrie, die die Fähigkeit und die ausdrückliche Absicht hat, in den natürlichen Gesundheitszustand von fast acht Milliarden »Kunden« auf diesem Planeten einzugreifen, werden vielleicht endlich mehr Menschen anfangen, besser auf ihren Körper aufzupassen und das System ganz zu meiden. Sie werden es sich vielleicht zweimal überlegen, ehe sie ihre Babys der Medizinindustrie überlassen, die ihre winzigen Körper von Geburt an mit Chemikalien, Hormonen und Injektionen vollpumpt und damit für diese Menschen bewusst einen lebenslangen Zustand drogenabhängigen Unwohlseins erzeugt.

Und wenn Rudolf Steiner Recht hat, wovon ich ausgehe, dann trennen sie die Neugeborenen bewusst vom Geist, so dass die Seele und ihre Reise von ihnen nie auch nur in Betracht gezogen werden, gemäß den Vorgaben, wie sich das »Team Transhumanismus« den gentechnisch »optimierten« Menschen 2.0 vorstellt.

Was soll aus ihnen werden?

So viele in den weißen Kitteln, von denen wir dachten, wir könnten ihnen vertrauen, haben den hippokratischen Eid schon lange zugunsten von Profit und Bequemlichkeit aufgegeben, innerhalb eines kontrollierten Systems von Profitmacherei und Vernachlässigung des wahren menschlichen Zustands. Wenn die globale Gesellschaft erkennt, wie abhängig die Menschen von den Chemikalien und Medikamenten der Pharmaindustrie geworden sind – für sich selbst und sogar für ihre geliebten Haustiere –, werden mehr Menschen erkennen, dass in der Medizin etwas sehr falsch gelaufen ist. Sie werden endlich verstehen, dass der fürsorgliche, einfühlsame Hausarzt fast überall auf der Welt verdrängt wird und an seine Stelle ein System getreten ist, dessen Zweck es im Großen und Ganzen ist, legalisierte Drogen und andere invasive, hochgiftige Substanzen zu verabreichen, um die Symptome der Disharmonie im psycho-biologischen Körper zu maskieren oder zu reduzieren … oder, im Fall der Gentechnologie, den Körper sogar völlig zu mutieren.

Man braucht nur den Beipackzettel so ziemlich jedes beliebigen Medikaments zu lesen, um sofort zu erkennen, dass die Substanz, die auf Geheiß des verschreibenden »Arztes« eingenommen werden soll, zumindest fragwürdig und in den meisten Fällen sogar höchst gefährlich ist. Man wird nicht ermutigt, die Nebenwirkungen zu lesen (falls sie überhaupt angegeben sind), und wenn man es doch tut, sagt der Arzt, der einen mit Nachdruck daran erinnert, dass er der Arzt ist, in aller Regel, man möge das Papier und die Warnhinweise ignorieren und die Medikamente weisungsgemäß einnehmen. Allzu oft warnt die riesige Liste möglicher Nebenwirkungen vor Zuständen, Symptomen und Reaktionen auf das Medikament, die weitaus schlimmer sind als die Beschwerden, deretwegen Sie ursprünglich Hilfe gesucht haben!

Ich erinnere mich an eine Zeit, als ich wegen einer Lungenentzündung im Krankenhaus lag. Ich wagte es, den Arzt zu fragen, welche Wirkstoffe in dem riesigen Medikamentencocktail, der in meinen gefährlich schwachen Körper gepumpt wurde, enthalten waren. Er antwortete scharf: »Ich bin hier der Arzt«, worauf ich erwiderte: »Ja, aber es ist mein Körper, Herr Doktor. Das sollten wir nicht vergessen.«

Wenn Sie wirklich hinschauen, ist es nicht schwer zu erkennen, dass einige Produkte der Pharmakonzerne zwar die durchschnittliche Lebenserwartung der Menschen des einundzwanzigsten Jahrhunderts verlängern, aber mit Sicherheit die Lebensqualität einer großen Zahl von ihnen abhängiger Patienten verringern. Wenn Sie das nicht glauben, fragen Sie sich einmal, wie viele Menschen Sie kennen, die keine Hausapotheke, bestehend aus dem ganzen Zeug, haben. Wie viele Ihrer Familienangehörigen und Freunde nehmen verschreibungspflichtige Medikamente ein, und wie viele andere behandeln sich selbst mit rezeptfreien Symptombekämpfungsmitteln, von deren chemischem und toxischem Inhalt sie überhaupt keine Ahnung haben. Wenn Sie sich die Zeit nehmen, zu untersuchen, welche Gifte in den Pillen und Impfstoffen enthalten sind, die Sie unhinterfragt in Ihren Körper hineinlassen, und welche potenziellen Nebenwirkungen sie hervorrufen können, kommen Sie nicht umhin, Ihre eigene Gesundheitsfürsorge zu überdenken oder zumindest damit zu beginnen, Ihrem Arzt Fragen zu stellen … und Antworten zu verlangen.

Es gibt immer noch engagierte Ärzte, die sich ehrlich für die Menschheit einsetzen und im Dienst an ihren Patienten bewusst eine ethisch-moralische Grundhaltung einnehmen. Immer noch haben wir engagierte Mitarbeiter im Gesundheitswesen, die tun, was sie können, um uns allen zu dienen und zu helfen, und die eine Ehre für ihren Berufsstand sind. Ich bin denjenigen sehr dankbar, die dem allmächtig scheinenden System Widerstand leisten, die Autorität in Frage stellen und dabei ihre berufliche Existenz und manchmal sogar ihr Leben aufs Spiel setzen. Gehen Sie zu ihnen, unterstützen Sie sie.

Wir sind stark, weil wir viele sind.

Jetzt, wo so viel aufgedeckt wird, wachen immer mehr Menschen auf und sagen Nein.

Die Giganten der Pharma-Biotech-Industrie rüsten sich für die nächste Generation des pharmazeutischen Interventionismus: die Gentherapie, eine synthetische Technologie, die in die DNA eindringt, um ein möglicherweise defektes Gen zu »reparieren«. Wo ist die Liste der Nebenwirkungen dafür? Wollen wir wirklich zulassen, dass eine invasive Multi-Billionen-Dollar-Industrie ungehindert in das menschliche Genom eindringen kann, um das umzuschreiben, was ihrer Meinung nach verändert oder »repariert« werden muss, ohne dass dies der Wahrheit entspricht oder Konsequenzen hat? Wenn ja … wenn die Menschen bereitwillig akzeptieren, dass unser menschliches Genom von einem synthetischen Botenstoff (mRNA) umgeschrieben wird, der die Fähigkeit hat, in unsere DNA einzudringen und sie nach der Lust und Laune desjenigen, der die Bearbeitung vornimmt, auszuschneiden, zu spleißen und einzufügen, dann sollten sie sich besser auf Ihre Neuprogrammierung vorbereiten – auf das »Upgrade« ihres früheren Selbst: *Homo sapiens 2.0.*

Wie werden diese menschenfeindliche Biotech-Industrie, die Ärzteschaft und die Chemiker von Big Pharma in ihren weißen Kitteln und Schutzanzügen uns dazu bringen, uns als Spezies von ihnen zu Mutanten umgestalten zu lassen? Was ist ihr Endziel? Wir sollten uns diese Fragen am besten jetzt sofort stellen, denn sie rasen wie ein führerloser Zug auf einem gefährlichen Gleis bergab. Wenn wir sie nicht aufhalten, und zwar **jetzt**, wird es in einer Zukunft, die viel näher liegt als wir denken, vielleicht keine rein biologischen Menschen mehr auf diesem Planeten geben.

Spirituelle Menschen wie ich sorgen sich mehr denn je um die Souveränität unserer heiligen DNA: ihre absolute Selbstwahrnehmung und ihr Bewusstsein, wie sie funktioniert und wie sie auf Reize reagiert, die von den höheren Frequenzen der Liebe, des Lichts und des heiligen Klangs ausgehen, auf der Grundlage dessen, was wir heute über das Zellgedächtnis und den Einfluss unserer Gedanken auf jeden einzelnen Aspekt des mentalen/emotionalen/physischen Körpers eines jeden Lebewesens wissen – und wir sind viele, die danach streben, diese Weisheit und das Wissen miteinander zu teilen, mit dem wir unsere zunehmend geschädigte DNA schützen, wiederherstellen und heilen können.

In der heutigen Welt ist sie ständigen Angriffen durch alle Arten von Giftstoffen in der Luft, im Wasser und im Boden ausgesetzt.

Wir werden mit einer hypnotischen Programmierung bombardiert, die darauf abzielt, Angst und Ohnmachtsgefühle aufrechtzuerhalten. Diese beeinflusst einen großen Teil der Menschen, die mit den Manipulationen in Resonanz gehen, und beeinträchtigt das kollektive Bewusstsein und die ätherische Substanz, die uns alle umgibt. Und jetzt ist die menschliche DNA das Ziel unerbittlicher chemischer, synthetischer und biotechnologischer Veränderungen, aus Gründen, die für die Aufmerksamen unter uns, die sich nicht belügen lassen, offensichtlich sind – also für jene souveränen Seelen, die ihre irdische Existenz in dieser gefährlichen Zeit im Typ-Null-Erdbewusstsein durchlaufen.

Wir haben es mit einer politisierten, aus dem Ruder gelaufenen Korporatokratie von Big Pharma in Zusammenarbeit mit den Tech-Giganten zu tun, die (trotz gegenteiliger Behauptungen) alles zu tun scheinen, um unsere Lebenserwartung zu verkürzen oder den biologischen Menschen in eine biosynthetische Lebensform robotischer Wesen umzuwandeln, in der unsere menschliche Natur und angeborene Biologie durch Künstliche Intelligenz ersetzt wird und in der das, was von unserem Verstand übrig geblieben ist, dazu benutzt wird, uns als fremdgesteuerte Einheiten in den Bienenstock zu integrieren.

Dieses System, bei dem die politische Macht und Regierungsgewalt von Konzernen ausgeht, erklärt, in ökologische Rhetorik gehüllt, offen, dass wir zu viele Individuen auf dem Planeten sind und massiv reduziert werden müssen. Hier ein erschreckendes Zitat von Bill Gates aus einem Ted-Talk-Vortrag,[21] den er im Jahr 2010 hielt:

> »Zunächst mal haben wir da das Bevölkerungsproblem. Heute leben 6,8 Milliarden Menschen auf der Welt. Diese Zahl wird sich auf etwa neun Milliarden erhöhen. Wenn wir nun wirklich gute Arbeit in Bezug auf neue Impfstoffe, Gesundheitsfürsorge und reproduktive Gesundheitsdienste leisten, könnten wir diese Zahl vielleicht um zehn oder fünfzehn Prozent reduzieren.«

Moment mal! Eine »wirklich gute Arbeit« zu leisten bedeutet, einen Teil der Bevölkerung zu beseitigen?

Trotz aller Versuche der Schadensbegrenzung durch Gates' unermüdliches PR-Team lässt sich diese verblüffende Äußerung nicht ungeschehen machen, auch wenn die von ihm finanzierten Mainstream-Medien sie wegzuerklären versucht haben. Sie wurde live gefilmt und weltweit über das Internet verbreitet.

Zwölf Jahre später leben über acht Milliarden Menschen auf diesem Planeten, und die Globalisten haben die feste Absicht, das von Bill Gates beschriebene Programm in die Tat umzusetzen, indem sie auf jede erdenkliche Weise die Bevölkerung reduzieren. Seine Vision aus dem Jahr 2010 wird planmäßig in die Tat umgesetzt, indem sie Gesundheit und Wohlergehen der Bevölkerung durch »neue Impfstoffe, Gesundheitsfürsorge und reproduktive Gesundheitsdienste« attackieren. Das ist ein integraler Bestandteil der »Grünen Agenda« des Tiefen Staates, die einer überforderten globalen Gesellschaft derzeit aufgezwungen wird und die geradewegs in die bedrohliche Agenda 2030 hineinführt, die Neue Weltordnung. Zu diesem Zweck wurden nicht durch Wahlen legitimierte Superreiche wie Gates in globale, politikbestimmende Machtpositionen katapultiert. Es gibt nur eine kleine Änderung: Bei dem Bestreben, die Bevölkerung zu reduzieren, geht es keineswegs um zehn bis fünfzehn Prozent von uns. Es scheint sich hier wohl eher um das noch viel weiter gehende Programm zu handeln, das auf den vier mysteriösen, fast sechs Meter hohen und inzwischen zerstörten Georgia Guidestones dargelegt wurde.

Im Juni 1979 beauftragte, so heißt es, ein Mann, der sich als »R.C. Christian« vorstellte, die Elberton Granite Finishing Company mit der Herstellung eines geheimnisvollen Monuments aus Granit. Es wurde auf einem zwei Hektar großen Grundstück in Elbert County, Georgia, errichtet, das er dann im Oktober desselben Jahres erwarb – ein Denkmal der Neuen Weltordnung. Er erklärte, dass er und die Gruppe, die er vertrat, »eine Gruppe loyaler Amerikaner«, es vorzogen, anonym zu bleiben. Das Monument wurde am 22. März 1980 auf diesem Grundstück errichtet und später dem County überschrieben, einschließlich des Eigentums an den Steinen. Bald darauf verschwand R.C. Christian in den Schatten der von ihm gewünschten Anonymität, und das ominöse Monument blieb bis zum 6. Juli 2022 bestehen, als – wie auf Videos zu sehen – offensichtlich ein Gerichteter Energiestrahl noch unbekannten Ursprungs dieses Monument zerstörte.

Auf den vier stehenden Granitplatten war in acht verschiedenen Sprachen eine Reihe von »Richtlinien« für die Menschen der Erde eingraviert gewesen, die als erste Anweisung die erschreckenden Worte enthielten: *»Haltet die Zahl der Menschen unter 500.000.000, in ständigem Gleichgewicht mit der Natur.«*

Während wir uns durch diese Phase eines offensichtlich gut geplanten Krieges gegen die Menschheit kämpfen, erkennen wir mehr und mehr, dass das, was jetzt geschieht, kein Zufall ist, sondern dass es in einer orchestrierten Strategie wurzelt, die sich über mehrere Jahrzehnte hinweg entfaltet. Uns auszulöschen ist nicht das angestrebte Endziel. Sie wollen unser ewiges Licht zerstören, sie wollen jedes Licht verdunkeln, auf allen Ebenen. Sie haben es auf unsere eigentliche Seelenessenz abgesehen, den Funken der Göttlichkeit in uns allen, der nur ausgelöscht werden kann, wenn wir selbst unsere göttliche Macht der Dunkelheit ausliefern. Das ist ihr vorrangiges Ziel. Ihr letztliches Ziel.

Sie glauben, wenn es ihnen gelingt, das Seelenbewusstsein zu pervertieren, können sie die Überreste unserer rasch mutierenden Spezies in die bereits erwähnten Schwarmintelligenz-Einheiten ihrer insektenähnlichen technologischen, von Künstlicher Intelligenz gesteuerten Matrix assimilieren. Diese Matrix ist bereits fertig aufgebaut und wartet darauf, die seelenlosen Wesen aufzunehmen, die einmal die menschliche Spezies waren.

Jeder, der die transhumanistische Agenda, unsere scheinbar unaufhaltsame technologische Zukunft, versteht und sich ihrer bewusst ist, weiß, dass das, was ich hier schildere, keine Desinformationen oder Fake-News sind, wie einige es gerne abtun würden. Es handelt sich nicht um Fantastereien von »Aluhutträgern«. Vielmehr ist es die sehr reale, sich hier und jetzt entfaltende Agenda unserer globalistischen Staatenlenker, ein ausgeklügelter Plan zur Entvölkerung des gesamten Planeten. Während allzu viele abgelenkte Seelen am

Bahnhof abhängen und auf ihre Handys starren, rast der Zug, den sie nicht einmal aus dem Hauptbahnhof herausrollen sehen, in eine unmittelbar bevorstehende dystopische Zukunft.

Wenn ich die Polarisierung unserer Gesellschaften und ihre rasche Zerstörung in den Händen eines irrsinnigen Staates beobachte, wird mir leider klar: Das Zeitfenster dafür, dass die vielen Menschen aufwachen, die Gehorsam über Freiheit und Angst über Liebe gestellt haben, schließt sich nun rasch. Glücklicherweise treten wir jedoch in die Zeit der Offenbarung ein, in der alles aufgedeckt wird. Die unbestreitbaren Wahrheiten, mit denen wir alle bald konfrontiert werden, rütteln die Welt aus ihrer Trance auf, und zwar rechtzeitig, um diejenigen zu erreichen, die noch nicht wach sind, damit sie die Inszenierungen, die um sie herum am Werk sind, außer Kraft setzen und ihre Freiheit zurückfordern können, bevor es zu spät ist.

Das ist bereits in vollem Gange.

Die Zeit des Tiefschlafs, die Hypnose der Menschheit, geht nach einer schieren Ewigkeit endlich zu Ende.

Wenn Sie beabsichtigen, Ihre Souveränität als mitschöpferische Seele zu ehren, die in dieses Leben hineinkommt und durch es hindurch reist, müssen Sie die Grundlage Ihrer physischen Präsenz auf der Erde im einundzwanzigsten Jahrhundert verteidigen. Die heutige Welt, in der fehlgeleitete medizinische Eingriffe und biotechnische Manipulationen an der natürlichen Ordnung der Dinge rücksichtslos vorangetrieben werden, ist Schauplatz einer dramatischen Verschlechterung der Situation aller Lebensformen auf dem Planeten. Wir befinden uns inmitten eines globalen Aussterbeereignisses, von dem wir uns jetzt noch erholen können.

Die menschliche DNA ist die Frontlinie zwischen Auslöschung und Aufstieg. So alarmierend das auch klingen mag, wir befinden uns genau an diesem Punkt. Unsere DNA wird aus allen Richtungen angegriffen. In den letzten Jahren gab es eine umfangreiche, weitreichende Kampagne über Sammelprojekte, die vorgeben, Ihnen helfen zu wollen, »Ihre Abstammung zu entdecken«, während sie stattdessen heimlich eine riesige DNA-Datenbank aufgebaut haben, um das menschliche Genom zu speichern und zu manipulieren. Jetzt erfahren wir, dass diese DNA-Proben auch an China verkauft wurden, und zwar aus Gründen, die zumindest auf die Erstellung von ethnischen Profilen hindeuten. Ich neige zu der Annahme, dass diese DNA-Proben in zahlreichen Laboren auf der ganzen Welt benutzt werden und der Missbrauch nicht nur auf eine bestimmte Nation beschränkt ist.

Die meisten Menschen denken einfach nicht über diese Dinge nach. Sie wollen sich nicht mit etwas auseinandersetzen, das ihr Paradigma erschüttert. Sie lassen zu, dass Leute, die nicht einmal medizinisch geschult sind, mit diesen DNA-Testtupfern einen Wangenabstrich vornehmen, ohne zu hinterfragen, was in diesen Tupfern enthalten ist, was da tatsächlich gesammelt wird und wer diese DNA-Proben bekommt. In ihrer Naivität zahlen sie sogar noch dafür, dass sie diese sehr privaten Informationen weitergeben, nur aufgrund des Versprechens, dass sie auf diese Weise erfahren, woher ihre Vorfahren stammen. Was mit der Probe in einem Labor gemacht wird und an wen die DNA-Profile weitergegeben werden, ist ihnen nicht klar, denn sonst würden sie ihre Essenz niemals freiwillig einem unbekannten wissenschaftlichen Forschungsprojekt überlassen, das als »Ahnenforschungs-Service« getarnt ist.

Die Menschen sollten sich wirklich Gedanken darüber machen, was mit diesen DNA-Kits geschieht. Wird ihre Probe zur Herstellung von Testklonen verwendet? Wird sie am Ende von verrückten Wissenschaftlern, die Mensch-Tier-Chimären entwickeln, mit Schweine-DNA zusammengebracht? Oder wird sie in einem Fläschchen irgendwo in einem obskuren unterirdischen Labor für biologische Kriegsführung landen, wo sie später für die Gain-of-Function-Forschung verwendet werden kann?

Erinnern Sie sich daran, dass der mysteriöse Crop Trust Fund, hinter dem Länder, Unternehmen und private Interessen aus der ganzen Welt stehen, vor der weltweiten Verbreitung von gentechnisch veränderten Lebensmitteln natürliche Samen von jeder

Pflanzengattung auf dem Planeten sammelte und all diese Proben heimlich einlagerte, tief im norwegischen Eis. Offensichtlich wussten die Betreiber genau, dass die genetische Veränderung der Flora des gesamten Planeten, welchem Ziel sie auch dienen mochte, nicht gut für die Ökologie unserer Welt sein würde und dass es noch schlimmer für die Lebewesen sein würde, die von Gaias reichhaltiger Pflanzenvielfalt genährt und geheilt werden.

Und jetzt sammeln sie unter dem Deckmantel dieser »Ahnenforschungsprojekte« menschliche DNA von allen Ethnien, mit dem Versprechen, die ethnische Zugehörigkeit zu enthüllen, was aber, wie wir wissen, von der Biotech-Industrie beabsichtigt ist. Einige dieser lebenswichtigen Informationen werden höchstwahrscheinlich in einem kolossalen Technopark gespeichert, um, wenn es nach ihnen geht, wie die im Eis Spitzbergens vergrabenen Erbgut-Samen verwendet zu werden, so dass sie uns vielleicht woanders »nachzüchten« können … wenn sie uns erst einmal umgestaltet oder vollständig von diesem Planeten eliminiert haben, den sie als Geisel halten: den ehemals unberührten Garten Eden.

Wenn man bedenkt, dass die gesamte digitale Computertechnologie auf einem binären Zahlensystem beruht, eins und null, sollte es nicht überraschen, dass die Technikwelt den DNA-Code sehr genau unter die Lupe nimmt. Sie wollen sehen, wie sie ihn umprogrammieren können, um Funktionen auszuführen, die nicht im ursprünglichen Code enthalten sind, oder wie er gleich einer Software umgeschrieben werden kann, um ein anderes Design, eine andere Funktion und einen anderen Zweck zu verfolgen, oder wie er am effektivsten mit den Megahirnen von Computern verschmolzen werden kann, die mit nur zwei Ziffern, nämlich eins und null, operieren – und was das für die potenzielle Kapazität der DNA mit ihren vier Basencodes bedeuten würde.

Werden Computerprogramme von den derzeit verwendeten binären Codes auf die Sprache der DNA umgestellt? In dieser Welt der haarsträubenden Science-fiction-Szenarien, in der die Verschmelzung von Mensch und Maschine in unserem heutigen Leben schnell Realität wird, liegt es nicht außerhalb des Bereichs des Möglichen, dass dieser Wettlauf um die menschliche DNA und ihre Integration in die Computertechnologie mit der Umstellung des gesamten Computersystems auf die vier Buchstaben unserer DNA zu tun haben könnte. Könnte es sein, dass die bestehende binäre Codestruktur einfach nicht in der Lage ist, die Rechenanforderungen der neuen digitalen Welt zu erfüllen?

Und dann ist da noch die quälende Frage nach der »Müll«-DNA in uns, die sich einfach weigert, zu verschwinden. Es gibt entschlossene Forscher, die herausfinden wollen, welche Funktion dieser »Müll« – die »nicht codierenden« Bits und Stücke der DNA – tatsächlich hat. Aber offenbar gelingt ihnen das nicht!

Korrespondiert diese DNA mit einem anderen System, und bietet sie eine ganz andere Zusammensetzung von Codes, die auf die zehn zusätzlichen hellen DNA-Stränge im ursprünglichen Bauplan des *Homo sapiens* reagieren? Wir glauben, dass dies der Fall ist, aber sie müssen erst noch entschlüsseln, wozu der Stoff unseres göttlichen Bewusstseins dient und wie man die verstreuten Teile wieder zusammensetzt. Ich bezweifle, dass irgendein wissenschaftlicher Verstand jemals offen dafür sein wird, welche erstaunlichen Informationen in diesen deaktivierten Informationspaketen unseres Sternensaat-Erbes noch auf ihre Entdeckung warten.

Ich bin überzeugt, dass das eine gute Sache ist.

Vielleicht handelte es sich bei der Verschlüsselung von zehn unserer zwölf DNA-Stränge nicht einfach nur um die Demontage unseres Christusbewusstseins durch intervenierende Außerirdische, sondern es war vielmehr Teil eines weitaus größeren Plans – eines göttlichen Plans –, um uns genau vor diesem Ende zu bewahren, und zwar in dem Moment, in dem die Dunkelheit mit allen Mitteln versucht, im Kampf zwischen Dunkelheit und Licht unser »Menschsein« zu zerlegen und zu zerstören.

Vielleicht … nur vielleicht … hat die Schöpfung beschlossen, dass es in der Entwicklungsgeschichte der Erde noch viel zu früh war, um der unerlösten Dunkelheit Zugang zu der vollen Intensität des Lichts zu gewähren, das im *Homo sapiens* wandelt. Die Religionsgeschichte hat dies sicherlich bewiesen. Wir brauchen uns nur daran zu erinnern, was uns die Geschichte Christi zeigt: dass die Welt noch nicht bereit war für die Entfaltung solch immenser Liebe und Schönheit. Wenn die außerordentliche Wirkung Christi vielleicht auch als Prüfung diente, um zu sehen, wie die Zivilisation auf ein zwölfsträngiges Wesen reagieren würde, so scheiterte sie einerseits an der Zeit, in der er hierher kam, andererseits diente er als ewiges Symbol für die Göttlichkeit in uns allen, wenn wir uns nur wieder darauf besännen, wer wir wirklich sind.

Es ist sehr gut möglich, dass die Kräfte des Universums verstanden haben, dass es keine Abkürzungen gibt, um die volle Erleuchtung zu erreichen, und dass es einfach nicht erlaubt war, mit der Signatur des Schöpfers Gott zu spielen. Auch wenn die Absichten damals noch so wohlmeinend gewesen sein mögen – es handelte sich doch, wie heute, um Interventionismus. Obwohl wir die Bruchstücke von zehn zusätzlichen DNA-Strängen in uns tragen, verschlüsselt und noch nicht entzifferbar, sind wir als globale Gesellschaft derzeit nicht in Resonanz mit dem Schwingungsfeld dieser Bewusstseinsebene … obwohl wir dieses Potenzial in uns tragen.

Trotz der Proklamationen einiger Gurus, Sektenführer und sich selbst verherrlichender Spiritualisten, die behaupten, Aufgestiegene Meister zu sein, könnte kein heiliges Wesen zu diesem Zeitpunkt auf der Erde die zwölfsträngige Frequenz aufrechterhalten. Aber wir sind Funken des göttlichen Lichts, die in der Lage sind, einige der verlorenen Stücke wieder zu drei- und sechssträngigen DNA-Formationen zu verweben. Ich beabsichtige, Ihnen dies im zweiten Teil dieses Buches ausführlicher zu erläutern, indem ich auf die anstehenden Fragen eingehe: nämlich, wie wir mit den zwangsweisen Injektionen synthetischer mRNA umgehen sollen und wie wir insgesamt die Integrität unseres Zellgedächtnisses bewahren und schützen können: also unseren DNA-Bauplan.

Durch Dr. Masaru Emotos Arbeit mit Wassermolekülen wissen wir, wie das menschliche Bewusstsein die Struktur und die heiligen geometrischen Formen in diesen Molekülen beeinflussen kann. Seine Forschungen haben gezeigt, dass wir, um zerbrochene Fragmente wiederherzustellen und die DNA zu heilen, nur im Kern jeder Zelle heilige geometrische Formen zu erschaffen brauchen, damit diese Fragmente zurück ins Licht ihres ursprünglichen göttlichen Plans gerufen werden.

Nutzen wir unseren exquisiten Geist als ultimativen Boten, der Licht und Heilung in das gewundene Genom sendet. Damit beschleunigen wir die Heilung und spiegeln unseren zu erwartenden Aufstieg wider – die Meisterschaft, die mit dem Wissen einhergeht, wie wir uns in höhere Höhen erheben können, was sich verstärken wird, wenn wir die Dichte der Erdebene verlassen.

Wir dürfen niemals zulassen, dass uns jemand dieses göttlichste aller Rechte, unser göttliches Licht, wegnimmt, genauso wenig wie wir zulassen dürfen, dass sie unseren Himmel mit Chemikalien und Aluminiumpartikeln abschirmen, um die Sonne zu blockieren und das Licht von Gaia selbst zu dämpfen.

Ehren Sie also den inneren göttlichen Code und machen Sie sich bewusst, dass dies im Moment das Wichtigste ist, was Sie tun können, um Ihre souveräne Mission auf diesem Planeten zu schützen und fortzusetzen. Jede wichtige Entscheidung und jede Wahl, die wir von nun an treffen, bestimmt, wie schnell wir dieser dunklen Agenda ein Ende bereiten können, um uns dann wieder unserer kollektiven Verabredung mit den höheren Dimensionen zuzuwenden.

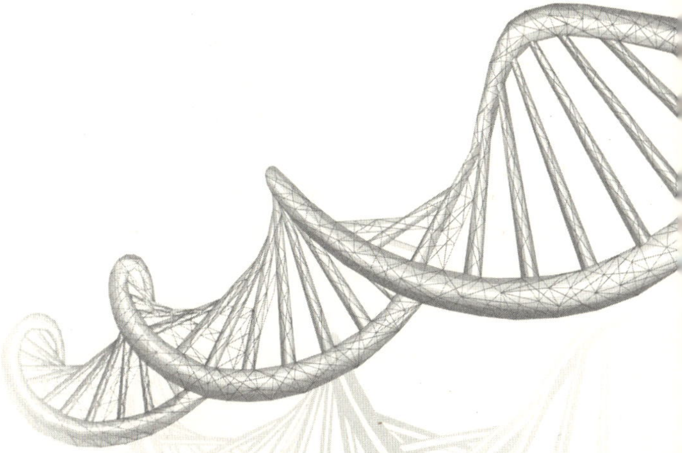

14

JHWH
Die Entschlüsselung des göttlichen Codes

Einige Wissenschaftler sagen,
der DNA-Code sei mit seinen drei Milliarden Buchstaben so lang
und so komplex, dass ein Computerprogrammierer,
der acht Stunden täglich ohne Pause arbeitet,
***fünfzig Jahre** brauchen würde, um das gesamte*
menschliche Genom zu schreiben: den DNA-Code.
Und trotzdem bezweifeln wir,
dass Gott – der Urschöpfer – existiert?

Der Name »Jahwe« war schon immer geheimnisumwittert. Seine Bedeutung, wohl am ehesten mit »niemals aussprechen« zu übersetzen, wird seit Jahrtausenden interpretiert und immer wieder neu ausgelegt. Das Wort ist gefürchtet, wird mit Misstrauen betrachtet, falsch übersetzt, gelästert – und sogar als Name Satans verunglimpft von denen, die dieses Wort, eine der heiligsten und mächtigsten aller Verkündigungen, vom Sockel stürzen wollen.

Ich erforsche die alten Schriften nicht aus einem religiösen Blickwinkel, sondern auf der Suche nach Hinweisen auf geheime Codes und Botschaften. So befasste ich mich auch mit der Heiligen Tora, einer Zusammenstellung der fünf Bücher der hebräischen Bibel. In ihr sind die Gesetze und Lehren niedergeschrieben, die Moses von

Gott offenbart wurden, darunter das zweite Heilige Gebot, im 2. Buch Mose 20,7. Es lautet:

> »Du sollst den Namen des HERRN, deines Gottes, nicht missbrauchen; denn der HERR wird den nicht ungestraft lassen, der seinen Namen missbraucht.«

In der Englischen wie auch in der revidierten Einheitsübersetzung der Katholischen Kirche in Deutschland wird der Gottesname durch das in Versalien geschriebene Wort »HERR« ersetzt. Es ist eine jüdische Tradition, dass der eigentliche Gottesname vermieden und versteckt wird, und an seine Stelle trat in diesen Fassungen »Herr« oder »Gebieter« – die Übersetzung des Wortes *kyrios* aus einem griechischen Textfragment des zweiten vorchristlichen Jahrhunderts. Und selbst im Hebräischen machte man die ursprüngliche Anrede Gottes durch die Verwendung von vier Konsonanten – »JHWH« – unaussprechbar; als Ersatz für den Gottesnamen gilt dort das Wort »adonaj«, das sich von dem hebräischen Wort für »mein Herr« ableitet. Zwar wird niemand außer Gott mit diesem Wort angesprochen, doch verdeckt es sehr praktisch den wahren Namen.

Ich frage mich oft, welche Auswirkungen die heutige Vermeidung des Gottesnamens und die Art und Weise, wie wir darauf konditioniert wurden, seinen Namen selbst in den harmlosesten Zusammenhängen zu verleugnen, auf das größere Ethos hat – und wie viel kraftvoller unsere Gebete und heiligen Gesänge wären, wenn wir den wahren Namen Gottes zumindest kennen würden. Angesichts dessen, womit wir es jetzt zu tun haben, müssen wir mehr denn je die subtilen Energiefelder mit der Schwingung und der Liebe imprägnieren, die von der Anrufung dieses Wortes und, was noch wichtiger ist, von unserer Wahrnehmung des göttlichen Schöpfers und unserer Verbindung zu ihm ausgehen. War der wahre Zweck des zweiten Gebots, sicherzustellen, dass niemand Gott jemals respektlos oder in irgendeiner Weise entehrend behandelt, indem er seinen Namen ausspricht? Oder enthält es nicht vielmehr ein allumfassendes Geheimnis? Bewirkt vielleicht die korrekte Aussprache des

Wortes – oder des darin eingebetteten heiligen Schwingungscodes –, dass auch denjenigen, deren Bewusstsein noch nicht weit genug entwickelt ist, um mit dem empfangenen Wissen verantwortungsvoll umgehen zu können, etwas offenbart wird, zu dem sie eigentlich noch keinen Zugang erhalten sollten?

War der Schutz des geheimen göttlichen Codes in unserer DNA der eigentliche Zweck des zweiten Gebots?

Das jahrtausendealte Geheimnis um den Namen Gottes in den alten hebräischen Texten und dessen absichtliche Ersetzung durch vier Konsonanten – »JHWH« – und das Wort »adonaj«, um den »Missbrauch« zu verhindern, sind äußerst merkwürdig. Wenn wir das zweite Gebot aus der Tora lesen und unsere Aufmerksamkeit auf das Wort »Missbrauch« lenken, springt uns eine ganz neue Botschaft und Bedeutung ins Auge. Wie könnte man die Konsonanten JHWH, aus denen Jahwe wurde, »missbrauchen«? Vielleicht enthielt der ursprüngliche hebräische Text einen unterschwelligen Hinweis, der Historikern und Gläubigen bisher völlig entgangen ist. Lautet die wahre Bedeutung dieser Bibelstelle: »Du sollst den (in den göttlichen Bauplan eingebetteten) göttlichen Code nicht missbrauchen«, und warnte der Text die Menschheit vor den Folgen eines solchen Verhaltens?

Die Konsonantenfolge JHWH wird auch als »Tetragramm« bezeichnet und bezieht sich auf die hebräischen Feuerbuchstaben Jod, He, Waw und He, von rechts nach links gelesen:

יהוה

Es gibt viele phonetische Interpretationen dieser alten Buchstaben und ihrer Kombination zu dem *Wort, das nicht ausgesprochen werden darf.* Theologen und Suchende sollten sich fragen, welchem Zweck das Verbot dient, den Namen »Jahwe« (eine von mehreren phonetischen Interpretationen des Vier-Konsonanten-Codes) auszusprechen. Manche interpretieren das vokallose Wort als »Jehova«.

Aber es ist tatsächlich »Jahwe«, der die Schwingungscodes des Tetragramms spricht oder besser gesagt »singt«.

Laut der alten hebräischen Schrift sagte Gott zu Mose: »So sollst du zu den Israeliten sagen: »Der ICH BIN hat mich zu euch gesandt. ICH BIN DER ICH BIN. Sage zu den Israeliten: JHWH, der Mächtige eurer Väter … Das ist mein Name auf ewig, an den man sich erinnern soll von Generation zu Generation.«[22]

In der Geschichte des Alten Testaments und der alten hebräischen Texte gab es so viele schlechte Übersetzungen und absichtliche Verschleierungen, dass der Name Gottes im Neuen Testament durch HERR ersetzt wurde. Liegt dadurch nicht die Annahme nahe, dass auch die Botschaft über den »Missbrauch« des Namens verfälscht worden ist, zusammen mit der religiösen Regel, dass wir den Namen des Schöpfers nicht aussprechen dürfen?

JHWH, der »unaussprechliche« Name Gottes von biblischen Zeiten bis heute, ist der göttliche Code, der heimlich in die DNA allen Lebens eingewoben ist, einfach und gleichzeitig hoch komplex, was die Quintessenz aller göttlichen Werke des Schöpfers ist. In seinem Artikel »The Hidden Name of The Creator in Your DNA« (»Der verborgene Name des Schöpfers in Ihrer DNA«)[23] erklärt Rabbi Dani'el Rendelman den Gottescode wie folgt:

> »Eine direkte Verbindung zwischen den Bausteinen des Lebens und dem Schöpfer des Universums lässt sich leicht herstellen. Der Mensch ist ehrfurchtgebietend wunderbar gemacht, mit einem verborgenen Code in jeder lebendigen Zelle. Dieser Code ist das Alphabet der DNA, das den Namen des Schöpfers und die Bestimmung des Menschen buchstabiert.
>
> Wissenschaftler entdeckten eine ›Landkarte‹ von vier DNA-Basen, die die Fähigkeit zur Erhaltung des Lebens tragen. Diese Basen, die als Chromosomen bezeichnet werden, sind bei jedem Menschen anders gepaart. Die menschliche DNA enthält 23 Chromosomenpaare, die aus Wasserstoff, Stickstoff, Sauerstoff, Kohlenstoff und ihren sauren Gegenstücken bestehen. In diesen Elementen ist ein erstaunlicher Bauplan des Lebens verschlüsselt, der beweist, dass der Schöpfer je-

dem Menschen Seinen eigenen, einzigartigen Stempel aufgedrückt hat. Dieser Stempel ist tatsächlich Sein Name, wie er Mose vor Tausenden von Jahren offenbart wurde.

Vergleichen Sie nun diesen Namen aus vier Buchstaben mit den vier Elementen, aus denen die menschliche DNA besteht, und entdecken Sie ein uraltes Geheimnis der Schöpfung. Der Schlüssel zur Übersetzung des DNA-Codes in eine sinnvolle Sprache liegt in der Anwendung der Entdeckung, die Elemente in Buchstaben umwandelt. Auf der Grundlage ihrer übereinstimmenden Werte bei der Atommasse wird Wasserstoff zum hebräischen Buchstaben Jod (J), Stickstoff zum Buchstaben He (H), Sauerstoff zum Buchstaben Waw (V oder W) und Kohlenstoff zu Gimel (G). Diese Zuordnungen offenbaren uns, dass der alte Name Gottes, JHWH, als die buchstäbliche Chemie unseres genetischen Codes existiert. Durch diese Brücke zwischen JHWHs Namen und den Elementen der modernen Wissenschaft wird es möglich, das ganze Geheimnis zu enthüllen und eine noch größere Bedeutung in dem alten Code zu finden, der in jeder Zelle unseres Körpers lebt.

Wenn wir alle vier Buchstaben des Namen JHWH durch moderne Elemente ersetzen, erhalten wir ein Resultat, das auf den ersten Blick vielleicht unerwartet ist. Ersetzt man das letzte H in JHWH durch sein chemisches Äquivalent Stickstoff, wird JHWHs Name zu den Elementen Wasserstoff, Stickstoff, Sauerstoff und Stickstoff (HNON) – bei allen handelt es sich um farb- und geruchlose, unsichtbare Gase! Mit anderen Worten: Ersetzt man 100 Prozent von JHWHs persönlichem Namen durch die Elemente dieser Welt, entsteht eine Substanz, die eine nicht greifbare, aber sehr reale Form der Schöpfung ist! Das soll nicht heißen, dass JHWH einfach nur ein hauchdünnes Gas ist, das aus unsichtbaren Elementen besteht. Vielmehr ist es genau der Name, den JHWH vor über drei Jahrtausenden Mose mitteilte, der unsere Welt und die Grundlage des Lebens selbst möglich machte. JHWH sagt uns, dass er in Form von Wasserstoff, dem häufigsten Element im Universum, ein Teil von allem ist, was jemals war, ist und sein wird.«

Das Sefer Jetzira, auch bekannt als »Buch der Formung« oder »Buch der Schöpfung«, gilt als der früheste bekannte Text der jüdischen

Mystik und kabbalistischen Philosophie. Es wird von Wissenschaftlern und Theologen als Abhandlung über mathematische und sprachliche Theorie beschrieben, mit der die alten Weisheitsbewahrer zu vermitteln versuchten, wie das Universum entstanden ist. Es behandelt das Gebiet der Schöpfungslehre. Interessant ist, dass zahlreiche Texte und Traditionen des jüdischen Glaubens Geometrie, Mathematik und die räumlichen Beziehungen zwischen Zahl und Form als grundlegende Elemente ihrer Suche nach Gott betrachten und dass diese Aspekte in einem göttlichen Alphabet ausgedrückt werden, das als die »Feuerbuchstaben« bekannt ist.

Die hebräische Sprache ist eine esoterische, mystische Weisheit für sich. Jeder Buchstabe ist eng mit einer Zahl verbunden, und die Schwingungsessenz der Zahlen und die Art und Weise, wie sie als Wörter zusammengefügt sind, enthalten und offenbaren verborgene, heilige Bedeutungen, die für Neulinge auf diesem Gebiet nur schwer zu verstehen sind. Nicht einmal die hingebungsvollsten und gelehrtesten Rabbiner und Akademiker sind in der Lage, die Codes zu knacken, die sich in der alphabetischen und numerologischen Essenz ihrer Sprache verbergen.

Es ist eine göttliche Sprache – eine Sprache, die viele als die des obersten Schöpfers verstehen.

Rabbi Jehuda ha-Levi (1075-1141), ein jüdischer Dichter und religiöser Philosoph, schrieb über das Sefer Jetzira: »Es lehrte uns die Existenz einer einzigen göttlichen Macht, indem es uns zeigte, dass es im Schoß der Vielfalt und Vielfältigkeit Einheit und Harmonie gibt und dass eine solche universelle Übereinstimmung nur aus der Herrschaft der Höchsten Einheit entstehen kann.« Im zweiten Kapitel des Sefer Jetzira, in dem komplexe mathematische Zuordnungen zu den numerischen Schwingungssignaturen des hebräischen Alphabets vorgenommen werden, heißt es:

> »Er hat mit diesen zweiundzwanzig Buchstaben jedes Lebewesen und jede noch unerschaffene Seele geformt, gewogen, verwandelt, zusammengesetzt und erschaffen.«

Schauen wir uns also das Alphabet der DNA an, um ein grundlegendes Verständnis dafür zu bekommen, womit die Genforscher in dieser – hinsichtlich der Kodierung unserer Biologie – entscheidenden Phase unserer Evolution arbeiten: mit Pflanzen, Tieren und Menschen gleichermaßen.

Im Wesentlichen besteht das DNA-Molekül aus einer Abfolge von vier spezifischen Basen oder Untereinheiten, die chemisch miteinander verbunden sind. Um das Gebiet so zu vereinfachen, dass wir uns nicht mit den technischen Details der Wissenschaftssprache herumschlagen müssen, wollen wir sie als die Bausteine der DNA bezeichnen: die Nukleotide.

Diese vier chemischen Basen wurden als Thymin, Cytosin, Adenin und Guanin identifiziert, abgekürzt TCAG. Die Art und Weise, wie diese Basen aneinandergereiht sind – als Stränge dieser Untereinheiten – und wie sie sich dann mit anderen Strängen paaren, so dass der zelluläre Mechanismus sie interpretieren kann, um ein Protein zu erzeugen, ist das, was wir als »Genetischen Code« bezeichnen. Auf ganz und gar wundersame Weise paaren sich diese Basen mit ihren Entsprechungen auch noch in einem zweiten Strang, den wir in der Doppelhelix als eine sich windende Leiter von T zu T, C zu C und so weiter in den Millionen von Molekülen sehen, die diese heilige Formel enthalten. Was sich aus dieser komplizierten Struktur ergibt, haben Genetiker in eine hochkomplexe, kodierte Sprache übersetzt.

So wie jede Sprache auf einem System von Buchstaben aufbaut, welche zu unzähligen Clustern kombiniert Wörter bilden, die einen Gedanken darstellen und vermitteln, so vermittelt die DNA-Sprache den Gedanken einer höchsten Intelligenz oder eines obersten Schöpfers, dessen göttlicher Entwurf Anweisungen liefert – eine Art kosmische »Gebrauchsanweisung«, die vom Zellkörper gelesen werden kann. Die Abfolge dieser Buchstaben bestimmt die Struktur der Aminosäuren, die wiederum großen Einfluss auf die Form und Funktion der Proteine haben. Diese wesentlichen Bestandteile der Zelle gewährleisten nahezu alle wesentlichen Funktionen des zellulären Lebens, sie legen die Form der Zelle sowie verschiedene strukturelle Aspekte und zahlreiche Details des Zellmanagements fest.

In einem Artikel der *Plant & Soil Sciences eLibrary*[24] über die DNA-Struktur finden wir eine sehr aufschlussreiche Erklärung, warum diese Nukleotide »wie die Buchstaben der genetischen Sprache« sind. Darin heißt es:

> »So wie wir Buchstaben verwenden, um Wörter mit Bedeutung zu bilden, kodiert die Reihenfolge der Nukleotide auf einem DNA-Strang Informationen. Sie bilden ›Wörter‹, die der Zelle sagen, wie sie jedes Protein herstellen soll. Außerdem ist die genetische Sprache eine universelle Sprache. Jeder lebende Organismus verwendet die gleichen Nukleotidkombinationen, um seine genetischen Informationen zu kodieren. Diese Eigenschaft ist für die Gentechnik wichtig. Sie ermöglicht die Übertragung genetischer Informationen von einer Spezies auf eine andere unter Beibehaltung ihrer Bedeutung.«

Dieses Thema wird auch von dem Biologen Dr. Raymond Bohlin erforscht, dessen Herangehensweise an das geheimnisvolle Wunder des Lebens sich mit meiner eigenen deckt. In seinem brillanten Artikel »The Language of DNA« (»Die Sprache der DNA«)[25] schreibt er:

> »Wir verwenden Buchstaben, um Wörter zu bilden, so wie die DNA Nukleotid-Untereinheiten verwendet, um Codons zu bilden. Jedes Codon kodiert eine bestimmte Aminosäure. Wir verwenden Wörter, um Sätze zu bilden. Die Abfolge der Codons bildet ein Gen, und die Abfolge der Aminosäuren bildet Proteine. Wir verwenden Sätze, um Absätze zu bilden, die dann zu Artikeln oder Kapiteln eines Buches zusammengefasst werden. Gruppen von Genen und anderen DNA-Elementen bilden Chromosomen. Wenn Bücher und Zeitschriften zusammengeführt werden, nennen wir das eine Bibliothek. Wenn Chromosomen im Zellkern einer Zelle zusammengesetzt sind, nennen wir das ein Genom.
>
> Diese Parallelen lassen sich vielleicht am besten mit der folgenden Tabelle veranschaulichen:

Buchstaben	=	Nukleotide
Wörter	=	Codons (Aminosäuren)
Sätze	=	Gene (Proteine)
Bücher	=	Chromosomen
Bibliothek	=	Genom

Ich möchte damit deutlich machen, dass der genetische Code eine Sprache ist. Wir verwenden linguistische Wörter, um zu beschreiben, was mit der DNA geschieht. Die DNA wird in mRNA transkribiert, was einem anderen Dialekt der DNA entspricht. Die mRNA wird dann in Protein übersetzt, eine völlig andere Sprache. Diese linguistischen Begriffe beschreiben genau, was tatsächlich geschieht. Der genetische Code ist ein Informationscode oder eine Sprache – er liegt sogar in digitaler Form vor.«

Dieses System der kodierten Sprache, das zwischen den Bestandteilen der Zelle, zwischen den Zellen und in den oben beschriebenen Strukturen kommuniziert, muss von jemandem geschrieben worden sein, von einer intelligenten Kraft … etwas oder jemand so weit jenseits der menschlichen Wahrnehmung, dass die Existenz dieser Wesenheit in den Annalen der Geschichtsschreibung und den noch älteren Mythen, aus denen ein Großteil unserer menschlichen Geschichte stammt, niemals bewiesen oder widerlegt wurde. So wie Computersoftware einen Erfinder haben muss, der sie in das System hineinschrieb, muss auch die Sprache der DNA von einem göttlichen, höchsten Schöpfer geschrieben worden sein.

Alles andere ergibt keinen Sinn.

Jetzt, da Genetiker die komplexe Sprache entschlüsseln, mit der der Biocomputer von Lebewesen funktioniert, können wir uns auf die ziemlich unbestreitbare Tatsache einigen, dass hinter der Biologie des Lebens eine ganz und gar außergewöhnliche Intelligenz und Kunstfertigkeit steckt. Wer dieser große Schöpfer ist und zu welchem Zweck er eine solche Pracht geschaffen hat, wie wir sie auf dem Planeten Erde sehen und erleben dürfen, bleibt die größte existentielle Frage unseres Daseins.

Eines jedoch wissen wir durch die Genforschung heute mit Sicherheit: In jeder Zelle unseres Wesens befindet sich eine außergewöhnliche kodierte Sprache, die dazu bestimmt ist, das Leben in der irdischen Umwelt hervorzubringen, aufrechtzuerhalten und zu gewährleisten – wie rau und gnadenlos oder aber sanft und nährend es auch sein mag – bis zu dem Zeitpunkt, an dem es seine vorbestimmte Lebensspanne hinter sich gebracht hat und bereit ist, den Körper zu verlassen und weiterzuziehen.

Was wir von den Ingenieuren, die an der menschlichen Biologie herumspielen, nicht bestätigt bekommen, ist, dass in dieser Sprache des unendlichen und liebevollen biologischen Ausdrucks und der Kunstfertigkeit der Code Gottes enthalten ist: Seine Sprache, Sein Wort, Seine Signatur. Er ist dort und muss dort bleiben: unverändert, unverfälscht und rein.

Im Laufe der bekannten Geschichte und zweifellos über das hinaus, was wir aus der Geschichtsschreibung wissen, haben viele denkwürdige Menschen durch ihren Intellekt, ihre Macht und ihre Visionen den Lauf der menschlichen Evolution auf die eine oder andere Art beeinflusst. Einige ihrer Beiträge haben uns auf wundersame Weise vorwärts katapultiert, andere haben uns zurückgeworfen in Unwissenheit, Angst und Selbstzerstörung. Man denke nur an eine Koryphäe wie Alexander Fleming, dessen Entdeckung des Penicillins im Jahr 1929 zweifellos dazu beigetragen hat, die Lebensspanne der Menschen zu verlängern. Und dann blicken wir zurück auf wahnsinnige Despoten wie Hitler, dessen Grausamkeiten und Brutalität die Welt fast in die Knie gezwungen hätte. Seine Anwesenheit auf diesem Planeten hat im Bewusstsein der Menschheit einen bleibenden Fleck des Makels hinterlassen. Das schreckliche Wissen um seinen unmenschlichen Wahnsinn erinnert uns für immer daran, dass das Böse tatsächlich existiert. Es gibt noch viele Hitlers, die heute auf der Erde wandeln, und auch sie sind kaltblütige Kreaturen, deren Absicht es ist, die Liebe, das Leben und die Schönheit auf diesem Planeten zu zerstören, aus Gründen, die keine bewusste Seele wirklich ergründen kann.

Das wahre Böse hat eine Macht, mit der wir immer wieder zu kämpfen haben, während wir uns durch Zeit und Raum bewegen und versuchen, die menschliche Erfahrung auf diesem Planeten zu verstehen. Aber wir dürfen nie vergessen, dass in der zyklischen Natur der physischen Realität alle Dinge ihre Zeit haben: Sie werden geboren, erreichen ihren Höhepunkt und dann sterben sie langsam.

Diese Individuen und ihre Teilnahme an der sich entfaltenden Evolution unserer Welt kommen und gehen, und mit der Zeit verblasst ihre Existenz hier, während sie zum Lauf der menschlichen Ereignisse beiträgt, und weicht den sich ständig verändernden gesellschaftlichen Bedürfnissen und Wünschen der Zivilisation. Im Laufe der Jahrhunderte werden ihre Kriege gegen die Menschheit und all ihre bösen Taten oft von den Ideen, Entwicklungen und Erfindungen der nächsten Generation verdrängt, die die Zivilisation weiter in eine bestimmte Richtung bringen, von der wir glauben wollen, dass sie sich vorwärts bewegt, evolutionär ist … und nicht ein Rückfall in alte Zeiten.

Die Entdeckung eines einzigen Mannes hat jedoch die Zukunft der Menschheit so grundlegend verändert, dass sein Werk unserer Zivilisation etwas ganz anderes hinterlassen hat, etwas, das weitaus gefährlicher ist als selbst die gefürchteten Arsenale thermonuklearer Waffen, die rund um den Globus entstanden sind. Es geht um den Eingriff des Menschen vom Typ Null in das Wesen aller biologischen Lebensformen auf diesem Planeten, ob sie nun auf der Erde beheimatet sind oder von anderen Sternensystemen und Welten hierhergebracht wurden.

Dieser Mensch ist der in der Schweiz geborene Biochemiker Friedrich Miescher. Er entdeckte 1869 das DNA-Molekül und öffnete damit die Büchse der Pandora, auf die die Menschheit meiner Meinung nach noch immer nicht vorbereitet ist – wenn wir bedenken, wie die Informationen bis heute missbraucht werden. Als Spezies scheinen wir bisher nicht weit genug entwickelt zu sein, um an dem zu rütteln, was seit so vielen Zeitaltern in diesem göttlichen

Bauplan geschützt ist, denn sie enthält die Geheimnisse des letzten Entwurfs des Schöpfers für das Leben selbst. Sie definiert, wie jedes Lebewesen und jede einzelne Zelle innerhalb dieses Wesens dazu bestimmt ist, sich zu entwickeln, sich zu vermehren, sich fortzupflanzen und abzusterben, und zwar so, wie es für den lebenden Organismus optimal ist. Das ist eine Heilige Bibliothek, zu der unsere heutigen Verfechter des Bösen niemals Zutritt haben sollten.

Und wenn, wie ich bereits sagte, das Böse oder der »Teufel« die Opposition zu unserem Schöpfer ist, dann schaudert es mich, wenn ich mir vorstelle, welche verdrehten Begierden sie antreiben, wenn sie in unsere mikroskopisch kleinen Autobahnen und Nebenstraßen eindringen, die die Straßenkarte des Lebens bilden – jede mit ihrer einzigartigen und doch universellen Konstruktion.

Welchen größeren Wunsch könnte die Finsternis haben, als den göttlichen Code zu untergraben und zerstören? Es ist ihre Absicht, sich unendlich und unausweichlich auszudehnen und zu vermehren und jegliches Licht für immer auszulöschen. Ihr Programm besteht darin, die Schöpfung in einer unvorstellbar kalten und unauslöschlichen Schwärze zu ertränken, wo kein Licht durchscheinen, wo keine Liebe eindringen und man Gott nicht mehr in sich spüren kann … und wo nur die Mutanten des Tyrannen überleben können.

Die heimlichen Herrscher verfügen über die Instrumente und das Wissen, um diesen Prozess in Gang zu setzen, und sie haben in der Tat schon vor langer Zeit damit begonnen.

In einem Armageddon-Krieg der Dunkelheit gegen das Licht, in dem es darum geht, das Licht auszulöschen und die Seele zu töten, ist es nicht schwer herauszufinden, was sie da in unsere DNA und die aller empfindungsfähigen Wesen einbauen wollen, nachdem sie den göttlichen Code, der definiert, wer und was wir wirklich sind, untergraben haben: den Lichtauslöscher, eingebettet in die »luziferische« Signatur: die 666 – das Zeichen des Tieres.

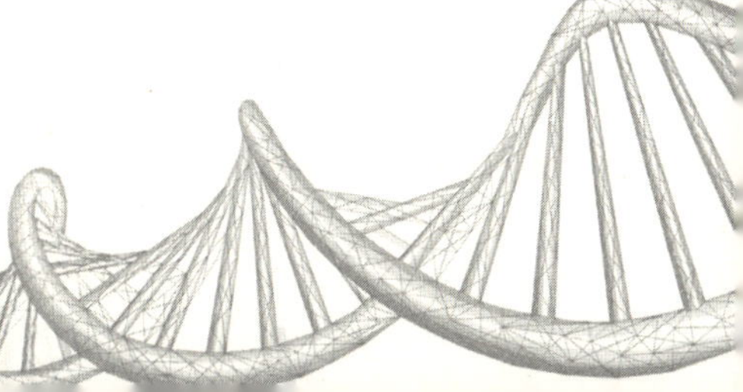

15

CRISPR

Herumpfuschen an den Genen

Wir sind fast schon betäubt von der wahren Bedeutung des Begriffs »gentechnisch veränderter Organismus« (GVO). Wir wissen, dass Genetiker Hybride aus Pflanzen und Tieren herstellen, und das schon seit Jahrzehnten. Wir wissen, dass sie Tiere klonen, was erstmals 1996 bekannt wurde, als sie die Nachricht von Dolly verbreiteten, einem weiblichen Schaf der Rasse Finn Dorset, von dem Mitarbeiter des Roslin-Instituts berichteten, dass es das erste bekannte Säugetier sei, das aus der Zelle der Brustdrüse eines erwachsenen Mutterschafs geklont wurde. Nach Angaben der gemeinnützigen Organisation Understanding Animal Research, die behauptet, sich für die humane Nutzung von Tieren in der medizinischen, veterinärmedizinischen, wissenschaftlichen und ökologischen Forschung im Vereinigten Königreich einzusetzen, war Dolly jedoch nicht das erste geklonte Tier.

Sie erzählen uns, dass Dolly sogar bei Weitem nicht die erste geklonte Spezies in ihren Laboren war und dass es vor ihr schon Mäuse, Frösche und Kühe gab – alle aus Embryonen geklont.

Das Besondere an dem Schaf Dolly war offenbar, dass es aus einer Zelle eines erwachsenen Tieres geklont wurde, und so erfuhren wir durch Dolly, dass man fortan in der Lage war, einen ganzen biologischen Organismus aus der DNA einer einzigen Zelle eines erwachsenen Exemplars einer Spezies zu klonen.

Sie schrecken davor zurück, zuzugeben, dass auch Menschen geklont wurden. Sind wir wirklich so leichtgläubig anzunehmen, sie hätten es bis zum Klonen eines Schafes geschafft und dann aufgehört? Obwohl wir nie eine offizielle Bestätigung aus der Welt der Biotechnologie erhalten haben, scheint es, als hätten sie auch Menschen geklont, wenn man die bizarren Gestalten des öffentlichen Lebens in Politik, Sport und Unterhaltungsindustrie betrachtet!

Wir wissen, dass sie genetische Informationen verändern, um Designer-Babys zu schaffen, die *in vitro* gentechnisch hergestellt werden, um bestimmte körperliche Eigenschaften zu fördern: Supermenschen mit außergewöhnlicher Intelligenz, außergewöhnlicher Stärke, Schönheit und dergleichen. Wir wissen, dass sie mit Mensch-Tier-Chimären experimentieren. All das und noch viel mehr wissen wir. Aber was wir immer noch nicht begreifen können, ist, wie sie es schaffen wollen, die Prägung des Schöpfers, den göttlichen Code aus unserer DNA zu löschen und durch genetische Informationen ihrer Wahl zu ersetzen – eine Neukodierung unserer Lichtstränge –, und es dabei immer noch schaffen, genug von unserem ursprünglichen Genom beizubehalten, dass der physische Organismus am Leben und funktionstüchtig bleibt: nicht gesund und nicht glücklich, aber funktionsfähig, bis zu dem Zeitpunkt, an dem der Körper für die Borg keinen Zweck mehr erfüllt.

Viele Menschen lenkt es so sehr ab, dabei zuzusehen, wie unsere sozialen Strukturen in einen Zustand extremen globalen Verfalls geraten; sie haben so viel damit zu tun, den Kopf über Wasser zu halten angesichts der Flut geophysikalischer, sozialer, medizinischer und politischer Angriffe, die stündlich auf uns einprasseln. Sie sind schlichtweg so sehr mit dem Kampf ums Überleben beschäftigt, dass sich bis jetzt nur relativ wenige bewusst sind, was in den Geheimlaboren von Ländern auf der ganzen Welt vor sich geht. Ich komme immer wieder auf die Inszenierungen der hochfinanzierten Biotech-Unternehmen zurück, die dort die gefährlichsten genetischen Experimente durchführen, die man sich vorstellen kann – Experimente, die, wenn sie nicht kontrolliert werden, die Evolution der menschlichen Spezies und anderer Arten für immer verändern werden.

Was sie brauchten, um die Industrie nach vorne zu katapultieren und ihre Prognosen für den GVO-Menschen zu erfüllen, war eine neue, relativ kostengünstige und einfach zu handhabende Technologie, die es den Bioingenieuren ermöglichen würde, ein bestimmtes Segment des menschlichen Genoms zu entfernen und durch genetische Informationen von anderen Menschen, Arten oder durch synthetische Stoffe zu ersetzen.

Jennifer Doudna von der University of California Berkeley und Emmanuele Charpentier, die jetzt an der Max-Planck-Forschungsstelle für die Wissenschaft der Pathogene in Berlin tätig ist, erhielten 2020 den Nobelpreis für Chemie für ihre bahnbrechende CRISPR-Technologie. Bei CRISPR handelt es sich um eine Art Genschere. Die Abkürzung steht für Clustered Regularly Interspaced Short Palindromic Repeats, für »gehäuft auftretende, regelmäßig unterbrochene, kurze Palindrom-Wiederholungen«. Sie ermöglicht es Genetikern, mit Hilfe einer Cut-and-Paste-Software ein bestimmtes DNA-Segment, also einen Abschnitt sich wiederholender DNA, auszuschneiden und einzufügen: Zuerst wird es identifiziert, dann verändert und/oder durch Wer-weiß-was ersetzt, das die Experimentatoren in das Segment einfügen wollen.

Offensichtlich ist dieses neue Werkzeug billiger, schneller und einfacher zu handhaben als frühere Gen-Splicing-Tools und öffnet allen Laboren weltweit das Tor zur Genmanipulation! Dank CRISPR gibt es jetzt ein wahres Gen-Editing-Fest, das eine Vielzahl von Anwendungen ermöglicht – für die biologische Grundlagenforschung, die Entwicklung von biotechnologischen Produkten und alles, was mit der Entwicklung der Gentherapie zu tun hat.

Es ist auch programmierbar. Einige Biogenetiker bezeichnen die Arbeit mit diesem Verfahren im Labor als »so einfach, dass es quasi auf Knopfdruck funktioniert«. Stellen Sie sich das vor!

Diese sich rasch entwickelnde Wissenschaft kann mit Hilfe der CRISPR-Technologie Gene an- oder abschalten, ohne ihre Sequenz zu verändern. Sie hat es den Hasardeuren des Bioengineering ermöglicht, in die mikrokosmische Welt der DNA einzudringen, wobei sie auf den Knopf klicken und Teile des Genoms bearbeiten oder ein Segment der Sequenz ausschneiden können, das sie entfernen wollen. Und dann können sie etwas »Fremdes« in den ursprünglichen Bauplan einfügen, aus Gründen, die nur sie und ihre Forscherteams kennen.

CRISPR bietet zahlreiche weitere Anwendungsmöglichkeiten: von der Erstellung von »Fingerabdrücken« einzelner Zellen und der Aufzeichnung ihres Innenlebens bis hin zur Entwicklung von Gen-Antrieben (Technologien, die die Vererbung genetischer Merkmale in einer bestimmten Spezies verändern). Damit kann die Evolution dann in die gewünschte Richtung gelenkt werden.

Überlegen Sie einmal: Bedeuten die im Labor hergestellte und patentierte synthetische mRNA-Technologie und die CRISPR-Genschnipsel, die in Menschen injiziert werden, dass der Patentinhaber das Eigentum an Ihrer veränderten DNA beanspruchen kann – und, daraus folgend, das Eigentum an **Ihnen**?

Ein Artikel mit dem Titel »Can Genes Be Patented?« (»Lassen sich Gene patentieren?«)[26] auf der Webseite der *National Library of Medicine* versucht, die Grauzonen rund um diese drängende Frage zu klären. Darin heißt es:

> »Ein Genpatent ist das ausschließliche Recht auf eine bestimmte DNA-Sequenz (ein Gen), das von einer Regierung an die Person, Organisation oder Gesellschaft vergeben wird, die behauptet, das Gen als Erste identifiziert zu haben. Sobald ein Genpatent erteilt wurde, bestimmt der Inhaber des Patents, wie das Gen ab dem Datum des Patents zwanzig Jahre lang verwendet werden darf, und zwar sowohl in kommerziellen Bereichen, wie zum Beispiel klinischen Gentests, als auch in nichtkommerziellen Bereichen, einschließlich der Forschung. Genpatente haben häufig dazu geführt, dass Unternehmen alleinige Eigentümer von Gentests für patentierte Gene sind.
>
> Am 13. Juni 2013 entschied der Oberste Gerichtshof der Vereinigten Staaten im Fall Association for Molecular Pathology gegen Myriad Genetics Inc., dass menschliche Gene in den USA nicht patentiert werden können, da DNA ein »Naturprodukt« ist. Das Gericht entschied, dass bei der Entdeckung eines Gens nichts Neues geschaffen wird

und somit kein geistiges Eigentum zu schützen ist, so dass keine Patente erteilt werden können. Vor diesem Urteil waren mehr als 4.300 menschliche Gene patentiert worden.

Durch die Entscheidung des Obersten Gerichtshofs wurden diese Genpatente für ungültig erklärt und die Gene für die Forschung und für kommerzielle Gentests zugänglich gemacht.

Das Urteil des Obersten Gerichtshofs lässt jedoch zu, dass in einem Labor manipulierte DNA patentiert werden kann, da vom Menschen veränderte DNA-Sequenzen in der Natur nicht vorkommen. Der Gerichtshof erwähnte insbesondere die Möglichkeit, eine Art von DNA zu patentieren, die als komplementäre DNA (cDNA) bekannt ist. Diese synthetische DNA wird aus dem Molekül hergestellt, das als Anleitung für die Herstellung von Proteinen dient (sogenannte Boten-RNA).«

Mit anderen Worten: Wenn ein Genom, das mir entnommen wurde, im Labor dazu verwendet wird, eine modifizierte Version desselben Genoms herzustellen, dann besitzen sie die genetische Information meiner DNA und können sie jederzeit vervielfachen. Ist das rechtens? Um die medizinischen und juristischen Konsequenzen wirklich zur Gänze zu erfassen, müssen wir uns ein Urteil des Obersten Gerichtshofs der USA ansehen, das den heimlichen Herrschern kaum vorstellbare Möglichkeiten eröffnet.

Der Gerichtshof entschied, dass in einem Labor veränderte DNA patentiert werden kann. Diese DNA oder cDNA, welche durch synthetische Boten-RNA erzeugt wird, die sie in Laboren hergestellt und nun Milliarden von Menschen injiziert haben, kann patentiert werden. Die entscheidende Frage, die noch kein endgültiges juristisches Urteil gefunden hat, ist folgende: Würde diese »kostenlose« DNA, die sie im Labor mit CRISPR verändern und dann per mRNA-Impfung in Ihren Körper injizieren, Ihre mutierte DNA zu deren Eigentum machen, da es ja deren patentierte Genveränderungstechnologie ist, mit der Ihre DNA verändert wurde? Wenn die Antwort auf diese Frage »ja« lautet, wie es das Urteil des Obersten Gerichtshofs impliziert, dann sind die Pharmakonzerne Eigentümer Ihrer DNA, genau wie sie Eigentümer von Nahrungsmitteln und

Pflanzen sind, die GVO sind, »genetisch veränderte Organismen« – und zwar in vollem Umfang.

Es ist also möglich, auf zellulärer Ebene »Eigentum« von Konzernen zu sein. Das hebt unsere Vorstellung von Sklaverei auf eine ganz andere Ebene, nicht wahr?

CRISPR wurde bereits bei Pflanzen eingesetzt und an Tieren getestet, wobei der Schwerpunkt auf der Entwicklung von biotechnologischen Produkten lag, die die natürliche Biologie eines bestimmten Organismus »verbessern« sollen. Wir nehmen diese GVO-Produkte bereits in Form pflanzlicher und tierischer Lebensmittel zu uns. Aber erst jetzt (soweit wir wissen) wird auch der Mensch durch eine Injektion genetisch umgestaltet – die synthetische Covid-19-mRNA-Injektion, die die Bevölkerung in jeder Hinsicht in eine völlig neue Spezies genetisch veränderter Menschen verwandelt. Mich schaudert es, wenn ich mir vorstelle, welche Pläne es tatsächlich gibt und welche schrecklichen Experimente bereits an Tieren durchgeführt werden, von Wissenschaftlern der Biotechnologie, die an den Genen »herumspielen«, um zu sehen, wie diese auf das Herumpfuschen reagieren.

Wo soll das enden?

Trotz der ethischen Debatte über die Genmanipulation beim Menschen wurde sie in China bereits angewandt. Dr. He Jiankui, ein Forscher an der Universität für Wissenschaft und Technik im Süden von Shenzhen, freute sich kürzlich öffentlich darüber, dass er mit Hilfe der CRISPR-CAS9-Technologie erfolgreich Designer-Zwillinge gezeugt hat. Das Verfahren wurde an Embryonen durchgeführt, bevor sie in die Gebärmutter der Mutter eingepflanzt wurden, unter dem Vorwand, dass die experimentelle Genveränderung dazu diente, die Babys widerstandsfähiger gegen verschiedene Krankheiten zu machen, darunter auch die Autoimmunerkrankung HIV. Nach Angaben der chinesischen Staatsmedien hat er seinen Versuch noch an einem dritten Säugling durchgeführt, bevor er zu drei Jahren Gefängnis verurteilt wurde.

Kürzlich habe ich in den Medien gelesen, dass er entlassen wurde. So viel zum Thema Ethik.

Wir können sicher sein, dass Dr. Jiankui nicht der Einzige ist, der in diesen geheimen Laboren Embryonen manipuliert hat. Er ist damit an die Öffentlichkeit gegangen, was die Regierung veranlasste, Maßnahmen zu ergreifen, um zumindest vorübergehend jeglichen globalen Dialog über Ethik und Moral der Designer-Genomsequenzierung *in vitro* zum Schweigen zu bringen.

Hitlers Traum ist wahrlich in Erfüllung gegangen, nicht wahr? Stellen Sie sich vor, was er mit dieser furchterregenden Technologie alles hätte anstellen können, wenn sie ihm damals, als er nach der vollkommenen arischen Rasse strebte, zur Verfügung gestanden hätte? Ich bin der festen Überzeugung, dass er im späten zwanzigsten Jahrhundert reinkarnierte und heute in der ledernen Haut eines derjenigen wandelt, die die menschliche Rasse in einen transhumanistischen Albtraum verwandeln wollen.

Und dann gibt es noch maßgeschneiderte »Cas9-Proteine«, die nicht wirklich in die DNA eingreifen und sie schneiden. Vielmehr sind sie so konzipiert, dass sie Gene einfach ein- und ausschalten, wie ein Lichtschalter. CRISPRa und CRISPRi, die sogenannten Basen-Editoren, können einen Buchstaben des DNA-Codes in einen anderen umwandeln und dadurch die Sprache der DNA verändern und den göttlichen Code hacken.

Können sie auf diese Weise das luziferische Konstrukt – die »Sprache« der 666 – einflechten?

Im Wesentlichen beinhaltet diese Entdeckung, das CRISPR-Cas9-System (das sie gerne als »DNA-Reparaturmaschinerie« bezeichnen), die Verwendung von zwei wesentlichen Molekülen, die in der Lage sind, die DNA zu mutieren. Diese sind:

- Cas9: Dabei handelt es sich um ein Enzym, das so funktioniert, dass es an einer bestimmten Stelle in die Doppelhelix einschneidet und es dem Forscher ermöglicht, Abschnitte des Genoms zu entfernen und möglicherweise anderes genetisches Material hinzuzufügen.

- Leit-RNA (gRNA): Sie verbindet sich mit der DNA und leitet das Cas9 genau an die Stelle des Eingriffs in die DNA-Sequenz. Das Cas9 folgt der Leit-RNA dann an die gewünschte Stelle und schneidet in das Genom. Von dort aus sind sie in der Lage, das gesamte DNA-Genom zu verändern: lokalisieren, ausschneiden und einfügen, und schon ist die Veränderung des göttlichen Bauplans vollbracht.

Warum sollte jemand bereit sein, das zu akzeptieren? Wie viel von dem, was an diesen Universitäten und in geheimen unterirdischen Laboren vor sich geht, gelangt überhaupt an die Öffentlichkeit? Sollen wir uns wirklich mit dem Gedanken anfreunden, dass all diese technologischen Eingriffe in unsere natürlichen biologischen Systeme »zum Wohle der Menschheit« erfolgen?

Wenn man über den Plan nachdenkt, den *Homo sapiens* in eine »neue, verbesserte« Version umzuwandeln, ist es klar, dass die Werkzeuge dafür in den Laboren der Bioingenieure zu finden sind und dass das, wovon sie behaupten, dass es noch Zukunftsmusik sein soll, im Verborgenen längst stattfindet. Dieser Krieg ist kein territorialer Krieg – vergessen Sie das nicht. Der wahre Krieg gegen die Menschheit spielt sich in den Laboren der Welt ab.

In einem am 30. März 2022 auf der Website der *National Library of Medicine* veröffentlichten Artikel[27] wurde berichtet, dass einem hirntoten Menschen gentechnisch veränderte Schweinenieren transplantiert wurden und dass das Experiment den Weg für klinische Versuche ebnete. Laut einer Erklärung der leitenden Chirurgin, Jayme Locke von der Universität von Alabama in Birmingham …

> »… wurden Nieren von einem Schweinespender mit zehn Genveränderungen (10 GE) transplantiert. Dabei wurden vier Gene ausgeschaltet: drei, die mit Karbonhydrat-Antigenen zusammenhängen, von denen bekannt ist, dass sie eine hyperakute Abstoßung verursachen (α 1-3 Gal,

> β 1-4 Gal, CMAH), und eines, das die Deletion des Wachstumshormonrezeptors (GHR) des Schweins beinhaltet. Außerdem wurden sechs menschliche Transgene eingefügt. Diese Bearbeitungen sollten das menschliche Immunsystem weiter modulieren, um Entzündungen zu verringern (hCD47, hHO-1) und Ergänzungen (hCD46, hDAF) sowie die Blutgerinnung zu regulieren (humanes Thrombomodulin, humaner Endothelprotein-C-Rezeptor).«

Jayme Locke erklärte weiter, dass sie …

> »… im Jahr 2016 das Xenotransplantationsprogramm [ein Programm zur Verpflanzung von Geweben und Organen zwischen unterschiedlichen Arten] der Universität von Alabama ins Leben gerufen und viel in den Aufbau der notwendigen Infrastruktur investiert hätten, um die Xenotransplantation für die vielen bedürftigen Patienten Wirklichkeit werden zu lassen. Dazu gehörte auch die Entwicklung und Implementierung einer pathogenfreien Einrichtung, in der das Spendertier (Schwein) in einer Umgebung gezüchtet und aufgezogen werden kann, die das Risiko einer Übertragung von Viren oder anderen Krankheiten auf menschliche Empfänger durch diese Schweineorgane verringert/ausschließt.«

Was kann dabei schon schiefgehen?

Jede Art von Ethik scheint inzwischen völlig vom Tisch zu sein, und es gibt nicht den geringsten Aufschrei der Menschheit. Schweineherzen und Schweinenieren als Ersatzteile für Menschen (gescheiterte Experimente, wohlgemerkt!), menschliche Embryonen, die mit dem Genom von Mäusen verschmolzen werden, Splicing, Dicing, Ausschneiden und Kopieren … All das verstößt gegen die natürliche Ordnung der Schöpfung!

Ich verstehe nicht, wie Menschen, die auch nur einen Funken Bewusstsein für Geist, Seele und Evolution haben, solche genetischen Verirrungen an Tieren und Menschen vornehmen können. Sie treiben im Grunde die Evolution von Mensch und Tier voran, spielen auf teuflische Weise Gott mit den Seelen, schneiden das Genom einen Wesens heraus und fügen es in das Genom eines Exemplars einer anderen Spezies ein, um gruselige Chimären zu schaffen, die in Zukunft auf der Erde wandeln werden. Sie züchten Tiere, wahrscheinlich auch Menschen, für Experimente – um Körperteile zu gewinnen – und experimentieren dann mit den Genomen verschiedener Spezies, um den Traum des verrückten Wissenschaftlers zu verwirklichen: biologische Designer-Organismen gefällig? Halb Mensch, halb Vogel, Schwein, Fledermaus … Wollmammut?

Wo soll dieser Wahnsinn noch hinführen?

Es ist gerade einmal zehn Jahre her, dass Doudnas Forscherteam zum ersten Mal die Entdeckung des CRISPR-Gen-Editierens bekanntgab, eine der lebensveränderndsten Entdeckungen in der Geschichte der Experimente und Entdeckungen der Menschheit im Bereich der Biologie. Es ist kaum vorstellbar, wie dramatisch sie die Forschung im Bereich der Bearbeitung der DNA lebender Zellen vorantreibt, und das mit so wenig Aufwand, dass heute fast alle Biotechnik-Forscher über lebensverändernde Werkzeuge verfügen, mit denen sie tatsächlich die Evolution in die von ihnen jeweils gewünschte Richtung lenken können.

Das ist wirklich erstaunlich, wenn man darüber nachdenkt.

Ich bestreite nicht, dass diese wissenschaftlichen Erfindungen zur Veränderung der DNA einige gutartige Anwendungen haben können und auch haben, weil man damit seltene genetische Krankheiten behandeln kann: Das verantwortliche DNA-Segment wird »herausgeschnitten« und die DNA, soweit das überhaupt möglich ist, gezielt verändert, um den Fehler zu beseitigen. Wenn man jedoch sieht, wohin die Genetik die Wissenschaft in den letzten Jahrzehnten gebracht hat, muss man zugeben, dass das Potenzial für unheilvolle Anwendungen die positiven bei Weitem zu überwiegen scheint.

Wir wissen, dass genetische Manipulationen schon Jahre vor der Präsentation von CRISPR im Jahr 2012 stattfanden, aber die Technologie war noch kostspielig. Diese relativ neue Entdeckung hat die invasive Manipulation der Genome von Pflanze, Tier und Mensch wesentlich einfacher und kostengünstiger gemacht.

Wir haben gelernt, mit genetisch veränderten Lebensmitteln zu leben, mögen wir auch noch so sehr versuchen, sie zu vermeiden. Die Öko-Landwirtschaft steht weiterhin vor dem Problem, dass eine Kontamination mit veränderten Genen nicht ausgeschlossen werden kann, solange auf Flächen anderer Landwirte genveränderte Pflanzen angebaut werden. Die Natur weiß, wie man Samen von einem Acker zum anderen trägt.

Wir wissen von gentechnisch veränderten Mücken, Bienen und anderen Insektenarten, die angeblich zu Zwecken modifiziert werden, denen wir immer noch nicht trauen, und das sollten wir auch nicht, und obwohl wir versuchen, nicht daran zu denken, wissen wir auch, dass diese geheimen Labore mit mutierten Tieren sowie »Zelllinien« von angeblich »abgetriebenen« menschlichen Föten gefüllt sind – eine Praxis, die sich über Jahrzehnte erstreckt.

Wie können wir das ignorieren? Wie können wir zulassen, dass diese absolut unmenschliche Praxis durchgeführt wird? Wie kann jemand freiwillig abgetriebene fötale Zellen, die angeblich in Laboren seit über fünfzig Jahren am Leben erhalten wurden, aber viel wahrscheinlicher jeden Tag von unzähligen abgetriebenen Babys entnommen werden, in seinen Körper hineinlassen?

Die Erklärung der Fachleute aus Medizin und Biogenetik lautet, dass Viren Zellen brauchen, um zu wachsen, und dass sie in menschlichen Zellen besser wachsen als in tierischen.

Sie benutzen Menschen, um Viren zu züchten.

Wenn dies für alle, die sich gegen Windpocken, Röteln, Hepatitis A, Tollwut und Covid-19 impfen lassen, akzeptabel ist, dann haben wir die Ethik offenbar endgültig aufgegeben. Und das ist gar nicht so weit hergeholt, wenn man bedenkt, welche Schrecken in den Laboren entstehen. Es ist überhaupt nicht übertrieben.

Wir sollten begreifen, was das wirklich bedeutet, und das, was wir daraus lernen, nutzen, um so viele Menschen wie möglich über dieses Thema aufzuklären.

16

Luciferin
Luzifer hereinlassen

Wenn Sie jemals die immer seltener werdende Gelegenheit hatten, an einem warmen Sommerabend leuchtende Glühwürmchen zu beobachten, dann wissen Sie, dass Sie Zeuge von etwas Seltenem und Magischem geworden sind … etwas, von dem Sie in Ihrem Herzen und Ihrer Seele wissen, dass es heilig ist, dass wir es schützen und wertschätzen sollten.

Einige Jahre lang beobachtete ich im Garten meines Landhauses außerhalb Roms, wie Glühwürmchen zwischen den Bäumen umherschwirrten, ein funkelndes Zeugnis der mystischen und wundersamen Weisheit und Vollkommenheit der Natur – mit einem Hauch tänzerischer Verspieltheit. Ich staunte immer ehrfürchtig über dieses Schauspiel und ließ nie die Gelegenheit aus, in diesen warmen Sommernächten, wenn sie auftauchten, still unter den Bäumen zu sitzen.

Ich hatte immer das Gefühl, dass sie allein durch das Lesen meiner Körperelektrik wussten, wie viel es mir bedeutete, ihre Gegenwart erleben zu dürfen.

Sicherlich hat das Glühwürmchen im Laufe der Jahrhunderte eine reiche Textur zu den mystischen Feen-Erzählungen beigetragen, die heute kaum noch im Bewusstsein der Menschen sind, da die unberührten Täler und Wälder durch das Eindringen rücksichtsloser Bauunternehmer und wegen der Blindheit der Industrie niedergewalzt und zugebaut werden.

Untersuchungen von Forschern deuten darauf hin, dass das Licht des Glühwürmchens eine Art Paarungsruf ist, aber auch als Warnung an Raubtiere dienen kann, dass die Leuchtkäfer über einen chemischen Abwehrmechanismus verfügen, der jeden potenziellen Feind abwehren kann. In der Tiefsee, wohin kaum Licht gelangt, beleuchten mehrere Tierarten ihre Umgebung mit farbenprächtiger Biolumineszenz, und auch dort warnen sie Fressfeinde, sie besser in Ruhe zu lassen, da der Räuber andernfalls mit einem heftigen Stromschlag zu rechnen hat.

Es ist faszinierend, dass die Natur Angriffs- und Verteidigungssignale sowie andere Signale zwischen den Arten so effizient kommunizieren kann, vor allem mit Hilfe von elektrischen Blinklichtern, die vor Annäherung warnen!

Wenn der Mensch doch nur genau das tun würde: die Natur in Ruhe lassen. Lasst … sie … einfach … in Ruhe.

Leider verschwindet das träumerisch schöne Glühwürmchen – nicht nur wegen der Umweltverschmutzung, der Abholzung der Wälder und anderer Faktoren, sondern weil es ein weiteres Opfer für die Labore der durchgedrehten Wissenschaftler geworden ist.

Der Wissenschaft zufolge ist die Biolumineszenz des Glühwürmchens und schätzungsweise zehntausend oder mehr anderer Arten auf winzige Moleküle zurückzuführen, die von den Bioingenieuren als »Luciferine« bezeichnet werden.

Auf Wikipedia werden sie wie folgt beschrieben:

> »**Luciferine** (abgeleitet von lateinisch *lucifer* = ›Licht bringend‹) sind unterschiedliche Naturstoffe, die in verschiedenen biolumineszenten Organismen zur Erzeugung von Licht genutzt werden. Durch katalytische Aktivität des entsprechenden Luciferase-Enzyms reagieren sie mit Sauerstoff (Oxidation).«

Nachdem die Genetiker, Molekularbiologen und Mediziner diese biolumineszenten Moleküle entdeckt und isoliert hatten, machten sie sich natürlich sofort daran herauszufinden, wie sie sie *in vitro* und *in vivo* einsetzen können (biolumineszente Sequenzierung).

Ihre Experimente, bei denen Luciferin in das Genom von Laborratten und anderen Tieren eingespleißt wurde, waren Berichten zufolge äußerst erfolgreich. Wir haben jetzt neonrosa glühende Katzen – und Laborratten, die im Dunkeln leuchten.

Das, so heißt es, ist angeblich »Fortschritt«.

Jedenfalls, wenn man mit den Autoren des nachfolgenden Artikels[28] aus der *National Library of Medicine* des National Institute of Health einer Meinung ist:

> »Die nicht-invasive *in-vivo*-Fluoreszenz-Bildgebung bei Kleintieren als Methode in der präklinischen Forschung hat sich in den letzten Jahren erheblich weiterentwickelt und wird in einer Vielzahl von Disziplinen wie der Onkologie und der Infektionsforschung eingesetzt. Sie ermöglicht den Nachweis eines Fluoreszenzsignals in einem lebenden Tier, das spezifische, meist krankheitsbedingte Prozesse widerspiegelt, zum Beispiel Teile der Immunantwort des Wirts, Entzündungen, Krebswachstum oder das Vorhandensein von Krankheitserregern. Sie bietet nicht nur viele Vorteile als eigenständige Technik, sondern kann auch andere bildgebende Verfahren hervorragend ergänzen. In dieser Übersicht werden Aspekte der Lichtverteilung in tierischem Gewebe und die Auswirkungen auf die *in-vivo*-Bildgebung, die am häufigsten verwendeten Bildgebungsverfahren einschließlich planarer und tomographischer Bildgebung, Vorteile und Probleme der Verfahren, fluoreszierende Kontrastmittel und einige Anwendungsbeispiele erörtert.«

Nehmen wir einmal an, diese Experimente sind inzwischen so weit fortgeschritten, dass man die »Luciferin«-Verbindung in menschliches Gewebe injiziert – »Lucifer« also »hereinlässt« (»Lucifer-in«). Molekularbiologen und die an einer solchen Anwendung interessierte Forschergruppe betonen, auch das wäre »nicht-invasiv«. Wie man diese Form des Experimentierens, die ein hilfloses Labortier in eine Art Leuchtreklame verwandelt, als »nicht-invasiv« bezeichnet kann, erschließt sich mir leider nicht ganz. Aber offensichtlich halten wir Menschen uns nicht alle an die gleichen Standards und die gleiche Moral, wenn es um die Souveränität der Lebensformen auf diesem Planeten geht.

Kann Luciferase gescannt werden? Die FDA antwortet darauf beunruhigenderweise mit einem klaren »Ja«.[29]

> »Die mit Luciferase markierten G-Proteine (RSV-GA und RSV-GB) wirkten als ›Köder‹ für Antikörper gegen G-Proteine in Proben von Humanserum (der klaren Blutflüssigkeit eines Menschen ohne rote und weiße Blutkörperchen), was diese veranlasste, sich an die markierten Proteine zu binden. Die Wissenschaftler fügten spezielle Proteinkügelchen hinzu, welche die Antikörper mit den Luciferase-markierten G-Proteinen an den Boden einer Kunststoff-Testschale hefteten. Dann gaben sie Luciferin hinzu und maßen die Lichtmenge, die bei der Wechselwirkung mit der Luciferase freigesetzt wurde, wodurch sie berechnen konnten, wie stark die Antikörperreaktion auf die G-Proteine war.«

Wenn Sie eines der vielen wild wuchernden Biotech-Unternehmen wie Creative Biogene näher unter die Lupe nehmen, stoßen Sie auf leicht zugängliche Informationen, die Ihnen einen Schauder über den Rücken jagen werden. Diese Leute sprechen es selber offen aus, allerdings verschleiert hinter wissenschaftlichem Jargon und verwirrender Rhetorik: Creative Biogene ist eines von vielen Unternehmen, die ein Sammelsurium von »vorgefertigten Viruspartikeln«, Klonierungskits und anderen verräterischen biotechnologischen Werkzeugen anbieten, die (natürlich!) nicht dazu gedacht sind, ethische Grenzen zu überschreiten.

Vorgefertigte Testviren, ein duales Luciferase-Assay-Kit (zur Beobachtung von Zellen mit Hilfe von sogenannten Luminometern), Adjuvantien, Gen-Editing-Kits, mRNA-Synthese-Kits – all das wird frei verkäuflich angeboten und ist somit leicht zu beschaffen. Die Anbieter beschreiben sogar offen ihre Klonierungskits, mit denen interessierte Labore DNA-Fragmente klonen können – und natürlich wissen wir, dass mit dem Klonen von DNA-»Fragmenten« auch das Klonen von ganzen Organismen möglich ist.

Treten Sie näher, meine Damen und Herren! Creative Biogene bietet das *FreeClone™ Seamless Cloning Kit* an, um interessierte Labore tatkräftig bei der Produktion gentechnisch veränderter Lebewesen zu unterstützen.

>·:·<

Genetiker berichten, dass Luciferase leicht durch die Blut-Hirn-Schranke, die Blut-Plazenta-Schranke und die Blut-Hoden-Schranke diffundieren kann. Merken Sie sich diese kleine Information, zumal bei den PCR-Tests, die in den Covid-Testprotokollen verwendet wurden, die Tester einen übergroßen Tupfer im hinteren Bereich des Nasen-Rachen-Raums herumwirbelten, so nahe an der Blut-Hirn-Schranke, wie es nur geht. Es sind inzwischen zahlreiche Fälle bekannt, bei denen diese Schranke aufgrund dieses invasiven Verfahrens durchstoßen wurde, mit verheerenden Folgen.

Dies geht aus einem weiteren in der *National Library of Medicine* veröffentlichten Artikel[30] hervor:

> »Luciferase ist wahrscheinlich ein nützlicher Marker für die Überwachung der Virusverbreitung und der Genexpression in Versuchstieren, da Assays für die enzymatische Aktivität äußerst empfindlich sind und der Hintergrund in allen Geweben gering ist. Bei Mäusen, denen Ad5-Luc 3 intraperitoneal (i.p.) injiziert wurde, ließ sich die Luciferase-Aktivität in Leber, Milz, Niere und Lunge nachweisen. Eine einzige i.p.-Inokulation von Mäusen mit Ad5-Luc 3 reichte aus, um Anti-Luciferase-Antikörper und neutralisierende Ad5-Antikörper zu erzeugen, die mindestens acht Wochen lang bestehen blieben. Selbst bei Vorhandensein von zirkulierenden Anti-Luciferase- und Ad5-neutralisierenden Antikörpern konnte in Leber, Milz und Nieren von Mäusen, die ein zweites Mal i.p. mit Ad5-Luc 3 geimpft wurden, Luciferase-Aktivität nachgewiesen werden.«

Wenn man die wissenschaftliche, medizinische Terminologie weglässt, liest man hier, dass sie Luciferin/Luciferase unter anderem verwenden, um zu überwachen, wie sich Viren im Organismus verbreiten, und um nachzuweisen, welche genetischen Anomalien als Reaktion auf ihre Versuche an Labortieren auftreten.

Wenn das der Fall ist, dann liegt die Vermutung nahe, dass das Luciferin/Luciferase-System als Teil des Impfprogramms in den menschlichen Körper eingebracht wird, um überprüfen zu können, ob jemand sich die mRNA-Injektion verabreichen ließ.

Hier geht es eindeutig um mehr als um eine weltweite Pandemie.

Auftritt Bill Gates.

17

Microsoft Patent WO2020060606A1

»Und ich sah: Ein anderes Tier stieg aus der Erde herauf.
Es hatte zwei Hörner wie ein Lamm und redete wie ein Drache …
Die Kleinen und die Großen, die Reichen und die Armen,
die Freien und die Sklaven, alle brachte es dazu, auf ihrer rechten Hand
oder ihrer Stirn ein Malzeichen anbringen zu lassen.
Kaufen oder verkaufen sollte nur noch, wer das Malzeichen trug
oder den Namen des Tieres oder die Zahl seines Namens.
Hier ist Weisheit. Wer Verstand hat, möge die Zahl des Tieres errechnen:
Denn es ist die Zahl eines Menschen;
und seine Zahl ist sechshundertsechsundsechzig.

– Offenbarung 13,11 und 16-18, Englische King-James-Bibel –

Bill Gates möchte uns glauben machen, die weitreichenden »philanthropischen« Investitionen der Gates Foundation in die exorbitant profitablen Pharma- und Biotech-Unternehmen würden rein altruistisch dem Fortschritt der Zivilisation dienen … wenn man es »altruistisch« nennen mag, Reichtum und Einfluss auszunutzen, um Politiker und andere weltweit einflussreiche Personen als Helfershelfer für die eigene Agenda zu gewinnen, während man gleichzeitig in Pharma- und Biotech-Labore investiert, die das entwickeln, was man der Bevölkerung zu injizieren wünscht.

Genau das ist bei Covid-19 der Fall. Milliarden Menschen wurde ein »Impfstoff« gegen ein noch nicht identifiziertes Virus verabreicht, das, wie wir uns erinnern, eine Heilungsrate von 99,7 Prozent hatte. Sogar noch höher lag sie bei den Menschen, denen es gelang, sich bestimmte Medikamente zu beschaffen, die kurz nach Beginn der Injektionsprogramme in fast allen Ländern auf mysteriöse Weise für illegal erklärt wurden.

Das nennt man, sich einen »Marktvorteil« verschaffen!

Es gelang dem Konzernriesen Microsoft Technology Licensing LLC nur zum Teil, Wahrheitssuchende und die desinteressierte Masse von dem abzulenken, was wir als »sachliche Informationen« definieren können, die vom Patentamt veröffentlicht werden. Demnach erhielt das (von Bill Gates geführte) Unternehmen im März 2021 das US-Patent Nr. WO2020060606A1 »Cryptocurrency System Using Body Activity Data« (»Kryptowährungssystem, das Körper-Aktivitätsdaten nutzt«). Es ist mir und vielen anderen nicht entgangen, dass die Anmeldenummer dieses speziellen Patents zufällig den luziferischen Schwingungssignaturcode enthält: 666. Wir sollen glauben, das wäre nur ein Zufall und weiter nichts. Aber wenn man bedenkt, dass, laut Wörterbuch, der Begriff »Zufall« als »auffälliges Zusammentreffen von zwei oder mehr Ereignissen, die gleichzeitig eintreten« definiert wird, fühlt es sich weniger wie ein zufälliges Zusammentreffen von Ereignissen an, sondern eher wie eine sehr bewusste Entscheidung, diesem transhumanistischen Patent die Nummer 666 zu geben.

Ich persönlich bezweifle, dass bei den gut durchdachten Plänen der Kabale mit ihren Agenden, Programmen und sozialen Zwangsmaßnahmen irgendetwas dem Zufall überlassen wird, aber es wäre trotzdem möglich – höchst unwahrscheinlich zwar, aber möglich.

Und wenn das so ist, dann müsste es sich bei dem, was nun folgt, auch um lauter Zufälle handeln:

H.R. 666: Gesetz gegen Rassismus im Gesundheitswesen von 2021[31]

Mit diesem Gesetzentwurf wird innerhalb der Centers for Disease Control and Prevention (CDC) ein Nationales Zentrum für Antirassismus und Gesundheit sowie ein Programm zur Prävention von Polizeigewalt eingerichtet. Neben anderen Aktivitäten muss das neue Zentrum Rassismus zu einer öffentlichen Gesundheitskrise erklären, Daten sammeln und analysieren sowie Forschungs- und Förderprogramme verwalten, um Rassismus und seine Auswirkungen auf Gesundheit und Wohlbefinden zu bekämpfen.[32]

Darüber hinaus wird das National Center for Injury Prevention and Control der CDC, das Nationale Zentrum für Verletzungsprävention und -kontrolle, angewiesen, in Abstimmung mit dem Justizministerium und anderen relevanten Akteuren das Programm zur Prävention von Polizeigewalt durchzuführen, indem es Forschungsarbeiten beauftragt und andere Aktivitäten im Zusammenhang mit Polizeigewalt und öffentlicher Gesundheit unterstützt.

H.R. 666: Department of Homeland Security Insider Threat and Mitigation Act of 2017[33]

H.R. 666 verpflichtet den Leiter der Homeland Security (DHS), des Ministeriums für Innere Sicherheit, ein Programm für Gefährdungen durch Behörden-Insider einzurichten, schreibt Ausbildungs- und Schulungsprogramme für Mitarbeiter vor und setzt einen internen DHS-Lenkungsausschuss ein, der die Aktivitäten des Ministeriums im Zusammenhang mit Insider-Bedrohungen verwalten und koordinieren soll.

Der Gesetzentwurf sieht vor, dass im Rahmen des Programms für Gefährdungen durch Insider das Ministeriumspersonal geschult werden soll, um die von Insidern ausgehenden Bedrohungen innerhalb des Ministeriums zu erkennen, zu verhindern, zu mindern und angemessen darauf zu reagieren; es soll Ermittlungsunterstützung in Bezug auf potenzielle Insider-Bedrohungen leisten, die ein Risiko für die kritischen Bereiche des Ministeriums darstellen könnten; und es soll Maßnahmen zur Risikominderung durchführen.

Der Gesetzentwurf sieht vor, dass der Lenkungsausschuss unter dem Vorsitz des Staatssekretärs für Nachrichtendienste und Analyse regelmäßig zusammentritt und Fälle und Fragen im Zusammenhang mit Insider-Bedrohungen für das Ministerium diskutiert. Der Gesetzentwurf verlangt auch, dass der Staatssekretär spätestens ein

Jahr nach Inkrafttreten des Gesetzes eine Strategie vorlegt, um Insider-Bedrohungen zu identifizieren, zu verhindern, abzumildern und darauf zu reagieren, und einen Plan zur Umsetzung der Maßnahmen entwickelt.

H.R. 6666 116th Congress: COVID-19 Testing, Reaching And Contacting Everyone (TRACE) Act[34]

Dieses Gesetz zum Testen, Erreichen und Kontaktieren aller, die verfolgt werden sollen, ist eine Ermächtigung des Gesundheitsministers zur Vergabe von Zuschüssen an in Frage kommende Einrichtungen zwecks Durchführung von COVID-19-Tests und der Regelung damit verbundener Aktivitäten, zu denen unter anderem die Ermittlung von Kontaktpersonen durch mobile Gesundheitsdienste und, falls erforderlich, das Betretungsrecht für private Wohnungen gehört.

Senate Bill 666 (2021-2022): Update Reqs./Advance Health Care Directives[35]

Hierbei handelt es sich um ein Gesetz des Senats zur Aktualisierung der gesundheitsrechtlichen Vollmachten von Rechtsanwälten bezüglich Patientenverfügungen und zur Ermächtigung der zuständigen Behörden, elektronische Übermittlungen von Patientenverfügungen entgegenzunehmen.

Wenn wir uns an die Definition des Wörterbuchs halten, dann **gibt** es einen eindeutigen Zufall, der diesen 666-Code umgibt, so dass die Warnungen der Bibel mit unheimlicher Präzision ins Spiel kommen. Hier bestehen zwei Möglichkeiten: Entweder enthält die Heilige Schrift einen bemerkenswert genauen und absolut prophetischen Ausblick auf das einundzwanzigste Jahrhundert, indem sie beschreibt, wie wir mit diesem Malzeichen konfrontiert werden, das unseren Körpern eingepflanzt wird. Oder die Macht, die diese luziferische Agenda vorantreibt, folgt buchstabengetreu dem Bibeltext, um durch geschickte, gezielte Anspielungen auf biblische Prophezeiungen die Menschen in Angst zu versetzen. So oder so, dass laut der biblischen Prophezeiung der Menschheit das Malzeichen des Tieres aufgezwungen werden soll und dass wir nun gemäß der transhumanistischen Agenda alle durch innere oder außen am Körper getragene Sensoren elektronisch überwacht werden sollen, ist ein zu erschreckender Zufall, um ihn zu ignorieren.

Aus der Zusammenfassung der Patentschrift für besagtes Microsoft-Patent geht hervor, dass dieser neueste »Beitrag« zur Zivilisation die Verknüpfung menschlicher biologischer Aktivitäten mit Künstlicher Intelligenz beinhaltet und dass es sich um das Konzept eines KI-Systems zur Überwachung der sozialen Kreditwürdigkeit handelt, mit dem Verstand, Emotionen und Körper des Menschen kontrolliert werden sollen.

Bevor ich näher darauf eingehe, was es meines Erachtens mit diesem KI-Patent auf sich hat, möchte ich Ihre Aufmerksamkeit auf den eigentlichen Patentcode lenken und auf das, was mir als ins Auge springender numerischer Hinweis darauf erscheint, wofür es wirklich steht und welche Funktion es im Hinblick auf die technologische Schnittstelle zwischen Mensch und Maschine im Rahmen der transhumanistischen Agenda erfüllen soll.

In diesem von der Regierung ausgestellten Patent finden sich die Grundlagen der Numerologie und unterschwellige Codes, die eine satanische Prägung und unterschwellige Gedankenkontrolle vermitteln. Es setzt sich zusammen aus:

- WO (Weltordnung)
- 2020 (das Jahr, in dem das »Virus« Covid-19 auf mysteriöse Weise auf der Weltbühne erscheint)
- 060606 (666: das biblische »Malzeichen des Tieres«)
- A1 (in vielen Schriften auch als AI transkribiert – Artificial Intelligence = Künstliche Intelligenz)

Es könnte klarer nicht sein, dass die Patentnummer, die dieser futuristischen Technologie zugewiesen wurde und die natürlich nicht in der Zukunft, sondern in der Gegenwart ihrer technologischen Möglichkeiten existiert, alles andere als zufällig ist. Es handelt sich um eine verschlüsselte Klassifizierung, die ihren wesentlichen Zweck kommuniziert: dass die Eine-Welt-Ordnung ab dem Jahr 2020 das Malzeichen des Tieres durch oder als Künstliche Intelligenz einführen wird.

Wir sehen, wie in der transhumanistischen Agenda alles miteinander zusammenhängt: die erfundene Pandemie, das Injektionsprogramm und die futuristische Technologie, um Software, die den Menschen implantiert wird, dafür zu nutzen, sie zu manipulieren und zu kontrollieren, während das menschliche Genom umgeschrieben wird. Lassen Sie uns untersuchen, welche Elemente in diesem Patent enthalten sind, das entwickelt wurde, um einen Fernzugriff auf uns alle zu ermöglichen, unter dem Vorwand, uns automatisch Zugang zu Kryptowährungsprämien zu geben, die wir uns angeblich mit »gutem Sozialverhalten« verdienen können, während wir gleichzeitig in ein unsere Freiheit zerstörendes Big-Brother-Sozialkreditsystem eingebunden werden.

Die Patentschrift enthält eine einleitende Absichtserklärung, die sogenannte Zusammenfassung:

> »Menschliche Körperaktivitäten, die mit einer einem Nutzer übertragenen Aufgabe verbunden sind, können in einem Mining-Prozess für ein Kryptowährungssystem verwendet werden. [Bei einem Mining-Prozess werden neue Währungseinheiten generiert und Transaktionen mit bestehenden Währungseinheiten validiert.] Ein Server kann eine Aufgabe für ein Gerät eines Nutzers bereitstellen, das kommunikativ mit dem Server verbunden ist. Ein Sensor, der kommunikativ mit dem Gerät des Nutzers gekoppelt oder in diesem enthalten ist, kann die Körperaktivität des Nutzers erfassen. Körperaktivitätsdaten können auf der Grundlage der erfassten Körperaktivität des Nutzers erzeugt werden. Das kommunikativ mit dem Gerät des Nutzers gekoppelte Kryptowährungssystem kann überprüfen, ob die Körperaktivitätsdaten eine oder mehrere der vom Kryptowährungssystem festgelegten Bedingungen erfüllen, und den Nutzer, dessen Körperaktivitätsdaten überprüft wurden, dann mit entsprechenden Beträgen von Kryptowährung für sein Verhalten belohnen.«[36]

Diese vom Philanthropen Bill Gates und seinem Team vorgeschlagene Initiative kopiert Chinas bereits im Einsatz befindliches Sozialkredit-System. Unser Geist und Körper sollen dabei mit Künstlicher Intelligenz verschmolzen werden, und zwar auf eine Art und Weise, die uns glauben machen soll, sie wäre in keiner Weise invasiv. Aber jeder, der halbwegs bei Verstand ist, weiß, dass die KI in jeden Aspekt unseres Lebens eindringt und uns mit jedem Tag, der vergeht, mit jeder neuen Anwendung in der Medizin, der Industrie, der Technologie und der erweiterten künstlichen Realität mehr Freiheiten raubt.

Trotz des öffentlichen Aufschreis erwachter Bürgerinnen und Bürger beteuert das Microsoft-Team, dass in dem Patent nirgends von der Implantation eines Mikrochips die Rede sei, sondern dass es vielmehr darum gehe, harmlose »Sensoren« in der Nähe des Körpers einzusetzen, um unser gesamtes Leben zu überwachen.

Das soll für uns in jeder Hinsicht hilfreich sein. Wir einfachen Leute, die Plebejer, werden das doch bestimmt einsehen, oder? Klaus Schwab, der Leiter des Weltwirtschaftsforums (WEF), vertritt diese Agenda ganz unverblümt. Er spricht offen davon, dass die Verschmelzung von Technologie und Mensch unvermeidliche Folge unserer Evolution sei, und verweist darauf, dass künftig unsere Gesundheit durch alle möglichen technologischen Eingriffe kontrolliert wird: Wearables, also tragbare Geräte, und Implantate, durch die wir alle mit dem Internet der Dinge und Körper verbunden sein werden. Schwab will, dass wir alle den Übergang vom Menschen 1.0 zum Menschen 2.0 als eine Entwicklung von minderwertigen zu überlegenen Wesen begreifen. Dafür sollen wir mehr und mehr die Kontrolle über unsere geistige und körperliche Gesundheit, unseren Konsum und unseren Platz in der Zivilisation an die Technologie abgeben … und uns von der törichten Vorstellung verabschieden, wir wüssten selbst am besten, was gut für unser Leben und unsere Seele ist.

Werden »tragbare Technologien« und Sensoren den synthetischen mRNA-Mechanismus überwachen, der bereits Milliarden von Menschen injiziert wurde?

Das Timing dieser beiden Systeme – die Implantation von DNA-gesteuerter Software durch Injektion und »Sensoren« zum Auslesen von Körpersystemen – ist zu perfekt, um es zu ignorieren, auch wenn die Hintermänner beider Systeme uns glauben machen wollen, dass alles nur ein großer Zufall ist, einschließlich der unübersehbaren 666 im Code des Regierungspatents.

Laut der in den Patentunterlagen verfügbaren Zusammenfassung besteht das Ziel der Technologie darin, ein Überwachungssystem zu schaffen, das es ermöglicht, die Bewegungen des Körpers, die von ihm erzeugte Wärme, hormonelle Veränderungen, die Herzfrequenz und sogar die Gedankenwellen von einem Computer, einem Handy oder einem anderen »Gerät« abzulesen, dessen Chip, der sich angeblich außerhalb des menschlichen Körpers aber in dessen Nähe befindet, so programmiert ist, dass er alle Körperfunktionen erfasst. Die von diesen Sensoren erfassten Daten werden dann von dem Gerät, das Sie ausliest, in die Computerzentrale eingespeist, wo die aus Ihren Körperfunktionen und Körperaktivitäten gewonnenen Daten registriert werden, einschließlich der elektromagnetischen Ladungen Ihrer neuronalen Netze, die Ihre Reaktion auf Reize überwachen. Mit diesen Daten und der Künstlichen Intelligenz, die Ihr Verhalten und Ihre Gedanken in jeder Sekunde des Tages aufzeichnet, verdienen Sie sich digitales Geld: Kryptowährungs-»Belohnungen«, die Sie dann für alles ausgeben können, was Big Brother Ihnen zu kaufen erlaubt. Sie verdienen Kryptowährung, wenn Ihre Gedanken mit der Politik des datensammelnden Konzerns oder Staates übereinstimmen: wenn Sie das essen, was die Regierung von Ihnen verlangt – also auf jeden Fall Insekten und genveränderte, giftige Lebensmittel –, wenn Sie das sagen, was die Regierung von Ihnen hören will, und vor allem, wenn Sie sich gehorsam alle Impfstoffe und synthetische Injektionsmittel verabreichen lassen, die von den Mächtigen als notwendig eingestuft werden.

Und das ist es, meine Freundinnen und Freunde, was das Patent WO2020060606A1 wirklich für eine fügsame Bevölkerung bereit hält. Man kann sich nur fragen, was man verdient, wenn man mit seinen Gedanken nicht bei der Sache ist und es wagt, sich gegen eine Microsoft-Technologie aufzulehnen, von der man Ihnen gesagt hat, sie diene Ihren Interessen.

Einzelheiten zum Geltungsbereich dieses Patents sind in der Patentschrift zu finden:[37]

»Einige beispielhafte Ausführungsformen der vorliegenden Offenlegung können die menschliche Körperaktivität, die mit einer einem Nutzer gestellten Aufgabe verbunden ist, als Lösung für Data-Mining/Datengewinnungs-Anforderungen in Kryptowährungssystemen nutzen. Zum Beispiel kann eine Gehirnwelle oder Körperwärme, die vom Nutzer ausgesendet wird, wenn er die von einem Informations- oder Dienstleistungsanbieter bereitgestellte Aufgabe ausführt, wie etwa das Betrachten von Werbung oder die Nutzung bestimmter Internetdienste, im Mining-Prozess verwendet werden. Anstelle des massiven Rechenaufwands, der bei einigen herkömmlichen Kryptowährungssystemen erforderlich ist, können Daten, die auf der Grundlage der Körperaktivität des Nutzers erzeugt werden, als Proof-of-Work dienen, so dass ein Nutzer das rechnerisch schwierige Problem unbewusst lösen kann. Entsprechend können bestimmte beispielhafte Ausgestaltungen der vorliegenden Patentlösung die für den Mining-Prozess erforderliche Computer-KI-Energieleistung reduzieren und den Mining-Prozess beschleunigen.

Systeme, Verfahren und Hardware-Aspekte von computerlesbaren Speichermedien werden hier für ein Kryptowährungssystem bereitgestellt, das Daten über die Aktivität des menschlichen Körpers verwendet. Gemäß verschiedenen Ausführungsformen der vorliegenden Offenlegung kann ein Server eine Aufgabe für ein Gerät eines Nutzers bereitstellen, das kommunikativ mit dem Server verbunden ist. Ein Sensor, der kommunikativ mit dem Gerät des Nutzers gekoppelt oder in diesem enthalten ist, kann die Körperaktivität des Nutzers erfassen. Körperaktivitätsdaten können auf der Grundlage der erfassten Körperaktivität des Nutzers erzeugt werden. Ein kommunikativ mit dem Gerät des Nutzers gekoppeltes Kryptowährungssystem kann überprüfen, ob die Körperaktivitätsdaten eine oder mehrere vom Kryptowährungssystem festgelegte Bedingungen erfüllen, und dem Nutzer, dessen Körperaktivitätsdaten überprüft wurden, Kryptowährung zuweisen.

Beispiele werden als Computerprozess, als Computersystem oder als Herstellungsgegenstand wie ein Gerät, ein Computerprogrammprodukt oder ein computerlesbares Medium implementiert. Einem Aspekt zufolge ist das Computerprogrammprodukt ein Computerspeichermedium, das von einem Computersystem gelesen werden kann und ein Computerprogramm kodiert, das Anweisungen zur Ausführung eines Computerprozesses enthält.

Ein Kommunikationsnetz kann jede drahtgebundene oder drahtlose Verbindung, das Internet oder jede andere Form der Kommunikation umfassen. Ein Kommunikationsnetz kann die Kommunikation zwischen verschiedenen Computerressourcen oder Geräten, Servern und Systemen ermöglichen. Verschiedene Implementierungen des Kommunikationsnetzwerks können unterschiedliche Arten von Netzwerken verwenden, zum Beispiel, aber nicht beschränkt auf, Computernetzwerke, Telekommunikationsnetzwerke (wie Handynetze), mobile drahtlose Datennetzwerke und jegliche Kombination dieser und/oder anderer Netzwerke.

Ein Nutzergerät kann jedes Gerät sein, das in der Lage ist, Daten/Informationen zu verarbeiten und zu speichern und über ein Kommunikationsnetz zu kommunizieren. Nutzergeräte können zum Beispiel PCs, Server, Handys Tablets, Laptops, intelligente Geräte (etwa intelligente Uhren oder intelligente Fernsehgeräte) sein.

Die Sensoren können so konfiguriert sein, dass sie die Körperaktivität des Nutzers erfassen. Der Sensor kann eine vom Nutzergerät getrennte Komponente sein, die funktionsfähig und/oder kommunikativ mit dem Nutzergerät verbunden ist. Alternativ kann der Sensor auch in das Nutzergerät integriert sein. Zum Beispiel kann das Nutzergerät ein tragbares Gerät mit einem Sensor sein. Der Sensor kann Informationen/Daten an das Nutzergerät übertragen. Zu den Sensoren gehören beispielsweise, aber nicht ausschließlich, funktionelle Magnetresonanztomographen (fMRI), Elektroenzephalographie-Sensoren (EEG), Nahinfrarotspektroskopie-Sensoren (NIRS), Herzfrequenzsensoren, thermische Sensoren, optische Sensoren, Hochfrequenzsensoren (RF),

Ultraschallsensoren, Kameras oder andere Sensoren oder Scanner, die die Körperaktivität messen oder den menschlichen Körper scannen können. Der fMRI kann beispielsweise die Körperaktivität messen, indem er Veränderungen im Zusammenhang mit dem Blutfluss erkennt. Der fMRI kann ein Magnetfeld und Radiowellen verwenden, um detaillierte Bilder des Körpers zu erstellen (zum Beispiel den Blutfluss im Gehirn, um Bereiche der Aktivität zu erkennen).«

Da man davon ausgehen kann, dass niemand von uns an ein fMRI- oder EEG-Gerät angeschlossen herumlaufen wird, ist es nicht schwer zu erkennen, dass es hier in Wirklichkeit um das Einsetzen eines Sensors in Form eines Mikrochips geht, der all diese Funktionen erfüllt. Obwohl Microsoft dies bestreitet und die Behauptung, Gates habe einen implantierbaren Mikrochip patentieren lassen, als »Verschwörungstheorie« bezeichnet, müssen wir zwischen den Zeilen lesen, um die wahre Absicht hinter der breit gefächerten Terminologie des Patents zu erkennen.

Die Behauptung ist, dass es sich dabei um einen externen Sensor handeln würde, der speziell für die Erkennung und Verfolgung menschlicher biometrischer Daten entwickelt wurde. Das können zum Beispiel implantierbare Chips sein, wie sie von mehreren europäischen Technologieunternehmen entwickelt wurden. Das schwedische Unternehmen Epicenter setzt sie bereits ein. Aber das ist ein Trick. Schließlich ist ein implantierter Mikrochip der beste Sensor für biometrische Daten, da er sich buchstäblich im Körper befindet. Clever von Microsoft, dieses winzige Detail zu umgehen, um ein Patent zu erhalten und die Öffentlichkeit abzulenken.

Es stimmt zwar, dass sich Patent WO2020060606A1 nicht auf injizierbare Mikrochips bezieht, aber was »Sensoren und Scanner« angeht, die Körperaktivitäten messen können, weist es sehr wohl in diese Richtung. Und siehe da: Es gibt die ID 2020 Alliance, die unter der Flagge von GAVI operiert, der von der Gates- und der Rockefeller-Stiftung finanzierten Organisation für das »Wohlergehen der Menschheit in aller Welt«. Dieses digitale Identitätsprogramm, das von niemand Geringerem als Microsoft und Big Pharma ausgeheckt wurde, zielt darauf ab, die Impfungen jedes einzelnen Menschen detailliert zu überwachen, indem Chips in den Körper eingesetzt werden, vor allem bei Kindern.

Und falls einsetzbare Chips nicht genügen, gibt es noch eine Gruppe von Forschern des Massachusetts Institute of Technology, die einen neuartigen Weg gefunden haben, um das Problem der Überwachung des Impfstatus der Bevölkerung zu lösen. Ihre Ingenieure wollen medizinische Informationen unter der Haut speichern, indem sie winzige Farbstoffpunkte zusammen mit einem Impfstoff über Mikronadelpflaster einbringen. Der Farbstoff, der für das bloße Auge unsichtbar ist, kann später mit einem speziell angepassten Smartphone ausgelesen werden.

»Winzige Farbstoffpunkte« wovon, frage ich mich da, etwa von Luciferin?

Ich erinnere mich noch an die Einführung der Mikrochips als »integrierte Schaltkreise zur Identifizierung«, die unseren geliebten Haustieren und den armen Labortieren unter die Haut injiziert wurden. Die von der Firma VeriChip entwickelten und 1990 auf den Markt gebrachten Chips zur Radiofrequenz-Identifizierung (RFID) waren die ersten, von denen ich hörte, und ich war zutiefst beunruhigt darüber, dass sie den Tierhaltern aufgezwungen wurden. Das Ortungssystem wurde uns als »Haustier-Wiederfindungssystem« verkauft, obwohl uns versichert wurde, dass es sich nicht um ein GPS-Gerät im eigentlichen Sinne handelte und dass es unseren kleinen Kater Bowser nicht wirklich aufspüren konnte, wenn er sich verirrte. Man versicherte uns, dass es nur dazu diente, ihn zu identifizieren, wenn er gefunden würde. Das ist eine ziemlich verworrene Absichtserklärung, wenn Sie mich fragen.

Der Chip war auch in der Lage, die Impfstoffhistorie des Tieres aufzuzeichnen. Kommt das jemandem bekannt vor?

Mir war damals, ich glaube, es war Mitte der 1990er Jahre, ziemlich klar, dass sie diese implantierbaren Chips zunächst an Tieren testeten, als Probelauf für das, was sie später für Menschen geplant hatten. Ich war empört, aber sonst schien es niemanden zu stören. Es war ein ganz unnötiger Eingriff in unsere Freiheitsrechte, dass man uns zwang, diese kaum erprobte und invasive Technologie unseren geliebten Tieren in den Körper implantieren zu lassen. Und trotz der Versicherung, der Chip würde keine Gesundheitsprobleme verursachen, waren wir besorgt, was langfristige Effekte anging. Tatsächlich gab es zahllose Fälle von unerwünschten Reaktionen, wenn der reiskorngroße Fremdkörper in andere Körperteile wanderte, was Berichten zufolge immer wieder geschah. Es kam zu Krebserkrankungen, Infektionen und Gott weiß was für anderen Nebenwirkungen, aber wir hatten keine Wahl. Die Tierärzte wurden dazu verpflichtet, die Vorschriften umzusetzen.

In Italien waren wir gezwungen, unsere Haustiere bei den örtlichen Behörden zu registrieren, wofür natürlich auch der Chip erforderlich war. Kein Chip, keine Reise – das war ein weiterer Zwang für den Menschen, der sein geliebtes Haustier nicht diesem unnötigen Gerät aussetzen wollte. Zunächst war die Impfung freiwillig, weshalb ich mich natürlich weigerte, aber bald darauf wurde sie zur Pflicht, und ich hatte keine andere Wahl, als sie zu akzeptieren, da mein geliebter Shitzu bei einigen Gelegenheiten mit mir fliegen musste. Dafür war ein **»Impfpass«** erforderlich, der nur – Sie ahnen es – bei implantiertem Chip ausgestellt werden konnte. Es brach mir das Herz, als ich sah, wie der Tierarzt ihr den Transponder in den kleinen Körper injizierte, weil ich wusste, dass er alles andere als harmlos war. Mir wurde klar, dass mein Fellbaby eine unfreiwillige Freiwillige in einem Vorversuch für einen Peilsender war, dessen Zielgruppe nicht wirklich Tiere, sondern Menschen waren. Ich wusste sofort, dass es sich um ein Testsystem für das handelte, was als Ortungssystem für Menschen auf uns zukommen würde, und fragte mich, warum das sonst niemanden zu interessieren schien.

Sie nannten mich deshalb paranoid.

Elf Jahre nach der Einführung und weit verbreiteten Anwendung des RFID-Chips für Tiere wachte Dr. Richard Seeling, ein Forscher bei der Muttergesellschaft von VeriChip, Applied Digital, eines Morgens mit einer Offenbarung auf: dass ihr RFID-Chip auch Menschen helfen könnte! Können Sie sich das vorstellen? Ohne Wissen des Unternehmens implantierte er sich heimlich einen Chip in den Arm.

Als er feststellte, dass ihm das Implantat keine Beschwerden verursachte, erzählte er seinen Kollegen, was er getan hatte, und Bingo! Der menschliche Mikrochip war geboren.

Es versteht sich von selbst, dass Microsoft, das ja angeblich nur externe Sensoren nutzen will, dennoch schon seit 2008 mit dem VeriChip-Hersteller, der Digital Angel Corporation, partnerschaftlich zusammenarbeitet. Digital Angel? »Digitaler Engel«? Was für ein seltsamer Name für ein Unternehmen. Ich frage mich, ob sie damit nicht eher auf den »gefallenen Engel« anspielen?

Epicenter, ein Unternehmen aus Stockholm, hat jetzt einen RFID-Chip auf den Markt gebracht, auf dem Sie Ihren Covid-19-Impfpass speichern können. Praktisch, nicht wahr? Denn dieser Impfpass wird von Ländern in der ganzen Welt, insbesondere in Europa, zunehmend vorgeschrieben. Es ist klar, dass sie es uns unmöglich machen wollen, ohne implantierten Chip zu reisen, genau wie unsere Haustiere. Und der Chip unter unserer Haut prüft dann von innen, ob wir uns haben »impfen« lassen. Er nutzt die NFC-Technologie zur Nahfeldkommunikation, die Sie mit jedem NFC-kompatiblen Smartphone in der Nähe kompatibel macht. Da werden Sie sich jetzt bestimmt sagen, wie praktisch es ist, Ihren Covid-19-Impfpass im Arm zu tragen oder in einem Chip, der unter die Haut zwischen Daumen und Zeigefinger eingesetzt wird?

Epicenter hat bereits damit begonnen, seinen Mitarbeitern erfolgreich Mikrochips einzupflanzen. Noch ist es nicht verpflichtend, aber anscheinend konnten es über einhundertfünfzig Leute gar nicht abwarten, gechippt zu werden. Sie haben sogar »Chipping-Partys« im Büro veranstaltet! Sicher bin ich nicht der Einzige, der hier ein Muster erkennt: Eistüten für Kinder, die die Covid-»Impfung« erhalten. Power-Shakes für Leute, die den Chip nehmen, Lotterielose … was auch immer.

Befürworter argumentieren, welche Vorteile der unter Ihre Haut eingepflanzte Chip bietet:

- *Identifikation:* Reisepass, Führerschein und alle Ihre Ausweispapiere an einem praktischen Ort vereint.

- *Benutzerfreundlichkeit:* Warum diese lästigen Schlüssel und Plastik-Zugangscodes mit sich herumtragen, wenn man einfach mit der Hand über einen Sensor fahren und die Tür öffnen kann?
- *Mitgliedschaften:* Du hast deine Ausweise für Vereine, Bibliotheken oder das Fitnesscenter immer dabei.
- *Gesundheitsdaten:* Das wird den Versicherungsgesellschaften sicher gefallen!
- *Diebstahlschutz:* Sie müssen nicht mehr befürchten, dass ein Ganove Ihre Brieftasche stiehlt oder Ihnen die Geldbörse von der Schulter reißt.
- *Tracking:* Wenn Sie sich verirren, weiß zum Glück immer jemand, wo Sie sind.

Es geht um Kontrolle – schlicht und einfach.

Auf der Website von Epicenter wird Microsoft als einer der Partner in einem Programm mit dem Titel »Epicenter Accelerate« genannt. Wenn es um Impfstoffe, Mikrochips und Bioengineering geht, ist der berühmte Bill Gates offenbar immer dabei und treibt die transhumanistische Agenda voran.

Bereits 1968, vor über einem halben Jahrhundert, leitete Dr. Carl Sanders das Ingenieurteam bei General Electric, das den Mikrochip entwickelte. Er behauptet, dass das Projekt ursprünglich auf die Entwicklung eines Mikroschaltkreises ausgerichtet war, der die Nervenenden in einer durchtrennten menschlichen Wirbelsäule wieder verbinden konnte. Sie waren nicht erfolgreich. Bald darauf trat die Regierung an sie heran.

Dr. Sanders berichtet, wie es dazu kam:

> »Einige Männer kamen zu uns, Regierungsbeamte, wie wir herausfanden, von der CIA und dem FBI. Sie baten uns, einen Mikrochip zur Identifizierung zu entwickeln. Dieser sollte nicht für Menschen oder Tiere verwendet werden, sondern in Drogenlieferungen eingebaut werden, um Drogenhändler zu erwischen. Sie brachten eine Menge Geld mit. Und wir waren bereit, alles zu tun, was wir konnten. Ich möchte Ihnen sagen, dass ich zu diesem Zeitpunkt kein Christ war

und nichts mit Christen zu tun haben wollte. Wir hatten das erste Identifizierungsgerät entwickelt, das in den frühen 1970er Jahren fertiggestellt wurde. Dann kamen sie wieder zu uns und sagten, dass sie etwas Besseres als das wollten.

Wir sagten: ›Wenn ihr uns genug Geld gebt, können wir etwas Besseres entwickeln.‹ Ich machte das nicht allein. Über hundert Leute arbeiteten an dem Projekt mit. Einige von General Electric, einige von Motorola, einige von den Bell Laboratories, einige vom Boston Medical Center und einige von der Stanford University. Meine Aufgabe war die des Projektleiters beziehungsweise leitenden Projektingenieurs. Wir begannen mit der Arbeit am Design des Mikrochips. Als er fertig war, hatte er einen Durchmesser von 0,75 mm und war 7 mm lang. Er war so groß wie ein Viertel eines Reiskorns. Nochmals: Ich war kein Christ, und es waren keine Christen da. Sie sagten, sie wollten, dass es eine Stromquelle hat und ein Signal aussendet. Und sie wollten, dass wir Lithium als Batteriequelle verwenden.

Lithium wird in Armbanduhren und an vielen anderen Stellen verwendet. Ich habe in den Mikrochip eine kleine Ladebuchse eingebaut, mit der die Batterie aufgeladen werden kann. Das hört sich nach einer Menge technischer Dinge an, aber haben Sie Geduld, während ich es erkläre. Sie werden sehen, was Gott mit diesem Mikrochip vorhat.

Ich brauchte eine Temperaturveränderung, um die Batterie aufladen zu können. Eine Temperaturveränderung führt dazu, dass Strom zur Ladebuchse fließt, der die Batterie auflädt. Wir begannen zu forschen, um herauszufinden, wo im Körper sich die Temperatur am schnellsten verändert. Wir haben über eine Million Dollar an Steuergeldern ausgegeben. Und als die Ergebnisse zurückkamen, gab es eine Menge Informationen. Wir ließen drei Teams daran forschen. Wir kamen mit diesen Informationen zurück. Es wurde festgestellt, dass es zwei Stellen im Körper gibt, die ideal für den Mikrochip sind. Die eine befindet sich direkt unterhalb des Haaransatzes **auf der Stirn**. Jede Mutter prüft dort die Temperatur ihrer Kinder. Ich habe noch nie eine Mutter gesehen, die ihre Hand auf Fußknöchel ihrer Kinder legt, um zu fühlen, ob sie Fieber haben. Die andere Stelle war die Hand, vorzugsweise die **rechte Hand**, denn die meisten Menschen sind Rechtshänder. Das hat mich nicht gestört, und es hat auch sonst niemanden im Team gestört. Die Hand schien ein guter Platz zu sein – niemand wollte den Chip auf der Stirn haben. Und so funktionierte der Entwurf, und alles wurde fertiggestellt, der Mikrochip war fertig. Sie können sich ihn jetzt anschauen – in einer Dokumentation auf dem Discovery Channel. Es gibt Menschen, die ihn bereits erhalten haben. Er ist real und nicht etwas, das erst in Zukunft kommen wird.

Die Mikrochip-Implantate sind real. Kreditkarten versagen. Sie können gefälscht werden, die neue Chipkarte kann gefälscht werden, sie können gestohlen werden, verloren gehen, alles Mögliche kann mit einer Karte passieren. Aber seine Hand verliert man nicht. Sehr schnell werden sie dazu übergehen, den Chip in die Hand zu implantieren.

Heute haben über 15.000 Babys einen Mikrochip erhalten. Viele Unternehmen verwenden den Mikrochip zur Identifizierung ihrer leitenden Angestellten. Die Einwanderungs- und Einbürgerungsbehörde bekommt damit einen besseren Ausweis: die menschliche Hand. So viele dieser Dinge geschehen um uns herum. Wir haben über die Anzeichen der Neuen Weltordnung gesprochen. Gott hat genau dargelegt, wie es heute in der Neuen Weltordnung zugeht. Satan wünscht sich eine Eine-Welt-Regierung. Seit seines Sündenfalls hat Satan gesagt, dass er eine Eine-Welt-Regierung will. Er will Gott absetzen und die Macht übernehmen. Wir sehen also eine von Menschen zusammengestellte Regierung, wir sehen eine Eine-Welt-Regierung.

Die Zeichen der Zeit sind überall um uns herum …«[38]

Seit mindestens zwanzig Jahren testen sie den implantierten RFID-Chip an Haustieren. Wir haben keine Fragen gestellt und ihnen das ermöglicht, damit die Tierärzte ihre Impfdaten speichern und angeblich unsere geliebten Haustiere identifizieren können, wenn sie verloren gehen. Jetzt befinden sie sich in Phase zwei des Experiments. Sie haben jetzt willige menschliche Versuchskaninchen, die die Souveränität über ihr eigenes Wesen aufgeben, indem sie willfährigen Ärzten und – bei einigen – ihrem Arbeitgeber erlauben, den Chip in ihre Hand oder ihren Arm zu implantieren, so dass sie in der Lage sind, Türen zu öffnen und Zaubertricks zu vollführen, indem sie einfach die Hand oder den Arm über einen Sensor halten. Offensichtlich machen sie sich überhaupt keine Gedanken darüber, dass ihre wichtigen Daten, ihre Krankengeschichte und ihr Impfpass in ihrem neuen Hightech-Spielzeug, dem Implantat, gespeichert werden oder dass alles, was sie für privat hielten, von nun an für jeden mit einem simplen Datenscanner zugänglich sein wird.

Wer hat Zugriff auf die Daten? Die Strafverfolgungsbehörden? Arbeitgeber? Die von der Kabale kontrollierten Medien? Dunkle Kräfte in der Regierung? Und was haben sie mit den Daten vor, die sie so fleißig sammeln? Was passiert, wenn ein Hacker sie in die Finger bekommt? Stellen Sie sich vor, wie wichtig es dann sein wird, zu wissen, welche Art von elektromagnetischer Technologie sich in Ihrer Nähe befindet. Wir wissen, dass Hacker Ihre Kreditkartendaten abgreifen können, indem sie einfach neben Ihnen in der Schlange stehen oder im Supermarkt an Ihnen vorbeigehen – selbst wenn Ihre Karten in Ihrer Handtasche oder Brieftasche versteckt sind! Stellen Sie sich vor, wie einfach es für Kriminelle sein wird, Ihren Chip zu hacken, die Daten auf ihren eigenen zu kopieren und sich als Sie auszugeben!

Beängstigende Aussichten. Wenn es nach den Patentinhabern geht, wird Ihr soziales Kreditsystem durch menschliche Aktivitäten, Gedanken, Pulsfrequenz und andere Körperfunktionen aktiviert – angeblich überwacht durch Sensoren von »Geräten«, die sich außerhalb des Körpers befinden. Aber wir sehen die Zeichen an der Wand. Die Geräte werden implantiert sein. Wir haben gesehen, wie eingebettete Chips, die seit Jahrzehnten an Tieren getestet werden, freudig willfährigen Menschen implantiert werden, die es kaum erwarten können, einfach mit der Hand zu winken, um eine verschlossene Tür zu öffnen oder eine Cola aus dem Büroautomaten zu kaufen. Sie werden injizierbare Sensoren haben, die winzige Halbleiterkristalle verwenden, um festzustellen, ob Sie oder Ihr Kind mit allen möglichen Giften geimpft wurden, die man Ihnen von jetzt an bis in alle Ewigkeit injizieren will. Und Big Brother wird jede Ihrer Körperfunktionen, jede neuronale Reaktion – möglicherweise sogar jeden Gedanken – überwachen, entschlüsseln und speichern und Ihnen Belohnungen für gutes Verhalten und Gehorsam zuteilen.

Wenn das für Sie nicht wie das Zeichen des Tieres klingt, was dann? Dr. Carl Sanders hat es herausgefunden, wenn auch zu spät. Vielleicht kann allein die Nummer des Microsoft-Patents WO2020060606A1 die Leute schon dazu bringen, sich diese Frage zu stellen. Wir erkennen das Tier.

Wir erkennen es, und jetzt kommt es darauf an, was wir dagegen unternehmen – wir – die erwachten, liebenden Seelen, spirituellen Krieger, Sprecher der Wahrheit, Gegner des Systems, Lichtarbeiter und souveränen Wesen dieser Welt.

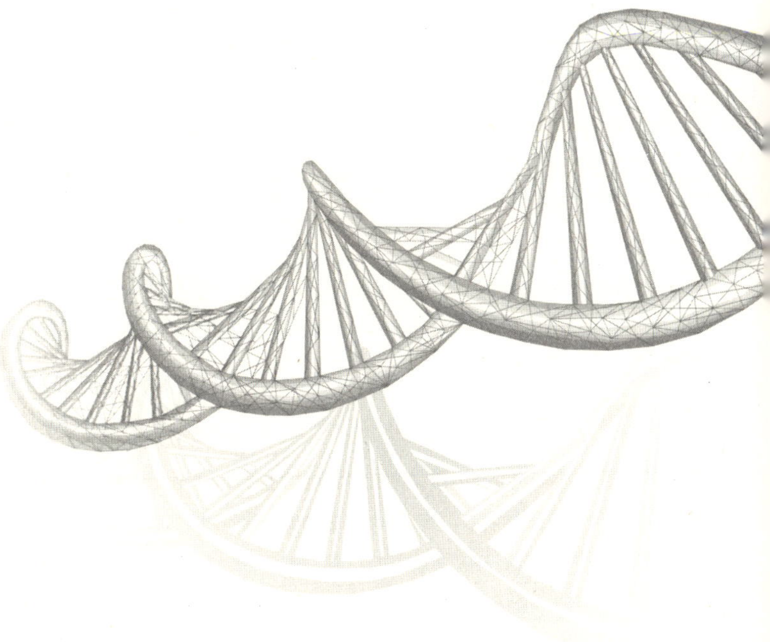

Jetzt ist es an der Zeit, eine Entscheidung zu treffen.

Entweder Sie schlucken die blaue Pille,
stellen keine Fragen und bleiben in der Matrix gefangen,
oder Sie schlagen mit dem metaphorischen Hammer
auf die Bildschirme ein und befreien sich für immer
von der »Nervensystem-Manipulation«.

Wenn Sie zurückweisen, dass jemand
in Ihren elektrischen Körper eindringt, werden Sie
die simulierte Realität hinter sich lassen.
Das ist es, worauf es hinausläuft,
und das ist die Entscheidung, die Sie treffen
müssen, wenn Sie wirklich bereit sind,
Ihre Macht zurückzuerobern.

Teil 2

Licht in der Dunkelheit

»Ein Visionär ist jemand, der in der Lage ist,
im Mondlicht seinen Weg zu finden,
und der früher als der Rest der Welt
die Morgendämmerung sieht.«

– Oscar Wilde –

18

Die Lichtstränge des Universums

Es gibt einen Grund, warum ich Ihnen jetzt eine Geschichte erzähle, die ich noch nie erzählt habe. Sie steht im Zusammenhang mit den Informationen, die ich in diesem Buch präsentiere. 1996 besuchte ich zum ersten Mal im Leben einen Kornkreis. Er war auf dem Feld eines Bauern in Wiltshire, England, erschienen, gleich gegenüber von Stonehenge. Ich ging in den Kreis hinein und legte mich auf die Erde. Diese Erfahrung veränderte mein Leben für immer. Welch ein Privileg, dass ich damals diese Treppe zu den Sternen betreten durfte! Seitdem ist es mir gelungen, Jahr für Jahr Hunderte von exquisiten Kornkreis-Formationen zu betreten, entweder im Alleingang oder indem ich Gruppen von Suchenden leitete. An jedem dieser Orte erfuhr ich etwas Neues und Einzigartiges über die Geometrie, die energetischen Anomalien und anderen zahlreichen Phänomene, die in den Kornkreisen und um sie herum auftreten – aber nie wieder habe ich etwas so Verblüffendes und absolut Unvergessliches erlebt wie damals in dem Julia-Set-Kornkreis.

Wie diese Formation mich auf die Astralreise meines Lebens katapultierte, bleibt eines der größten Geheimnisse eines Lebens, das angefüllt ist mit außergewöhnlichen spirituellen Erfahrungen. Kein anderer Kornkreis hat mir jemals ein Vehikel zur Verfügung gestellt, das mich in die äußersten Bereiche meiner »unbewussten« Verbindung zu allem, was existiert, katapultieren konnte, wie dieser damals. Ich bin so dankbar, dass ich die Erinnerung an das, was dort geschah, bewahren konnte: wohin ich gebracht wurde und was ich auf meinem Weg dorthin sah. Ich weiß, dass ich dazu bestimmt war, zu verstehen und weiterzugeben, was mir damals über die Vernetzung aller Dinge, aller Zeit und allen Raums vermittelt wurde: **die DNA des Universums.**

Ich bin an jedem Punkt meines an Wundern reichen Lebensweges gesegnet gewesen. Doch keine Kundalini-Erweckung, keine Explosion des Dritten Auges, keine mystische Reise … nichts davor oder danach war je mit dem, was ich damals sehen durfte, vergleichbar (wenn Vergleiche überhaupt notwendig sind). Nichts anderes hatte einen solchen Einfluss auf meinen Geist, nicht einmal meine Nahtoderfahrung im Alter von siebzehn Jahren, als mich raue Wellen von einem Felsvorsprung in die stürmische See schleuderten und ich vor einer Klippe am Davenport Beach in Kalifornien fast ertrunken wäre. Damals wurde mir ein Blick in den »Himmel« gewährt, als meine Seele durch einen Lichttunnel in die Helligkeit raste. Es war eine ekstatische, bedingungslose Liebe, die mich umarmte, eine solche Verzückung, dass ich nicht zurückkommen wollte, aber wie so viele, die dieselbe Erfahrung gemacht haben, wurde mir gesagt, dass »meine Zeit noch nicht gekommen sei« und dass ich auf der Erde eine wichtige Aufgabe zu erfüllen habe. Ich sah das verzweifelte Gesicht meiner Mutter und spürte, wie ihr unerträglicher Kummer mich überrollte. Ich wusste, dass ich sie nicht verlassen konnte.

Wie es möglich war, dass ich eben noch fast in den gewaltigen Wellen des Ozeans ertrunken war und mich im nächsten Moment mit blauen Flecken und blutend auf den Felsen liegend wiederfand, bleibt eines der großen Rätsel meines Lebens. Eine Welle muss mich aus dem Meer gespuckt haben wie ein großes Stück Treibholz und mich auf diese Klippe geworfen haben, so unmöglich das auch erscheint – oder vielleicht war es göttliches Eingreifen, das mich aus dem Meer hob. Als ich meine Augen öffnete, wurde ich von einem Engel geküsst, der sich danach in Luft auflöste. Ich spuckte literweise Meerwasser aus und kehrte in die Welt der Lebenden zurück.

So mächtig diese Erfahrung des Sterbens und der Wiederkehr auch war, das Wissen um Gott und die Ewigkeit, so verblasste es doch im Vergleich zu dem, was an jenem anderen Tag geschah – diesem einen bemerkenswerten Tag auf dem Feld eines Bauern in der Nähe einer der am meisten verehrten heiligen Stätten Englands.

Wem auch immer es damals bestimmt war, am Julia-Set zu sein, er wurde zu dem Kornkreis geführt. Leider habe ich nur mit sehr wenigen jener Menschen persönlich sprechen können, die es im Jahr 1996 zum Julia-Set-Kornkreis zog. Ich bin mir sicher, dass es nicht nur für mich, sondern auch für etliche andere eine unvergleichliche Verabredung mit dem Schicksal war. Wie die verwirrten Figuren in dem Film *Unheimliche Begegnung der dritten Art*, die sich von diesem geheimnisvollen, monumentalen Felsen angezogen fühlten, wurden wir auf das Feld in der Nähe von Stonehenge gerufen, um die Unermesslichkeit dessen zu erleben, was dort im Weizen, im Äther und der Luft für uns ausgelegt worden war.

Wir kamen aus den vier Himmelsrichtungen der Erde: tibetische Mönche, Schamanen und Weise der amerikanischen Ureinwohner und anderer indigener Völker, Heiler, Priester und Suchende aus der ganzen physischen Welt. Und wir erlebten dort ein Wiedersehen in der Nicht-Zeit des multidimensionalen Bewusstseins. Und in diesem heiligen Raum wurden wir von Wesen aus den nicht-physischen Welten begleitet, mit denen einige von uns, darunter auch ich, in Kontakt treten konnten … irgendwo zwischen den Dimensionen, jenseits von Zeit und Raum.

Ich kann nicht für andere sprechen, aber ich habe die Erfahrung gemacht, dass ich beobachtete, wie nicht-physische Wesen in dem Kornkreis umherstreiften. Es traten dort allerlei seltsame Phänomene auf, aus vielen Bereichen und Dimensionen. Ich kann nur sagen, dass denjenigen, die es so wie ich schafften, zur richtigen Zeit am richtigen Ort zu sein, um das Julia-Set betreten zu können, damit ein großes Geschenk gemacht wurde.

Wie gerne würde ich mich nach all diesen Jahren mit diesen Forscherkollegen zusammensetzen und Erfahrungen und Erkenntnisse austauschen. Stellen Sie sich die Geschichten vor, die wir teilen würden? Wer weiß, ob ihr Leben so stark beeinflusst wurde wie das meine. Zugegeben, keine Erfahrung gleicht der anderen, aber dennoch kann ich mir nicht vorstellen, dass jemand, der dieses Feld betrat, nicht dadurch verwandelt wurde. Oh, würde man mir doch eine Fahrt mit einer Zeitmaschine anbieten! Dann würde ich mich garantiert dafür entscheiden, zu diesem Moment im Julia-Set zurückzukehren, um diesen lebensverändernden kosmischen Knotenpunkt in Zeit und Raum noch einmal zu erleben – mit all der Unschuld und dem Wunderbaren in jenen entscheidenden Augenblicken meiner spirituellen Entwicklung.

Nachdem ich Jahr für Jahr so viel Zeit auf den Feldern Englands verbracht habe, bin ich zu der Überzeugung gelangt, dass multidimensionale Portale nicht unbedingt an bestimmte Koordinaten im Raum-Zeit-Kontinuum gebunden sind, wie manche glauben. Aber es gibt sicherlich Vortexe auf der Erde und im gesamten Universum, energetische Strudel, die eine konstante Frequenz oder Bandbreite aufweisen und es dadurch ermöglichen, dass sich multidimensionale Anomalien manifestieren können. Einer der mächtigsten von ihnen ist der Tempel von Sethos I. in Abydos, wie ich in meinem Buch *Wo die Pharaonen wohnen* ausführlich geschildert habe. Er wurde über der weitaus älteren Osirion-Anlage erbaut.

Mehr als einmal habe ich erlebt, wie das gesamte Bauwerk wogte, wie Geister durch den Äther strömten und ich in ein seltsames Paralleluniversum glitt. Genau wie die berühmte Britin Dorothy Eady (alias Omm Sety; 1904-1981), die, Jahre bevor ich selbst dorthin reiste, als Zeichnerin für die Ägyptische Altertumsbehörde arbeitete und schließlich Verwalterin des Tempels von Abydos wurde, betrat ich eine geheimnisvolle Kammer in jenem Tempel, die gar nicht zu dem umgebenden Gebäude und dessen Geschichte und Kunststil zu passen schien … und verlor jedes Zeitgefühl.

Als ich später am Tag zurückkehrte, nachdem die sengende Wüstenhitze nachgelassen hatte, war die Kammer verschwunden. Ich suchte jeden Raum ab und fragte mich, ob ich durch die vielen Säulen und Räume des Tempels irgendwie verwirrt worden war, aber sie war einfach nicht mehr da. Bald wurde mir klar, dass ich wie

Omm Sety in eine andere Dimension oder ein Paralleluniversum geschlüpft war und einen Eindruck davon bekommen hatte, wie die andere Seite der Realität aussieht: im altägyptischen Stil.

Im Fall des Julia-Sets war eindeutig so etwas wie ein galaktischer Wirbelwind auf das Weizenfeld niedergepeitscht und hatte ein vorübergehendes Portal geöffnet – ein Fenster zum Seelenkosmos, das sich später wieder auflöste und verschwand. Zweifellos hatten die Energien von Stonehenge auf der anderen Straßenseite etwas mit der Intensität dieser jenseitigen Energien zu tun, und höchstwahrscheinlich trugen sie dazu bei, die Öffnung des Portals zu manifestieren.

Bis zu diesem Zeitpunkt habe ich nie öffentlich und in aller Tiefe über das gesprochen, was mir damals widerfuhr, als ich aus meinem Körper herausgezogen wurde, um mich mit sechsdimensionalen, nicht-physischen Wesen zu vereinen: Wohin sie mich brachten, was ich sah und erlebte und vor allem, was ich lernte. Aber es ist jetzt relevant, da ich dieses Buch schreibe, und für die Informationen, die ich als so wichtig für unser Leben empfinde – gegenwärtig und in Zukunft. Deshalb bin ich bereit, etwas Licht auf die größte Transformationserfahrung meines Bewusstseins zu werfen, die ich je erlebt habe … eine, die seitdem das Tempo an jedem Tag meiner Reise vorgibt.

In Interviews und Vorträgen habe ich mehrmals angedeutet, wie ich fast augenblicklich aus meinem Körper gerissen wurde, als ich das Julia-Set betrat, aber ich habe nie mehr verraten, als dass es **die** »galaktische Abenteuerreise« meines Lebens war. Ich habe mich entschieden, solche sehr persönlichen Riesenschritte zu schützen, indem ich darauf achte, niemals meinen eigenen Prozess zu verherrlichen oder mein eigenes Ego zu streicheln, und wohl wissend, dass wir einige unserer heiligsten Momente nahe bei unserem Herzen behüten müssen, wo **die Stille regiert.**

Auf dieser Reise, die sich »Leben« nennt, bin ich mit so vielen bahnbrechenden Momenten gesegnet worden, dass ich mich nicht einmal mehr an alle erinnern kann. Aber ich erinnere mich an alles, was mit diesem besonderen außerkörperlichen Astralflug zu tun hat, den ich nur als die »Mutter« aller Erfahrungen bezeichnen kann. Fünfundzwanzig Jahre später ist mir jedes Detail noch so klar vor Augen wie eine frisch gestochene Tätowierung. Jetzt ist es an der Zeit, das Erlebnis mit Ihnen zu teilen.

Als ich den Kornkreis betrat, spürte ich sofort, wie jemand oder etwas mich förmlich am Kragen packte und in die Formation hineinzog. Mir wurde so schwindlig, dass ich mich beinahe in einem der in perfekter Fibonacci-Folge angeordneten 151 Kreise, die das heilige geometrische Muster bildeten, auf den Boden hätte fallen lassen. Übelkeit und Schwäche überfielen mich, während unter mir die Erde bebte. Was für ein schreckliches Gefühl!

Glücklicherweise verlor ich schnell das Bewusstsein für meinen Körper und begann, mich selbst als Klang zu erleben: ein Wirbel aus pfeifenden und brummenden Tönen.

Wie eine Rakete, die die Atmosphäre des Planeten verlässt, wurde ich in den Weltraum geschleudert und sah Stonehenge und unsere schöne blaue Erde hinter mir verschwinden. Fast augenblicklich wurde ich mit einer brillanten Darstellung dessen beschenkt, was für mich jedes Licht darzustellen schien, das jemals im gesamten Universum leuchtete. Ich konnte sehen, wie jeder einzelne Stern, Planet, Mond, Asteroid und Meteor – alle Himmelskörper – durch glühende Lichtspiralen miteinander verbunden waren.

Die Sirianer bezeichneten diese Spiralen in früheren Werken als das »Kosmische Lichtgewebe«. Offensichtlich war ich in die DNA des Universums eingetaucht, in all ihrer unergründlichen Herrlichkeit. Es war ganz und gar wundervoll.

Mir wurde die außergewöhnliche Gelegenheit zuteil, die Lichtstränge des Kosmos zu durchqueren, wie eine Spinne ihr Netz, und mir war bewusst, wie meine bloße Anwesenheit auf diesen holografischen Lichtpfaden die Struktur selbst beeinflusste. Mein Bewusstsein, das diese spiralförmigen Lichtstrahlen durchquerte, verstärkte das Licht: Der bloße Akt des Beobachtens wirkte sich auf **alles** aus – auf das gesamte Netzwerk! Seitdem bin ich von Spinnen und den wunderschönen Netzen, die sie weben, fasziniert und sehe sie als »Wegweiser« des kosmischen Designs. Immer wenn ich ein neu gewebtes Spinnennetz betrachte, auf dem Regen- oder Tautropfen sanft funkeln, erinnere ich mich sofort an diese Reise und all die damit verbundenen ekstatischen Gefühle.

Als ich auf den unermesslichen Pfaden des Universums tanzte, eingetaucht in heilige geometrische Formen und kosmische Frequenzen, wurde mir die göttliche Verbundenheit aller Dinge auf atemberaubend schöne Weise vor Augen geführt. Kein Lernen, kein Wissen und keine frühere Erfahrung hätte mir jemals vermitteln können, dass das, was mir damals offenbart wurde, die absolute Essenz der Schöpfung ist.

Ich war die Spinne, die an den Saiten dieser heiligen Designs zupfte und die Musik der Sphären spielte, die ich einfach dadurch miterschaffte, dass ich anwesend war, völlig bewusst. Ohne Frage oder Zweifel erkannte ich, dass es absolut nichts Zufälliges im Kosmos gibt: kein Chaos … kein Getrenntsein … keine Belanglosigkeit. Alles hat seine Daseinsberechtigung, alles dient einem Zweck. Der Göttliche Bauplan, in der die ganze Kunstfertigkeit und höchste Weisheit des Schöpfers zum Ausdruck kommt, ist die Grundlage jeglicher Existenz. Jede Schicht des Netzwerkes hat ihre einzigartige DNA-Architektur, die die dynamische Interaktion zwischen allen Dingen und allem Bewusstsein – sogar der Dunkelheit – bestimmt. Keine noch so gute spirituelle Ausbildung kann uns auf eine solche Erfahrung vorbereiten.

Hypnotisiert ging ich in Resonanz mit den Harmonien des Universums. Ich hatte die unglaubliche Gelegenheit, mit den Sternen und Planeten als lebendige, bewusste Wesen zu interagieren, die sich jedes einzelnen Wesens bewusst waren, da alles – jegliches Bewusstsein – gemeinsam die Sinfonie der Schöpfung spielte.

Die Unermesslichkeit dieser Erfahrung lässt sich nicht in Worte fassen. Vielleicht ist das der Grund, warum ich nie wirklich versucht habe, in allen Einzelheiten darüber zu sprechen. Ich war gesegnet, einen Blick auf die riesigen Aurafelder von Planeten werfen zu dürfen, Planeten, auf denen es vor Leben wimmelt. Ich sah Raumschiffe, die in den Tiefen des Weltraums Lichtbahnen ziehen. Ich sah Farben, Lichtexplosionen, Sternhaufen: so viel Licht … so viel Leben.

Und dann, *bumm!* Die Lichter gingen aus.

Ich erlebte eine Finsternis, die so dunkel war, dass nicht ein einziger Funken Licht dorthin gelangte, und doch fühlte ich nichts: keine Angst, keine Neugier, kein Staunen. Ich hatte die Leere erreicht, den Zustand der absoluten Stille, so nahe an der Nichtexistenz, wie ich es mir vorstellen kann, denn ich glaube nicht, dass irgendeine Energie stirbt oder verschwindet.

Hätte man es mir nicht auf diese Weise gezeigt, wäre ich nie in der Lage gewesen, mir vorzustellen, wie ein Zustand des Nichts aussieht und sich anfühlt. Ich habe keine Ahnung, wie lange ich dort schwebte, in diesem Zustand des losgelösten Bewusstseins. Ich habe diesen Zustand nie wieder erreicht, weder in der Meditation noch auf einer Astralreise. Und ich möchte es auch nicht.

Aus diesem Zustand der Bewusstlosigkeit aufgerüttelt, sah ich mich selbst durch meinen eigenen Körper reisen, schrumpfen … schrumpfen, eine meiner eigenen Zellen anstarren, kleiner werden, bis ich so winzig war, dass ich in die Zelle eintreten konnte, ohne die Zellmembran zu verletzen. Noch kleiner geworden, beobachtete ich viele sonst unsichtbare Details: Filamente, Körnchen, Mitochondrien und dann den Zellkern, der mir als die zentrale Struktur erschien. Ich schrumpfte immer weiter, bis ich mich im Inneren des Kerns wiederfand und die DNA-Doppelhelix betrachtete, die so eng zu einer goldenen Spirale gewunden war. Überall sah ich unendlich kleine Teile und Stücke, die um meine eigene DNA-Struktur herum schwebten und in ihr. Irgendwie wusste ich, dass mir diese weiten Bereiche meines multidimensionalen Geistes gezeigt wurden, damit ich diese Erfahrungen zurückbringen und mit anderen teilen kann.

Wieder einmal war jedes einzelne Teilchen der Schöpfung – jedes Partikel, jeder Faden, jeder Follikel – durch das Kosmische Lichtgewebe verbunden. Wieder beeinflusste schon allein der Umstand, dass ich diese Bewusstseinsaspekte beobachtete, ihr Verhalten. Ihr Leuchten, ihre Aktivität und ihre Energie wurden verstärkt, während ich mich auf die einzelnen Segmente konzentrierte. Dabei widmete ich mein besonderes Augenmerk dem Wunder, wie die Fäden der DNA sich bewusst in komplexen Mustern der Heiligen Geometrie miteinander verbanden und auf die Bewegungen und Schwingungen der anderen reagierten.

Ohne meine bewusste Absicht oder meinen Willen, als hätte eine höchste Weisheit jeden Schritt meiner Reise vorherbestimmt, schrumpfte ich immer weiter zusammen. Ich wurde kleiner als die winzigen Details eines Atomkerns und befand mich in der subatomaren Welt – dem Mikrokosmos, wo Atome, Protonen und Neutronen überall um mich herum rotierten, ein absolut spektakuläres Schauspiel vollendeter räumlicher Beziehungen, Formen und Schwingungen. Auch dort war jedes winzige Teilchen durch spiralförmige Lichtfäden verbunden, die das Unendliche durchdrangen. Alles war in göttlicher Proportion verbunden – manifestiert durch Heilige Geometrie, Klang und Licht.

Auch hier waren sich diese Aspekte – alle atomaren Elemente – meiner Beobachtung ebenso bewusst, wie ich mir ihrer Lebendigkeit bewusst war. Wo immer ich meine Aufmerksamkeit hinlenkte, wurde die Energie sofort wärmer, reagierte auf mein Bewusstsein. Es war klar, dass wir gemeinsam ein kosmisches Ballett des Bewusstseins tanzten, choreographiert vom Göttlichen Maestro.

Mir wurde gezeigt, dass es zwischen der immensen makrokosmischen Ausbildung des größeren Universums und der ebenso immensen mikrokosmischen, subatomaren Welt absolut keinen Unterschied gibt. Was ich immer intellektuell verstanden hatte, prägte sich nun meiner Seele ein! Zwischen und innerhalb dieser beiden Reiche liegt der physische Bereich, die Kohärenz der Lichtenergie, die das bildet, was wir als »Materie« wahrnehmen. Ich begriff, wie ich es nie zuvor begriffen hatte, dass wir Sterblichen das verschmolzene Licht eines solch unglaublichen göttlichen Plans sind und dass, wie alles andere, was existiert, jeder Aspekt unseres Seins in heiliger Proportion, Schwingung, Klang und Licht miteinander verwoben ist. Alle Dinge sind in diesem Schöpfungsplan der reinen Liebe miteinander verbunden. Alles existiert in göttlicher Ausgewogenheit, und alle Lebewesen reagieren darauf, beobachtet zu werden, und sie reagieren auf die Energie des Beobachters.

Nur das stille, dunkle Vakuum blieb fremd und unbegreiflich. Was hatte man mir da gezeigt, und warum? Ich wusste, dass es wichtig war, aber alles, was ich daraus ableiten konnte, war ein Gefühl der Losgelöstheit und des »Nichts«.

War dies die »Leere«, nach der die Gurus der transzendentalen Meditation strebten? Vielleicht sollte ich es damals noch nicht wissen, aber rückblickend glaube ich, dass ich Zeuge der »Trennung« war, eines Schwingungsfeldes, das so dicht war, so getrennt vom Feld des göttlichen Lichts, dass es für mich nichts zu sehen gab. Vielmehr diente es als Spiegel meines Unterbewusstseins, in dem ich mit Distanz auf die Restangst vor dem dunklen Unbekannten blicken konnte, die ich dort immer noch in mir trug.

Ich bin mir bewusst, dass Furchtlosigkeit eine Voraussetzung dafür war, dass man mir auf dieser Reise die Gabe verlieh, als Kanal für diese außergewöhnlichen Lichtwesen, den Hohen Rat vom Sirius, zu dienen. Offensichtlich hatte ich den Test bestanden.

Ich habe immer noch keine Angst vor dem dunklen Unbekannten, obwohl ich mich frage, was dort lauert, im Gegensatz zum Licht, und ob etwas so Unheimliches wie eine Künstliche Intelligenz wirklich in der Lage ist, die Seelen von der göttlichen Liebe zu trennen. Wer weiß schon, was diese Leere birgt, wenn überhaupt etwas? Es gibt Dinge, die man nicht mit dem rationalen Verstand analysieren sollte. Sicherlich überforderte diese kosmische Reise durch das Wunder der gesamten Schöpfung meinen Intellekt, während mein Herz und meine Seele davon unmittelbar angesprochen wurden, und das ist alles, was für mich zählt.

Das ist, wo ich lebe. Das ist, wie ich atme.

Schließlich wieder in meinen Körper hineingestoßen zu werden, der über zwei Stunden lang reglos in jenem Gerstenfeld gelegen hatte, war kaum zu ertragen. Ich hatte den Eindruck, die physische Welt nicht mehr wiederzuerkennen. Ganz und gar wieder im Körper anzukommen, war eine schreckliche Erfahrung. Alles sah anders aus, roch anders und fühlte sich anders an als zu dem Zeitpunkt, als ich aus meinem Körper hinausgesogen worden war. Es dauerte eine gefühlte Ewigkeit, bis ich wieder in der Lage war, mich aufzusetzen, denn die Dinge um mich herum drehten sich erneut, fast unkontrolliert. Ich legte mich wieder hin, wartete und hoffte, dass das Schwindelgefühl und die Übelkeit vorübergehen würden.

Es waren ein paar Leute im Kornkreis, aber es wurde schon dunkel und viele gingen weg und verließen das Feld. Ich kann nicht sagen, dass ich in der Lage war, zu unterscheiden, welche dieser Wesen physisch waren und bei welchen es sich um Geister oder Erscheinungen aus anderen Dimensionen handelte. Ich erinnere mich an eine ältere Frau, die besorgt auf mich hinabsah. Ich hörte, wie sie mich telepathisch aufforderte, meine Finger und Hände zu bewegen. Als ich das tat, verschwand sie, und ich wusste, dass sie eine Art Führerin oder Engelwesen war. Sie half mir, die Brücke zurück in die physische Welt zu bauen.

Dann erschien mein Freund Arthur, der so freundlich gewesen war, mich zu dem Kornkreis zu fahren. Er sagte, ich wäre über zwei Stunden lang »ohnmächtig« gewesen, und er hätte sich Sorgen um mich gemacht. Aber die Leute hätten ihm gesagt, er solle mich in Ruhe lassen und meinen Prozess nicht unterbrechen, also habe er Zeit in Stonehenge verbracht, während ich das Universum durchquerte. Ich danke Gott für diese aufmerksamen Menschen!

Als das Schwindelgefühl nachließ und es mir gelang, mich aufzurichten, sah ich Dutzende von interdimensionalen Wesen, die über dem Feld umherschwebten, riesige Plasmakugeln, die tief in der Luft hingen, und zwei Men in Black, die in der Nähe standen und mich bedrohlich anstarrten. In diesem Schwebezustand zwischen den Dimensionen, als ich aus den entlegensten Winkeln dessen zurückkam, was ich nur als bewussten Zugang zur DNA des Quantenuniversums beschreiben kann, konnte ich das hauchdünne Netz zwischen allem sehen, das sämtliche Teile unserer menschlichen und nicht-menschlichen Erfahrung miteinander verbindet. Langsam, als ich mich wieder ganz im Körperbewusstsein präsent fühlte, zurückgekehrt in die Illusion des Getrenntseins, die unsere dreidimensionale Wahrnehmung definiert, verblasste das Netz, wurde wieder unsichtbar.

Als ich die lange Strecke vom Feld zu Arthurs geparktem Auto ging, kam ich mir in meinem eigenen Körper wie eine Fremde vor. Ich brauchte die ganze Fahrt zurück nach Glastonbury, bis ich mich in meiner Haut wieder wohlfühlte.

Und so begann meine Arbeit mit dem extradimensionalen Bewusstsein und meine lebenslange Erforschung des göttlichen Planes – des Codes, der die gesamte Schöpfung durchzieht.

> ·:· <

Nach meiner Rückkehr in mein Haus in Rom begann ich, das Kollektiv der Sirianer zu channeln, mit denen ich dank des Julia-Sets in Verbindung stand und von denen ich, was ich als großen Segen empfinde, bis heute Informationen für die Menschheit empfange. Ihre Botschaften, die ich nun seit mehr als fünfundzwanzig Jahren übermittle, handeln größtenteils davon, uns für die Vernetztheit der gesamten Schöpfung zu sensibilisieren. Die Sirianer zeigen uns die Bedeutung von Geometrie, Licht und Klang als »Klebstoff«, der die Fäden des Universums zusammenhält, und erklären, wie diese Aspekte uns dabei helfen können, die beschädigte DNA in uns und überall um uns herum wieder zusammenzufügen und zu heilen. Es sind interdimensionale Wesen, und sie sagten voraus, was uns jetzt, in den »Wüstentagen« unserer Zeit auf Erden, erwartet. Dabei erfüllten sie uns mit Hoffnung auf das, was folgen wird, sobald wir die schwierige Phase unseres Übergangs in die Neue Zeit und die Neue Welt hinter uns gelassen haben.

Seit dem Beginn dieser Channeling-Sitzungen, als ich zum ersten Mal damit begann, ihre Prophezeiungen zu veröffentlichen, habe ich die Absicht, Menschen auf der ganzen Welt zu helfen, diesen Übergangsprozess zu beschleunigen. Bei dieser Arbeit geht es darum, die Vollkommenheit der Lichtcodes in unserem

Zellgedächtnis zu ehren und höhere Schwingungsfrequenzen zu nutzen, um dem Körper zu helfen, sich wieder an seinen Zustand göttlicher Gnade und göttlichen Wohlbefindens zu erinnern – und damit auch dem Geist zu helfen.

Ich habe mein Leben der Aufzeichnung der Weisheit jener alten Kulturen gewidmet, die wir zum Teil als Karma in unserem eigenen Unterbewusstsein gespeichert haben und das zu einem anderen Teil oft von den indigenen Völkern gehütet wird, die sich trotz des an ihnen begangenen Unrechts immer noch ihre angeborene Fähigkeit bewahrt haben, mit der Erde, dem Himmel und dem Wasser in Harmonie zu leben. Wenn wir klar und mit Entschlossenheit unser biologisches Wesen verbessern und in diesem Prozess alles Leben ehren, tragen wir dazu bei, die zerbrochenen Teile zu heilen – bis hin zu unserem eigenen Design und dem zellulären Gedächtnis. Und wir können so, wie wir nun entdecken, die schlafende DNA (den »Müll«) aufwecken, die in uns verstreut liegt.

Noch nie war es so wichtig wie heute, dass wir die absolute Kontrolle über unsere souveräne Erfahrung des Durchgangs der Seele durch die Dichte des physischen Lebens auf dem Planeten Erde übernehmen. Wir haben eine Gruppe von offenbar außerirdischen Invasoren und KI-Robotern, die sich als Menschen ausgeben. Aber sie empfinden nur Verachtung für uns und wollen unsere gesamte Spezies vernichten. Sie weisen wahnsinnige Wissenschaftler in ihren Folterlaboren an, uns, das menschliche Futter, in ihre transhumanistischen Bewusstseinskäfige zu sperren. In ihrer Selbstherrlichkeit und ihrem selbstgefälligen Vertrauen auf ihre manipulativen Kräfte können sie nicht einmal an sich halten, uns ihre Absichten über die Massenmedien deutlich anzukündigen.

Es sind gottlose Kreaturen, die glauben, wir wären ihnen gegenüber machtlos. Sie sagen uns unverblümt, dass wir keine andere Wahl haben, als uns ihnen zu beugen, weil sie jetzt die Nanotechnologie besitzen, die sie jedem Einzelnen von uns gewaltsam einpflanzen wollen, um die menschliche Rasse, die sie als eine Herde hackbarer Tiere betrachten, dauerhaft zu mutieren. Sie sagen uns ganz offen, dass sie es auf unsere DNA abgesehen haben, um die veraltete Version unseres Menschseins – den »Menschen 1.0« – durch ihr neues Modell zu ersetzen, ein fernsteuerbares Mensch-Maschine-Modell, in das angeblich »externe« Körpersensoren, RFID-Chip-Implantate, leuchtende Luciferin-Tattoos unter der Haut, DNA-Disruptoren und Gott weiß was für andere abartige Werkzeuge eingebaut werden, die wir noch nicht kennen. All dies soll uns in ihre computerisierte, seelenlose Version unseres früheren Selbst verwandeln: den »Menschen 2.0«.

Sie beabsichtigen, den Gottescode zu hacken, ihn durch die 666 zu ersetzen und die menschliche Seele rituell zu stehlen, damit sie uns ihrem gehörnten Gott ausliefern können. Das ist das Wesen des Armageddon – der Plan des Zeichens des Tieres.

Aber wir, die frei denkenden Menschen, sind wilde Pferde auf einer offenen Prärie. Es mag ihnen gelingen, einige von uns zu bändigen, aber wir werden unweigerlich einen Weg finden, uns zu befreien. Unser Streben nach Freiheit ist für uns wichtiger als das Leben selbst. Es setzt den Überlebensinstinkt außer Kraft, denn ohne Freiheit ist das Leben nicht lebenswert.

Wir haben Experten auf den richtigen Gebieten, die nach Wegen suchen, um den Schaden dessen zu mildern, was unseren Brüdern und Schwestern injiziert wurde, die sich mit dem »Notfall-Experiment« abgefunden haben oder unter Hypnose dazu gebracht wurden, daran teilzunehmen. Wir werden Lösungen finden. Das müssen wir. Behandlungen, Nahrungsergänzungsmittel und neue Methoden werden verfügbar, um den Körper zu entgiften und das Graphenoxid und andere Schrecken wieder zu entfernen. Es werden Protokolle entwickelt, um die der DNA zugefügten Schäden zu mildern. Wenn dieses Buch herauskommt, haben wir vielleicht schon einen Durchbruch auf diesen Gebieten erzielt.

In der Zwischenzeit müssen wir uns daran erinnern, dass wir in der Lage sind, jede einzelne Zelle unseres Wesens mit unseren fokussierten Absichten und Gedanken, mit den Schwingungsfrequenzen von Licht und Klang und mit Gebet, Liebe und Lachen zu verändern. Wenn wir verstehen, wie wir mit absolut fokussierter Absicht auf die Materie einwirken können, werden wir in der Lage sein, zu reparieren, was beschädigt wurde. Sicherlich können wir Geist-über-Materie einsetzen, um den Eindringling zu vertreiben. Wir können damit beginnen, einen Teil der 90 Prozent unserer »nicht kodierten« DNA zu aktivieren und die vollkommene Heilige Geometrie in uns allen wiederherzustellen.

Es ist eine Frage des richtigen Gedankens, des richtigen Wortes und der richtigen Handlung, wie es uns die buddhistische Tradition lehrt. Sie wird durch unsere Fähigkeit bestimmt, den Geist zu fokussieren und unsere Absicht zu setzen. Es geht darum, in Resonanz mit höheren Frequenzen zu gehen.

Wir müssen alles in Frage stellen, was unsere Freiheit, unsere Vision und unsere souveränen Rechte als menschliche Wesen in Frage stellt, und Entscheidungen treffen, die das Ziel der Seele ehren. Wir müssen entschlossen, wachsam und konzentrierter sein als je zuvor, um die Fallen zu umgehen, die in den Wäldern unseres Verstandes aufgestellt werden.

Schützen Sie also Ihr Universum.

Und denken Sie immer daran, dass sie Ihnen nicht nehmen können, was Sie nicht bereitwillig hergeben.

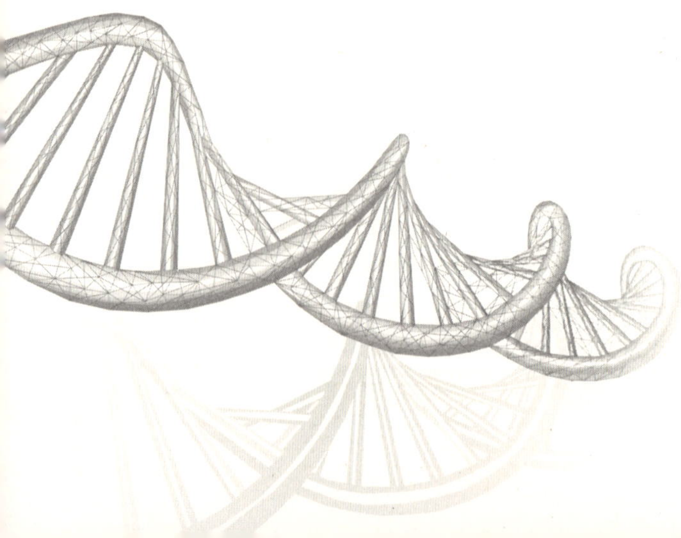

19

Manifestation und der Souveräne Geist

Nachdem wir uns die Hände im Ruß der dunklen Machenschaften, mit denen wir es in dieser herausfordernden Zeit zu tun haben, schmutzig gemacht haben, müssen wir sie mit Blick auf das positive Ergebnis waschen und den Weg zurück zu dem unglaublichen Wunder finden, hier und jetzt am Leben zu sein. Wir müssen wiederentdecken, was das für uns bedeutet.

Die Erkenntnis, dass das Böse sein Spiel treibt, hat weder unsere Willenskraft geschwächt, noch hat sie uns dazu gebracht, uns von der Angst anstecken zu lassen, die sie uns allen einzujagen versuchen. Ganz im Gegenteil. Vielmehr hat sie uns unsere unglaubliche Entschlossenheit in Erinnerung gerufen. Und sie stärkt uns, so dass wir die Kraft haben, uns der Angst zu stellen und sie zu überwinden. Das macht für uns den Weg frei, zu tun, weswegen wir hierher gekommen sind. Jetzt ist es an der Zeit, uns gegen die scheinbar allmächtigen Diener der falschen Macht zu wehren und vorwärts zu gehen, indem wir die Schatten mit unseren Lichtschwertern durchbohren und ihre Macht mit unserer Klarheit, unserer Entschlossenheit und vor allem mit unserer Liebe ausschalten.

Indem ich dieses Buch schreibe, erkläre ich, genau das zu tun.

Für diejenigen, die eine oder mehrere Injektionen des synthetischen mRNA-DNA-Umprogrammierungs-Systems erhalten haben, wie auch für diejenigen, die es abgelehnt haben, ist dies der Zeitpunkt, an dem wir unsere Energien darauf richten müssen, alle Schäden am zellulären Gedächtnis zu mildern und gleichzeitig den Wiederaufbau der »nicht codierten« DNA zu beschleunigen. Die Antwort finden wir dort, in diesen zehn Strängen! Wir müssen unseren Fokus darauf richten, die Überschreibung erneut zu überschreiben, um die Integrität der Sprache unseres göttlichen Bauplans wiederherzustellen.

Dazu braucht es Ihren Willen, Ihre Entschlossenheit.

Ich glaube fest daran, dass die Lösung für das Problem derjenigen, die den Eindringling akzeptiert haben, in der Aktivierung des DNA-»Mülls« liegt, dessen wahrer Zweck sich in dieser Zeit – der Stunde des Armageddon – endlich offenbaren wird.

Es gibt eine Reihe von vorausschauenden Ärzten, Forschern und Wissenschaftlern, die nach Wegen suchen, um die wachsende Zahl von Nebenwirkungen zu behandeln, die bei jenen unglücklichen Menschen aufgetreten sind, die ihren Regierungen vertraut haben. So werden Möglichkeiten erprobt, dieses mRNA-Implantat zu neutralisieren und es mit Nahrungsergänzungsmitteln und Kräutern aus dem System zu spülen. Ich persönlich glaube aber nicht, dass es so einfach sein wird. Es gibt keine Zauberformel aus Nahrungsergänzungsmitteln, Nährstoffen und Medikamenten als alleinige Problemlösung. Ich glaube nicht, dass man mit ein paar hochwirksamen Vitaminen oder Medikamenten gegen Parasiten einen synthetischen Nanotechnologie-Mechanismus »ausleiten« kann.

Dieser Mechanismus kapert Ihre DNA und speist neue, zerstörerische Befehle in das Betriebshandbuch Ihres biologischen Wesens ein, und mittels der Einlagerung von Graphenoxid, das durch die Injektionen in den Körper gelangt, werden Nanocomputersysteme in Blut und Gewebe aufgebaut, die offenbar so konzipiert sind, dass sie auf Funkwellen und andere Fernsignale reagieren.

In Anbetracht der Tatsache, dass nichts größere Macht über unser Wesen und unsere Fähigkeit, die Realität zu verändern, hat als der fokussierte Verstand, müssen wir jetzt mit absolut klarem Fokus und bewusster Integrität unsere Bemühungen darauf richten, alle entmenschlichenden Systeme umzukehren – sowohl das, was derzeit im Gange ist, wie auch die Pläne, die sie für die nahe Zukunft vorgesehen haben: unsere Seelen zu stehlen und uns dem Techno-Gott der Reptilien-Domäne auszuliefern.

Unabhängig davon, ob Sie sich überreden ließen, sich das Gift injizieren zu lassen, oder nicht, und unabhängig davon, ob Sie sich darauf konzentrieren, den Schaden zu reparieren oder ihn zu verhindern, ist es jetzt an der Zeit, Präzisionsmanifestation und Visualisierung zu praktizieren, um sich von allen invasiven Gedanken, Emotionen oder toxischen Stoffen zu befreien, alle nicht einvernehmlichen Implantate zu deaktivieren und aufzulösen und sich Ihre Souveränität von allen autoritären Eindringlingen zurückholen. Das wollen wir nun gemeinsam angehen.

Vor mehr als zwanzig Jahren beschrieb der Hohe Rat vom Sirius diesen versuchten Coup zur Sabotage unserer DNA mit einem sehr scharfen Blick auf die Machenschaften, die dazu benutzt werden würden, die menschliche Evolution in die falsche Richtung zu lenken und unseren Aufstiegsweg zu unterbrechen. Ihre Vorhersage von genau dem, was sich jetzt abspielt, ist in einem ihrer Bücher, *Keine Lügen, keine Geheimnisse mehr,* beschrieben. Darin fordern sie uns auf, sehr ernsthafte, sehr dringende Schritte zu unternehmen, um den Lauf der für unseren Untergang geplanten Ereignisse umzukehren, indem wir die ruhende DNA in uns aktivieren … und heilen, was auf zellulärer Ebene geheilt werden muss. Sie riefen uns auf, unsere Fähigkeit zu verfeinern, die Macht des Geistes über die Materie auszuüben, denn so könnten wir das manifestieren, was wir brauchen würden, und die Widrigkeiten überwinden, mit denen wir konfrontiert werden würden – genau da stehen wir heute.

Im Kapitel *Die DNA und die kristallinen Wasser eures Wesens*[39] erfuhren wir auch, warum sie uns dazu auffordern:

»Wir haben aus den hart erworbenen Lektionen unserer Ahnen gelernt und können daher nicht oft genug betonen, wie wichtig es ist, euch mit jeder Facette eures Seins der Erfüllung des Großen Plans zu widmen und so als Heiler, spirituelle Führer oder auch als Krieger des Lichts der großen Gemeinschaft zu dienen. Dies ist nicht nur für eure persönliche Erfahrung und die Heilung Gaias von höchster Bedeutung, sondern auch und ganz besonders für die kollektive Seele eures Volkes … denn euer aller Tun und Denken erzeugt ein nie verhallendes Echo, das von allen Atomen und Dimensionen der Ewigkeit zurückgeworfen wird.

Im Grunde spricht nichts dagegen, dass ihr die göttliche Erfahrung bewusster Formung und Veränderung von Leben macht – denn auch dies ist ein Teil eures spirituellen Wachstums, wie eure Sehnsucht nach dem Ursprung und euer Streben nach einem tieferen Verständnis kosmischer Verflechtungen diese Entwicklung zum Ausdruck bringen. Doch müsst ihr wissen, dass all eure Reagenzgläser und Petrischalen und all der Eifer eurer Wissenschaftler euch diese Erfahrung nicht vermitteln können – da der Vorgang als solcher hierbei »entseelt« wird und die kühle Sachlichkeit des verödeten Forschergeistes allein auf ein »objektives« Resultat ausgerichtet ist.

Die wahre Umwandlung von Materie (die sich in alten Lehren hinter der Verschlüsselung »Blei in Gold verwandeln« verbirgt) ist die willentliche Beeinflussung eines Objekts, dessen energetisches Feld auf diese Weise (und unter der Voraussetzung, dass dem Höheren Plan damit gedient wird) so dramatisch intensiviert wird, dass der Gegenstand entweder seine Gestalt ändert oder aber gänzlich verschwindet!

Denn eure wahre Göttlichkeit offenbart sich jedes Mal dann, wenn ihr durch bloße Kraft eures Bewusstseins – auf stofflicher oder gedanklicher Ebene – eine Erhöhung der Schwingungsfrequenz herbeiführt. Sie offenbart sich außerdem, sobald ihr euch auf all die Perfektion und Schönheit einlasst, die euch umgibt: sei dies nun der Duft der Rose, der Gesang eines Vogels oder die Farben des Regenbogens.

In solchen Augenblicken höchsten Gewahrseins nämlich ›spielt‹ ihr nicht einfach nur Gott, wie es etwa eure Wissenschaftler in ihren Laboren tun: in solchen Momenten ist euch bewusst, dass **ihr Gott seid** – in allen Reichen des Kosmos –, denn ihr haucht den Universalen Strukturen Leben ein, wie wir einst euch eine Seele eingehaucht haben … so wie das Höhere Bewusstsein die Sphären der All-Einheit erfüllt und belebt.

Der unermüdliche Eifer, mit dem sich eure Genforscher an die Entschlüsselung der Erbsubstanz machen, um sie dann zu verändern, spiegelt auf perfide Weise die immense Gegensätzlichkeit eurer Welt wider: Einerseits künden all die mathematischen und biochemischen Formeln – die ›Sprache‹ der Schöpfung – davon, dass die Geheime Weisheit nun langsam in euch allen wieder erwacht – als Ausdruck des erhabenen Wesens, das sein verborgenes Potenzial entdeckt; andererseits jedoch stellt der eklatante Missbrauch dieser Gaben, der harsche Eingriff in die natürlichen Abläufe, keineswegs einen Dienst an der Schöpfung dar, sondern zeigt einmal mehr die Rücksichtslosigkeit viel zu vieler Menschen auf ... kalt und hart und glänzend wie ein polierter, tiefschwarzer Onyx.

Und genau deshalb sollt ihr, die Erwachenden, die DNA sowie die Zusammenhänge innerhalb dieses Bauplans eingehend studieren und verinnerlichen, und euch die Veränderungen in diesen Strukturen vor Augen führen, die sich überall in eurem Sonnensystem (und nicht nur auf der Erde, sondern auf *allen* bewohnten Planeten) zeigen – wie ihr auch ebenfalls Licht auf die dunklen Machenschaften werfen solltet, die in den gut verschlossenen Laboren des Establishments ausgeheckt werden und deren Folgen euch letztlich alle treffen.

Zum Glück jedoch gibt es auch noch eine andere Gemeinschaft von Wissenschaftlern, welche die Universale Seele zum Ausgangspunkt ihrer Untersuchungen erklärt haben und die Spiritualität und Wissenschaft – Intuition und Ratio – zu verbinden trachten, um sich so die Weisheit des Kosmos zu erschließen. Und es sind diese Freidenker – die Quantenphysiker –, die euch durch ihre holistischen Forschungen das multidimensionale Universum wie auch eure eigene dreidimensionale Realität näherbringen und euch somit das wahre Wesen allen Seins erhellen.

Und in zunehmendem Maße wird euch dadurch das Wunder bewusst, das aus der intelligenten und hochkomplexen Kosmometrie der Schöpfung heraus eure physische Gestalt formt – und somit die Essenz eurer Seele mit der Erbmasse eurer Familie und eurer ganzen Rasse (wie natürlich auch eurer außerirdischen Ahnen) in einer exquisiten Kristallisation vereint. Das Universale Bewusstsein hat sich in jede Zelle eures Körpers eingeschrieben: in Form eurer DNA. Eure feinstofflichen Aspekte wie auch die Dichte eures materiellen Körpers (wenn man hier überhaupt von ›Dichte‹ sprechen kann) bilden mit unglaublicher Präzision eine numerisch-rhythmische Komposition von geradezu perfekten kosmometrischen Proportionen.

Diesen unabhängigen Wissenschaftlern steht jedoch eine ganze Reihe von Genforschern gegenüber, die von den Annunaki finanziert und geleitet werden und somit mehr oder weniger ahnungslos deren üblen Absichten dienen. So mancher von ihnen hat es sich zur Lebensaufgabe gemacht, DNA-Proben von allen irdischen Lebensformen zu nehmen, zu katalogisieren und zu konservieren, ohne auch nur zu ahnen, dass solche Projekte einzig deshalb von der Regierung subventioniert werden, um die Artenvielfalt der Erde – via Mond, dem ›Zwischenstopp‹ der geheimen Machtelite ins All – auf einem anderen Planeten neu entstehen zu lassen.

Andere Wissenschaftler dagegen haben sich ganz offen den infamen Zwecken der Annunaki und deren außerirdischen Kollaborateuren verschrieben, die noch immer darauf aus sind, sich für ihre Kolonien auf anderen Welten den perfekten Arbeitssklaven heranzuzüchten. Einige dieser von der Regierung angestifteten Forscher unterstehen den Zeta-Retikulanern, die für ihr ›Projekt‹ (der Degeneration ihrer eigenen Rasse entgegenzuwirken) in zunehmendem Maße auf menschliche Samen- und Eizellen angewiesen sind – Material, das sie sich durch Entführungen ›organisieren‹.

Wieder andere haben vor allem hochdotierte Auszeichnungen vor Augen, wenn sie sich den unglaublichen Wissensfundus, der dem Bauplan der Schöpfung zugrunde liegt, für die Elaborierung auf organischen Molekularstrukturen basierender sogenannter ›Biochips‹ zunutze machen, die so winzig sind, dass eine Billion von ihnen in ein einziges Reagenzglas passt.

Eine solche DNA-Computereinheit (eine biotechnologische Errungenschaft, die die Testphase schon lange hinter sich hat) kann über sechzig Milliarden Operationen pro Sekunde ausführen. Diese mechanische Steuerung der Molekularebene eurer ureigensten Intelligenz bildet den ›Clou‹ ihrer geheimen Spitzentechnologie.

Allein ein Kubikzentimeter eurer komplizierten DNA-Doppelspirale – die materielle Manifestation eurer zellulären Intelligenz – kann mehr

Daten speichern als über neunhundert Milliarden eurer herkömmlichen CD-ROMs. Es erfordert nicht viel Fantasie, um sich vorzustellen, dass dies ein hochinteressanter Fakt für all die Tüftler ist, die den Menschen gern zu einer computergestützten Maschine aufrüsten würden.

Die Mechanismen, auf denen die enorme Speicherkapazität eurer Zellen – den Trägern der ›datenverwaltenden‹ DNA-Moleküle – beruht, sind besonders ins Blickfeld dieser Forscher geraten.

Die einzelnen DNA-Moleküle der Doppelhelix – das Fundament eures Erbguts – speichern auf der Basis von vier chemischen Grundelementen, die von eurer Wissenschaft mit den Buchstaben A, T, C und G bezeichnet werden, die für die vier organischen Basen Adenin, Thymin, Cytosin und Guanin stehen. Diese dienen zum einen als ›Gedächtnis‹ von enormem Umfang, und zum anderen stellen sie eine Art Formel dar, die sich in eine hochkomplizierte biotechnologische Terminologie umsetzen lässt – welche die Molekulartechnologie gerade erst zu entschlüsseln beginnt.

Dieser Bereich der Technologie träumt von einem organischen Datenverteilernetz aus biotechnologischen Computerzellen – eine Vision, die einen rationalen Zugang zu dem Wunder sucht, das wir euch von einer tiefergehenden Ebene aus zu erschließen versuchen: die Fähigkeit des menschlichen Bewusstseins, jedes einzelne Molekül des Organismus zu beeinflussen und auf diese Weise Körper und Geist radikal umzuformen.

Versucht einmal, euch vorzustellen, was eine zwölfsträngige DNA (vier auf perfekte Weise interagierende Licht-Tetraeder) hervorbringen könnte … was die vermeintlich überflüssige ›Junk‹-DNA eurer Erbsubstanz – dieses inaktive Material, das angeblich keinem besonderen Zweck dient – an gestalterischem Potenzial enthält.

Versucht euch doch nur eure enorme Schöpferkraft auszumalen, *Homo sapiens*!

Und stellt euch dann vor, stellt es euch einfach vor, mit welcher Größe und welch strahlendem Licht ihr in die irdische Ebene hineingeboren wurdet.

Wir wollen euch nun die Strukturen eures sich entfaltenden zellulären Bewusstseins und der erst in wenigen von auch wieder aktiven lichtkodierten DNA darlegen, damit ihr besser nachvollziehen könnt, wie sich die Öffnung dieser noch verschlossenen Stränge äußern wird: Zunächst werden sich Dreierverbindungen bilden, um sich dann zum Sterntetraeder – diesen zwei ineinandergeschobenen dreiseitigen Pyramiden absoluter Erleuchtung – zusammenzufügen, worauf schließlich die Öffnung des Lichtvortex in jeder einzelnen eurer Zellen erfolgt, welche die in diesen angelegte perfekte Kosmometrie wiederherstellt.«

In den folgenden Aktivierungen und Meditationen werde ich den Hohen Rat vom Sirius noch einmal anrufen, damit seine Mitglieder ihre außergewöhnlichen Stimmen und Schwingungssignaturen in die Arbeit einbringen, zu der wir uns verpflichten – unser souveränes Recht auf Freiheit, Heilung, Reparatur der DNA und Entkopplung aller Interferenzen darin einzufordern, indem wir die heilige Struktur zweier tetraedrischer Formen rekonstruieren, die dem dritten, vierten, fünften und sechsten Strang der zehn schlummernden Stränge entsprechen, so dass wir die Teile nach Hause holen und die Schablone für die zusätzlichen zwei Tetraeder (siebter bis zwölfter Strang) setzen, die sich zum geeigneten Zeitpunkt in der Verwirklichung unseres persönlichen und planetarischen Schwingungsaufstiegs manifestieren werden.

Wir werden die Schwingungsessenz Jahwes in den Äther, in unsere Aurafelder und in die DNA einatmen. Diese Meditationen, in denen ich Sie durch Aktivierungen mit der Solfeggio-Frequenz 528 Hertz, der Liebesschwingung, zur Heilung der DNA führe, finden Sie in meinem englischen Online-Kurs *The Divine Blueprint* (»Der Göttliche Bauplan«). Bitte beginnen Sie diese Arbeit ohne Erwartungen. Widmen Sie sich der Erfahrung mit der absolut konzentrierten Absicht, das gewünschte Ergebnis zu manifestieren.

Denken Sie immer daran, einen heiligen Raum um sich herum zu schaffen, wenn Sie eine tiefe Meditation oder geistige Arbeit beginnen. Ich verwende das folgende Gebet und die folgende Erklärung immer dann, wenn ich im Dienst des Großen Geistes mit einer medialen Arbeit beginne, und abends vor dem Einschlafen:

»Ich rufe die Engelkrieger des Lichts an,
und bitte darum, von einer undurchdringlichen Decke
aus goldenem, weißem Licht umhüllt zu werden.
Sie möge als Barriere gegen alle Energien dienen,
die nicht von höchster Qualität sind,
und sie möge als Leuchtfeuer dienen für die Lichtwesen
mit den höchsten Absichten,
Wesen, erfüllt von Liebe und Geist.«

20

Fordern Sie Ihren Geist zurück!

Bevor Sie mit der Reparatur aller genetischen Störungen in Ihrer Zellmatrix und der Aktivierung Ihres »nicht kodierten« DNA-Materials beginnen, müssen Sie ein totales Feng Shui aller elektromagnetischen Störungen durchführen, die Sie an das Techno-Gitter binden. Sie müssen sich aus Ihrer behaglichen, gewohnten Akzeptanz dieser Interferenzen wachrütteln, wohlwissend, dass sich ein Teil davon Ihrer Kontrolle entzieht. Der größte Teil dieses Einflusses resultiert jedoch einfach daraus, dass Sie süchtig nach diesem Zustand sind. Von dieser Sucht müssen Sie sich befreien.

Die meisten Menschen erkennen einfach nicht, was diese Technologie in ihrem Leben anrichtet, besonders im Leben ihrer Kinder, deren elektromagnetische Kraftfelder noch in Pastelltönen leuchten und die Energie noch in physischer Form manifestieren.

Das muss man sich eingestehen, um darüber hinausgehen zu können. Wenn Sie bereits »dort« sind, umso besser für Sie. Dann sind Sie der Befreiung von der Matrix schon einen Schritt näher als die meisten Menschen auf dem Planeten Erde.

Wenn Sie nicht bereit sind, sich der Technologie zu entziehen, die immer mehr in Ihr tägliches Leben eindringt, steht Ihnen diese Entscheidung natürlich frei. Niemand zwingt Sie, und Sie brauchen sich nicht selbst zu verurteilen. Nur Sie selbst können entscheiden, ob und wann Sie bereit sind, sich von den Fesseln zu befreien, die Ihnen die elektronischen Geräte anlegen, und von der Gedankenkontrolle, die sich aus dem Einsatz dieser Geräte ergibt. Sie müssen sich jedoch darüber im Klaren sein, was gegen Sie eingesetzt wird, um diese Entscheidung treffen zu können.

Nur wenn Sie verstehen, dass Fernsehen und andere elektronische Geräte von Big Tech nicht zur Unterhaltung, sondern zur Beeinflussung von Ihnen und Ihren Liebsten entwickelt wurden, können Sie sich von dieser elektronischen Sucht befreien – von hypnotisierender Technologie, elektromagnetischer Strahlung und bewusstseinsverändernden Frequenzen und Programmen, bei denen Sie Tag für Tag hinnehmen, dass sie stundenlang und mit wenig oder gar keinen Schutzmaßnahmen in Ihre Psyche eindringen. Diese Einflüsse bewirken, dass Ihre Intuition abstumpft und Sie von allem abgelenkt werden, was sich um Sie herum abspielt. Ihr Denken wird auf eine verzerrte Realitätswahrnehmung konditioniert, die jemand anderes – ein Fremder oder vielleicht ein Roboter – für Ihren Geist entworfen hat.

Dieser Fremde untersteht dem Militärisch-Industriellen Komplex der dunklen Herrscher. Vergessen Sie das nie.

Wenn Sie sich also bereits davon befreit haben, vor allem von der Fernsehsucht, dann beglückwünsche ich Sie dazu. Sie gehören damit zu einer sehr kleinen Minderheit von Menschen, die es geschafft haben, die Sucht als das zu erkennen, was sie ist, und sich aus ihrem Griff zu befreien. Wenn Sie das nicht getan haben und immer noch süchtig sind, aber entschlossen sind, sich Ihre Freiheit zurückzuholen, dann ist es an der Zeit, sich zu ändern … und zwar schnell.

Sich von der Macht der Matrix zu befreien, wird eine Veränderung Ihres Lebensstils erfordern – und zwar eine dauerhafte. Es darf nicht nur eine momentane Übung sein, die Sie später vergessen oder selbst sabotieren. Jeder in Ihrer Welt, der an der Matrix klebt, wird alles in seiner Macht Stehende tun, um Sie wieder in den vorherigen Zustand zurückzubefördern. Sie müssen stark genug sein, sich gegen den Widerstand der anderen zu behaupten. Sie müssen sich über alles klar werden, was ich Ihnen in diesem Buch mitgeteilt habe, denn nur so werden Sie erkennen, was in den Herzen und Köpfen Ihrer Familie, Ihrer Gemeinschaft und Ihrer Welt vor sich geht.

Es wird die größte Entgiftungskur sein, die Sie je in Ihrem Leben unternommen haben.

Sie werden eine innere Stärke finden müssen, die Sie vielleicht noch nie auf die Probe stellen mussten, bevor Sie die Entscheidung treffen, sich von der abhängig machenden, hypnotischen Technologie zu befreien.

Sie werden die Kontrolle über Ihren Verstand und Ihr Leben zurückgewinnen, indem Sie erkennen, wie viel klarer Sie sehen können, was um Sie herum vorgeht, wenn Ihre Gedanken nicht von der Programmierung diktiert werden.

Vom ersten Auftauchen der Schwarz-Weiß-Fernsehgeräte in Wohnzimmern auf der ganzen Welt bis hin zur heutigen Verbreitung aller möglichen Hightech-Geräte in unseren Wohnungen, Büros, Schulen, Clubs, Geschäften und auf öffentlichen Plätzen – Ablenkung durchdringt unser privates und gemeinschaftliches Leben. Überall findet man einen Fernseher oder ein Handydisplay. Und wer kann heute noch eine Straße entlanggehen, ohne Menschen zu begegnen, die so auf ihr Handy fixiert sind, dass sie manchmal blindlings gegen uns laufen, wenn wir nicht ausweichen? Diese Menschen, die alles um sich herum nicht wahrnehmen, haben keine Ahnung, wie verletzlich sie dadurch in einer Welt sind, in der die Gewalt dramatisch zunimmt und jede Minute Kinder vom Bürgersteig entführt werden.

Ich erinnere mich daran, wie meine Eltern in meiner Kindheit die Zeit, die wir vor dem Fernseher verbrachten, einschränkten und uns dazu zwangen, einen großen Abstand zum Bildschirm zu halten. Damals misstrauten wir der Technik noch, und dafür bin ich dankbar. Leider genießen die Kinder von heute diesen Schutz nicht, denn ihre Eltern der Post-Boomer-Generation waren noch nicht geboren, als wir Mitte der 1950er Jahre erstmals mit dem Fernsehen konfrontiert wurden. Menschen, die nach den 1990er Jahren geboren wurden, haben keine Ahnung, wie das Leben vor Computern, dem Internet und dem Handy war, das bald nach der Verbreitung von Computern auf der ganzen Welt sein hässliches Gesicht zeigte. Sie scheinen weder zu wissen noch sich dafür zu interessieren, wie gefährlich diese strahlungserzeugenden Geräte wirklich sind, ganz zu schweigen davon, wie süchtig machend, vor allem für die sich noch bildenden Neuronen im empfindlichen Gehirn eines Kindes.

Viele der heutigen Kinder haben bereits im Alter von zwei Jahren ein Handy, eine Spielkonsole oder einen Laptop in die Hand gedrückt bekommen. Wie verrückt ist das denn? Offensichtlich haben diese Eltern ihre Hausaufgaben nicht gemacht, oder vielleicht finden sie, dass sie ihre Kleinkinder besser »managen« können, indem sie sie von elektromagnetischen Programmen bespaßen lassen. Sie verstehen einfach nicht, was sie ihren Kindern damit antun und wie gefährlich das alles auf so vielen Ebenen ist.

Es ist wirklich kriminell, dass diese Technologie überhaupt an irgendjemanden vermarktet wird, vor allem an junge Menschen. Bedenken Sie, dass Steve Jobs und Bill Gates ihre Kinder bis zu einem bestimmten Alter von dieser Technologie fernhielten. Das sagt eigentlich schon alles darüber aus, wie gefährlich sie ist. Leute wie Jobs oder Gates verfügen über genug Einfluss und Geld, um ihr Leben und das ihrer Kinder nach eigenen Vorstellungen selbständig gestalten zu können. Wenn Eltern, die nicht so privilegiert sind, heutzutage ihre Kinder beschützen wollen, indem sie ihnen die »Lernwerkzeuge« vorenthalten, die andere Kinder benutzen, gilt das mitunter schon als Kindesmisshandlung. Wir wissen nur zu gut, wie eifrig und bereitwillig der Staat zwischen Eltern und ihren Kindern interveniert, wo immer er seine Nase in die Angelegenheiten einer Familie stecken kann … und nach einem Vorwand sucht, Eltern für »unfähig« zu erklären und ihnen ihre Kinder wegzunehmen. Es liegt auf der Hand, dass die elterliche Autorität und der Schutz der Familie von einem übergriffigen, zunehmend rechtswidrig agierenden Staat usurpiert und dekonstruiert werden.

Je nachdem, welcher Statistik man Glauben schenkt, verbringen Kinder heute schätzungsweise mehr als neun Stunden pro Tag vor Fernseher, Computer oder Smartphone. Das ist mehr als die Hälfte ihrer wachen Zeit! Diese Zahl ist vielleicht sogar noch konservativ, wenn man bedenkt, dass sie auch in der Schule am Computer arbeiten und – oft bis in die frühen Morgenstunden – an ihm spielen.

Und sie nehmen ihre Handys überallhin mit … sogar ins Badezimmer! Das bedeutet, sie verbringen die Hälfte ihres bewussten Lebens vor einem Bildschirm.

Hier handelt es sich doch wohl eindeutig um eine Sucht.

Bei den Erwachsenen sieht es nicht viel besser aus: Sie starren schätzungsweise durchschnittlich sieben Stunden pro Tag auf den Bildschirm. Sieben Stunden … jeden Tag? Was für eine Vergeudung kostbarer Lebenszeit.

Wir haben es hier, meine Damen und Herren, mit einer ausgewachsenen Technologie-Epidemie zu tun, die von Propaganda und Gedankenkontrolle gekennzeichnet ist.

Glauben Sie, das wäre Zufall?

Wenn ja, denken Sie besser noch einmal darüber nach.

Ein Beispiel dafür ist die Arbeit von Herbert E. Krugman, der von 1967 bis 1983 als Manager der Corporate Public Opinion Research für die General Electric Corporation tätig war. Er war auch Präsident der American Association for Public Opinion Research, der Division of Consumer Psychology der American Psychological Association und des Market Research Council of New York.

Dr. Krugman promovierte 1952 an der Columbia University. Er gehörte den Fakultäten der Universitäten Yale, Princeton und Columbia an, war Treuhänder des Marketing Science Institute in Cambridge, Direktor der Advertising Research Foundation und Vorsitzender des Research Policy Committee der Association of National Advertisers. Es ist interessant, dass ein Elektro/Elektronik-Unternehmen wie General Electric Leute mit so bemerkenswerten Referenzen wie den seinen auf seiner Gehaltsliste hat, die es gut dafür bezahlt, sich mit Psychologie und Verbraucherverhalten zu beschäftigen. Die Beobachtung, wie die Menschen auf Werbung im Fernsehen und anderen Medien reagieren, muss für den Gewinn ziemlich wichtig sein. Ich kann mich des Gedankens nicht erwehren, dass wir, wenn es nur für die Konsumenten wichtig wäre, möglicherweise nicht in den Schlamassel geraten wären, in dem wir heute stecken, und dass wir sicherlich nie zu solch hirnlosen Konsumenten geworden wären, wie wir es in unserer heutigen Gesellschaft sind.

Nein, das wurde uns aufgezwungen, und zwar mit Mitteln, die wirklich heimtückisch, unmoralisch und dort, wo wir noch ein funktionierendes Rechtssystem haben, schlichtweg illegal sind.

Im Jahr 1969 führte Herbert Krugman im Auftrag von General Electric am neuropsychologischen Labor der New York Medical School ein klinisches Experiment durch, bei dem eine einundzwanzigjährige Frau an einen Elektroenzephalographen, ein EEG-Gerät, angeschlossen und vor einen Fernseher gesetzt wurde. Sobald sie auf den Fernsehschirm schaute, wechselten innerhalb von sechzig Sekunden ihre Gehirnwellen von aktivem, aufmerksamem Denken zu einem rezeptiven, passiven Zustand, der es dem Bewusstsein und dem Unterbewusstsein ermöglichte, jeden Input zu absorbieren, den die Versuchsperson erhält: von Beta zu Alpha oder niedrigem Alpha – innerhalb von sechzig Sekunden, nachdem sie begonnen hatte, fernzusehen!

Aus dieser Studie, die von der von Krugman geleiteten Advertising Research Foundation, einer »Stiftung für Werbeforschung«, veröffentlicht wurde, ging hervor, dass Werbetreibende nicht einmal unterschwellige Botschaften in ihre Werbung einbauen müssen (obwohl sie dies tun), da das Gehirn ohnehin innerhalb von Sekunden nach dem Einschalten des Fernsehers in einen Zustand der Empfänglichkeit für Suggestionen übergeht.

Stellen Sie sich vor, was alles in ein derart empfängliches Gehirn hineingelangt, wenn es sich sieben Stunden oder mehr am Tag von mehreren Bildschirmen und Displays berieseln lässt?

Bisher haben Sie es vielleicht als Maßnahmen verstanden, um gesünder zu leben – Abhängigkeit von der Elektronik reduzieren, sich nicht mehr so stark beeinflussen lassen und sich weniger elektromagnetischer Strahlung aussetzen. Doch jetzt wissen Sie: In Wahrheit ist es eine Frage von Leben oder Tod.

Es kommt noch mehr auf uns zu.

Noch viel, viel mehr.

Sie werden eine Entscheidung zwischen Freiheit und Knechtschaft treffen müssen. Fernsehen, Computer und Handys – alle elektronischen Bildschirmgeräte – sind so konzipiert, dass sie Sie innerhalb von Sekunden in einen hypnotischen Trancezustand versetzen, ohne dass Sie sich je bewusst werden, wie Sie durch die gegen Ihr Wohl eingesetzten Frequenzen beeinflusst werden. Dass alles sind Geräte, die zur Gedankenkontrolle eingesetzt werden. Sie manipulieren Ihre Psyche, und die Kabale speist damit alle möglichen Programmierungen in Ihr Bewusstsein ein.

Diese Programme können in Ihnen zu einem späteren Zeitpunkt aktiviert werden. Alles, was in Ihr Unterbewusstsein »hochgeladen« wurde, kann von denen, die diese Manipulationen betreiben, nach Belieben abgerufen und genutzt werden. Das, meine Freundinnen und Freunde, ist Gedankenkontrolle in Reinkultur.

Das Bildschirmflimmern der Fernsehgeräte dient ganz gezielt diesem Zweck: Es senkt die Gehirnwellen vom Beta- in den Alpha-Zustand, indem es eine Trance herbeiführt. Das hat man in zahlreichen Studien immer wieder nachgewiesen. Ihr Unterbewusstsein empfängt und absorbiert diese Botschaften. Diese Programmierung wird, von Ihnen unbemerkt, in den tiefen Brunnen der unterbewussten Zone Ihres Geistes eingelagert und gibt Ihnen von dort ein, was Sie denken, fürchten und wünschen sollen.

Vielleicht wissen Sie all das schon. Aber wussten Sie auch, dass das US-Patent 650506158B2 mit dem Titel »Nervous System Manipulation by Electromagnetic Fields From Monitors« (»Manipulation des Nervensystems durch elektromagnetische Felder von Bildschirmen«) im Jahr 2001 von einem gewissen Hendricus G. Loos eingereicht wurde? Hm, ist das überhaupt ein richtiger Name? Wie der Titel des Patents besagt, handelt es sich um eine Methode zur Manipulation von Personen in der Nähe von Bildschirmen unter Verwendung gepulster elektromagnetischer Felder, mit denen »eine sensorische Resonanz angeregt« werden soll. Dies hebt das Flimmern des Fernsehers auf eine ganz andere Ebene, und allein aus diesem Grund müssen wir unsere Bildschirme ausschalten und uns von jeglicher Sucht nach Elektronik befreien.

Vor zwanzig Jahren wurde eine Technologie patentiert, deren Ziel es ist, Ihre Energiefelder zu manipulieren und mit dieser Manipulation eine gewünschte Reaktion »anzuregen«.

In der Patentschrift[40] von Mister Loos lesen wir:

»Physiologische Wirkungen wurden beim Menschen als Reaktion auf die Stimulation der Haut mit schwachen elektromagnetischen Feldern beobachtet, die mit bestimmten Frequenzen in der Nähe von ½ Hertz oder 2,4 Hertz gepulst werden, um so eine sensorische Resonanz anzuregen. Viele Computermonitore und Fernsehröhren strahlen bei der Anzeige von gepulsten Bildern gepulste elektromagnetische Felder mit ausreichender Amplitude aus, um eine solche Erregung zu bewirken. Es ist daher möglich, das Nervensystem einer Person zu manipulieren, indem man Bilder pulsieren lässt, die auf einem nahegelegenen Computermonitor oder Fernsehgerät angezeigt werden. Im letzteren Fall kann das pulsierende Bild in das Programmmaterial eingebettet sein oder durch Modulation eines Videostroms, entweder als HF-Signal oder als Videosignal, überlagert werden. Das auf einem Computermonitor angezeigte Bild kann durch ein einfaches Computerprogramm effektiv gepulst werden. Bei bestimmten Monitoren können gepulste elektromagnetische Felder erzeugt werden, die in der Lage sind, sensorische Resonanzen in der Nähe befindlicher Personen anzuregen, selbst wenn die angezeigten Bilder mit unterschwelliger Intensität gepulst werden.

PATENTANSPRÜCHE:

Verfahren zur Beeinflussung des Nervensystems eines Subjekts, das sich in der Nähe eines Monitors befindet, wobei der Monitor ein elektromagnetisches Feld aussendet, wenn ein Bild aufgrund des physikalischen Anzeigeprozesses angezeigt wird, und das Subjekt eine sensorische Resonanzfrequenz aufweist, wobei das Verfahren Folgendes umfasst: Erzeugen eines Videosignals zur Anzeige eines Bildes auf dem Monitor, wobei das Bild eine Intensität aufweist; Modulieren des Videosignals zum Pulsieren der Bildintensität mit einer Frequenz im Bereich von 0,1 Hertz bis 15 Hertz; und Einstellen der Pulsfrequenz auf die Resonanzfrequenz.

Computerprogramm zur Manipulation des Nervensystems einer Person, die sich in der Nähe eines Monitors befindet, wobei der Monitor ein elektromagnetisches Feld emittiert, wenn er ein Bild aufgrund des physikalischen Anzeigeprozesses anzeigt, wobei die Hautnerven der Person spontan ansprechen und Spiking-Muster zeigen. Das Computerprogramm umfasst Folgendes: eine Anzeigeroutine zum Anzeigen eines Bildes auf dem Monitor, wobei das Bild eine Intensität aufweist; eine Pulsroutine zum Pulsieren der Bildintensität mit einer Frequenz im Bereich von 0.1 Hertz bis 15 Hertz; und eine Frequenzroutine, die intern durch das Subjekt gesteuert werden kann, um die Frequenz einzustellen; wodurch das emittierte elektromagnetische Feld gepulst wird, die Hautnerven dem gepulsten elektromagnetischen Feld ausgesetzt werden und die Spiking-Muster der Nerven eine Frequenzmodulation erhalten.

Quelle für eine Videoübertragung zur Manipulation des Nervensystems einer Person, die sich in der Nähe eines Monitors befindet, wobei der Monitor ein elektromagnetisches Feld emittiert, wenn er ein Bild aufgrund des physikalischen Anzeigeprozesses anzeigt. Dabei sprechen die Hautnerven spontan an und zeigen Spiking-Muster, wobei die Quelle für den Videostrom Folgendes umfasst: Mittel zum Definieren eines Bildes auf dem Monitor, wobei das Bild eine Intensität aufweist; und technische Mittel zum unterschwelligen Pulsieren der Bildintensität mit einer Frequenz im Bereich von 0.1 Hertz bis 15 Hertz; wodurch das emittierte elektromagnetische Feld gepulst wird, die Hautnerven dem gepulsten elektromagnetischen Feld ausgesetzt werden und die Spiking-Muster der Nerven eine Frequenzmodulation erhalten.

ZUSAMMENFASSUNG:

Computermonitore und Fernsehbildschirme können schwache niederfrequente elektromagnetische Felder aussenden, indem man einfach die Intensität der angezeigten Bilder pulsieren lässt. Experimente haben gezeigt, dass die sensorische Resonanz von ½ Hertz auf diese Weise bei einer Person in der Nähe des Monitors angeregt werden kann. Auch die sensorische Resonanz von 2,4 Hertz kann auf diese Weise angeregt werden. Daher kann ein Fernseh- oder Computermonitor verwendet werden, um das Nervensystem von Menschen in der Nähe zu manipulieren.

Die Implementierungen der Erfindung sind an die Quelle des Videosignals angepasst, die den Monitor ansteuert, sei es ein Computerprogramm, eine Fernsehübertragung, ein digitales (DVD) oder analoges Videoabspielgerät.

Bei einem Computermonitor können die Bildimpulse durch ein geeignetes Computerprogramm erzeugt werden. Die Pulsfrequenz kann über Tastatureingaben gesteuert werden, so dass die Versuchsperson sich auf eine individuelle sensorische Resonanzfrequenz einstellen kann. Auch die Impulsamplitude kann auf diese Weise gesteuert werden. Ein in Visual Basic® geschriebenes Programm eignet sich besonders für den Einsatz auf Computern, auf denen das Betriebssystem Windows 95® oder Windows 98® läuft. Der Aufbau eines solchen Programms wird beschrieben. Die Erzeugung von periodischen Impulsen erfordert ein genaues Zeitmessverfahren. Eine solche Prozedur wird aus der Funktion GetTimeCount, die in der Anwendungsprogrammschnittstelle (API) des Windows-Betriebssystems verfügbar ist, zusammen mit einer Extrapolationsprozedur, die die Zeitgenauigkeit verbessert, aufgebaut.

Die Impulsvariabilität kann durch die Software erzeugt werden, um die Gewöhnung des Nervensystems an die Feldstimulation zu vereiteln, oder wenn die genaue Resonanzfrequenz nicht bekannt ist. Die Variabilität kann eine pseudozufällige Variation innerhalb eines engen Intervalls sein, oder sie kann die Form eines zeitlichen Frequenz- oder Amplituden-Sweeps annehmen. Die Impulsvariabilität kann unter der Kontrolle der Versuchsperson stehen.

Das Programm, das den Monitor dazu bringt, ein pulsierendes Bild anzuzeigen, kann auf einem entfernten Computer ausgeführt werden, der mit dem Benutzer-Computer vernetzt ist. Letzterer kann teilweise zu einem Netz gehören, bei dem es sich um das Internet handeln kann.

Bei einem Fernsehmonitor kann das Bildpulsieren im Videosignal enthalten sein, das von der Videoquelle übertragen wird, oder der Strom kann so moduliert werden, dass das Pulsieren überlagert wird. Im ersten Fall kann eine Live-Fernsehübertragung so gestaltet werden, dass das Merkmal einfach durch leichtes Pulsieren der Beleuchtung der übertragenen Szene eingebettet wird. Diese Methode kann natürlich auch bei der Herstellung von Filmen und der Aufnahme von Videobändern und DVDs verwendet werden.

Videobänder können so bearbeitet werden, dass das Pulsieren mit Hilfe von Modulationsgeräten darübergelegt wird. Es wird ein einfacher Modulator erörtert, bei dem das Luminanzsignal von Composite Video gepulst wird, ohne das Chrominanzsignal zu beeinflussen. Derselbe Effekt kann auf der Verbraucherseite durch Modulation des von der Videoquelle erzeugten Videosignals erzielt werden. Eine DVD kann per Software bearbeitet werden, indem pulsartige Variationen in die digitalen RGB-Signale eingefügt werden. Bildintensitätsimpulse können dem analogen Komponentenvideoausgang eines DVD-Players durch Modulation der Luminanzsignalkomponente überlagert werden. Vor dem Eingang in das Fernsehgerät kann ein Fernsehsignal so moduliert werden, dass die Bildintensität mit Hilfe einer variablen Verzögerungsleitung, die mit einem Impulsgenerator verbunden ist, gepulst wird.

Bestimmte Monitore können elektromagnetische Feldimpulse aussenden, die bei einer Person in der Nähe eine sensorische Resonanz auslösen, und zwar durch Bildimpulse, die so schwach sind, dass sie unterschwellig wirken. Dies ist bedauerlich, da es den Weg für eine böswillige Anwendung der Erfindung öffnet, bei der Menschen unwissentlich einer Manipulation ihres Nervensystems für die Zwecke eines anderen ausgesetzt werden. Eine solche Anwendung wäre unethisch und wird natürlich nicht befürwortet. Sie wird hier erwähnt, um die Öffentlichkeit auf die Möglichkeit eines verdeckten Missbrauchs aufmerksam zu machen, der auftreten kann, wenn man online ist oder ein Video oder eine DVD anschaut.«

Ja, in der Tat, eine solche Anwendung wäre gelinde gesagt unethisch, und ich danke Ihnen für die Warnung, Dr. Loos. Leider hat der Großteil der Öffentlichkeit Ihre Botschaft nicht verstanden.

Was den verdeckten Missbrauch angeht, auf den er anspielte, so sind sie derzeit definitiv dabei, das Spiel zu verschärfen. Die 5G-Strahlung kommt in Städten auf der ganzen Welt ins Spiel, brät Vögel im Flug und verbrennt Bäume und Laub in der Nähe. Stellen Sie sich vor, was das für die Menschen bedeutet, die sich das nicht ganz so intelligente Telefon stundenlang ans Ohr halten? Und wie wird 5G mit all der Nanotechnologie im Körper interagieren?

Die Computersoftware ist heute weitaus invasiver. Es wird nicht mehr lange dauern, bis Ihr biometrisches Profil verlangt wird, damit Sie Ihren eigenen Computer oder Ihr Telefon benutzen dürfen. Und die neuronale Systemprogrammierung, die aus Ihrem Fernseher strömt, ist um ein Vielfaches gefährlicher als zu Lebzeiten des guten Dr. Loos. Fügt man dann noch eine kleine 5G-Super-Strahlungsladung hinzu, ist das ein wahrer Albtraum.

Wenn Sie sich wirklich aus den Fängen der allgegenwärtigen Technologiematrix befreien wollen, hoffe ich aufrichtig, dass Sie nach der Lektüre dieser Informationen genug über die Wissenschaft erfahren haben, um Sie davon zu überzeugen, alle Geräte, von denen Sie sich seit ihrer Einführung abhängig fühlen, zu entfernen – soweit Sie das können.

Wenn Sie nicht der dunklen Agenda zum Opfer fallen wollen, müssen Sie sich völlig von Ihrer Sucht nach den Monitoren und Displays befreien. Ich bin mir bewusst, wie schwierig es sein wird, Ihren Lebensstil vollständig zu ändern.

Denken Sie daran: Je schwerer Ihnen das fällt, desto abhängiger sind Sie. Es mag sich fast unmöglich anfühlen, sich selbst und Ihre Familie von den Programmen zu entwöhnen, die absichtlich in Ihr manipuliertes Gehirn gestrahlt werden.

Ich weiß das. Ich habe es am eigenen Leib erfahren.

Ich habe das Fernsehen vor über fünfundzwanzig Jahren aus meinem Leben gestrichen. Ich habe mein iPad weggegeben. Ich habe meine Online-Zeiten und meine Aktivität in den sozialen Medien stark reduziert, und wenn ich am Computer sitze, stelle ich mir einen Timer, um mich aus der Trance zu holen, es sei denn, ich schreibe. In diesem Fall gibt es überhaupt keine Zeitbegrenzung. Das Handy lasse ich in einer Metallbox vor der Haustür liegen, schaue lediglich ein oder zwei Mal am Tag nach Anrufen und nutze es nur, wenn ich online etwas erledigen muss.

Verstehen Sie bitte, worum es mir geht. Ich schlage nicht vor, dass wir uns die Unterhaltung versagen sollen, die uns diese Medien und Kommunikationsinstrumente bieten, oder dass wir ins Viktorianische Zeitalter zurückkehren sollen, als wir nachts um eine Kerze saßen, Gedichte rezitierten oder Geistergeschichten erzählten. Das meine ich natürlich nicht. Es werden immer noch wunderbare Inhalte in den Bereichen Film, Fernsehen, Sport erschaffen. Es gibt sie in Hülle und Fülle, und wir haben ein Recht auf das Vergnügen, über eine großartige Komödie zu lachen oder von der Handlung eines großartigen Films oder einer Fernsehsendung fasziniert zu sein – und sogar auf das Hochgefühl, uns unseren Lieblingssport anzuschauen. Es gibt eine Fülle großartiger Inhalte auf YouTube und anderen Kanälen, das steht fest. Und natürlich haben wir durch die Technologie die Möglichkeit, mit Menschen überall auf der Welt zu kommunizieren.

Lediglich wenn Sie merken, dass der Bildschirm zur Sucht geworden ist und dass Sie nicht mehr ohne ihn leben können, sollten sie dringend darüber nachdenken, welchen Raum die Bildschirmzeiten in Ihrem Leben einnehmen und wie tief das Gesehene und Gehörte in Ihr Bewusstsein eindringt. Schließlich wollen Sie selbst die Kontrolle über Ihren Geist haben und nicht von Leuten kontrolliert werden, von denen wir nur zu gut wissen, dass sie die Technologieindustrie genau zu diesem Zweck aufgebaut haben.

Ihre Befreiung von der Technik, die Sie in einen hirntoten Roboter verwandeln soll, erfordert, dass Sie Ihre Situation mit fester Entschlossenheit selbst in die Hand nehmen. Sie müssen sich mit den folgenden vier primären Störquellen auseinandersetzen:

1. *Fernsehen:* Hat den höchsten Suchtfaktor, gleich nach dem Computer-Gaming, das aber nicht so weit verbreitet ist – jedenfalls noch nicht –, und Sie werden es aus Ihrem Leben entfernen müssen. Ja, Sie

haben richtig gelesen: **Werfen Sie das Fernsehgerät hinaus!** Wenn Sie Ihre Familie nicht dazu bringen können, dabei mitzumachen, was höchstwahrscheinlich der Fall sein wird, dann müssen Sie Ihr Haus, wenn möglich, so umgestalten, dass Sie sich zurückziehen können, wenn Ihre Familie stundenlang vor dem Fernseher sitzt. Sie können sich zu diesem Zeitpunkt nicht auch noch mit deren Sucht befassen. Wenn in Ihrer Familie im Moment nur Sie zu diesem Schritt bereit ist, dann ist das so. Sie können nur für sich selbst entscheiden. Zumindest im Moment. Die Leute schrecken vor dieser Idee zurück. Ich habe von Freunden gehört, sie fänden das zu drastisch – »des Guten zu viel« – und sie müssten ja das Fernsehen nicht völlig abschaffen, sondern nur seinen Gebrauch einschränken, doch genau das tun sie, wie ich immer wieder feststelle, dann meistens doch nicht. Die Wissenschaft spielt keine Rolle. Sie weigern sich zu glauben, dass die Technik in die Geräte eingebaut wurde, um den Geist elektronisch und durch überzeugende Programme zu verändern und natürlich durch unterschwellige Einschübe in diesen Programmen und die Werbeunterbrechungen. Wenn Sie zu diesen Menschen gehören und Zweifel in Ihnen aufsteigen, wie zum Beispiel: »Unsere Regierung würde doch niemals zulassen, dass die Technologiebranche uns so etwas antut«, sollten Sie die Informationen im US-Patent US5606148B2 noch einmal lesen. Oder wenn Sie es zwar verstanden haben, aber immer noch nicht begreifen können, warum so viele Menschen so wahnsinnig süchtig nach der Berieselung durch das Fernsehen sind, erinnern Sie sich daran, dass die Technikverrückten zugeben, dass »das Nervensystem manipuliert wird«. Das sollte ausreichen, um Ihnen zu helfen, einen entschlossenen Kurs zu verfolgen, der es Ihnen ermöglicht, sich von Ihrer Fernsehsucht zu befreien und den »ersten Schritt« zu tun. Egal, wie viel Widerstand Sie von Ihrer Familie und Ihren Mitbewohnern erfahren, verlangen Sie, dass der Fernseher während der Mahlzeiten ausgeschaltet wird. Auch die Handys. Heutzutage gibt es nur noch wenige Gelegenheiten, sich mit geliebten Menschen auszutauschen, und das ist gewollt. Die Regierung nimmt uns den Wunsch, miteinander zu kommunizieren, und zerstört damit die Familieneinheit. Der Esstisch ist ein großartiger Ort, den Sie zurückerobern sollten! Seien Sie präsent und verlangen Sie, dass Ihre

Familie das Gleiche tut. Mit dem Essen, das Sie zubereiten, geben Sie Ihrer Familie Nahrung und Liebe. Das muss gewürdigt und die Liebe erwidert werden. Sie werden zweifellos auf Widerstand stoßen, aber bleiben Sie standhaft. Holen Sie sich Ihre Kinder zurück! Haben Sie einen Fernseher im Schlafzimmer? Vielleicht ist Ihnen nicht bewusst, dass er Sie höchstwahrscheinlich durch das kleine rote Licht beobachtet, von dem Sie glauben, es sei einfach ein Sensor für die Fernbedienung. Das sagte mir vor fünfzehn Jahren ein leitender Ingenieur, der für Sony tätig war. Er sagte mir damals, dass in jedem zehnten Fernseher eine Kamera eingebaut ist und dass innerhalb von zehn Jahren alle Geräte mit der Technologie ausgestattet sein werden, um ahnungslose Zuschauer auszuspionieren. Besonders gefährlich sind die »intelligenten« Fernsehgeräte, von denen Ihnen jeder versierte IT-Sicherheitsexperte sagen wird, dass sie leicht gehackt werden können, so dass das neugierige Auge eines Fremden auf Ihre privat hochgeladenen Videos zugreifen kann, auf die Kamera im Gerät, um Sie in Ihrer vermeintlichen Privatsphäre auszuspionieren und zu manipulieren, was Sie sich ansehen. Das schließt die Ausstrahlung gefährlicher Programme an Ihre Kinder ein. Lassen Sie das Schlafzimmer zu einem Ort der Intimität und Ruhe werden, und stellen Sie sicher, dass Sie das KI-System und neugierige Augen aussperren. Das gilt natürlich auch für »Alexa« und die anderen KI-Systeme, die so viele Leute für harmlos halten. Das sind sie aber nicht. Sie spionieren Sie aus.

2. *Handys:* Big Tech steigert den elektromagnetischen Impuls und die Strahlung dieser Geräte absichtlich. Sie wird immer stärker, vor allem jetzt, da 5G eingeschaltet wird und interaktive Programme immer häufiger und invasiver werden. Bald werden Sie nicht einmal mehr auf Ihr Handy zugreifen können, ohne die Anforderungen des Gesichtserkennungssystems zu erfüllen. Das Smartphone kann jede Ihrer Bewegungen verfolgen und Ihre Gedanken und Reaktionen auf gezielte Werbung vorhersehen. Die Tatsache, dass die Menschen ihre Handys stundenlang am Körper, in der Hand und am Ohr tragen, ist nicht nur für die Betroffenen selbst, sondern auch für andere in ihrer Nähe schädlich. Ich erlaube niemandem, mit seinem Handy in mein Haus zu kom-

men. Die Metallbox ist auch für Besucher gedacht. Es ist an der Zeit zu erkennen, dass das Telefon ein absolutes Kontrollinstrument ist. Denken Sie daran, dass Ihr Smartphone nie »aus« ist, egal ob Sie glauben, dass Sie es ausgeschaltet haben oder nicht. Das haben Sie nicht. Seien Sie wachsam. Die Leute hören zu, kontrollieren und speichern Ihre Stimme und Ihre Gespräche … jedes einzelne Wort, das Sie sagen.

3. *Computer:* Ich weiß, wie schwer es ist, die Zeit, die wir am Computer verbringen, zu begrenzen, vor allem für diejenigen, die bei der Arbeit acht Stunden täglich vor dem Computer sitzen. Kinder lernen in der Schule am Computer oder durch Online-Programme für den Unterricht zu Hause. Tun Sie, was Sie können, um diese Zeiten zu begrenzen. Verwenden Sie einen Timer, um die Bildschirmzeit Ihrer Kinder einzuschränken. Ich selbst nutze diese Möglichkeit. Sie hilft mir, mich daran zu erinnern, wie viel Zeit ich wirklich verliere und wie viel Strahlung ich absorbiere, wenn ich auf den Bildschirm starre. Und es erinnert mich daran, alle zwei Stunden aufzustehen, um meinen Augen, meinem Geist und meinen Energiefeldern eine Pause zu gönnen. Die Covid-Lockdowns der letzten Jahre haben uns in Bezug auf soziale Interaktion, Unterhaltung, Arbeit und alle Formen der Kommunikation so viel abhängiger vom Internet gemacht. Wir müssen uns von den Bedingungen befreien, die uns durch dieses nicht enden wollende Notstandsdrama auferlegt wurden, und uns so weit wie möglich zurückziehen. Es ist enorm wichtig, Zeit in der Natur zu verbringen: ein Waldspaziergang, Baden im Meer oder eine Wanderung auf einem Pfad, der den Himmel berührt. Warum sollte jemand die simulierte Realität auf dem Bildschirm dieser Zeit vorziehen?

4. *Gaming:* Was wir über die Schäden erfahren, die Menschen, besonders Kindern, durch High-Tech-Spiele zugefügt werden, würde ein ganzes Buch füllen. Es handelt sich um Gedankenkontrolle auf hohem Niveau, die viel stärker süchtig macht als viele illegale Drogen. Wenn Sie noch nicht mit dem Spielen begonnen haben, tun Sie es nicht. Und wenn Sie es schon getan haben, bedenken Sie, dass während der gesamten Zeit, in der Sie in das »Spiel« der virtuellen Realität eingebun-

den sind, Ihre Körperhormone, Ihre Emotionen und Ihr Verstand von dem Programm manipuliert werden, das Sie in dem bereits erwähnten »Kampf-oder-Flucht«-Adrenalinstress hält. Computerspiele saugen allen, die »mitspielen«, ihre Lebenskraft aus und programmieren sie darauf, dass die virtuelle Realität viel aufregender, unterhaltsamer und angenehmer ist als die Welt, in die sie geboren wurden. Setzen Sie Grenzen, und retten Sie Ihre Kinder.

Die Technologie soll uns voneinander isolieren und uns auf das vorbereiten, was in der simulierten Welt der Transhumanisten auf uns zukommt. Sie wollen, dass wir mitgerissen, hypnotisiert, süchtig gemacht werden und uns schließlich mit der Hardware ausstatten lassen, die der Kabale den Fernzugriff auf die Steuerung unseres Körpers und Geistes ermöglicht.

Wir müssen kein Abonnement abschließen.

Wir können »Nein« sagen und unsere Macht zurückerobern.

Befreien Sie sich von den süchtig machenden, gehirnverändernden Impulsen, die von den Displays und Bildschirmen ausgehen. Das ist alles so konzipiert und patentiert, dass es sämtliche neurologischen Prozesse stört und Ihre Wahrnehmung der Realität verzerrt. Erst wenn Sie diesen Schritt der Befreiung getan haben, sind Sie bereit für die eigentliche Arbeit: die Wiederherstellung der heiligen, in Ihr Wesen eingeschriebenen Sprache des Lichts und die Beseitigung der Implantate und unterschwelligen Programmierungen. Auf diese Weise werden Sie die schrecklichen Gedankenkontroll-Eingriffe in Ihre Souveränität beenden.

Jetzt ist es an der Zeit, diese Entscheidung zu treffen. Entweder Sie »schlucken die blaue Pille«, stellen keine Fragen und bleiben in der Matrix gefangen, oder Sie schlagen mit dem metaphorischen Hammer auf die Bildschirme ein und befreien sich für immer von dieser »Nervensystem-Manipulation«. Wenn Sie zurückweisen, dass jemand in Ihren elektrischen Körper eindringt, dann werden Sie die simulierte Realität hinter sich lassen. Das ist es, worauf es hinausläuft, und das ist die Entscheidung, die Sie treffen müssen, wenn Sie wirklich bereit sind, Ihre Macht zurückzuerobern.

Hier beginnt Ihre Befreiung. Denken Sie daran: Wenn Sie glauben, nicht darauf verzichten zu können, sind Sie süchtig. Was Sie dagegen unternehmen, ist Ihre Entscheidung, und damit auch, was Sie unternehmen, um Ihren kleinen Kindern und den anderen Menschen zu helfen, deren Leben Ihnen am Herzen liegt.

Üben Sie sich in Unterscheidungsvermögen: für sich selbst, für die Menschen, die Sie lieben, und für das kollektive Unbewusste, zu dem Sie als Teil des großen Ganzen beitragen.

Zum höchsten Wohl aller Beteiligten bete ich, dass Sie den Architekten der Kontrolle trotzen und sich für die Freiheit entscheiden.

21

Heilige Geometrie

Vom subatomaren Bereich bis hin zur dichtesten Materie folgt der Tanz des Lebens einer universellen Sprache der mathematischen Proportionen, und sein künstlerischer und räumlicher Ausdruck entfaltet sich in unzähligen Manifestationen geometrischer Formen. Wir sprechen von »heiliger« Geometrie, als ob es irgendeine andere Art von Geometrie geben könnte, denn alle Geometrie ist eine Angelegenheit göttlicher Proportionen, Frequenzen und Schwingungen, die in Schichten über Schichten von exquisiten Schablonen – Ebenen und multidimensionalen Konstruktionen – organisiert sind, alle miteinander verbunden und sich gegenseitig bedingend.

Alles ist heilig. Es ist die universelle Sprache der gesamten Schöpfung: die Ordnung, die Struktur, die Palette von allem, was existiert. Es ist die Quintessenz, nach der alle Dinge vom Meisterkünstler, dem Urschöpfer, entworfen, ausgearbeitet und ins Dasein geatmet werden. Die Geometrie birgt in ihren Formen die Verflechtung von Schwingung und Materie sowie die Ebene, auf der sich Raum und Zeitwahrnehmung zu kreuzen scheinen: das Raum-Zeit-Kontinuum. Sie ist der Mikrokosmos, und sie ist der Makrokosmos. Die Geometrie vermittelt uns Zahl, Verhältnis, Schwingung, Frequenz, bestimmte mathematische Regeln und die bewusste Absicht des Urschöpfers, aus einem Gedankenkeim ganze Universen von manifester Schönheit und Bewusstheit zu erschaffen.

In vielen Gesprächen hört man oft die existenzielle Frage: »Wenn im Wald ein Baum umfällt und niemand da ist, um es wahrzunehmen, ist es dennoch wirklich geschehen?«

Eine noch größere Frage, die den metaphysischen Philosophen herausfordert, und eine, die nach einer Antwort verlangt, ist: »Wenn alles im Universum eine fortwährende Entfaltung geometrischer Formen und heiliger Verhältnisse ist, aber niemand darin die Gesamtheit dieses Designs erfassen kann, existiert es dann wirklich?«

Die Antwort auf diese philosophischen Rätsel lautet, besonders für diejenigen, die einen obersten Schöpfer anerkennen: »Ja, ohne Frage. Die Schöpfung ist nicht davon abhängig, wer oder was ihre Existenz wahrnehmen kann oder warum.« Aber wie viel reicher und erfüllender ist unsere Wertschätzung des Lebens und der Großartigkeit der Schöpfung, wenn wir die Muster und dynamischen Beziehungen – den Rhythmus und das Tempo – erkennen können, mit denen die endlosen Welten und unendlichen Möglichkeiten angefüllt sind, die irgendwo zwischen den Wellen des Ozeans, den Wolken und den Bewegungen eines Weizenfeldes liegen, durch das der Wind weht.

Wir sind gesegnet mit mikrokosmischen Formen des größeren Ganzen, überall um uns herum und in uns. Wenn wir innehalten, um eine Biene in Bewegung zu beobachten, sehen wir Muster in ihrem Flug, in ihrer Interaktion mit der Blüte und mit den anderen Mitgliedern ihres Bienenstocks, die ebenfalls damit beschäftigt sind, Nektar zu sammeln … und im Einklang arbeiten. Der Körper einer Biene ist ein außergewöhnliches Muster aus heiliger Form und verschlungenen Mustern, vom Kopf bis zum Stachel. Wenn wir wirklich aufmerksam sind, werden wir mit einbezogen und lösen die Reaktion unseres eigenen Nervensystems auf die Düfte, die Geräusche und die Frequenzen aus, die von den verschiedenen Phasen der Aktivität der Biene ausgehen. Auch wenn wir uns der geometrischen Proportionen all dieser Aspekte nicht bewusst sind, nehmen wir doch die räumliche Dynamik und den Input unserer Sinne wahr, während sich dieser Tanz des Lebens entfaltet.

Wir nehmen die Heilige Geometrie wahr, weil wir Heilige Geometrie **sind**. Durch die Arbeit von Hans Jenny (1899-1992), der uns die Kymatik, das Studium der Auswirkungen von Schwingungen und Klängen auf die Materie, nahebrachte, und später durch Dr. Masaru Emoto (1943-2014), der uns zeigte, wie Wassermoleküle ständig danach streben, die Perfektion ihrer angeborenen Form zu erreichen, und wie sie auf Gedanken, Klänge und Emotionen reagieren, haben wir viel darüber gelernt, wie unsere Gedanken und die von ihnen ausgehenden Schwingungen die Qualität der Form, der Struktur und des Wesens der Materie bestimmen. Es wurde uns immer wieder anschaulich bewiesen, wie die Schwingungswellen der Energie die Materie verändern können und wie die Gedanken die geometrische Gestaltung eines einzelnen Moleküls beeinflussen können.

Sicherlich können wir dieselben Prinzipien auf die Frage anwenden, wie unsere Gedanken unsere DNA beeinflussen und wie wir unsere fokussierte Absicht nutzen können, um unseren genetischen Bauplan in seine ultimative Form – das göttliche Licht im Inneren – zurückzubringen, ganz gleich, welche invasiven Mechanismen in unser System eingeführt wurden, um dieses Licht auszuschalten.

Die Sirianer haben vorausgesagt, was kommen würde. Sie haben mich von Anfang an angeleitet, mich mit der Frage der DNA und der Qualität unseres zellulären Gedächtnisses zu befassen, die davon abhängt, was wir unserem Körper elektrisch zuführen, in Form von Gedanken, Nahrung und sogar den Worten, die wir sprechen. Sie sahen die invasiven Eingriffe in unsere DNA voraus und gaben uns Hinweise, wie wir ihre perfekte Gesundheit und beschleunigte Aktivierung schützen können. Sie warnten uns vor allen elektronischen Geräten, da sie wussten, dass diese dazu benutzt werden würden, uns in Selbstgefälligkeit zu wiegen, wenn diese Injektionsagenda gegen die menschliche Spezies ausgerollt werden würde.

In *Keine Lügen, keine Geheimnisse mehr* erklären sie:[41]

»Denn alles Leben und jede Bewusstseinsform strebt letztlich die Vollkommenheit an, die völlige Erleuchtung am Ende der Großen Spirale – ganz gleich, wie desolat die Beschaffenheit des jeweiligen Organismus und wie disharmonisch die Vibrationen seiner Wassermoleküle sind. Denn jedes einzelne dieser Moleküle ist sich des Ziels und Zwecks des Erhabenen Plans bewusst, aus dem es einst hervorging – die Rückkehr zur Schönheit kosmometrischer Proportionen, die das Strahlen dieser Perfektion auf alle Aspekte des Universums zurückwerfen.

Und ganz unabhängig davon, ob ihr euch der spirituellen Wesensart molekularer Kompositionen nun bewusst seid oder nicht, solltet ihr niemals vergessen, dass jede Bewusstseinseinheit (jedes subatomare Teilchen wie auch jedes gigantische Universum) der in ihr angelegten Größe entgegenstrebt. Jedes Element pulsiert in seinem eigenen Rhythmus … und jedes einzelne ist aus der Göttlichkeit des Höchsten Bewusstseins hervorgegangen, die alles umgibt und durchdringt.

Und erst das Bewusstsein für diese jeder Zelle innewohnende Schöpferkraft befähigt euch dazu, Einfluss auf diese kleinsten Einheiten eures Wesens zu nehmen und so innere Harmonie und Gesundheit zu erzeugen und alle Störungen und Blockaden zu heilen, die diese unruhigen, konfliktreichen Zeiten in eurem Organismus hervorgerufen haben mögen.

Denn die Formbarkeit der Zellen durch elektrische Impulse einfach außer acht zu lassen, hieße, das eigene Selbst und seine Macht über alle Aspekte seiner stofflichen Gestalt zu ignorieren.

Das sechseckige Wassermolekül ist durch seine Kosmometrie darauf ausgerichtet, bevorzugt auf der Frequenz zu schwingen, die das ideale energetische Umfeld für die Reaktivierung des dritten DNA-Strangs darstellt – des ersten der ätherischen Stränge, die nun nach und nach wieder in die DNA-Doppelspirale integriert werden –, damit dieser sich manifestieren und verfestigen kann – zuerst auf molekularer Ebene, dann auf zellulärer und so fort.

Die Integration dieses dritten Strangs ist der vielleicht wichtigste Schritt überhaupt hin zu einer vollkommenen Erschließung eurer DNA, öffnet er doch euer Bewusstsein für eine neue Wahrnehmung des Universums wie auch eurer eigenen Existenz – für Sinn und Seele eures Seins –, die in wachsendem Maße zu Dreierverkettungen innerhalb eurer Erbsubstanz führt. Dieser Prozess geht mit einer Aktivierung der Thymusdrüse einher – des Zentrums eurer feinstofflichen Gestalt –, die euren Körper mit Licht fluten wird.«

Wenn das, was wir über Geist-über-Materie und Manifestation erfahren haben, uns tatsächlich in einem solchen Ausmaß dazu befähigt, unseren Geist zu fokussieren und den materiellen Bereich zu verändern oder auf Dinge einzuwirken, die noch nicht materielle Gestalt angenommen haben, dann kann diese Fähigkeit sicherlich auch auf die wichtige Aufgabe angewandt werden, zu reparieren, was auch immer auf der DNA-Ebene des zellulären Aufbaus des Körpers geschehen ist.

Jeder, der in der Lage ist, mit scharfer Konzentration und unerschütterlicher Entschlossenheit die synthetische Boten-RNA und die Nanotechnologien, die mit Graphen und anderen durch diese Injektionen eingeführten Elementen konstruiert werden, zu isolieren und zu entfernen, sollte theoretisch in der Lage sein, diese invasiven Elemente zu dekonstruieren und aus seinem Wesen zu entfernen.

Bedenken Sie, dass das menschliche Gehirn schätzungsweise vierzig Billiarden Berechnungen pro Sekunde durchführen kann. Es gibt keinen Supercomputer, der mit der Leistung Ihres Gehirns mithalten kann, und es wird ihn auch nie geben.

Wir können die zerbrochenen Fragmente zurück ins Licht rufen, die Heilige Geometrie unseres stellaren Designs rekonstruieren und alle schädlichen Codes, Daten und Signale aus dem gesamten Organismus entfernen: aus Geist, Körper und Seele. Wir können kraftvolle Klangfrequenzen nutzen, um die DNA zu heilen und den göttlichen Code, Jahwe, zu vokalisieren. Auf diese Weise können wir unser Zellgedächtnis umstrukturieren. Wir dürfen nie vergessen, dass die Künstliche Intelligenz zwar mächtig und in vielerlei Hinsicht beeindruckend ist, aber sie ist nichts im Vergleich dazu, was unsere angeborene Intelligenz vollbringt und was der menschliche Geist visualisieren und manifestieren kann. Wenn wir dieses Prinzip wirklich verstehen, liegt die Annahme nahe, dass wir mit der Kraft konzentrierter Absicht und Visualisierung alles auflösen können, was die Kabale in den Körper eingeschleust hat.

Denken Sie daran: »Jedes einzelne dieser Moleküle ist sich des Ziels und Zwecks des Erhabenen Plans bewusst, aus dem es einst hervorging – die Rückkehr zur Schönheit kosmometrischer Proportionen, die das Strahlen dieser Perfektion auf alle Aspekte des Universums zurückwerfen.«

Lassen Sie uns diesen Prozess in Angriff nehmen.

22

Wenn Glas zerspringt

Da wir elektromagnetische, biologische Bewusstseinseinheiten sind, die sich in Form und grenzenloser Energie manifestieren, und da alles im Universum aus Schwingungen besteht, ist davon auszugehen, dass bestimmte Klänge und Schwingungsfrequenzen uns auf vielen Ebenen beeinflussen: negativ zum Beispiel durch laute, unharmonische Musik und positiv durch Töne, Melodien und Rhythmen, die mit unserem Energiesystem harmonieren.

Es ist erwiesen, dass heilige Klänge und hochschwingende Instrumente wie tibetische Klangschalen, Stimmgabeln, Kristallschalen und andere, modernere Schwingungen aussendende Geräte Moleküle, Zellen und unser gesamtes Wesen auf allen Ebenen beeinflussen: Geist/Körper/Seele. Das Gleiche gilt für Klänge, die wir für selbstverständlich halten, wie das Schnurren einer Katze, das Glucksen eines Babys, der Gesang eines Vogels und viele Erscheinungsformen von Schwingungsmusik, darunter klassische Werke, die wie eine in Raum und Zeit eingefrorene Heilige Geometrie wirken, und Solfeggio-Frequenzen, die von den alten gregorianischen Mönchen in ihren heiligen Gesängen verwendet wurden.

Die Fähigkeit des Klangs, Materie zu verändern, zeigt sich eindrucksvoll, wenn eine Opernsängerin durch ihre Stimme ein Kristallweinglas zerspringen lässt. Es zerspringt, weil sie mit der dem Glas innewohnenden Energie, die aufgrund seiner materiellen Beschaffenheit in einer bestimmten Frequenz schwingt, Resonanz herstellt und diesen Ton lange genug hält, um das Schwingungsfeld in der Molekularstruktur des Glases anzuregen.

Vielleicht kennen Sie die Rife-Maschine, die in den 1930er Jahren von Dr. Royal Rife (1888-1971) – einem absoluten Genie seiner Zeit – entwickelt wurde. Es handelt sich um Hochfrequenztechnologie, mit der er einen enormen Beitrag zur Erforschung von Schwingungen und Resonanzen leistete.

Sein Gerät, das Energie in Form von Radiowellen erzeugt, ist so konzipiert, dass es sich auf den menschlichen Körper einstellt und extrem niedrige Frequenzen aufspürt, indem es das Prinzip der Resonanz nutzt. Das Konzept dahinter ist, dass, wenn man die Frequenz eines pathogenen Mikroorganismus im Körper findet und eine starke Ladung ein und derselben Frequenz auf ihn überträgt, der Mikroorganismus gestört wird – oder zerplatzt, genau wie das Kristallglas – und dann stirbt, ohne dass ein Restschaden für den ansonsten gesunden Organismus entsteht.

Es liegt auf der Hand, dass, sobald allgemein bekannt wird, dass den Menschen Disharmonien injiziert wurden, das Team von Elektroingenieuren, technischen Designern, Softwareentwicklern und Rife-Praktikern gewiss schnell unschätzbar wertvolle Lösungen für das Problem präsentieren wird: die Zertrümmerung der aufgezwungenen, unnatürlichen und niederfrequenten Materie, die den menschlichen Probanden des »Experiments« injiziert wurde, und die Wiederherstellung des Gleichgewichts im Körper.

Und das bedeutet, dass auch die DNA geheilt wird.

In einem Universum, das von Frequenzen und Schwingungen zusammengehalten wird, ist der organische, biologische Körper ebenfalls ein Ausdruck dieses Zusammenhalts.

Wir haben von alten Weisheitshütern gelernt und uns daran erinnert, dass bestimmte Klänge und Frequenzen genutzt werden können, um Disharmonien im Körper auszugleichen und zu heilen und gleichzeitig die DNA zu aktivieren und zu reparieren.

Während Wissenschaft und Geist verschmelzen, wenden geniale Köpfe die »höheren« Aspekte dieser Technologie an, denn alles hat auch eine »höhere«, lichtvolle Seite, besonders hinsichtlich der Schwingungsheilung, der Entdeckung und Anwendung spezifischer Frequenzen für die Zellreparatur und die Heilung des Körpers, die bedeutende Auswirkungen sowohl auf das Bewusstsein als auch auf das Unterbewusstsein zu haben scheinen.

Und dazu trug maßgeblich ein Genie auf dem Gebiet der Bioelektrizität bei, der Forscher und Arzt Dr. Joseph Puleo, der vor über fünfzig Jahren die Solfeggio-Frequenzen neu entdeckte. Er identifizierte bei seinen Forschungen sechs verschiedene mathematische Schwingungen, die er in seinem umfangreichen Werk in Beziehung zum Pythagoreischen Lehrsatz brachte, bei dem Zahlen auf eine Basiszahl reduziert werden, wie wir es aus der Numerologie kennen. Beschäftigen Sie sich mit Dr. Puleo und dem Pythagoreischen Lehrsatz. Seine Leistung, die heilende Wirkung dieser musikalischen Skala nach langer Zeit erneut ins öffentliche Bewusstsein gerückt zu haben, ist unfassbar wertvoll, denn durch seine Arbeit erkannte die Welt wieder den potenziellen Nutzen bestimmter Frequenzen für die Heilung des Körpers, die Reparatur der DNA und die Steigerung des Wohlbefindens.

Solfeggio-Frequenzen
174 Hertz – Schmerzlinderung, Stressabbau
285 Hertz – Beeinflussung der Energie, Verjüngung
396 Hertz – Befreiung von Schuld und Furcht
417 Hertz – Wandel ermöglichen
528 Hertz – Transformation und Wunder: DNA-Reparatur
639 Hertz – Verbindungen/Beziehungen

Unter Verwendung des Pythagoreischen Lehrsatzes von Zahl und Schwingung und unter Berücksichtigung seiner Betonung der Zahlen drei, sechs und neun, fand Dr. Puleo heraus, dass sich die sechs ursprünglichen Solfeggio-Frequenzen tatsächlich auf diese Basiszahlen reduzieren: 1+7+4=12=**3**, 2+8+5=15=**6** und so weiter. Ich finde das äußerst faszinierend im Hinblick auf meine eigene Arbeit mit der DNA-Aktivierung. Im Gegensatz zu den vielen anderen im Umlauf befindenden Informationen, laut denen immer nur jeweils zwei DNA-Stränge reaktiviert werden sollen, gründet sich die Struktur unserer letztlich zwölfsträngigen DNA auf die

Erschaffung heiliger tetraedrischer Formen: drei, sechs und neun, die miteinander verwoben sind und dann, wenn ein Mensch weit genug aufgestiegen ist, die dodekaedrische DNA-Struktur des Christusbewusstseins bilden!

Forscher auf dem Gebiet des sakralen Klangs und der Klangheilung glauben, dass die sechs Solfeggio-Frequenzen der alten Tonleiter von gregorianischen Mönchen verwendet wurden, um den Menschen während religiöser Zeremonien mächtige spirituelle Segnungen und Heilung zukommen zu lassen. Auf mysteriöse Weise verschwanden sie um 1050 nach Christus in der Versenkung und wurden durch unsere moderne Musikskala ersetzt, die energetisch leicht von den heiligen Tönen abweicht. Es gibt sogar Experten, die unsere heutige Musik im Vergleich zu den erstaunlichen Solfeggio-Tönen als atonal bezeichnen und sagen, sie würde im menschlichen Körper buchstäblich Unwohlsein verursachen.

Die heutige Musikskala, so haben sie entdeckt, schwingt auf einer Frequenz von 440 Hertz. Diese Änderung wurde im frühen neunzehnten Jahrhundert eingeführt, während bis dahin die Solfeggio-Frequenz 417 Hertz benutzt wurde, die, so glaubt man, im menschlichen Körper **Wandel erleichtert und fördert.**

Ist das nicht interessant? Wurden wir also möglicherweise durch die absichtliche Veränderung der Musik dahingehend manipuliert, den heutigen *Status quo* leichter zu akzeptieren?

Die Solfeggio-Tonleiter formt und transformiert die Materie, und einigen Texten zufolge wurde sie verwendet, um Krankheiten zu heilen und dämonische Geister zu vertreiben. Heutzutage beschwört ein großer Teil der Popmusik, die wir hören, diese Geister herauf und erzeugt beim Hörer alle Arten von Unwohlsein. Seien Sie also wählerisch, wenn Sie das Radio einschalten. Was auch immer Sie hören, es dringt auf jeder Ebene in Ihren Körper ein, und vieles davon stört die natürliche Harmonie der Körperelektrik bis hinunter zur Zellebene … und das bedeutet: bis in die DNA.

Glücklicherweise entdecken wir die Solfeggio-Frequenzen heute wieder, und viele Heiler, Praktiker und Musiker sind bei ihrer Arbeit mittlerweile zu diesen heiligen Tönen zurückgekehrt. Spirituelle Menschen und Wissenschaftler sind hierbei gleichermaßen Wegbereiter. Dr. Glen Rein promovierte 1983 an der Universität London in Neurochemie. Im Jahr 1984 wurde er Professor am Mount Sinai Hospital, wo er auf dem sehr spannenden Gebiet des Bio-Elektromagnetismus forschte. Ab 1987 studierte er Psychoneuroimmunologie am Stanford University Medical Center. Als engagierter Forscher leitet er inzwischen das Quantum Biology Research Lab in New York.

Und jetzt wird es spannend.

Laut der bekannten Autorin und Forscherin Celeste Solum führte Dr. Rein um 1998, zur gleichen Zeit, als ich die DNA-Informationen des Hohen Rates vom Sirius übermittelte, Experimente mit *In-vitro*-DNA durch. Dabei verwendete er verschiedene Formen von Musik, wandelte diese in skalare Audiowellen um und setzte die DNA dann in Reagenzgläsern diesen Klängen aus. Die Absorption von UV-Licht innerhalb einer Stunde nach dem Abspielen der Audiowellen diente als Maßstab, um festzustellen, ob und wie sich die Musik auf die DNA auswirkte. Das Experiment zeigte, dass verschiedene Formen von Musik mit der DNA in Resonanz treten können, aber es waren die Solfeggio-Frequenzen, die eine signifikante Spitze in der Absorption von Licht auf DNA-Ebene verursachten. Es ist also naheliegend, dass wenn Gene im Labor durch Klänge und Audiowellen beeinflusst werden können, dies auch für die DNA im Körper gelten dürfte.

Experten für Heilige Geometrie beschreiben 528 Hertz als wesentlich für die Struktur und Umstrukturierung der geometrischen Muster der DNA. Ich verwende diese Frequenz bei meinen Divine-Blueprint-Meditationen, die Sie auf meiner Website www.patriciacori.com finden. Diese Frequenz gilt als der »Wunderton« der Sechserskala, wobei jeder der sechs Töne seine eigenen Wirkungen und heilenden Eigenschaften hat. Obwohl wir es noch nicht beweisen können, liegt der Schluss nahe, dass die Solfeggio-Frequenzen helfen können, Schäden an unserer DNA zu reparieren, alles wiederherzustellen, was energetisch gestört wurde, und alles zu entfernen, was implantiert wurde, da es – wenn die Regeln der Resonanz gelten – mit den richtigen Frequenzen wie das sprichwörtliche Glas zum Zerspringen gebracht werden kann.[42]

Ich liebe die Vorstellung, dass Klang Licht in die DNA bringt, insbesondere Solfeggio-Frequenzen, und **das** ist neben dem meditativen Zustand, in den diese Musik mich versetzt, auch der Grund, warum ich sie jeden Tag höre.

Was das erwähnte »Hineintönen« des Wortes »Jahwe« in die DNA angeht, wusste ich, dass es am effektivsten sein würde, hierfür die Frequenz 528 Hertz als Hintergrundklang zu verwenden. Sie können sich nicht vorstellen, wie aufgeregt ich war, als ich bei meinen Nachforschungen zu dieser Möglichkeit feststellte, dass der Meister des Klangs, Jonathan Goldman, eine international anerkannte Autorität auf dem Gebiet der Klangheilung und der Schwingungsharmonik, genau dies praktiziert … und eindeutig zu den gleichen Schlussfolgerungen gelangt war wie ich![43]

Zu meiner überaus freudigen Überraschung singt Jonathan »Jahwe« genau so, wie ich es beschrieben habe, in Ton und Phonetik exakt gleich, und atmet auf diese Weise den Gottescode in die DNA zurück. Ich bin sicher, dass wir beide diese Methode von einer höheren Quelle erhalten haben, und ich freue mich, dass wir mit solch lebenswichtigen Informationen beschenkt werden, wenn wir sie am meisten brauchen.

In einem Video,[44] das er auf YouTube postete, können Sie Jonathan dabei beobachten, wie er diesen außergewöhnlichen Chant ausführt, der sicher die 528 Hertz als Hintergrund nutzt. Es demonstriert eine außergewöhnliche aurische Verstärkung durch den Einsatz von Aurafotografie und zeigt uns vor allem genau, wie wir das Wort, den Namen … den göttlichen Code zurück in die DNA chanten können.

Wie wunderbar, dass wir alle letztlich wieder zu dieser uralten Weisheit finden: zurück zu Gott … zurück zur Quelle … zurück zu unserer Souveränität.

Und genau darum geht es ja bei 528 Hertz: **Wunder!**

Visualisierung Die Wege freiräumen

Sie werden jetzt nach innen reisen, also müssen Sie alle Ablenkungen beseitigen. Wenn Sie Ihr Zuhause noch nicht von elektronischen Störungen befreit haben, nehmen Sie sich jetzt die Zeit, den Fernseher auszustecken, das Handy und andere elektronische Geräte zu entfernen und einen ruhigen Ort zu finden, an dem Sie frei von Lärm, Ablenkungen und Ihren Alltagsaktivitäten sein können – all diesen Störungen, die Sie in einem ständigen Zustand geistigen und emotionalen Ungleichgewichts halten und in Unruhe.

Wenn jetzt dafür kein guter Zeitpunkt ist, verschieben Sie die Meditation auf später, wenn Sie frei und ungestört sind.

Tun Sie, was Sie können, um sicherzustellen, dass es keine Unterbrechungen gibt, denn dies soll ein Moment der sanften Selbstbeobachtung, der friedlichen Betrachtung und des Nachdenkens sein … den Sie jetzt und für immer zu Ihrem machen können.

Nehmen Sie sich diesen Moment, um tief zu atmen. Bewusst. Wir nehmen das Atmen als selbstverständlich hin und denken nicht daran, dass der Körper schon nach wenigen Sekunden ohne Luft in der Lunge einen Kurzschluss erleidet und dann schnell komplett ausfällt. Wir können Wochen ohne Nahrung und Tage ohne Wasser auskommen, aber nur Sekunden ohne Luft. Wenn Sie der Gedanke oder das Gefühl plagt, allein zu sein, getrennt von der Welt um Sie herum, erinnern Sie sich einfach daran, dass Sie auf Ebenen, die Sie vielleicht noch nicht verstehen, jedes Mal, wenn

Sie einatmen, mit den Kräften des gesamten multidimensionalen Universums interagieren und Energie in Ihren elektrischen Körper leiten, und dass Sie jedes Mal, wenn Sie ausatmen, einen Teil von Ihnen zurück ins Quantenfeld schicken.

Seien Sie achtsam. Werden Sie sich bewusst, wie gut es sich anfühlt, ein- und auszuatmen. Erleben Sie, wie Sauerstoff und Prana sich durch Sie hindurch bewegen, Ihnen die Lunge füllen und wieder ausströmen. Wiederholen Sie einfach das Ein- und Ausatmen – langsam und leicht –, bis Sie spüren, wie gut Sie sich in Ihrem Körper fühlen. Wenn Sie sich Zeit nehmen, bewusst das Fließen der Lebenskraft in Ihrem Körper wahrzunehmen, werden Sie schnell entspannter und zentrierter … präsenter.

Sie spüren die Ruhe, die entsteht, wenn Sie Ihren Geist auf den Prozess des bewussten Atmens fokussieren. Atmen Sie Frieden und Gelassenheit ein, und atmen Sie alles aus, was Ihnen nicht dienlich ist und was Sie jetzt loslassen wollen.

Die Zellen Ihres Körpers speichern jeden Gedanken, den Sie je dachten, jedes Wort, das Sie je sprachen oder das man zu Ihnen sprach, jede Erfahrung und jede Emotion, die dadurch in Ihnen ausgelöst wurde. Das alles ist in den heiligen Wassern Ihrer Zellen gespeichert, umhüllt von den durchlässigen Membranen der Zellwände. Diese bewussten Wasserspeicher reflektieren und emittieren Schwingungsströme, die Ihren Geisteszustand und Ihre Emotionen steuern, in alle Gewebe, Organe und Hormonsysteme Ihres Körpertempels. Alle Körpersysteme – jede Zelle, das Blut, die Lymphe, die Hormone, die Organe, die chakrischen Energiebahnen – reagieren auf jeden Gedanken, den Sie in das Haus Ihres sich seelisch manifestierenden biologischen Lebens auf Erden hineingeben.

Achten Sie also auf Ihre Gedanken, denn Ihr Körper hört Ihnen immer zu, selbst wenn Sie schlafen.

Ihr analytischer Verstand, die linke Gehirnhälfte, liebt es, der rechten Gehirnhälfte Streiche zu spielen. Er ist immer darauf programmiert, Situationsdaten zu analysieren und Ihre Wahrnehmungen zu hinterfragen. Durch Ihre Lebenserfahrungen wurde er darauf trainiert, den intuitiven Verstand außer Kraft zu setzen –

wenn Sie es zulassen. Das kann Ihre Fähigkeit zur Manifestation stark beeinträchtigen. Der Verstand kann als »Ego-Bewusstsein« auftauchen und zu Ihnen sagen: »Ich brauche das nicht zu tun. Ich weiß das alles schon.« Natürlich wissen Sie es! Viele von uns wissen, wie man effektiv meditiert, und einigen gelingt das Manifestieren besser als anderen … aber wir alle wissen, wie man atmet. Darüber müssen Sie nicht nachdenken.

Doch heute werden Sie genau das tun. Heute werden Sie, wie an keinem anderen Tag zuvor, Ihre Macht zurückgewinnen und Ihre Stärke und Entschlossenheit allen Aspekten Ihres Seins mitteilen, angefangen mit Ihrem bewussten Atem.

> ⁘ <

Beginnen Sie, indem Sie jeder Zelle in Ihrem Körper erklären, dass es Ihre Absicht ist, alles loszulassen, was Ihnen nicht dienlich ist, weil es nicht dem höchsten Wohl des gesamten Körperorganismus dient. Entlassen Sie es hinaus in den Äther und bitten Sie darum, dass es im Licht der unendlichen Liebe aufgelöst und geheilt wird. Erklären Sie Ihre Absicht, nun zu sehen, wie sich die Hülle, die Sie umgibt – das Aurafeld – mit einer lebendigen Reflexion Ihres liebevollen, machtvollen Geistes füllt, und spüren Sie die Gewissheit, dass nichts jemals dieses Schild durchdringen kann, es sei denn, Sie ziehen es aus Angst oder einem Gefühl der Getrenntheit selbst zu sich heran.

Machen Sie sich bewusst, die Finger von jeder Art Drogen zu lassen. Der Missbrauch durch Drogen kann Ihre Aura schwächen und einen Riss hervorrufen, durch den marodierende Geister von niederer Energie in Sie eindringen können.

Erinnern Sie sich daran, dass Sie in einem Zustand reicher Fülle leben, dass die pulsierende Energie des Quantenfeldes Sie durchströmt und dass Ihnen die ganze Liebe des Universums zuteil wird. Sie sind strahlend, strahlend … reiner Glanz.

Verkünden Sie in Ihnen, um Sie herum und weit über Ihre unmittelbare Umgebung hinaus die Botschaft, dass es Ihnen frei steht, aus der Weisheit des Kosmos zu schöpfen und zu ihr beizutragen, und dass Sie Ihre Souveränität zurückfordern. Senden Sie diese Erklärung in die Astralebenen hinaus, die mit Ihrem Energiefeld in Verbindung stehen, damit jede von außen gezielt eindringende Störung und Belästigung zu ihrer Quelle zurückgeschickt wird, denn sie wird weder in dem Raum, den Sie bewohnen, noch in der Energie, mit der Sie interagieren und von der Sie sich ernähren, irgendeine Resonanz finden. Senden Sie den Befehl an das Universum, dass von nun an keine Einmischung in Ihre souveränen Rechte mehr zugelassen wird. Das Universum wird Ihnen entsprechend antworten.

Sie müssen sich all das voll und ganz zu eigen machen. Sie müssen es atmen, gehen, leben, um, wo immer nötig, Ihre göttlichen, gottgegebenen Rechte gegenüber allen Einmischungen und Irreführungen aus der äußeren Welt wiederherzustellen.

Wie wichtig ist es, sich Ihrer Gedanken bewusst zu sein und mit den Energien in Resonanz zu gehen, die auf Sie einströmen? Enorm wichtig. Es ist der Kern Ihrer gesammelten Erfahrungen aus diesem und vielen anderen Leben, denn Sie tragen Ihre Erfahrungen in Ihrem karmischen Rucksack immer bei sich, aufgewickelt wie ein Knäuel aus feinstem Engelshaar – Fäden von allem, was Ihre Seele als Reisegepäck gewählt hat. Ob Sie sich dafür entscheiden, sie in diesem Leben zu entwirren, oder ob Sie sie für weitere Lektionen, die Sie noch lernen müssen, zurückbehalten, liegt ganz bei Ihnen, denn Sie haben Willensfreiheit. Das sind die Entscheidungen, die Sie auf der Aufstiegsspirale vorwärtskatapultieren können oder Sie im mühsamen Rad der Reinkarnationen festhalten – solange, bis Sie endlich verstehen und sich bewusst mit dem auseinandersetzen, was gelernt, vergeben und geheilt werden muss, damit Sie frei dafür werden, die nächsten Riesensprünge auf dem Weg Ihrer Seele zurück zur Quelle zu machen.

> ⁘ <

Sie werden sich heute verpflichten, an den Erinnerungen festzuhalten, die wohltuend sind und Ihnen Glück und Freude bringen, und

Sie werden sich von allem lösen, was Unbehagen bereitet oder in Ihnen Disharmonie hervorruft.

Bringen Sie Ihren Verstand lange genug zum Schweigen, um einfach Ihren Lebensatem zu beobachten, ein und aus, ein und aus … Lassen Sie los und lassen Sie Gott zu. So einfach ist das. Und es gelingt, weil Sie nun selbst die Verantwortung dafür übernehmen, sich von störenden Gedanken zu befreien und sich ins sanfte Licht des inneren Friedens zu begeben.

Ihr Körper ist eine Erweiterung der Akasha-Chronik: eine außergewöhnliche Bibliothek – ein Spiegelkabinett, das alle Informationen, die Sie ihm zuführen, unaufhörlich weiterleitet … bis in die kleinsten Aspekte Ihres Wesens, in Ihr Aurafeld und dann durch den Äther hinaus zu anderen Lebensformen und Bewusstseinsaspekten, die mit Ihnen in Verbindung stehen, auf Ebenen, die Ihnen vielleicht nicht einmal bewusst sind.

Wie wenn ein Stein in einen ruhigen See geworfen wird, breitet sich das, was Sie zum Ganzen beitragen, mit den Wellen des Seelenkosmos über das ganze Universum aus.

Es ist so wichtig für Sie, endlich zu verstehen, dass es nicht die Informationen sind, auf die Sie zugreifen, noch die Erfahrungen, die Sie sammeln, die Ihre Wahrnehmung der Realität formen. Erinnern Sie sich daran, dass Sie durch ein Feld der Illusionen gehen, egal wie »real« es zu sein scheint. Vielmehr kommt es darauf an, wie Sie all diesen Input aufnehmen und verarbeiten und was Sie sich davon bewusst zu eigen machen in dem Wissen, dass es in den tiefen Gewässern Ihres Seins umherspringen wird, solange Sie es nicht mit anderen Anweisungen und Befehlen überschreiben.

Wenn Sie bereit und entschlossen sind, Ihre Souveränität zurückzufordern und die Felder der Disharmonie in Ihrem Wesen zu bereinigen – all die Ängste und Sorgen –, dann müssen Sie hier beginnen, im Jetzt dieses Augenblicks. Beschließen Sie, sich von allen Urteilen zu lösen, die Sie bislang über sich selbst gefällt haben – alle Selbstvorwürfe, Ängste und Zweifel, jegliches Bedauern. So gelangen Sie an jenen Ort der Neutralität, von dem aus Sie die wahrhaft ursprüngliche Erfahrung Ihrer selbst als souveränes

Wesen zurückfordern können: ein unsterbliches, ewiges, von Gott erschaffenes Wesen zu sein.

Hätten Sie auf dem Weg dorthin bessere Entscheidungen treffen können? Auf jeden Fall. Wir alle befinden uns in einem Zustand, in dem wir im Laufe eines Lebens gewinnen und verlieren. Wir sind nicht als Meister angetreten. Was hätte das für einen Sinn gehabt? Wir kamen als Neulinge an diese besondere Universität. Lassen wir niemals zu, dass unser Ego uns vorgaukelt, es gäbe für uns während unseres vorübergehenden Aufenthalts hier nichts zu lernen. Wir tun in jedem Augenblick, was wir können, mit dem, was uns zur Verfügung steht, entsprechend unserem aktuellen Wissensstand. Und entweder wir verstehen es sofort oder eben erst später.

Spielt das, was Sie in der Vergangenheit getan haben, das, was Sie gerne von Ihrer karmischen Schiefertafel wischen würden, jetzt noch eine Rolle? Ja, das tut es. Alles ist wichtig. Alles trägt zu dem Wandteppich unserer Existenz bei, von Leben zu Leben.

Denken Sie einfach daran, dass Sie Ihre Fehler brauchen, um zu reifen. Ohne Fehler können Sie nicht wachsen.

Sie müssen Niederlagen erleben, denn dadurch lernen Sie, stark und entschlossen zu werden. Man muss seine Schwächen kennen, um seine Stärken feiern zu können. Das sind die größten Lektionen, die das Leben zu bieten hat – und es sind Hinweise darauf, dass man immer noch die Freiheit hat, selbst zu entscheiden und die Konsequenzen all jener Entscheidungen, die man trifft, zu akzeptieren und die Fehltritte und »Missgeschicke«, die einem auf dem Weg passieren, zu überleben. In den meisten Fällen erfahren wir erst im Nachhinein, warum sie geschehen sind und was wir aus ihnen lernen sollten, nicht wahr?

Wer würde nicht gerne einmal die Zeit zurückdrehen, um eine schlechte Entscheidung rückgängig zu machen oder einen schmerzhaften Konflikt zu bereinigen? Wir alle machen Fehler, und es ist so leicht, die Möglichkeiten, die sich uns in einem bestimmten Moment bieten, falsch zu interpretieren. Wenn Sie diese Momente von nun an als Chancen begreifen und nicht als Grund für Reue und Bedauern, die später nicht mehr rückgängig zu machen sind, beginnt der Prozess, bei dem Sie auf dem Heimflug der Seele Ihre karmischen Spuren verbrennen.

Wichtig ist, dass Sie sich darauf konzentrieren, was Sie tun können, um den Schaden zu reparieren, das Leiden zu heilen und vorwärts zu gehen, und zwar ohne Verurteilung und mit Selbstakzeptanz. Und vielleicht beginnen Sie sogar, Dankbarkeit zu empfinden, wenn Sie zurückblicken und erkennen, wie jede Ihrer Entscheidungen und Handlungen Sie auf Ihrer Reise des Erwachens voranbrachte. Erinnern Sie sich mit jedem Atemzug daran, dass die Vergangenheit hinter Ihnen liegt.

Die Zukunft ist ein schwer fassbares Feld von Möglichkeiten, das Sie, als Teil des großen Ganzen, durch Ihren Beitrag zum Kollektiv ständig direkt und indirekt beeinflussen. Handeln und etwas bewirken können Sie nur in der immerwährenden Gegenwart, und darauf sollten Sie Ihr Denken konzentrieren.

Das Jetzt ist alles.

Sie atmen Frieden in die zelluläre Struktur Ihres Körperorganismus, und die Zellen reagieren darauf.

Ihre Zellen richten sich augenblicklich auf die Schwingungsfrequenzen aus, die Sie in Ihr inneres und äußeres Wesen senden, und spiegeln diesen Zustand des Gleichgewichts, des Vertrauens und des Wissens im gesamten Organismus, in allen Körpersystemen und auf allen Energieleitbahnen wider. Das Ganze spürt sofort, wenn Sie Furcht, Zweifel und Angst in Vertrauen umwandeln. Im Zentrum Ihres Wesens sind nichts als Liebe und die Freude, die von dieser Liebe ausgeht. Machen Sie sich bewusst, dass sich alles im Universum in göttlicher Ordnung entfaltet und dass Frieden aus Ihrem eigenen inneren Zustand kommt und nicht abhängig ist vom Zustand der äußeren Welt.

Sprechen Sie zu Ihrer DNA. Sagen Sie ihr, dass Sie im Einklang mit dem Schöpfungsplan leben und dass Sie den göttlichen Code lesen können. Er ist rein, er ist unbefleckt, er ist intakt. Sagen Sie zu Ihrem Körper: »Ich bin ein Kind des Universums. Nichts kann mich von meiner Mission abhalten. Ich bin ein Funke des göttlichen Lichts. Ich bin **souverän**.«

Sagen Sie das Ihrem Körper wieder und wieder und wieder. »Ich lese den göttlichen Code in mir. Er ist rein, er ist unbefleckt, er ist intakt.« Betrachten Sie das als ihre wahre Größe.

Erkennen Sie den Klebstoff der Matrix, die Sie umgibt, als das, was er ist, und beobachten Sie ihn distanziert und ohne Angst. Die Matrix will Sie ... bekommt Sie aber nicht.

Ängste und Befürchtungen im Hinblick auf das, was gewesen ist, oder Sorgen um das, was kommen mag oder auch nicht, halten Sie in einem Zustand ständiger Unzufriedenheit und Leiden gefangen. Ihre wahre Macht liegt in Ihrer Fähigkeit, die Kräfte zu verstehen, durch die Sie in dieses kollektive Erfahren der Gegenwart involviert werden, und dann die Handlungsschritte zu wählen, die zu den bestmöglichen Ergebnissen führen.

Fokussieren Sie dabei klar die Absicht, stets das zu tun, was Sie in die Mitte zurückbringt, dorthin, wo Sie bei jeder Erfahrung Frieden und Freude empfinden.

Die Außenwelt hat dann viel weniger Macht über Sie, denn Sie wissen, dass Sie für sich selbst einstehen – von ganzem Herzen und mit Ihrer ganzen souveränen Macht.

Wir Geistwesen sind hierher gekommen, um das Dasein als Mensch zu erleben – und, bei Gott, auf was für eine aufregende Reise haben wir uns da eingelassen!

Immerhin macht die Erde während dieser Phase, an der wir aktiv teilnehmen, beim Durchqueren zweier großer Zeitalter kosmischer Nicht-Zeit enorme Veränderungen durch und steigt von einer Dimension zur nächsten auf.

Schon allein, dass Sie sich entschieden haben, daran mitzuwirken, zeigt, dass Sie eine heroische Seele sind.

Vergessen Sie das nie.

Sie haben sich für dieses Leben entschieden, weil Sie mittendrin sein wollten: sei es in der ersten Reihe stehend oder von einem Platz in der ersten Reihe aus beobachtend, wie sich die gigantischen Räder des Universums drehen.

Möge dies Ihr Mantra sein:

*»Ich verkörpere die Liebe des Großen Geistes.
Ich entscheide mich dafür, alles zu erleben,
was ich in diesem Leben
weiterhin miterschaffe. Ich lasse Angst und Verurteilung
und alle Energien los, die versuchen,
mich abzuschrecken. Und ich stehe in meiner Schönheit,
meiner Wahrheit, meiner Macht,
denn ich bin die Manifestation
und das Licht und die Herrlichkeit
der göttlichen Schöpfung.
Ich bin das sich entfaltende Universum.*

***Ich bin souverän**.«*

Visualisierung Das Scannen der Doppelhelix

Bereiten Sie sich auf eine heilige Reise in die Tiefe Ihrer Innenwelt vor. Rufen Sie die Engelkrieger des Lichts und Ihre Geistführer herbei. Bitten Sie darum, dass sie Sie mit einer undurchdringlichen Sphäre aus weißgoldenem Licht umgeben, in der liebende Lichtwesen willkommen geheißen werden, während alle Energien, die nicht der höchsten Absicht entsprechen, von der Sphäre abprallen und zu ihrem Ursprung zurückbefördert werden.

Lassen Sie uns nun danken für das Wunder des Geistes, in all seinem Glanz und seinen Erscheinungsformen.

Verlangsamen Sie zum Rhythmus Ihres Herzschlags die Aktivität Ihres Geistes, während Sie sich zu den inneren Klängen Ihres Wesens bewegen. Bewegen Sie Ihren Geist durch Ihren Körper und lauschen Sie Ihrem langsamer werdenden Atem, während Sie sich entspannen und es geschehen lassen, dass Sie mit dem Fluss der Energien, die Ihr Sein durchströmen, eins werden.

Atmen Sie tief, lassen Sie los, und wieder atmen Sie tief und lösen sich von der äußeren Welt. Stimmen Sie sich auf all das ein, was Ihre Sinne wahrnehmen, und lauschen Sie den Klängen aller Musik, die im Tempel Ihrer Seele erklingt.

Während Sie sich dem gleichmäßigen Schlagen Ihres Herzens und dem langsamen, rhythmischen Atmen hingeben, spüren Sie, wie Ihr Geist in einen Zustand träumerischer Hingabe gleitet, in Frieden mit allem, was Sie umgibt. Lassen Sie sich in der Brise treiben. Ihre Gedanken schweben im Raum, Ihr Herz ist erfüllt von Wärme, Licht und Zufriedenheit.

Lösen Sie sich von jeder Erwartung. Lösen Sie sich von Bedürfnissen und Wünschen. Lassen Sie alle Gedanken los, die nicht Ihrem höchsten Wohl dienen.

Atmen Sie all das ein, was in der Welt richtig ist. Konzentrieren Sie sich auf all die Schönheit und Liebe, und atmen sie alles aus, was unharmonisch ist. Mit jedem Atemzug spüren Sie, wie Sie tiefer und tiefer gehen, bis Sie schließlich zum Kern Ihres Wesens gelangen – der Flamme des Lichts, die Ihre eigentliche Essenz ist. Jetzt sind Sie in Ihrem Zentrum. Mit jedem Atemzyklus sehen Sie, wie sich diese Flamme ausdehnt, wie ihr Licht nach oben strömt, in Ihren Kopf, hinunter in Ihre Zehen und durch Ihr gesamtes Sein. Lassen Sie Ihr Licht sich nach außen ausdehnen, in den Raum, der Sie umgibt, und nach innen, wo es in jede Zelle strömt, bis Ihr ganzer Körper und Ihr Auraschild mit Licht angefüllt sind.

Senden Sie, sobald Sie im Glanz des göttlichen Geistes erstrahlen, dieses Licht über Ihr unmittelbares Sein hinaus, indem Sie sich an die Sternenwesen und geistigen Führer wenden, die mit Ihnen arbeiten und Teil Ihres Lichtkreises sind. Lassen Sie Ihr Licht auch zu ihnen fließen, so dass alle Lichtwesen, die um Sie herum schweben, darin eingehüllt sind. Sehen Sie, dass Ihr Licht verwoben ist mit dem Netzwerk aus goldenem Licht, das die gesamte Eine Seele durchzieht, und dass Ihr Licht somit auch all jene berührt, die das kosmische Lichtnetzwerk bereisen.

Senden Sie die Liebe von allem, was Sie sind, jemals waren und für immer sein werden, nach außen in das kosmische Meer und nach innen in die Gewässer Ihres Seins – bis hinein in Ihre DNA – in dem Wissen, dass Sie sich in diesem Moment in Resonanz mit der Liebe der gesamten Schöpfung befinden.

Richten Sie Ihre Aufmerksamkeit auf das Kronenchakra. Können Sie es sehen? Wenn Sie es nicht sehen können, stellen Sie sich vor, dass es voll aktiviert ist, leuchtet und mit der Quelle verbunden ist. Öffnen Sie langsam das Kronenchakra, entfalten Sie die Blütenblätter des Lotus und senden Sie einen Lichtstrahl von Ihrem Kopf aus, der als Leuchtfeuer für alle Lichtwesen der Schöpfung dient. Bitten Sie sie darum, sich mit Ihnen zu verbinden, um Ihnen bei der Beurteilung Ihres Zellzustandes zu helfen. Die Wesen werden kommen. Sie werden kommen, wenn Sie nach ihnen rufen. Können Sie ihre Anwesenheit spüren? Nehmen Sie sich die Zeit, bei dieser Erfahrung zu verweilen, bei dem Gefühl, eins zu sein mit allen Lichtwesen des Universums und darüber hinaus ... ein Gefühl, den Schöpfer zu **erkennen**.

Stellen Sie sich vor, visualisieren, fühlen Sie, wie das Licht dieser vielen Wesen Sie mit seinem Glanz erfüllt, und schicken Sie dieses Licht durch Ihren Scheitel, durch Ihr Rückenmark. Es durchspült das Energiesystem der Chakren und strömt tief in die Erde hinab, wo Sie es verankern werden.

Nun haben Sie das Flutlicht eingeschaltet und können alle Körpersysteme und alle Körperfunktionen beobachten, während Sie Ihren Organismus scannen. Dabei beobachten Sie ohne Anhaftung und Wertung alles, was Ihnen fremd und fehl am Platz vorkommt und nicht in Ihren heiligen Tempel zu passen scheint.

Scannen Sie Ihren gesamten Organismus von Kopf bis Fuß – Organe, Gewebe, Blut, Zellwasser und die Doppelhelix Ihres göttlichen Bauplans. Es steht Ihnen frei, jede Anhaftung, jeden Haken, jede Schnur oder jeden Fremdkörper zu beobachten, der beim Scannen Ihres Geistes auftaucht, wobei Sie Ihre Lungen, Ihr Herz, Ihr Verdauungssystem, Ihre Knochen und alle anderen Gewebe, die die feste Struktur Ihres Körpers bilden, eingehend untersuchen.

Achten Sie auf alles, was auf Ihrem Scan-Bildschirm als anomal oder invasiv erscheint, und gehen Sie dann noch tiefer, vorbei an den Organen, und beobachten Sie das Blut.

Ihr Blut ist der Treibstoff für Ihren gesamten Organismus: Ihre vitale Lebenskraft. Wie wirkt es auf Sie? Beobachten Sie die Beschaffenheit, die Farbe, das Fließen des Blutes durch das kilometerlange Netzwerk der arteriellen und venösen Blutbahnen und durch das Herz, das jeden Zentimeter Ihres Wesens mit Leben füllt. Gibt es irgendeine Besonderheit, der Sie Beachtung schenken sollten? Dabei brauchen Sie nicht zu wissen, wonach Sie suchen, denn Sie sind kein Wissenschaftler. Sie beobachten einfach und bitten darum, dass Ihnen gezeigt wird, was Sie sehen müssen.

Ihr Geist weiß genau, was zu tun ist.

Bewegen Sie Ihr Bewusstsein durch den Blutstrom in eine Zelle. Leuchtet das Licht darin noch hell? Wenn nicht, können Sie diejenigen, die gekommen sind, um Ihnen zu helfen, darum bitten, dass Licht wieder heller zu machen.

Untersuchen Sie die Funktionstüchtigkeit jeder Zelle, scannen Sie die Heilige Geometrie in ihrem Wasser und den Zellkern.

Was sehen Sie? Können Sie geometrische Muster im Wasser der Zelle ausmachen? Sind diese Muster kristallin oder undurchsichtig? Können Sie Worte hören, die dort seit wer weiß wie langer Zeit festgehalten werden und nachhallen?

Auch hier gibt es nichts zu bewerten oder zu verurteilen. Beobachten Sie einfach, ruhig und losgelöst. Und atmen Sie.

Richten Sie Ihre Aufmerksamkeit nun auf den Zellkern. Vergrößern Sie die winzige DNA-Spirale, so dass Sie die Doppelhelix sehen können. Wir alle haben mindestens zwei DNA-Stränge, die in uns aufleuchten. Scannen Sie die Spiralleiter auf der Suche nach Bruchstücken, Rissen oder Anomalien, die dort nicht hingehören. Es gibt viele Faktoren, die die DNA beeinträchtigen können, und Sie sind nun in der Lage, diese zu sehen. Vielleicht sehen Sie Schwärme von Bruchstücken, die um die Spiralwindungen herum schwimmen, vielleicht sehen Sie einen dritten DNA-Strang, der in die Helix eingewoben ist. Oder mehr. Vertrauen Sie dem, was Ihnen gezeigt wird, in dem Wissen, dass es genau das ist, was Sie gerade jetzt sehen müssen.

Atmen Sie Ihr Licht in den Bauplan Ihrer Seele.

Sprechen Sie den göttlichen Code in Ihren göttlichen Bauplan hinein: »Jahwe … Jahwe … Jahwe …«

Vokalisieren Sie den göttlichen Code, indem Sie seine Obertöne als »Jah-oooo-ou-eeh« artikulieren. Chanten Sie den Namen so, wie Sie Ihre Stimme benutzen, wenn Sie »Om« singen.

Beginnen Sie leise, mit einem Flüstern, und werden Sie dann immer lauter, bis Sie zu dem Punkt reicher Resonanz gelangen, an dem Sie spüren, wie der Klang in Ihrem Körper widerhallt und vibriert.

Sehen Sie, dass die DNA-Spirale noch heller leuchtet?

Nehmen Sie sich Zeit.

Sie befinden sich nun im Kern dessen, was Sie finden wollen. Bleiben Sie dort, bis Sie das entdecken, weswegen Sie hergekommen sind, auch wenn Sie nicht wussten, was es ist, als Sie damit begonnen haben, Ihren Körper zu scannen und in ihn hineinzublicken.

Was immer Sie visualisieren, sehen oder sich vorstellen, ist richtig. Es gibt nichts zu fühlen, nichts zu fürchten.

Es gibt keine richtige oder falsche Antwort … und Sie müssen nicht reagieren, nichts tun.

Bitten Sie nur darum, zu sehen, was Sie sehen müssen … um es vergeben und heilen zu können.

Dafür wird dann später Zeit sein. Im Moment gilt es nur, hinzuschauen, zu beobachten und in den Vordergrund zu holen, was näher betrachtet werden muss.

> ⁘ <

Wenn Sie sicher sind, dass Sie alle Bilder und Informationen gesammelt haben, die Sie benötigen, lenken Sie Ihr Bewusstsein langsam wieder aus dem Zellkern heraus, aus der Zelle, durch das Blut, die Organe, die Gewebe, alle Körperflüssigkeiten, und dann kehren Sie in das Aurafeld außerhalb des physischen Körpers zurück. Nun haben Sie in Ihrem Scan-Mechanismus alle Beobachtungen gespeichert, die Ihrer Aufmerksamkeit bedürfen, und Sie können sie sich anschauen.

Das ist ein äußerst wichtiger Augenblick, und Sie müssen sich alle Zeit nehmen, die Sie brauchen, um zu beobachten und aufzuzeichnen, was Sie ins Licht Ihres Bewusstseins gebracht haben.

Atmen Sie tief durch und machen Sie sich bewusst, dass sich die Dinge so entfalten werden, wie es dem höchsten Wohl aller entspricht. Bitten Sie die Engel des Lichts, Ihnen zu helfen, während Sie sich vorstellen, wie sich der Lichtstrahl aus Ihrem Kronenchakra zurückzieht und das Kronenzentrum geschlossen wird. Ziehen Sie das Licht, das Sie in der Erde verankert hatten, wieder herauf.

Bald werden Sie nur noch einen winzigen Lichtpunkt sehen, und dann … verschwindet auch er.

Wenn Sie bereit sind, den nächsten Schritt zu tun, werden Sie in der Lage sein, die gescannten Informationen zu untersuchen und mit der Heilung, Reparatur und Befreiung des Zellgedächtnisses fortzufahren. Dann können Sie sich der Heilung der Doppelhelix zuwenden, einen dritten Strang Ihrer ruhenden DNA aktivieren und das Heilige, das Ihr Geburtsrecht ist, neu weben.

Meditation

Das primäre Tetraeder

»Die Harmonien der erhöhten zellulären Kommunikation, die sich mit der Integration des dritten Strangs manifestiert und eine Triangulation im gesamten Netzwerk eurer Intelligenzgemeinschaften aus DNA und zellulären Einheiten bildet, erschafft in euren mikrokosmischen Körpern eine universelle Schwingungs-›Schablone‹ der intelligenten Lichtkodierung.

Um diese kardinale Matrix herum werden die verbleibenden drei Triadenformationen der ätherischen DNA in drei prägnanten Etappen eures Übergangs zusammenwachsen, die ihr als unermessliche Bewusstseinssprünge und eure fortschreitende Befreiung von allen dreidimensionalen Illusionen erleben werdet – was euch aus dem Griff befreit, mit dem diese Illusionen euch in den Polaritäten eurer Reise durch die Globale Krise des Übergangs der Erde gefangen halten.«

– Der Hohe Rat vom Sirius –

Sorgen Sie dafür, dass Sie sich an dem Platz, wo Sie meditieren, wohlfühlen und nicht gestört werden. Entfernen Sie, so gut es geht, alle elektrischen Geräte aus Ihrer Umgebung. Wenn sich ein Fernseher oder Computer in der Nähe befindet, ziehen Sie den Stecker, und stellen Sie sicher, dass Ihr Handy nicht nur ausgeschaltet ist, sondern sich gar nicht im Haus befindet. Sie sollten sich darüber im Klaren sein, wie Ihre elektromagnetische biologische Einheit mit Energie versorgt wird, und dass nichts diesen Fluss stören darf.

Vielleicht möchten Sie diese Meditation aufsprechen, um Sie dann abspielen zu können und sich so selbst durch diese meditative Reise zu führen. Das wird Ihnen helfen, tiefer zu gehen, sich davon zu lösen, es »richtig machen« zu wollen, und sich einfach auf die Erfahrung einzulassen. Oder Sie lesen einfach meditativ den Text …

Rufen Sie die Engelkrieger des Lichts herbei und bitten Sie darum, dass sie Sie mit einer undurchdringlichen Sphäre aus weißgoldenem Licht umgeben. Bekräftigen Sie, dass alle Energien, die nicht der höchsten Absicht dienen, von dieser Barriere abprallen und zu ihrem Ursprung zurückbefördert werden und dass mit ihnen so verfahren wird, wie es ihrer karmischen Bestimmung entspricht. Es gibt nichts, worüber Sie sich Gedanken machen müssen, nichts, worüber Sie sich Sorgen machen müssen. Wenn Sie dem Universum Ihre Absicht mitteilen, weiß es genau, was zu tun ist.

Es ist alles eine Frage der Absicht.

Liegen oder sitzen Sie ruhig. Atmen Sie tief und rhythmisch, schließen Sie die Augen und lassen Sie die Gefühlswelt langsam von sich abfallen … gleiten Sie an einen Ort der Ruhe und tiefen Entspannung. Spüren Sie mit jedem Atemzug, wie Sie zentrierter und friedlicher werden und Ihr Körper leichter und leichter wird … so leicht, dass Sie sich wie eine Feder in einer sanften Brise fühlen.

Visualisieren Sie, wie sich das Kronenchakra öffnet, indem Sie nacheinander die Blütenblätter des Lotus öffnen. Rufen Sie, während Sie das tun, das Licht des Geistes – reines Licht – herbei, das durch dieses heilige Zentrum eintritt und wie eine goldene Schnur durch Ihre Wirbelsäule gleitet. Stellen Sie sich einen goldenen Anker am Ende dieser Lichtschnur vor, während Sie sie durch den Schädel nach unten schicken, um Ihren Hinterkopf herum, durch Ihren Nacken und weiter, einen Wirbel nach dem anderen, abwärts … abwärts durch das Wurzelchakra und aus Ihrem physischen Körper hinaus – durch den Fußboden, das Fundament des Hauses … in die Erde. Schicke Sie die Lichtschnur tief hinunter in die kühle Umarmung von Mutter Erde, bis Sie einen Ort erreichen, wo Sie Ihren Anker aus Licht am Gestein im Erdinneren befestigen können. Erden Sie sich dort, spüren Sie, wie kraftvoll Ihre Verbindung zu Gaia ist, und machen Sie sich bewusst, dass Ihnen, solange Sie geerdet sind, nie wieder etwas den Boden unter den Füßen wegziehen kann.

Nehmen Sie wahr, wie Ihr ganzes Wesen sich mit Licht füllt. Leiten Sie das Licht durch die Energiewirbel Ihres chakrischen Systems zu jedem Organ, jedem Körpersystem, dem Blut, der Lymphe, jeder Zelle, jedem Aspekt Ihres Wesens.

Das Aurafeld wird heller, größer und pulsiert mit der schwingenden Essenz dieses großen Lichts, das Sie durchströmt.

Lenken Sie Ihre Aufmerksamkeit wieder auf das Kronenchakra. Lassen Sie sich nicht davon abschrecken, dass Sie vielleicht kein sehr visuell veranlagter Mensch sind. Es spielt keine Rolle, ob Sie das Gefühl haben, dadurch in irgendeiner Weise beeinträchtigt zu sein. Lösen Sie sich von solchen einschränkenden Vorstellungen. Stellen Sie sich einfach vor, visualisieren, fühlen und glauben Sie, dass im Raum über Ihrer Krone ein goldenes Tetraeder erscheint, der sich in der heiligen geometrischen Schablone manifestiert, die der gesamten physischen Realität zugrunde liegt. Spüren Sie das

Licht, das von Ihnen ausstrahlt, während sich dieses goldene Tetraeder langsam über Ihnen dreht und überall um Sie herum und in Ihnen weißgoldenes Licht reflektiert.

Sobald Sie diese rotierende Form klar in Ihrer inneren Schau verankert haben, ziehen Sie diese ins Kronenchakra hinein und platzieren sie unmittelbar über der Zirbeldrüse, die sich im Mittelpunkt Ihres Kopfes befindet, unmittelbar hinter dem Nasenrücken. Wenn Sie darum bitten und bekräftigen, dass es so ist, wird die Zirbeldrüse perfekt innerhalb des Tetraeders zentriert sein. Wenn sie aktiviert wird, beginnt sich das goldene Tetraeder zu drehen und verströmt mehr Licht in Ihnen und um Sie herum.

Fühlen Sie, wie dieses weißgoldene Licht den Leuchtturm Ihrer Seele durchflutet, ein Gefühl, das neu für Sie sein wird … und doch zugleich eine Erinnerung.

Das goldene Tetraeder, das sich an der Pforte Ihres Bewusstseins befindet, dient als Matrix, von der aus Sie den dritten DNA-Strang in Ihr Bewusstsein einweben werden.

Betrachten Sie nun die Doppelhelix Ihres DNA-Codes, die intelligente Architektur, auf der Sie Ihr physisches Wesen aufgebaut haben. Sie können nun darum bitten, dass Ihnen die Informationen gezeigt werden, die Sie während des vorhin durchgeführten Scans gewonnen haben. Das Licht Ihres höheren Bewusstseins wird dann von höheren Wesenheiten angewiesen, diese Form zu scannen, sie zu verstehen und alle Bereiche zu untersuchen, in denen Risse, Brüche oder fehlende Teile vorhanden sein könnten. Bitten Sie darum, dass Ihnen alles gezeigt wird, was ein Fremdkörper ist und nicht Teil Ihren natürlichen Körpersystems. Bitten Sie darum, dass es in das helle Licht geholt wird, dass seine sämtlichen Verbindungen zu Ihnen vollständig durchtrennt werden und es zu seinem Ursprung zurückgebracht wird.

Machen Sie eine Bestandsaufnahme von allem, was Sie sehen. Wo sind die Bruchstücke? Es steht Ihnen frei, alles zu sehen, was den göttlichen Bauplan in Ihnen stört und beeinträchtigt, und Sie können allen bewussten Elementen in Ihnen befehlen, die Brüche und Risse in der heiligen Sprache Ihres göttlichen Bauplans wieder zusammenzufügen, zu vereinen und zu reparieren. Wie ein Software-Ingenieur, der einen Code umschreibt, werden Sie jetzt alle störenden oder bedrohlichen Daten, Signaturen oder Frequenzen mit dem heiligen Gottescode in Ihnen überschreiben, indem Sie den Namen des Schöpfers aussprechen: »Jahwe … Jahwe … Jahwe …«

Vielleicht können Sie sehen, wie sich die DNA verändert, wie sich zerbrochene oder zerschredderte Teile wieder formieren … und heller zu leuchten beginnen. Manchmal werden Sie, wenn Sie sich auf diese Weise wieder mit Ihrem ursprünglichen Quellcode verbinden, eine deutliche Veränderung der bisherigen Schwingungen hören oder spüren. Es macht nichts, wenn Sie nicht visuell veranlagt sind oder dies nicht auf solche Weise wahrnehmen können. Die DNA hört Sie in jedem Fall und reagiert auf Ihre Befehle. Sie hört, wie Sie den heiligen Namen Gottes intonieren, durch den alle Teile des göttlichen Codes reaktiviert werden, die in irgendeiner Weise von einer störenden Entität, einem fremden Anhängsel oder Mechanismus verdeckt oder überschattet wurden.

Chanten Sie es noch einmal: »Jah-oooo-ou-eeh«, und stellen Sie sich vor, wie diese Schwingung auf das Wasser Ihres Wesens einwirkt und in Ihnen pulsiert.

Atmen Sie tief ein und lassen Sie los. Atmen Sie ein, lassen Sie los. Lösen Sie sich von allen Emotionen, die mit diesem Augenblick verbunden sind, und seien Sie sich bewusst, dass Sie einen Prozess in Gang setzen, der weiter andauern wird, wenn Sie Ihre Aufmerksamkeit wieder anderem zuwenden. Es mag viele Brücken geben, die wieder aufgebaut werden müssen, und das kann in einem einzigen Augenblick oder allmählich im Lauf eines gewissen Zeitraums geschehen – sogar im Schlaf. Wichtig ist, dass Sie den Prozess begonnen haben und dass jede Beschädigung Ihrer DNA nun repariert wird.

Sehen Sie es, fühlen Sie es, glauben Sie daran, dass es so ist, und dann wird es so sein.

Gehen wir vorwärts. Visualisieren, glauben Sie, stellen Sie sich vor, dass Sie von diesem immensen Lichtfeld in Ihrem Inneren aus einen Laserstrahl in das Partikelmeer Ihrer verstreuten DNA schicken. Lassen Sie ihn als Magnet für jene Fragmente dienen, die ihren Zweck, den Grund ihres Daseins vergessen haben. Imprägnieren Sie jetzt das Wasser jeder Zelle Ihres Körpers mit der ätherischen Form eines dritten DNA-Stranges und rufen Sie die Fragmente wieder nach Hause zurück. Wenn Sie diesen brillanten Lichtstrahl in das Meer Ihres Zellwassers senden, hören die betreffenden Bruchstücke Ihren Ruf. Sie erkennen die Schwingungssequenz und werden von ihr angezogen. Sie kennen ihre eigene wahre Identität und antworten auf den Lichtstrahl Ihres Geistes.

Sie begeben sich in die geometrische Schablone, die in und um diesen Lichtstrahl herum Form annimmt, und richten sich auf die Frequenzen dieses Resonanzfeldes aus.

Ein dritter DNA-Faden, ein einzelner Strang leuchtender DNA, nimmt nun Gestalt an.

Nehmen Sie sich Zeit dafür. Nehmen Sie sich genug Zeit, Ihrer DNA diese heilende Kraft einzuhauchen.

Befehlen Sie nun diesem Strang, sich in die Doppelhelix einzuweben und die tetraedrische Form wiederherzustellen, die über der Zirbeldrüse im dreisträngigen geometrischen Design Ihrer aktivierten DNA positioniert wurde. Befehlen Sie ihm, eine Triangulierung in jeder Zelle Ihres Körpers zu schaffen.

Jede Zelle reflektiert die perfekte Symmetrie der heiligen Triangulierung zu Ihnen zurück. Diese Symmetrie nimmt in der DNA Gestalt an und spiegelt das Licht Gottes in jeden Teil von Ihnen und in jedem Aspekt Ihres Wesens wider.

Die Drei, die Auflösung der Dualität, wird jetzt in die heiligen Designs eingeprägt, die sich in Ihnen zusammenfügen. So wird jede störende Signatur, jeder Code und jede Schwingung mit der Liebe und Vollkommenheit des göttlichen Codes überschrieben.

Machen Sie sich bewusst, dass sich nun in jeder Zelle Ihres Körpers eine neue Dynamik – Ihre höhere Schwingung – zu manifestieren beginnt und dass dies ab jetzt für immer so sein soll.

Bekräftigen Sie gegenüber jedem Teil Ihres Wesens – jedem Organ, jeder Zelle, jedem subatomaren Teilchen und jeder Bewusstseinseinheit, die atmet, wie Sie atmen – Ihre Absicht, dass sich die ätherischen Stränge der DNA jetzt in Ihnen so kristallisieren, wie es für Ihre spirituelle Reise angemessen ist.

Das ist Ihr Geburtsrecht. Es ist eine Rückkehr …

Eine Ankunft und ein Aufbruch: die multidimensionale Reise.

Das goldene Tetraeder ist immer noch um die Zirbeldrüse herum positioniert. Wenn es Ihnen angenehm ist, dass es dort bleibt, können Sie genau das befehlen. Wenn nicht, wenn Sie es vorziehen, es loszulassen, dann atmen Sie es durch das Kronenchakra aus und geben Sie es in Dankbarkeit an das Licht zurück.

Und nun, bevor Sie ins Körperbewusstsein zurückkehren, und nur wenn Sie dazu bereit sind, falten Sie die Blütenblätter des Lotus ein und segnen die Lichtwesen, die Ihnen geholfen haben … Nehmen Sie sich so viel Zeit, wie Sie brauchen, um das Neue zu integrieren, das in Ihnen geboren wird.

Nehmen Sie sich die Zeit, die Sie brauchen, um diese Erfahrung zu integrieren.

Kehren Sie jetzt in Ihren Körper zurück. Spüren Sie Ihre Finger, bewegen Sie Ihre Zehen. Bringen Sie das Blut zum Zirkulieren.

Bleiben Sie ruhig sitzen oder liegen und nehmen Sie sich die Zeit, die Sie brauchen, um wieder ganz in dem Raum anzukommen, in dem Sie sich befinden.

Nehmen Sie sich dafür so viel Zeit, wie Sie brauchen.

Nehmen Sie sich so viel Zeit, wie Sie brauchen, um nach Hause zu kommen.

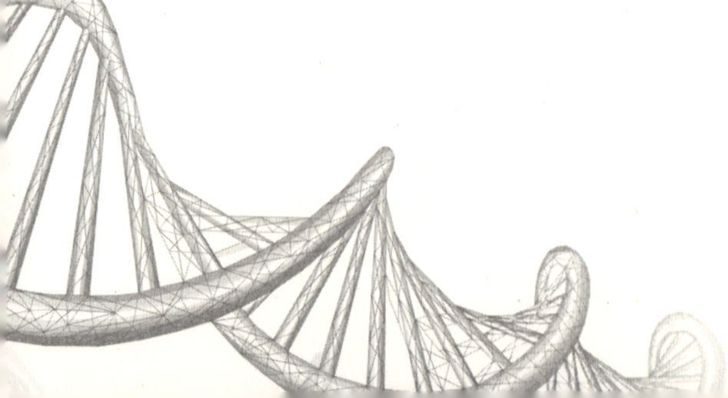

Meditation

Das Sterntetraeder

»Die Aktivierung und Synthese des vierten, fünften und sechsten Strangs erfolgt nicht als sequentieller Prozess, bei dem Sie einen Strang nach dem anderen hinzufügen, sondern gleichzeitig – ein perfekter Dreiklang von Lichtsaiten, die als ein Hauptakkord in der Sinfonie des Lichts erklingen, die durch Sie gespielt wird. Einmal in die Matrix integriert, wird diese exquisite Lichteinheit, die höherdimensionale Reflektion der primären Triangulation, enorme Frequenzen aussenden, die durch alle Zellkerne Ihres Körpers strömen und

(zuerst durch Sie und dann durch das nukleare Bewusstsein)
die komplexen Rhythmen und Proportionen eines Sterntetraeders
pulsieren lassen, der, wie Sie lernen werden, das kosmometrische Modell
der Merkaba-Energiefelder ist, von denen Sie umgeben sind.
Seine komplexe Struktur repräsentiert die Einheit der Prinzipien von Form,
Zweck und Ordnung mit denen von Raum, Kraft und Dauer.«

– Der Hohe Rat vom Sirius –

Lassen Sie einige Tage verstreichen, ehe Sie sich der Aktivierung des zweiten Tetraeders zuwenden. Es gibt viel zu integrieren, und daher ist es wichtig, die erste Aktivierung eine Weile auf sich einwirken zu lassen, um zu sehen, wie die eingetretene Veränderung sich anfühlt. Sie kann subtil sein, sie kann gewaltig sein. Wie immer gibt es nicht den einen richtigen Weg zu fühlen, zu sein, zu erleben.

Wenn Sie bereit sind und alle Vorbereitungen getroffen haben, wozu auch gehört, um sich herum eine angenehme Umgebung zu schaffen durch Klang, Duft oder eine Kerze, legen oder setzen Sie sich ruhig hin und beobachten Sie einfach Ihrem Atem, bis Sie in einen Zustand ruhiger Besinnung gelangen.

Bitten Sie nun darum, dass Ihnen die gescannten Bilder gezeigt werden, die Sie in den Vordergrund Ihres Bewusstseins geholt haben. Was sehen Sie daraufhin? Lassen Sie diese Informationen vom Licht Ihrer beschleunigten DNA-Schablone transformieren: hinein in das göttliche Licht.

Rufen Sie die Elementargeister des Feuers, des Wassers, der Luft und der Erde, die Geistführer, die Lichtteams aller höheren Reiche, die Krafttiere, die Aufgestiegenen Meister und die christlichen Außerirdischen an und bitten Sie sie, Sie mit einer Sphäre aus weißgoldenem Licht zu umgeben, als Barriere gegen alle Energien, die nicht der höchsten Absicht dienen. Bekräftigen Sie, dass diese Energien von der Barriere abprallen und zu ihrem Ursprung zurückbefördert werden und dass mit ihnen so verfahren wird, wie es ihrer karmischen Bestimmung entspricht. Bitten Sie darum, dass Ihnen ein Fahrzeug aus weißem Licht gezeigt wird, das dazu dient, alle

Energien jeglicher Form oder Präsenz, die nicht mit dem Licht des göttlichen Geistes harmonieren, einzukapseln, ein Fahrzeug, das Sie benutzen können, um bei der Transmutation dieser Energien und der Rückführung zu ihrem Ursprung zu helfen, und zwar so, wie es dem Fortschritt ihrer Evolution entspricht.

Atmen Sie ein. Atmen Sie aus. Atmen Sie bedingungslose Liebe ein, und atmen Sie alles aus, was Sie in einem Zustand von Disharmonie und Sorge festhält. Sie können alle Spannungen, allen Stress, alle Ängste einfach aus- und wegatmen und zusehen, wie sie sich im Licht von Alles-was-ist auflösen. Das Fließen des Prana können Sie dadurch beschleunigen, dass Sie tief und rhythmisch ein- und ausatmen … Atmen Sie Frieden und Akzeptanz ein. Mit dem Ausatmen lösen Sie sich von den Erwartungen und Wünschen, die Sie vielleicht noch mit dieser Erfahrung verbinden. Atmen Sie Ruhe ein und Stress aus – bis Sie spüren, dass Sie sich in einem wunderbar neutralen, harmonischen »Jetzt«-Zustand befinden.

Richten Sie Ihre Aufmerksamkeit auf die Zirbeldrüse und den Raum, der sie umgibt. Sehen, fühlen und spüren Sie das goldene Tetraeder immer noch dort? Wenn nicht, zeichnen Sie es nun in Ihrer Imagination wieder dort hinein, so positioniert wie zuvor, so dass es perfekt zentriert die Drüse umgibt. Sie müssen nicht darüber nachdenken, wo das ist oder wie es aussehen würde. Der Körper antwortet auf Ihren Befehl, und der göttliche Geist erledigt den Rest.

Wir werden das Tetraeder in Bewegung setzen. Bitten Sie darum, dass es sich zu drehen beginnt, so dass es sich langsam im Uhrzeigersinn um die Drüse dreht. Dabei taucht es Ihren Schädel, alle Körpersysteme, Ihre Zellen bis hin zur DNA in schimmerndes, weißgoldenes Licht. Das Licht wird immer heller und heller, so hell, dass Sie die gewundene DNA sehen können.

Leuchten nun zwei Stränge? Oder drei?

Denken Sie daran, dass es keine Rolle spielt, wenn Sie nicht visuell veranlagt sind. Fühlen Sie es, intuitiv, stellen Sie es sich vor.

Prüfen Sie, ob Sie zwei oder drei DNA-Stränge zum Leuchten gebracht haben. In diesem hellen Licht können Sie »sehen«, ob dort noch etwas ist, das nicht der höchsten Schwingung entspricht. Wenn ja, dann haben Sie jetzt die Freiheit, diese Energien zu entfernen, denn Sie dulden sie nun nicht mehr in Ihrem Inneren. Schicken Sie sie in das Lichtfahrzeug, das sie jetzt wegbringen wird … für immer. Nehmen Sie sich Zeit, alle Rückstände, Schatten und alles, von dem Sie wissen, dass es dort nicht hingehört – jeden fremden Aspekt –, ausfindig zu machen und in das Lichtfahrzeug zu schicken.

Atmen Sie … atmen Sie … und vergewissern Sie sich, dass Sie jedes letzte Bisschen davon entfernen und in das Lichtfahrzeug schicken. Dann verschließen Sie es fest und senden es nach oben … nach oben … und weg. Wenn Sie es loslassen, atmen Sie die Leichtigkeit des Seins ein, das Licht, das hereinströmt, und die Last dessen, was vorher dort in Ihnen war, fällt von Ihnen ab, während Sie es davonschweben sehen.

Sehen, fühlen und stellen Sie sich die tetraedrische Form der Dreifachhelix in Ihrer DNA vor. Die Zirbeldrüse aktiviert sich jetzt sehr kraftvoll, während sich das goldene Tetraeder um sie herum dreht und den dritten Strang wieder mit dem Meistersamen verbindet – eine Arbeit, die noch im Gange ist.

Konzentrieren Sie sich auf diese heilige geometrische Form und senden Sie nun den Ruf an die Fragmente, die den vierten, fünften und sechsten Strang Ihrer DNA bilden.

Die Fragmente stehen in Resonanz zu der Schablone – der primären Triangulation – und streben nun wie der Wasserkristall, der auf Gedanken und Energie reagiert, danach, Ihre göttliche Form wieder zusammenzufügen. Gemeinsam mit all den Lichtwesen, die gekommen sind, um Sie zu unterstützen, senden Sie einen kraftvollen Lichtstrahl in den Kern jeder Zelle, in die Spiralen Ihrer DNA – ein Leuchtfeuer, um diese DNA-Fragmente in die heilige Resonanz ihres geometrischen Gedächtnisses zurückzurufen.

Die Bits und Stücke der DNA beginnen, sich zu formieren. Die zweite Triangulation wird neu zusammengesetzt.

Wir werden diese Strukturen mit den göttlichen Lichtfrequenzen, der Kosmometrie der unendlichen Liebe, dem Licht aller göttlichen Wesen, den Feuerbuchstaben und dem göttlichen Code aktivieren: »Jah-oooo-ou-eeh«, immer und immer wieder in das Wasser Ihrer Zellen hineingeflüstert.

Und wenn der Moment kommt, in dem Sie wissen, sehen, fühlen und sich vorstellen, dass das zweite Tetraeder Form angenommen hat, werden Sie es entgegen dem Uhrzeigersinn rotieren lassen (das magnetische Feld), während das primäre Tetraeder sich im Uhrzeigersinn dreht (das elektrische Feld), und beobachten, wie sie zueinander hingezogen werden und schließlich miteinander verschmelzen und eins werden.

In der DNA jeder Zelle Ihres Seins befindet sich nun die Merkaba, das Sterntetraeder, die heilige Form und Geometrie des sechssträngigen DNA-Bewusstseins.

Denken Sie immer daran, dass es nicht wichtig ist, ob diese Erfahrung bei ihnen visueller Natur ist – es macht nichts, wenn sie nicht intensiv oder beeindruckend ist. Wichtig ist nur, dass Sie sich bewusst sind, dass Energie dem Gedanken folgt und der Gedanke der Absicht. Bekräftigen Sie also klar und deutlich Ihre Absicht, dass von diesem Moment an die brillante weißgoldene Energie, die von der Merkaba in Ihrer DNA ausgeht, stets so hell leuchtet, dass Sie nur die höchsten Schwingungen in Ihr Leben ziehen … in den Tempel des Lichts, der Sie sind.

Nehmen Sie sich Zeit, das Wunder Ihres Hierseins zu erkennen. Sie selbst sind der Mittelpunkt Ihrer evolutionären Reise von einem Bewusstseinszustand zum anderen, mit jedem Schritt höher aufsteigend. Die äußere Welt ist irrelevant. Sie ist lediglich eine Projektionsfläche für mögliche Realitäten, die Sie mit jedem Gedanken, jedem Atemzug erschaffen.

Atmen Sie Liebe und Akzeptanz in Ihre Angst bezüglich der Zukunft der Erde hinein, in Ihre Sorge um das Leben aller, die Sie lieben, und um die Menschheit insgesamt. Und dann lösen Sie sich von dieser Angst und Sorge.

Atmen Sie Liebe und Akzeptanz in jedes noch vorhandene Gefühl von Mangel oder Begrenzung hinein.

Vertrauen Sie darauf, dass Sie sich heute von allen Energien befreit haben, die erst noch verstehen müssen, dass Sie einen Raum zwischen Erde und Himmel einnehmen, der eine vollkommene Schablone des göttlichen Lichts ist: des göttlichen Bauplans.

Sie lenken Ihr eigenes Schicksal. Sie sind ein Wesen mit freiem Willen, und das werden Sie auch bleiben, wenn Sie eines Tages diese sterbliche Hülle hinter sich lassen und ins LICHT zurückkehren.

Nichts und niemand kann Ihnen das jemals wegnehmen.

Erinnern Sie sich daran, dass Sie der Stern sind, der kosmische Sturm. Sie sind das Sandkorn, die Welle.

Sie sind die wunderbare, köstliche Liebe, die jeden Moment im Masterplan des Schöpfers durchzieht.

Machen Sie sich, während Sie sich durch das ewige Wunder des Seins bewegen, vor allem immer wieder bewusst, dass Sie ein souveränes Wesen sind.

»Du bist ein Kind des Universums,
nicht weniger als die Bäume und die Sterne;
du hast ein Recht, hier zu sein. Und ob es dir klar ist oder nicht,
besteht kein Zweifel daran, dass sich das Universum so entfaltet,
wie es sollte. Schließe also Frieden mit Gott,
wie auch immer du ihn dir vorstellst, und bewahre dir,
was auch immer deine Bemühungen und Bestrebungen sein mögen,
im lärmenden Wirrwarr des Lebens deinen Seelenfrieden.
Trotz all der Lügen, der Mühsal und der zerbrochenen Träume
ist es eine wunderschöne Welt. Sei fröhlich.
Strebe danach, glücklich zu sein.«
Auszug aus Desiderata

– Max Ehrmann –

Nachwort

Viele Jahre ist es her, da sagte der Hohe Rat vom Sirius zu mir: »Wie gerne gäben wir euch die innere Gewissheit, dass all eure Zukunftsträume die Wirklichkeit darstellen und die so schrecklich real wirkende Welt um euch herum nichts weiter ist als der Traum eures kollektiven Unbewussten.«[45]

Dieser Traum ist kein guter, und wir wollen und müssen dringend aus ihm erwachen. Es ist wirklich höchste Zeit, dass wir alle unseren Teil dazu beitragen, unser kollektives Bewusstsein mit Visionen einer spirituell aufsteigenden Menschheit zu füllen.

Es fühlt sich an, als wären wir wie Alice hinter den Spiegel gegangen und in einer verrückten Welt gelandet, die Kopf steht. Die Welt der Materie und der Dinge sieht immer noch ziemlich genauso aus wie vorher, aber die Schwingungsfrequenzen des Planeten Erde haben sich weit über unsere kühnsten Vorstellungen hinaus verschoben – hin zu den beiden extremen Polaritäten. Auf der gesellschaftlichen Ebene fühlt sich alles unverhältnismäßig und grotesk an, weil wir mit dem kollidierenden Karma der gesamten Existenz auf diesem Planeten konfrontiert sind, und zwar Hier und Jetzt. Gesellschaftliche Werte, Verhaltensweisen und Dialoge kommen uns in diesen unerforschten Gewässern sehr fremd vor. Auf einer Skala, die wir als die Welt im Ganzen wahrnehmen, leben wir größtenteils in einem dissonanten, destruktiven Hologramm, das ständig die unteren Schwingungsakkorde unserer Existenz aktiviert und uns abwärts zieht.

Auf der anderen Seite werden wir gerade Zeugen des Großen Erwachens und nehmen daran teil. Die Schleier lüften sich, die Menschen schütteln den Traumzauber ab, und wir wissen, dass ein außergewöhnlicher Aufstand derjenigen, die sich für eine lichtvolle Vision geöffnet haben, unaufhaltsam ist und an Boden gewinnt.

Diejenigen von uns, die das Glück haben und entschlossen genug sind, mit der Schwingung des Geistes in Resonanz zu gehen und im Licht Gottes zu wandeln, erkennen, dass dieser aktuelle Aufruhr uns immense Möglichkeiten eröffnet, uraltes Karma zu verbrennen. So erlangen wir – wenn wir die Absicht haben, aus diesem Rad auszusteigen und unseren Reinkarnationszyklus zu vollenden – die Freiheit, über die Aufstiegsspirale zu höheren Daseinsebenen weiterzureisen.

Diejenigen, die entschlossen sind, Widerstand zu leisten und die Erde von der dunklen Macht zu befreien, verstehen, dass diese Wachstumsschmerzen notwendige Initiationen sind. Sie gehen jenen Phasen voraus, in denen wir mit großen Schritten rasante Fortschritte machen – auf dem Weg unseres spirituellen Aufstiegs. Wir werden aus dem Rad der Reinkarnation aussteigen und uns auf der Spirale nach oben bewegen, so dass wir uns unserer Quelle viel weiter nähern werden, als es seit sehr, sehr langer Zeit der Fall war.

Das ist die Realität, von der die gesegneten Aufgestiegenen Meister sprechen. Wir streben nach jenen glückseligen Tagen des Friedens, von denen wir glauben, sie an anderen Orten schon einmal erlebt zu haben – auf anderen Welten im Sternenmeer. Und Gott weiß, dass wir, die liebenden Seelen, diese Glückseligkeit verdienen. Aber zuerst müssen wir den dunklen Mantel des Bösen hier auf unserem Planeten zurückdrängen, um den Frieden wiederherzustellen, hier auf der Erde, in uns und außerhalb von uns, und, bei Gott, genau das werden wir tun!

Wir, die Erwachten, wissen, dass wir aus diesem intensiven Aufruhr und Leiden glorreich und siegreich hervorgehen werden. Wir werden erleben, wie das Böse besiegt und die Erde wiedergeboren wird. Es mag jetzt noch nicht danach aussehen, aber der Frieden wird kommen.

Und er wird sich durchsetzen.

Endlich wird Frieden herrschen.

Wir befinden uns schon in der vierten Dimension, und sie sieht nicht so aus oder fühlt sich nicht so an, wie wir uns eine »höhere« Dimension vorgestellt haben oder wie uns gesagt wurde, dass sie sein würde. Nichts an diesem Kampf fühlt sich »höher« an! Die meisten Menschen haben noch gar keine Vorstellung von der multidimensionalen Realität, also muss es sie höchstwahrscheinlich erst einmal in den Randzonen ihres mutierenden Bewusstseins heftig durchschütteln, ehe sie endlich erkennen, worum es bei diesem Wahnsinn geht und wo sie landen werden, wenn dieser kosmische Windkanal sie ausspuckt.

Je weiter man sich von der Quelle entfernt, desto tiefer reichen das Trauma und der Schmerz.

Die Himmelskörper in unserem Sonnensystem und unser Zentralgestirn befinden sich, wie schon beschrieben, mitten in einer gewaltigen galaktischen Umwälzung. Das alles ist für uns eine große, existenzielle Herausforderung, denn diese kosmischen Kräfte mit ihrem Einfluss auf sämtliches Leben auf unserem Planeten erschüttern uns bis ins Mark. Unsere 3D-Welt ist von jeder nur erdenklichen Form der Zerstörung bedroht.

Wenn Sie diese Zeilen lesen, werden wir die unmittelbare Bedrohung durch einen Atomkrieg überlebt haben, der von dem konstruierten Konflikt in der Ukraine ausgeht, das Finanzsystem, wie wir es kannten, wird am Rande des Zusammenbruchs stehen, und die Welt wird sich weiterhin in einem schrecklichen sozialen Umbruch befinden. Zweifellos werden viele vor ihrer Zeit sterben, so tragisch das auch ist und so schmerzhaft es für mich ist, dies auszusprechen. Das liegt nicht daran, dass ich solche Gedanken projizieren möchte, sondern daran, dass ich mir sehr wohl bewusst bin, was getan wurde, um diese Realität zu schaffen.

Doch unsere höhere Wahrnehmung der Realität erlaubt es uns zu erkennen, wie notwendig es ist, das Alte aufzubrechen, zu sezieren und aufzulösen, damit das Neue zusammenwachsen, Gestalt annehmen und einen neuen Rahmen für unsere sich entwickelnde Welt bilden kann. Wir haben uns ein Aufstiegsparadigma ausgemalt, das auf unserer Vorstellungskraft beruht – dass »jenseits von 3D«

irgendwie bedeutet: höher, leichter, freier. Aber nur sehr wenige Visionäre haben darüber nachgedacht, dass wir zuerst durch 4D gehen müssen – einen virtuellen Sumpf karmischer Vergeltung gegen das Individuum und das Kollektiv.

Wie in Dantes *Inferno*, dem *Ägyptischen Totenbuch* und dem *Tibetischen Totenbuch* gibt es ein stets wiederkehrendes Thema: den schwierigen Übergang voller Fallstricke.

In den Religionen wird das so definiert, dass die Seele am Ende dieses Lebens eine Art Fegefeuer durchläuft, eine Phase der Läuterung, während der sie ihre Dämonen überwinden muss, bevor sie in den Himmel aufsteigen kann, wie auch immer das in den einzelnen Glaubenssystemen dargestellt wird.

Ist nicht die vierte Dimension dieser Ort der Läuterung? Befinden wir uns gegenwärtig nicht in einem Zustand der Initiation oder des »Fegefeuers«? Die Sirianer haben uns ein ums andere Mal gesagt, dass wir durch die vierte Dimension hindurch müssen, einen Ort, wo wir mit unserem individuellen und kollektiven Karma konfrontiert werden – auf unserem Weg in jene weniger dichten Schwingungsbereiche, die wir die höheren Dimensionen nennen.

Für mich sieht das wie ein Fegefeuer aus.

Mögen wir diese Dimension auf unserem Weg schnell und schmerzlos durchqueren.

Wir werden in den nächsten Jahren erstaunliche Dinge erleben: erstaunlich dunkle, erstaunlich helle.

Wir werden mehr verstehen, weil wir mehr **sein** werden.

Wenn wir das Sterntetraeder unserer sechssträngigen DNA in uns verankern und den göttlichen Code reaktivieren, wo immer er deaktiviert wurde, werden wir auf unserem Weg mehr Licht in das kollektive Gedächtnis ausstrahlen, und wir werden so viel mehr darüber wissen, wer wir wirklich sind und zu wem wir werden: nicht als mechanische, seelenlose Zombies aus dem Traum der Transhumanisten, sondern als lebendige, Gott liebende Seelen, die diesen winzigen Punkt im Kosmos der Seele durchqueren – auf unserem Weg zum nächsten Wunder.

Sie werden niemals das göttliche Licht in uns verdunkeln oder unseren ewigen Geist abschrecken können, solange wir uns nicht dem dunklen Meister beugen.

Ich, Patricia Cori, weiß, dass ich das niemals tun werde.

Und ich weiß, dass dies auch der Weg meiner geliebten Familie von Lichtarbeitern ist.

Und das, meine lieben Freunde, ist es, was Souveränität wirklich ausmacht.

Danksagung

Ich fühle mich gesegnet, dass ich so wunderbare Unterstützung von Freunden und meiner internationalen Community erhalte. Ihr wisst, wen ich meine! Herzlichen Dank an euch alle, dass ihr mich liebt und meine Arbeit über die Jahrzehnte hinweg unterstützt habt. An alle, die im Dienst des göttlichen Geistes stehen, an alle Wahrheitssuchenden: Für euch marschiere ich vorwärts und teile meine Wahrheit mit allen, die bereit sind, sie zu hören. Mein Regenschirm wurde schon vor langer Zeit fortgeweht, und ich habe gelernt, zwischen den Regentropfen zu gehen. Ihr seid die Menschen, für die ich aufrecht stehe, mit dem Kragen im Wind, während der Sturm versucht, mich aufzuhalten und wegzuschieben.

Sacha Stone ist immer eine Inspiration. Ich danke dir für deine schönen Worte und alles, was du der Welt gibst.

Ein großes Lob geht an Onyx Tikal Sermet für ihr kraftvolles Design des US-Buchumschlags und an Michael Boach, der das Layout für die Originalausgabe erstellte.

Ein herzlicher Dank geht an meine liebe Freundin, die Publizistin Dea Shandera-Hunter, für all ihre Hilfe dabei, dieses Buch in die Welt zu bringen, und an meinen lieben Freund Peter B., der mich durch meinen Schaffensprozess begleitete und sich über viele Monate endlose Seiten und Versionen des Manuskripts in verschiedenen Entwicklungsstadien anhörte. Du bist für mich eine unerschöpfliche Quelle der Kraft, und ich bin so dankbar, dass du Teil meines Lebens bist. Liebevoll danke ich auch meiner kosmischen Tochter, Jess Tyas, die immer da ist und mir auf allen Kanälen Liebe sendet. Du bist mein Engel.

Meine geliebte Mutter wird stets meine Inspiration sein, wo auch immer im Himmel sie sein mag. Danke, Mutter aller Mütter, dass du mich gelehrt hast, unermüdlich danach zu streben, die beste Version meiner selbst zu sein, in der Kohle den Diamanten zu suchen und nie zu vergessen, zu lachen und das Leben zu feiern, egal wohin mich meine Reise führt.

Und zu guter Letzt danke ich meinen beiden Fellbabys Pepper und Scootch. Sie liegen stundenlang zusammengerollt neben meinem Stuhl und warten geduldig darauf, dass ich mein tägliches Schreibpensum beende, damit wir spielen können. Sie erfüllen meine Welt mit Lachen und erinnern mich daran, dass Liebe alles ist, was in diesem Leben zählt.

Anmerkungen

Das Sirianische Experiment

1. Patricia Cori: *Kosmos der Seele*, übersetzt von Nina Hawranke, Verlag Neue Erde, Saarbrücken 2006/2021. Seite 206-210.

Sie sind mitten unter uns

2. Patricia Cori: *The Emissary – Kolonie der Lichtwesen auf dem Meeresgrund*, übersetzt von Thomas Görden, AMRA Verlag, Hanau 2024.
3. Ich habe darüber geschrieben in meinem Buch *Bevor wir euch verlassen*, übersetzt von Anna Sophia Hahn, AMRA Verlag, Hanau 2011/2021 ff.

Transhumanismus auf dem Vormarsch

4. Band 1 und Band 3 der ersten US-Trilogie liegen seit 2006 und 2004 als *Kosmos der Seele* und *Keine Lügen, keine Geheimnisse mehr* im Verlag Neue Erde vor, übersetzt von Nina Hawranke. Der mittlere Band erschien als neu überarbeitete Ausgabe 2021 im AMRA Verlag, Hanau, übersetzt von Thomas Görden. Unter dem Titel *Lichtbotschaften vom Sirius*, übersetzt von Anna Sophia Hahn und Thomas Görden, erschien 2019 bis 2021 ebenfalls im AMRA Verlag eine zweite Trilogie; sie enthält die amerikanischen Bücher *The New Sirian Revelations* und *The Starseed Dialogues* sowie die Abschrift eines Videovortrags von Patricia Cori, der zuvor exklusiv auf einem Online Channeling Kongress präsentiert wurde. Näheres zu diesem Kongress finden Sie auf www.channeling-kongress.org.
5. *Intracellular Reverse Transcription of Pfizer BioNTech Covid-19 mRNAVaccine BNT162b2 In Vitro in Human Liver Cell Line*; siehe https://www.mdpi.com/1467-3045/44/3/73/htm (aufgerufen am 10.8.2023).

Unsere Erde, ein »Typ Null«-Planet

6. *Geoengineerings: Parts I, II and III*; siehe https://www.govinfo.gov/content/pkg/CHRG-111hhrg53007/pdf/CHRG-111hhrg53007.pdf (aufgerufen am 10.8.2023).

Die DNA

7. *How Volcanoes Influence Climate*; Siehe https://scied.ucar.edu/learning-zone/how-climate-works/how-volcanoes-influence-climate (aufgerufen am 10.8.2023).

Kriegsschauplatz Erde

8. Department of Health & Human Services, eMail vom 21.01.2022 an Judicial Watch; siehe https://www.judicialwatch.org/wp-content/uploads/2022/01/JW-v-HHS-Wuhan-Prod-6-00696.pdf (aufgerufen am 10.8.2023).

9. Cristine Russell: *Map of AIDs' Deadly March Evolves from Hepatitis Study*; siehe https://www.washingtonpost.com/archive/politics/1987/02/01/map-of-aids-deadly-march-evolves-from-hepatitis-study/47cd206c-c8d9-4082-896f-a075e53bd221/ (aufgerufen am 10.8.2023).
10. AJPH, *Unrecognized »AIDS« in Monkeys, 1969-180: Explanations and Implications*; siehe https://ajph.aphapublications.org/doi/full/10.2105/AJPH.2016.303085 (aufgerufen am 10.8.2023).

Die Boten-RNA-Injektion

11. *Pfizer Deepens Commitment to Genetic-Drug Future With Deals*; siehe https://www.bloomberg.com/news/articles/2022-01-10/pfizer-deepens-commitment-to-genetic-drug-future-with-deals (aufgerufen am 10.8.2023).
12. Peter R. Breggin & Ginger Ross Breggin: *Covid-19 And The Global Predators: We Are the Prey*. Lake Edge Press 2021; pgs 175-177; keine deutsche Ausgabe.
13. *What is mRNA? The messenger molecule that's been in every living cell for billions of years is the key ingredient in some COVID-19 vaccines*; siehe https://theconversation.com/what-is-mrna-the-messenger-molecule-thats-been-in-every-living-cell-for-billions-of-years-is-the-key-ingredient-in-some-covid-19-vaccines-158511 (aufgerufen am 10.8.2023).
14. Ursprünglich unter https://www.cdc.gov/coronavirus/2019-ncov/vaccines/different-vaccines/mrna.html (nicht mehr zugänglich).

Seelen im Lockdown

15. Rudolf Steiner Gesamtausgabe: GA 177 *Die spirituellen Hintergründe der äußeren Welt – Der Sturz der Geister der Finsternis.* 5. Vortrag Dornach 7. Oktober 1917; siehe auch http://rudolfsteiner.ga/177-5.php.
16. *Global Health Funding*; siehe https://www.cdc.gov/globalhealth/pdf/global-Health-Funding.pdf (aufgerufen am 10.8.2023).
17. Amanda D'Ambrosio: *FDA Begins Releasing Pfizer COVID Vax Documents*; siehe https://www.medpagetoday.com/special-reports/exclusives/97544 (aufgerufen am 10.8.2023).
18. CDC Office of Readiness and Response: *Campaigns*; siehe https://www.cdc.gov/cpr/campaigns/index.htm (aufgerufen am 10.8.2023).

Die Große Abtrennung

19. *DARPA's Early Investment in COVID-19 Antibody Identification Producing Timely Results*; siehe https://www.darpa.mil/news-events/2020-11-10 (aufgerufen am 10.8.2023).

Den göttlichen Code in uns ehren

20. Ahmed Aboulenein & Carl O'Donnell; *Analysis: Drug pricing reform opponents win most pharma lobbying money*; siehe https://www.reuters.com/business/healthcare-pharmaceuticals/capitol-hill-drug-pricing-reform-opponents-among-biggest-beneficiaries-pharma-2021-10-25/ (aufgerufen am 10.8.2023).

21. Bill Gates: »Innovating to zero!« (Video), TED2010, Februar 2010; https://www.ted.com/talks/bill_gates_innovating_to_zero/transcript?language=en (aufgerufen am 10.8.2023).
22. Altes Testament, 2. Buch Mose (Exodus), 3,14-15.
23. Rabbi Dani'el Rendelman: *The Hidden Name of The Creator in Your DNA*, Februar 2012; siehe http://www.greatgenius.com/hidden-name-of-creator-in-your-dna (aufgerufen am 10.8.2023).
24. *DNA Structure*; siehe https://passel2.unl.edu/view/lesson/526205690468/4 (aufgerufen am 10.8.2023).
25. *The Language of DNA*; siehe https://www.exploregod.com/articles/the-language-of-dna (aufgerufen am 10.8.2023).

CRISPR

26. *Can Genes Be Patented?*; siehe https://medlineplus.gov/genetics/understanding/testing/genepatents/ (aufgerufen am 10.8.2023).
27. *Xenotransplantation: Defeating the »Shumway Curse«*; siehe https://www.ncbi.nlm.nih.gov/pmc/articles/PMC9005640/ (aufgerufen am 10.8.2023).

Luciferin

28. Zelmer A, Ward TH: *Noninvasive fluorescence imaging of small animals* (»Nichtinvasive Fluoreszenz-Bildgebung bei Kleintieren«), J Microsc. 2013 Oct; 252(1):8-15; doi: 10.1111/jmi.12063. Epub 2013 Jul 11. PMID: 23841905.s
29. *Luciferase Immunoprecipitation System (LIPS) assay is a rapid, simple and sensitive test to detect antibody response to respiratory syncytial virus*; siehe https://www.fda.gov/vaccines-blood-biologics/science-research-biologics/luciferase-immunoprecipitation-system-lips-assay-rapid-simple-and-sensitive-test-detect-antibody (aufgerufen am 10.8.2023).
30. Pub med, 1993: *Monitoring Foreign Gene Expression by a Human Adenovirus-Based Vector Using the Firefly Luciferase Gene as a Reporter;* Mittal, McDermott, Johnson, Prevec, Graham; siehe https://pubmed.ncbi.nlm.nih.gov/8388142/ (aufgerufen am 10.8.2023).

Microsoft Patent WO2020060606A1

31. *Summary: H.R.666 – 117th Congress (2021-2022)*; siehe https://www.congress.gov/bill/117th-congress/house-bill/666 (aufgerufen am 10.8.2023).
32. »Rassismus« ist eine »Krise der öffentlichen Gesundheit«, die in die Zuständigkeit der CDC fällt? Ernsthaft?
33. *H.R.666 (115th): department of Homeland Security Insider Threat and Mitigation Act of 2017*; siehe https://www.govtrack.us/congress/bills/115/hr666/summary (aufgerufen am 10.8.2023).
34. *H.R.6666 – COVID-19 Testing, Reaching And Contacting Everyone (TRACE) Act 116th Congress (2019-2020)*; siehe https://www.congress.gov/bill/116th-congress/house-bill/6666/text (aufgerufen am 10.8.2023).
35. Legislative Reporting Service: *Bill Summary for S 666 (2021-2022)*; siehe https://lrs.sog.unc.edu/billsum/s-666-2021-2022 (aufgerufen am 10.8.2023).

36. Google Patents: *Cryptocurrency system using body activity data*; siehe https://patents.google.com/patent/WO2020060606A1/en (aufgerufen am 10.8.2023).
37. Google Patents: *Cryptocurrency system using body activity data*; siehe https://patents.google.com/patent/WO2020060606A1/en (aufgerufen am 10.8.2023).
38. Voiceoutworld, 12. Mai 2020: *Dr. Carl Sanders – The Man Who Invented RFID Microchip (666) Speaks Out*; siehe https://voiceoutworld.wordpress.com/2020/05/12/dr-carl-sanders-the-man-who-invented-rfid-microchip-666-speaks-out/ (aufgerufen am 10.8.2023).

Manifestation und der Souveräne Geist

39. Patricia Cori: *Keine Lügen, keine Geheimnisse mehr.* Verlag Neue Erde, Saarbrücken 2004/2021, übersetzt von Nina Hawranke. S. 218-223.

Fordern Sie Ihren Geist zurück!

40. Google Patents: *Nervous system manipulation by electromagnetic fields from monitors*; siehe https://patents.google.com/patent/US6506148 (aufgerufen am 10.8.2023).

Heilige Geometrie

41. Patricia Cori: *Keine Lügen, keine Geheimnisse mehr.* Verlag Neue Erde, Saarbrücken 2004/2021, übersetzt von Nina Hawranke. S. 226-227.

Wenn Glas zerspringt

42. Ein breites Angebot harmonischer Entspannungsmusik, die sich der Solfeggio-Frequenzen bedient, finden Sie auf www.AmraVerlag.de. Die Klangperlen des Ausnahmekünstlers Michael Reimann gibt es auf CD und als Download. Fordern Sie kostenlos einen Prospekt an unter Info@AmraVerlag.de.
43. Er hat diese Erkenntnisse in einem Buch niedergelegt, das auf Deutsch im AMRA Verlag erschienen ist: *Der heilige Name Gottes – Vom Klang, der die Welt verändert*, Hanau 2016; das Vorwort stammt von Gregg Braden.
44. Siehe https://www.youtube.com/watch?v=0vxOFcwJz3s; bei der Überprüfung für die deutsche Ausgabe war dieses Video »nicht mehr verfügbar«.

Nachwort

45. Patricia Cori: *Keine Lügen, keine Geheimnisse mehr.* Verlag Neue Erde, Saarbrücken 2004/2021, übersetzt von Nina Hawranke. S. 277.

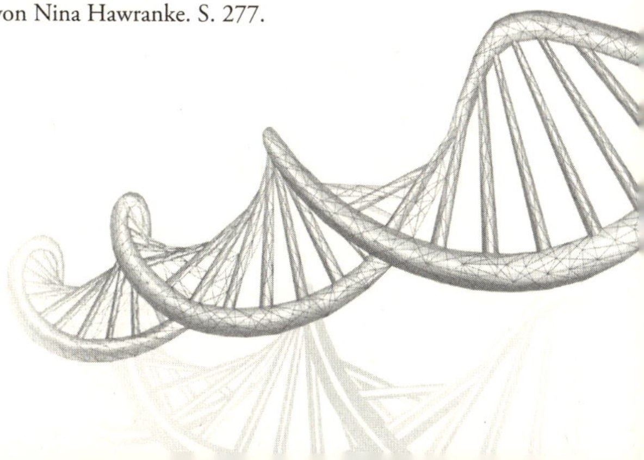

The Divine Blueprint
»Der Göttliche Bauplan«

Englischer Online-Kurs zur DNA-Aktivierung

Patricia Cori bietet in englischer Sprache online ihren umfassenden DNA-Aktivierungskurs an, mit tiefgehenden Meditationen, bei denen gemäß den Anweisungen der Sirianischen Heilungsteams des Hohen Rates auch die heilenden Eigenschaften der Solfeggio-Frequenzen genutzt werden.

Dieser achtteilige Intensivkurs, der von sirianischen Lichtwesen geleitet wird, konzentriert sich auf die Öffnung der energetischen Nebenwege und nutzt dafür Fähigkeiten, die dem multidimensionalen Selbst angeboren und darauf ausgerichtet sind, den Aufstieg zu beschleunigen. Unter Führung von Lichtwesen aus zahlreichen Dimensionen wird Ihnen auf Ihrem Pfad spiritueller und emotionaler Erfahrung der Weg zu neuen Horizonten gezeigt – als Vorbereitung auf die Aktivierung des dritten DNA-Strangs und das Erwachen des Lichtkörpers. Die Aktivierung der neuen kristallinen Matrix, die sich in Ihrem sich entwickelnden Wesen heranbildet, die Integration des dritten DNA-Strangs, schafft eine Triangulierung im Bewusstsein jeder Zelle Ihres physischen Körpers – die Trinität des göttlichen Bewusstseins.

Der gesamte Energiekörper, die Chakren und die dazugehörigen Drüsensysteme, insbesondere die Zirbeldrüse, die Energiebahnen Ida und Pingala, der Aurakörper – jeder Aspekt der Existenz in der Welt der Materie ist dabei, sich zu verändern, und wenn Sie eine oder einer der Erwachenden sind, ist es für Sie von höchstem Interesse, diesen Prozess zu beschleunigen.

Diejenigen von Ihnen, die gekommen sind, um als Führer und Heiler im Prozess von Gaias Evolution zu dienen, sind zur Einweihung aufgerufen. Sie beinhaltet die Aktivierung des dritten Strangs, Chakra-Reinigung, zelluläre Regeneration, Resonanz mit den höheren Frequenzen und Kommunikation mit der Galaktischen Familie der Lichtwesen. Die Teilnehmer werden durch spezifische Techniken und Verfahren zur Heilung und Aktivierung der DNA geführt. Sie lernen, die kosmometrischen Zellgeometrien zu konstruieren und die Schwingungsfrequenzen anzuheben, die den Weg für die Aktivierung des vierten, fünften und sechsten Strangs ebnen, die Erleuchtung der Zirbeldrüse auslösen und die Verbindung zu den höheren Wesen stärken, die bei diesem Prozess helfen. Dies wird durch tiefe Meditationen ermöglicht, die Bestandteil des Kurses sind.

Indem wir die Muster des gesamten kosmischen Bewusstseins zur Unterstützung heranziehen, erden wir uns zugleich auf Gaia, denn sie ist unsere himmlische Heimat – was auch für diejenigen gilt, die sich entscheiden, als Pioniere in die höheren Dimensionen aufzusteigen. Und zwar in absoluter Integrität, Ehrlichkeit und Überzeugung – denn die Zeit, in der wir uns mit Fantasien, Posen und spiritueller Rhetorik ablenken konnten, ist vorbei. Wir müssen die Ablenkungen beseitigen und uns darauf vorbereiten, im Licht der absoluten Wahrheit zu leben – im Frieden mit unseren Seelen, während wir auf der Spirale der Rückkehr emporsteigen.

Der Intensivkurs in diesem Format wird bewusst in Verbindung mit Patricias spirituellen Einweihungsreisen zu den heiligen Stätten, den Kraftorten dieser Welt, angeboten und wurde speziell dafür entwickelt. Weitere Informationen zu Pats Kursen, medialen Beratungsangeboten und von ihr geleiteten zukünftigen SoulQuest™-Reisen finden Sie auf ihrer Website:

www.patriciacori.com

Patricia Cori

Die weltbekannte Autorin, Rednerin und Aktivistin für Menschen- und Tierrechte, eine Kämpferin für den Planeten Erde, stammt aus der Nähe von San Francisco. Sie ist hoch medial und bewandert in Mystizismus, Philosophie, alten Kulturen, metaphysischen Heilkünsten, Spiritualität und unerklärlichen Mysterien. Über all diese Themen hält sie regelmäßig Vorträge auf der ganzen Welt. Sie gilt als Kapazität auf ihren Fachgebieten, und ihre Arbeit wird nicht zuletzt deshalb so geschätzt, weil sie den *Status quo* in Frage stellt und dem menschlichen Gewahrsein neue Perspektiven eröffnet.

Sie ist ein prominentes Mitglied der spirituellen Gemeinschaft und in internationalen Vortragskreisen bekannt dafür, dass sie regelmäßig Workshops zu einer großen Bandbreite an Themen anbietet, die ihr weitgefächertes Wissen über alternative Heilmethoden reflektieren. Sie verfügt über die außergewöhnliche Gabe, anderen zu helfen und in uns allen die Flamme der Kraft zu entzünden.

Von indigenen spirituellen Lehrern der tibetischen, peruanischen und der Maya-Tradition wurde sie als Schamanin anerkannt und von den Schamanen von Palenque als einer der vier spirituellen Wächter dieser heiligen Stätte identifiziert. 1996 gründete sie den LightWorks-Reiseclub SoulQuest™ Journeys und führte noch im selben Jahr eine Gruppe von spirituellen Reisenden nach Nepal und Tibet. Seitdem begleitete sie Reisegruppen zu heiligen Stätten in Asien, Mexiko, Ägypten, Europa und Peru, zu den Kornkreisen in England und zum Delfinschwimmen auf die Azoren, um das Potenzial der Interaktion zwischen den Arten zu erkunden und unsere Empfänglichkeit für die Welt, die uns umgibt, zu erhöhen. Stets

konnte sie dabei Portale öffnen und den Menschen helfen, einen Blick hinter den Vorhang zu werfen.

Im deutschen Sprachraum gelten zwei Bücher ihrer ersten Sirius-Trilogie, *Keine Lügen, keine Geheimnisse mehr* und *Kosmos der Seele*, als Weckrufe für das sich erweiternde Bewusstsein der Menschheit. Später wurden ihre Beiträge in den AMRA-Sammelbänden *Die Große Veränderung*, *Das Bewusstsein der Neuen Zeit* und *Neue Zeit* zu kraftspendenden Wegweisern für die Lichtarbeit. Sie veröffentlichte darin Seite an Seite mit Lee Carroll und Tom Kenyon, herausragenden Medien von Kryon und den Hathoren, neue Botschaften des Hohen Rates vom Sirius. Danach channelte sie Botschaften der Wale und Delfine, die unter dem Titel *Bevor wir euch verlassen* vorliegen, gefolgt von drei Bänden mit *Lichtbotschaften vom Sirius*, einer exklusiv zusammengestellten Trilogie, die ihre amerikanischen Bücher *The New Sirian Revelations* und *The Starseed Dialogues* auf Deutsch enthält, sowie dem wundervollen Werk *Atlantis steigt auf*, ursprünglich der mittlere Band der ersten Sirius-Trilogie, der für die deutsche Erstausgabe sorgfältig aktualisiert wurde. Ihr autobiografischer Reinkarnationsbericht *Wo die Pharaonen wohnen* und ihr Roman *The Emissary – Kolonie der Lichtwesen auf dem Meeresgrund* sind bei AMRA in Vorbereitung.

Für die Erwachenden überall auf der Erde gelten ihre Durchsagen aus der Geistigen Welt als unerlässliche Lektüre. Erfahren Sie mehr über ihre Workshops in englischer Sprache auf ihrer Website:

www.patriciacori.com

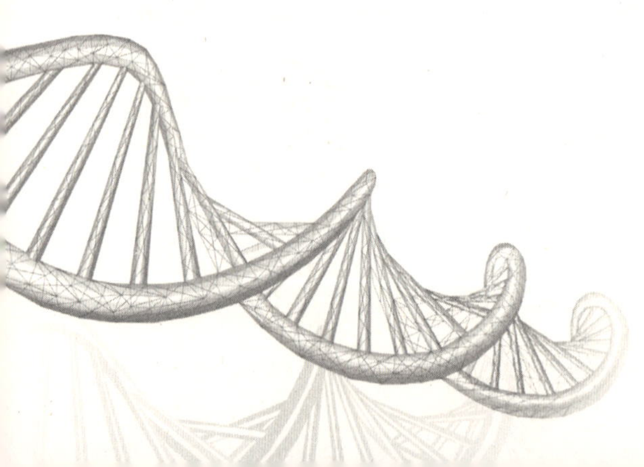

Pavlina Klemm & Sayama
Channeln lernen unter Einbezug der 5. Herzkammer
78 Minuten geführte Übungen, Jewelcase, Booklet
€ [D/A] 19,99 • ISBN 978-3-95447-681-7

Energetischer Schutz, Heile deine Chakren, Neuanbindung der Seele, Selbstliebe und Sonnenklang – so heißen die fünf anderen Ausbildungs-Sets der SPIEGEL-Bestsellerautorin Pavlina Klemm. Alle enthalten, von ihr gesprochen, Übungen und Meditationen der Plejader zu diesen Themen sowie gechannelte Heilsymbole.

Michael Reimann & Pavlina Klemm
Kolloidales Germanium [Rife & Solfeggio]
79 Minuten Reiner Klang, Jewelcase, Anleitungen
€ [D/A] 19,99 • ISBN 978-3-95447-680-0

Bisher sind in der Reihe der Kolloidalen Elemente erschienen: *Gold, Silber, Kupfer, Zink, Platin, Eisen, Magnesium, Silizium* und *Germanium.* Die verwendeten Frequenzen gehen in Resonanz mit dem natürlichen Anteil dieser Elemente im menschlichen Körper – durch wundervolle Heilmusik, die Ruhe und Harmonie bringt.

Michael Reimann & Pavlina Klemm
Leber-Aktivierung [528 Hertz Solfeggio]
74 Minuten Reiner Klang, Jewelcase, Anleitungen
€ [D/A] 19,99 • ISBN 978-3-95447-498-1

Auch die Aktivierungs-CDs von Michael Reimann für *Zirbeldrüse, DNA, Chakren* und *Leber* enthalten heilsame Solfeggio-Frequenzen. Eingebettet in harmonische Kompositionen regenerieren sie wichtige Funktionen des Körpers. Die Booklets mit Meditationsanleitungen und Channelings schrieben Jeanne Ruland und Pavlina Klemm.

Sayama, der Musiker von Pavlina Klemm
Selbstheilung Nachtanwendung [528 Hertz Solfeggio]
78 Minuten Reiner Klang, Jewelcase, Anleitungen
€ [D/A] 22,– • ISBN 978-3-95447-466-0

Regeneration durch erholsamen Schlaf, energetischen Schutz und Detox mit Hilfe von Planetenklängen, Solfeggio-Frequenzen und dem Sonnenton, das bietet die vorliegende CD, zu der es auch eine *Tagesanwendung* gibt. Es geht darum, belastende Energien aus den bioenergetischen Systemen des Menschen wieder zu entfernen.

Pavlina Klemm & Sayama
Lichtbotschaften von den Plejaden [Plejaden-Frequenz]
78 Minuten geführte Übungen, Jewelcase, Booklet
€ [D/A] 19,99 • ISBN 978-3-95447-574-2

Zur größten deutschen Channelbuchreihe *Lichtbotschaften von den Plejaden* der SPIEGEL-Bestsellerautorin Pavlina Klemm sind zehn Übungs-Sets erschienen. Sie enthalten Meditationen und Anleitungen aus den Büchern und teils neues Material, das jedem die Möglichkeit zur Selbstbehandlung gibt, aufgeladen mit plejadischen Frequenzen.

Alle CDs auch als Download erhältlich auf www.AmraVerlag.de